경제학의 이해
UNDERSTANDING
ECONOMICS

머리말

경제학을 처음 접하는 학생들은 많은 그래프와 수식, 그리고 교과서의 두께에 놀라서 피하고 싶어 하는 경우가 적지 않은 것 같다. 이 책을 집필하게 된 동기는 이런 학생들이 보다 쉽게 흥미를 가지고 경제학을 공부할 수 있도록 도움을 주고자 하는 것이었다. 그래서 될 수 있는 대로 그래프와 수식보다는 다양한 사례와 통계자료를 통해서 경제원리를 이해할 수 있도록 하고, 복잡한 이론은 생략하여 기본원리를 파악할 수 있도록 하였다.

이 책의 초판이 출판된 지는 16년이 지났고, 제3판이 나온 것은 7년이 되었다. 제3판이 출판된 2017년 6월 이후 한국경제와 세계경제에는 엄청난 변화와 충격이 있었다. 국내적으로는 계속된 장기적 불황과 부동산가격의 급등락이 있었으며, 세계적으로는 2020년 1월에 시작되어 3년이나 지속된 코로나19 팬데믹과 지금도 진행중인 우크라이나와 가자지구 전쟁을 겪고 있다. 이러한 과정에서 각국의 대응 경제정책들은 경제지표들에 많은 변화를 가져오게 하였다. 코로나 불황을 극복하기 위한 확장적 금융·재정정책과 우크라이나 전쟁은 전 세계적인 인플레이션을 초래하였고, 이에 대응한 국제적 고금리정책은 다시 불황을 초래하여 많은 사람들에게 고통을 주고 있다.

주요 경제변수들의 급격한 변화로 인한 미래에 대한 불안은 부동산이나 주식, 가상화폐 등에 대한 전국민들의 관심 고조로 이어졌으며, 젊은 세대들의 '영끌' 현상까지 나타나게 되었다. 이러한 과정에서 경제현상을 정확하게 이해하고 합리적으로 선택하는 것은 쉽지 않다. 이 책이 복잡한 사회현상의 배후에 있는 경제원리를 이해하는 데 도움이 되기를 바란다.

이번 제4판이 가장 중요하게 보완한 것은, 제3판에서 묶어서 간단히 설명하였던 가계의 소비와 기업의 생산을 분리하여 설명한 점이다. 미시경제학에서 접하게 될 소비이론과 생산이론, 비용이론의 이해를 돕기 위해 내용을 보완하고 구성을 체계화하였다.

두 번째로, 두 학기용 교재로 사용할 수 있도록 내용을 보완하였다. 학부 저학년 학생들이 쉽게 이해할 수 있도록 함과 동시에 두 학기용 교재로 사용할 수 있도록 각 장에 내용을 추가하였으며 설명을 보완하였다.

    그 이외에, 급격한 현실경제의 변화를 반영하기 위하여 사례와 항목들을 새로운 것으로 바꾸었고, 통계자료 대부분을 최근의 자료로 업데이트하였다. 제4판이 경제학의 기본원리를 더 정확하게 이해하고 합리적 선택을 하는 데 도움이 되기를 기대해 본다.

2024년 1월
저자 일동

CONTENTS

CONTENTS ······

CONTENTS

CONTENTS ······

······CONTENTS

경제학의 이해

경제학이란
무엇인가?

Chapter 01

경제학이란 무엇인가?

1-1 인간의 삶과 경제현상

경제는 영어로는 economy이고 절약, 효율적 사용이라는 뜻을 가지고 있다. 이 말은 그리스어의 오이코스(Oikos : 가정)라는 말과 노모스(Nomos : 법)이라는 말이 결합되어 쓰이게 된 말이며, 집안을 다스리는 법이라는 뜻이었다. 한자로는 經濟인데 經世濟民에서 나온 말이라고 한다. 결국 경제란 생활에 필요한 재화의 생산과 소비에 관련된 행위와 사회적 조정제도를 가리키는 것으로 이해할 수 있으며, 절약과 아주 긴밀한 관계를 가지고 있다.

사람이 살아가기 위해서는 많은 것들이 필요하다. 인간에게는 가족, 친구, 일과 취미활동도 필요하고, 삶의 의미를 느끼는 것도 중요하다. 그렇지만 인간 생활에는 많은 재화와 서비스를 필요로 한다. 기본적으로 음식, 옷, 집 등이 필요하고, 소득수준이 올라감에 따라 그것들도 고급화된다. 나아가 가전제품, 자동차, 책, 음반, 교육, 의료, 영화, 관광 등 새로운 재화와 서비스를 필요로 하게 된다. 이렇게 수많은 재화(서비스 포함)는 그냥 존재하는 것이 아니고, 자연에서 얻을 수 있는 자연자원에다 인간의 노동과 자본을 합하여 생산하지 않으면 안 된다. 생산된 재화가 필요한 지역으로 운반되고, 도매점 소매점 등의 유통단계를 거쳐 최종 소비자의 손에 들어가서 소비자의 욕망과 필요를 충족시킨다.

소비자가 재화를 구하기 위해서는 돈, 즉 소득이 필요하다. 소득을 얻기 위해서는 먼저 생산활동에 참가해야 한다. 생산활동에 참가하기 위해서는 토지, 노동, 자본 등의 생산요소를 소유하고 있어야 한다. 자급자족 경제에서는 가계가 생산과 소비의 주체였지만, 오늘날과 같이 분업이 고도로 발전한 사회에서는 기업이라는 경영조직체가 생산의 대부분을 담당하고, 가계는 생산요소를 제공하여 얻은 소득으로 주로 소비만 담당하는 기능을 맡고 있다.

우리가 아담과 이브가 살던 에덴 동산에서 살고 있다면 모든 필요는 다 충족되므로 희소성(scarcity)이 존재하지 않을 것이다. 그렇다면 경제문제는 발생하지 않고 경제학도 불필요하다. 그러나 우리의 현실은 그와는 달리, 우리의 필요와 욕망에 비해 그것을 충족시켜 줄 재화(혹은 그것을 생산하는 자원)는 늘 부족하다. 죄로 인해 에덴에서 추방된 후에 인간은 이마에 땀을 흘려야 겨우 먹고 살 수 있게 되었다는 이야기가 상징하는 것처럼, 인간은 희소성(부족)의 세계로 떨어진 것이다. 그러므로 불가피하게 다양한 욕망 가운데 어떤 욕망과 필요를 채워줄 것인가를 선택해야 한다. 경제문제와 경제학은 인간의 무한한 욕망에 비해 자원은 희소한 '희소성의 원칙'에서 시작된다. 개인이던 사회이던 우리는 희소성에 직면하고, 그 결과 우리는 끊임없이 선택을 하지 않으면 안 된다. 가계는 제한된 소득으로 무엇을 소비할지, 기업은 무엇을 생산하고 어떤 방법으로 생산할지를 선택해야 한다. 예를 들면, 같은 금액으로 해외여행을 갈 수도 있고, 노트북 컴퓨터를 사거나 피아노를 살 수도 있다고 하자. 만일 해외여행을 선택했다면, 다른 선택은 포기하는 셈이다. 포기된 두 가지 가운데 차선이 노트북 컴퓨터라면 포기된 차선을 기회비용(opportunity cost)라고 한다. 기회비용이란 어떤 것을 얻기 위해 포기한 최대의 것을 말하며, 선택한 재화의 가치를 포기한 재화의 가치로 나타낸 것이다. 우리에게는 소득이나 자원의 양이 제한되어 있을 뿐만 아니라, 시간도 제한되어 있다. 그래서 일정 시간을 경제학공부에 사용할지, 데이트나 영화 관람에 사용할지를 선택하고 다른 가능성은 포기한다. 선택은 반드시 포기된 것, 즉 기회비용만큼의 대가를 치르는 것이다. 우리에게 희소한 것에는 제도에 의해 제한되는 기회도 포함된다. 일부일처제도에서는 한 사람과만 결혼할 수 있으므로 누구와 결혼할지를 선택해야 하고, 다른 후보자는 포기해야 한다.

표 1-1 희소성이 없는 세계와 희소성이 존재하는 세계

에덴 동산	현실세계
희소성 – 없음	희소성 – 존재
선택 – 없음	선택 – 존재
기회비용 – 없음	기회비용 – 존재
경제학 – 없음	경제학 – 존재

> 대학교육의 기회비용 = 4년간 등록금(3,200만원) + 4년간 교재비(120만원) + 4년간 일을 한다면 벌 수 있는 소득(8,000) + 기타 대학교육으로 인한 추가비용(추가되는 숙식비 등)

예를 들어 고등학교를 졸업하고 대학에 진학하려는 학생이 부담하는 대학교육의 기회비용은 얼마인가? 한 가상적인 계산을 해보면 위의 예와 같다.

대학에 진학한 학생이 합리적 선택을 하였다면, 이만큼의 기회비용을 지불하고 얻는 교양과 인격, 그리고 전문지식이 기회비용보다 더 가치가 있는 것으로 판단하였을 것이다.

요컨대, 희소성의 상황에서는 선택이 불가피하고, 선택에는 반드시 기회비용이 따른다. 합리적인 선택을 위해서는 어떤 선택을 할 때 포기해야 하는 기회비용이 무엇인가, 혹은 얼마인가를 분명하게 알고, 어느 것이 주어진 목적을 더 잘 달성할 수 있는가를 비교하여 최선의 선택을 하여야 한다. 어떤 선택에서 오는 이익이 포기되는 기회비용보다 클 때 그 선택이 합리적 선택이 된다.

1-2 경제행위의 주체와 객체

인간의 경제생활에 필요한 재화를 생산하고, 분배하고, 거래하고, 소비하는 활동과 관련된 선택행위가 경제행위이고, 이것과 관련되어서 나타나는 현상들,

즉 생산, 분배, 거래, 소비뿐 아니라, 그 결과로 나타나는 빈곤, 실업, 물가상승, 경제성장, 독과점시장, 무역 등을 경제현상이라고 한다. 다시 말해 인간의 경제행위와 관련된 모든 현상들을 경제현상이라고 말한다.

경제주체란 경제행위를 수행하는 개인이나 집단을 말하는데, 가계와 기업, 정부, 외국이 있다. 이러한 경제주체들의 목적은 상이하며 이들에 대한 구체적인 내용을 보면 다음과 같다.

가계는 소비의 주체로 노동력을 포함한 생산요소를 기업이나 정부에 제공한 대가로 소득을 얻어 최대의 만족을 얻도록 소비활동을 한다. 가계의 목표는 효용극대화이며, 이를 어떻게 달성할 것인가를 다루는 이론이 미시적 소비이론이다. 기업은 생산의 주체로 생산요소를 결합하여 재화나 용역을 생산한다. 기업의 목표는 여러 가지로 분류할 수 있지만 경제학에서는 이윤극대화 원칙을 가장 대표적 목표로 하여 생산이론에서 다루고 있다. 정부는 생산과 소비의 동시적 주체로 민간부문의 경제활동을 조정·규제하며, 사회후생의 증대를 위해서 공공재를 생산한다. 공공재의 공급과 관련된 이론은 시장실패와 재정이론에서 다룰 것이다. 외국은 교역의 주체로 자국의 이익을 위해서 수출과 수입을 한다. 시장경제에서는 개방경제체제를 전제로 하여 분석하고 있으며, 외국의 경제활동에 대한 내용은 국제경제학에서 집중적으로 분석한다.

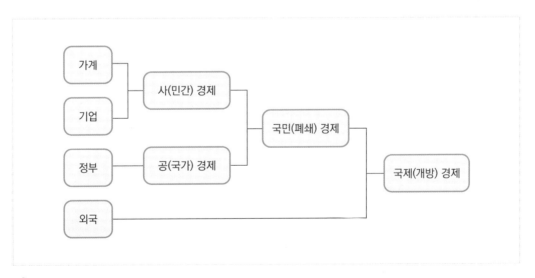

그림 1-1 **경제주체**

경제객체란 경제주체가 하는 경제활동의 대상이며 여러 가지로 나눌 수 있다. 그 내용을 자세히 보면 다음과 같다.

첫째, 재화와 용역을 들 수 있다. 재화란 유형의 물건의 형태를 가지면서 인간의 욕구를 충족시키는 것이고, 용역은 무형의 서비스로 인간의 욕구를 충족시켜주는 인간의 행위나 작용을 말한다. 둘째, 경제재와 자유재를 들 수 있다. 경제재(economic goods)란 어떤 재화를 얻기 위해서 반드시 그 대가를 지불해야 하는 것이고, 자유재(free goods)는 존재량이 무한히 많아 돈이나 노력을 들이지 않고 얻을 수 있는 것이다. 경제재는 경제학의 대상이 되지만 자유재는 경제학의 대상이 되지 않는다. 그러나 공기와 같은 자유재도 인간의 욕망을 충족시킬 수 있는 재화인 만큼 우리가 관심을 가지고 있다. 셋째, 소비재와 생산재로 구분할 수 있는데 소비재(consumer goods)란 소비자인 가계가 구입하여 최종소비의 목적으로 쓰이는 재화를 말하고, 생산재(producer goods)는 생산자인 기업이 구입하여 사용하는 재화로 자본재와 중간재를 말한다. 같은 재화라도 사용용도에 따라서 소비재가 될 수 있고 생산재가 될 수 있다. 예를 들어 자동차가 가정용으로 사용되면 소비재가 되고 기업의 업무용으로 사용되면 생산재가 된다. 넷째, 단용재와 내구재로 구분할 수 있다. 단용재(single use goods)란 1회 사용으로 없어지는 재화(빵, 우유 등)를 말하고, 내구재(durable goods)는 여러번 반복해서 사용이 가능한 재화(가구, TV 등)를 의미한다.

1-3   경제체제의 선택

경제활동은 개별적으로만 이루어지는 것이 아니라 서로 협력하고 조정되면서 이루어지므로 **경제제도** 혹은 **경제체제**(economic system)가 결정되어야 한다. 경제적 선택권 혹은 결정권이 누구에게 맡겨져야 하는지, 각자의 결정이 서로 조화되려면 어떤 조정기구가 필요한지에 대해서 사회적 합의과정에 의해 경제체제가 결정된다. 한 국가는 보통 그 나라의 경제체제를 헌법과 법률로 규정한다. 우리나라의 헌법 제23조는 "모든 국민의 재산권은 보장된다. 그 내용과 한계는 법률로 정한다"고 명시하고 있다. 우리나라는 기본적으로 사유재산제를 채택하고 있다. 사유재산제란 재산권이 개인에게 부여되어 있고, 개인은 재산을 보유하고 사용하며 수익을 얻고 처분하는 모든 행위에 있어서 원칙적으로 다른 사람이나 기관의 간섭을 받지 않는 제도를 말한다. 그리고 헌법 119조는 "대한 민국의 경제질서는 개인과 기업의 경제상의 자유와 창의를 존중함을 기본으로 한다"고 정하고 있다. 정부는 민간의 경제활동에 대해서 될 수 있는 한 간섭하지 않는 경제적 자유주의, 즉 시장경제원리를 채택하고 있는 것이다. 시장경제에서 는 재화의 소비와 생산 등의 결정권이 개인에게 주어져 있고 시장원리에 의해서 서로 조정된다. 요컨대 우리나라의 경제체제는 사유재산권과 경제적 자유를 보장하는 자본주의 시장경제제도이다.

자본주의 시장경제 체제에 대립되는 경제제도는 사회주의 계획경제 체제인 데 소련과 동유럽 그리고 중국 등이 취한 경제체제였다. 그런데 1991년 소련이 해체되고 동유럽 국가들이 자본주의체제로 전환함으로써 아직까지 사회주의 계획경제를 선택하고 있는 나라는 북한과 쿠바 등 아주 소수이다. 중국과 베트남 은 사회주의를 고수하면서도 시장경제를 선택하여 사회주의 시장경제라는 새로운 단계로 나아가고 있고, 자본주의 시장경제와 상당히 비슷해지고 있다. 아직 도 사회주의 계획경제를 상당 부분 고수하고 있는 북한과 자본주의를 선택한 한 국이 체제경쟁을 해 왔으며, 북한의 경제는 효율성이 너무 낮아서 주민들의 기 본생활도 해결하지 못하고 있는 실정이다.

경제체제는 생산수단을 누가 소유하느냐, 그리고 자원배분이 시장과 정부 계획 가운데 어느 기구(mechanism)에 의하여 이루어지느냐에 따라 아래 〈표 1-2〉처럼 네 가지의 경제체제로 크게 나누어 볼 수 있다. 자본주의는 원래 시 장경제와 가장 친화성이 있어서 자본주의 자체가 대부분 시장경제를 가리킨다. 그러나 개발도상국 등에서 경제개발을 위한 계획을 실시하는 등의 측면에서 정 부계획이 강력하게 시행되는 경우도 있어서 자본주의 계획경제 체제가 존재할 수 있으며, 이것을 개발독재라고 부르기도 한다. 사회주의는 대부분 계획경제이 지만 중국처럼 사회주의에서 시장경제를 도입하는 경우도 있다. 오늘날 대부분 의 국가는 순수한 자본주의나 사회주의, 그리고 순수한 시장경제나 계획경제를

표 1-2 경제체제의 분류

생산수단의 소유방식		자원배분 방식	
		시 장	계 획
	사 유	자본주의 시장경제	자본주의 계획경제
	공 유	사회주의 시장경제	사회주의 계획경제

선택하는 경우는 거의 없고 정도의 차이는 있으나 양자가 혼합된 제도를 취하여 **혼합경제**(mixed economy)라고 불리고 있다. 혼합경제는 매우 다양한 형태를 띠고 있는데, 아래의 네 가지 가운데 어느 유형에 더 가까운지에 따라 대략적으로 판단할 수 있다.

자본주의 시장경제 체제에도 소득분배의 지나친 불평등과 경제적 불안정 등의 결함이 있으며, 이것은 해결을 위해 지속적으로 노력해야 할 과제이다. 그렇지만 이 체제는 효율성과 경제성장, 그리고 빈곤 해소에 있어서 상당히 우월한 제도임이 입증되었다. 그래서 전세계 대부분의 국가들이 우리나라와 비슷한 제도를 채택하고 있다. 가장 순수한 자본주의 시장경제에 가까운 나라가 미국과 영국이고, 자본주의의 틀 내에서 정부개입이 많은 나라가 북유럽국가들이다. 한국은 그동안 정부주도적인 경제발전을 해 온 일본경제를 많이 본받아 왔는데, 1997년 외환위기를 계기로 하여 IMF의 권고와 요구를 받아들여서 미국식 제도를 많이 도입하고 있다.

자본주의 체제의 지나친 불평등과 빈곤의 해소라는 목표를 실현하려는 사회주의 체제는 1917년에 러시아에서 최초로 등장하였다. 러시아는 유럽에서 가장 후진적인 국가였는데, 혁명에 의해 사회주의국가인 소련이 되었다. 소련은 스탈린(J. V. Stalin) 독재 하에서 강력한 국가주도적 공업화를 추진하여 매우 빠른 경제성장을 보였다. 그러나 점점 사회주의 계획경제의 비효율성이 나타나 노동생산성 증가율과 경제성장률이 둔화되었다. 그러자 1985년 집권한 소련공산당 서기장인 고르바쵸프가 '**페레스트로이카**'라는 개혁에 착수하였다. 그 과정에서 개혁에 반대하던 보수파의 쿠데타가 발생하였고, 그것을 진압하는 데 큰

공을 세운 옐친(당시 러시아공화국 대통령)의 주도로 1991년 연말에 소련연방
은 해체되고 러시아 시대가 시작되었다. 러시아는 매우 급진적으로 자본주의 시
장경제체제로 전환하였고, 초기에 큰 혼란을 겪었으나 2000년대 이후에 안정되
었다. 소련에 속해 있다가 독립한 다른 국가들도 경제체제를 전환하였다.

소련의 강력한 영향 하에 있었던 동유럽 국가들은 고르바쵸프의 개혁에 힘
입어 독립적인 자본주의 시장경제로 전환하기 시작하였고, 역시 초기의 혼란을
겪은 후에 안정적인 경제성장을 시작하였다. 중국은 그보다 앞서서 1978년에
등소평이라는 새로운 권력자의 지도하에 시장경제로 전환하여 30여년간 높은
경제성장을 실현하여 일본을 제치고 세계 제2위의 경제력을 보유하게 되었다.

사회주의 체제는 경제적 평등을 지향하였지만, 결국 효율성과 경제성장, 경
제적 자유라는 측면에서 매우 부정적인 결과를 초래하여 북한과 쿠바를 제외한
모든 사회주의 국가들이 자본주의 혹은 시장경제로 전환하였다.

경제제도는 경제활동의 규칙이다. 우리나라가 선택하여 운용하고 있는 경
제제도를 이해하는 것은 각자의 삶에 있어서 매우 중요하다. 개인이 가지고 있
는 재산권을 어떻게 행사할 수 있는지, 기업은 어떻게 설립하고 어떤 방식으로
운영해야 하는지, 시장에서 가격과 거래량이 어떤 방식으로 결정되는지, 노동자
의 임금수준은 어떤 힘에 의해서 결정되는지 등을 이해하면 이 제도 가운데서
어떻게 행동해야 하는지를 더 잘 알게 된다. 그리고 앞으로 보다 나은 사회를
만들어 가기 위해서도 우리나라가 취하고 있는 제도의 장단점을 파악하는 것이
매우 중요하다.

1-4   경제체제가 해결해야 할 근본문제

모든 경제는 자원이 희소한 상황을 바탕으로 하고 있으므로, 자본주의이
든, 사회주의이든 다음과 같은 세 가지의 근본적인 경제문제를 해결해야 한다.

1. 무엇을 얼마나 생산할 것인가?

한 사회가 가지고 있는 자원(토지, 노동, 자본)의 양은 제한되어 있고, 그것으로 재화를 생산하는 기술수준도 일정 시점에는 고정되어 있으므로 주어진 자원으로 사회구성원이 원하는 모든 재화를 동시에 생산할 수 없다. 식량도 필요하고 대포도 필요하다. 필수품도 필요하고 사치품도 필요하다. 농산물도 필요하고 공산품도 필요하다. 소비재도 필요하고 투자재도 필요하다. 자원의 양이 제한되어 있으므로 모든 재화를 동시에 증가시킬 수는 없다. 한 종류의 재화를 증가시키면 다른 재화는 감소시키지 않으면 안 된다.

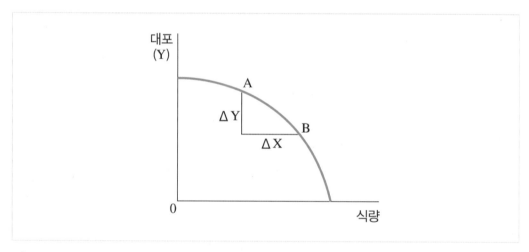

그림 1-2 **생산가능곡선**

위의 〈그림 1 - 2〉는 생산가능성곡선을 보여주고 있는데, 그것은 한 경제 내에 존재하는 모든 자원을 활용해서 최대한 생산할 수 있는 두 재화의 조합을 나타낸다. 이 곡선상의 점들은 식량과 대포를 동시에 증가시킬 수 없는 상황을 보여주고 있다. 대포 생산을 증가시키면 식량생산이 감소된다. 시장경제에서는 시장의 수요와 공급에 의해서 무엇을 얼마나 생산할 것인가가 결정되고, 계획경제에서는 정부의 계획당국이 이 문제를 결정한다. 이 문제는 생산물의 종류와 양의 선택문제이며, 무엇을 얼마만큼 생산하는 것이 사회구성원들의 욕망을 가장 잘 충족시키는가의 관점에서 결정될 문제이다.

2. 어떤 방법으로 생산할 것인가?

무엇을 얼마나 생산할 것인가가 결정되면, 그것을 어떤 방법으로 생산할 것인가가 결정되어야 한다. 간단한 공구로 생산할 것인가, 아니면 자동기계로 생산할 것인가? 대기업이 생산할 것인가, 아니면 중소기업이 생산할 것인가? 민간기업이 생산할 것인가, 아니면 국영기업이 생산할 것인가? 전력생산에서 수력과 화력, 원자력의 비중은 어떻게 하는 것이 좋은가? 이런 문제들은 어떤 방법이 생산비를 가장 절약할 수 있는가의 문제이다. 시장경제에서는 개별 기업들이 시장에서 결정된 생산요소의 가격을 고려하여 비용을 최소화하는 방식으로 생산방법을 결정하고, 계획경제에서는 계획당국이 결정한다.

3. 누구를 위하여 생산할 것인가?

생산된 재화가 누구의 욕망을 충족시키는 데 쓰여 져야 할 것인가를 결정해야 한다. 이것은 곧 생산된 재화가 어떤 방식으로 분배될 것인가의 문제이다. 봉건시대에 지주는 많은 재화를 소비했지만, 농노나 상민들에게는 겨우 생존할 정도의 소비만 허용되었다. 오늘날에도 부유한 자본가와 경영자가 있는가 하면 가난한 저임금 노동자와 실업자도 존재한다. 화폐경제에서는 생산에 참여한 사람들에게 재화를 직접 나누어 주는 것이 아니라 돈을 준다. 그러므로 누구를 위하여 생산할 것인가의 문제는 누구에게 얼마만큼의 소득을 분배할 것인가의 문제가 된다. 시장경제에서는 생산요소의 거래 과정에서 소득분배가 자연적으로 결정된다. 반면에 계획경제에서는 정부 계획당국이 인위적으로 소득분배를 결정한다.

1-5 경제학이란?

경제학(economics)이란 어떤 학문인가? 어떤 경제학자는 경제학을 "경제학자들이 하는 일"이라고 정의하였다. 이 말은 경제학이 간단히 정의하기 어려울 정도로 광범위함을 뜻하는데, 경제학자가 어떤 존재인가를 설명하지 않으면 무의미한 말이 된다. 미국의 유명한 경제학자인 폴 사무엘슨(Paul A. Samuelson)은 "경제학은 사회가 가치 있는 상품을 생산하고 그것을 구성원들에게 분배하기 위해서 희소한 자원을 어떻게 사용하는가에 대한 연구"라고 정의하였다. 이 정의는 매우 간명하면서도 경제학을 잘 설명하고 있지만 얼른 이해하기는 쉽지 않다. 그래서 경제학을 다음과 같이 알기 쉽게 정의해 보려고 한다.

경제학은 '모든 경제현상의 원인을 밝혀 인과관계를 설명하고 인간의 복지를 증대하기 위해서, 가계, 기업, 정부 등의 경제주체들이 어떻게 대처하는 것이 좋은가를 제시해주는 학문이다.' 사람은 사회적 동물이라고 하듯이 혼자서는 살아가기가 극히 어렵다. 경제학은 사람이 모여서 살아가기 때문에 발생하는 사회현상을 연구하는 사회과학의 한 분야이다. 우리는 사회 속에서 태어나고, 자라고, 살아간다. 사람이 공동생활을 하기 위해서는 사회적 규칙(법률)을 제정하고 이것을 집행하는 기관도 필요하고, 외적을 막는 군대, 재화를 생산하는 기업, 거래가 이루어지는 시장 등 다양한 제도와 조직, 활동이 필요하다. 이런 인간의 사회활동 가운데 중요한 한 부분이 바로 경제활동이다.

사회과학에는 경제학 이외에도, 정치학, 사회학, 법학 등이 있다. 사회과학도 과학이라고 할 수 있지만, 자연과학에 비해서 과학성이 약하다고 평가받는다. 자연과학은 관찰과 실험에 의해서 반복적으로 원인과 결과를 확인할 수 있지만, 사회과학에서는 관찰은 가능하나, 실험을 하기가 매우 어려워서 인과관계를 밝혀내기가 그만큼 어렵기 때문이다. 그렇지만 경제현상은 대부분 화폐단위로 수량화할 수 있고, 정부와 은행 등이 다양한 통계자료를 조사발표하기 때문에, 이런 통계자료를 활용하여 발전된 통계학과 계량경제학의 기법으로 취약점을 많이 보완하고 있다. 그래서 경제학은 사회과학 분야에서 가장 과학성이 뛰어난 분야로 인정되고 있다.

그렇지만 경제학이 가지는 과학성의 한계 때문에 경제학자들 사이에서도 경제현상의 인과관계와 미래예측에 있어서 견해가 다를 수 있고, 견해가 비슷한 학자들이 모여서 중요한 학파가 형성되기도 하였다. 과거에 고전학파, 제도학파, 마르크스주의 경제학파 등이 존재했는데, 현재 중요한 경제학파로는 시장이 효율성, 안정성 및 분배의 형평성에 있어서 정부개입보다 우월하다고 보는 신고전학파와 시장은 원래 결함이 많고 이 결함을 시정하기 위해서 정부개입이 필요하다고 보는 케인스학파 등이 존재한다. 또한 바람직한 상태가 어떤 것인가에 대한 가치관의 차이도 존재한다. 그래서 경제학자들이 제시하는 정책은 서로 상이할 수가 있다. 토론을 통해서 합의에 도달하는 경우도 많이 있으나, 그렇지 못하는 경우도 있다.

1-6　경제학의 분류

1. 미시경제학과 거시경제학

　　연구대상에 따라 경제학은 먼저 **미시경제학**(microeconomics)과 **거시경제학**(macroeconomics)으로 분류된다. 미시경제학은 글자 그대로 좁게 관찰하는 분야로서 가계와 기업 같은 개별경제주체가 주어진 상황에서 어떻게 행동하는가를 밝히고, 수요자와 공급자가 개별시장에서 만나서 어떻게 상호작용하는가를 해명하는 분야이다. 그러므로 미시경제학은 가계의 소비활동, 기업의 생산활동, 시장에서 수요와 공급에 의한 가격결정과 거래량의 결정, 생산요소시장에서의 가격결정과 소득분배 등을 다룬다. 조금 어렵게 표현하면 희소한 자원이 시장에서 어떻게 배분되는가를 연구하는 것이 미시경제학의 분야이다. 예를 들면 한 재화, 즉 쌀의 소비량과 생산량 및 쌀 가격의 변동 요인을 탐구하는 것이 바로 미시경제학의 분야인 것이다.

　　거시경제학은 넓게 관찰하는 분야로서 수많은 가계와 기업의 경제활동의 결과로 나타나는 국민경제 전체의 흐름을 연구대상으로 한다. 그러므로 거시경제학은 GDP나 GNP 같은 국민소득, 인플레이션과 실업, 국제수지, 경제성장과 같은 국민경제 전체의 경제현상들을 연구하는 분야이다. 거시경제학과 미시경제학은 밀접하게 연관되어 있으나, 서로 다른 성질을 가지고 있기도 하다. 전체는 부분의 합이라고 볼 수 있지만, 때로는 전체가 부분의 합과는 다른 성질을 지니기도 하므로 거시경제학은 미시경제학과는 구별되는 독자적인 영역이 있다. 예를 들면 한 개인이 소비를 감소시키면 저축을 증가시킬 수 있으나, 모든 개인이 소비를 줄이면 총저축이 오히려 감소할 수도 있는 것이다.

2. 실증경제학과 규범경제학

실증경제학(positive economics)은 있는 그대로의 경제현상을 관찰·기술하고 인과관계를 밝히는 경제학의 분야를 말한다. 최근의 석유가격이 변동한 원인이나, 수도권의 부동산가격이 폭등한 원인은 무엇인가를 밝히는 것이 바로 실증경제학에 속한다. 이것은 옳고 그름이나 좋고 나쁨과 같은 가치판단을 배제한 채, 오직 객관적으로 존재하는 현상을 연구대상으로 한다.

반면에 규범경제학(normative economics)은 가치판단을 포함하는 경제학의 분야를 말한다. 어떤 경제상태가 좋은 경제상태인가를 판단하는 기준과 방법을 제시하려고 하는 후생경제학(welfare economics)이 바로 규범경제학에 속한다. 어떤 경제상태가 바람직한가를 판단하는 기준으로 효율성(efficiency)과 형평성(equity)이 적용되고 있는데, 효율성이란 주어진 자원이 사회구성원들의 전체 욕구를 얼마나 잘 충족시키는가를 나타내는 기준이며, 형평성이란 소득이나 부가 구성원들 사이에 얼마나 공평하게 분배되고 있는가를 나타내는 기준이다. 효율성이란 기준에 대해서는 경제학자들 사이에 별 이견이 없으나, 무엇이 공평한 것인가에 대해서는 견해 차이가 존재한다. 그리고 형평성을 위해서 효율성을 얼마나 희생시킬 수 있는가에 대해서도 이견이 있다.

1-7 경제모형과 경제학의 기본가정

현실의 경제현상은 매우 복잡하기 때문에 그것을 잘 이해하기 위해서 **경제 모형**(모델)을 구성한다. 이것은 마치 물리 수업시간에 비행기의 특성을 파악하기 위해서 복잡한 실물 비행기 대신 날개와 동체로 구성된 모형비행기를 만들어 비행기의 가장 중요한 특성을 이해하는 것과 같다. 경제학에서도 많은 모형을 만들어서 경제현상을 이해하려고 한다. 그렇게 하기 위해서는 중요하지 않다고 생각되는 측면을 과감하게 배제하는 단순화 가정을 도입한다. 예를 들어서 현실에는 수많은 재화가 존재하지만 두 개의 재화만 존재한다고 가정한다든지, 수요를 결정하는 요인이 많지만 다른 요인(소득, 선호 등)들은 일정불변이고 가격만 변화한다고 가정하여 수요곡선을 그리는 것 등이 바로 경제모형이다. 단순화 가정을 도입할 때 가장 중요한 변수 혹은 측면은 남겨두어야 한다는 점에 주의하여야 한다. 경제모형은 그림이나 그래프, 혹은 수식으로 나타낼 수 있다.

경제모형을 구성함에 있어서 복잡한 현실을 단순화하는 것도 중요하지만, 경제주체들의 행위의 동기에 대해서도 단순화할 필요가 있다. 사람들의 경제행위의 동기는 무엇인가? 그리고 그들은 어떤 원리에 의해서 행동할까? 사실 현실의 인간에게는 복잡한 행위동기가 내재되어 있다. 이기심이 강하게 작용하는가 하면, 다른 사람을 불쌍하게 여기는 마음이 작동하기도 한다. 그리고 인간은 합리적인 판단을 하기도 하지만, 때로는 사려분별이 없이 충동적으로 행동을 하기도 한다. 여기서 경제학자들은 복잡한 동기와 행동패턴을 단순화하여 인간은 일반적으로 "자기이익을 추구하고 합리적인 선택을 하는 존재"라고 가정한다. 이것이 흔히 말하는 '경제인'(economic man, 혹은 Homo Economicus)의 가정이다. 다른 동기를 부정하는 것은 아니지만 경제행위에 있어서 인간은 자기이익을 추구하고 합리적으로 행동한다고 가정하는데, 이 가정이 현실과 별로 위배되는 것은 아니라고 판단되어 대부분 이 가정을 전제로 하여 경제모형을 구축한다. 이 가정으로부터 소비자는 만족(효용)을 극대화하려고 하며, 기업은 이윤을 극대화하려고 한다고 하는 경제행위의 목적이 도출된다.

이렇게 경제모형을 통해서 경제현상의 중요한 원리를 파악한 후에 가정을 완화하여 다시 점점 복잡한 현실세계로 접근해 갈 수 있다. 예를 들어서 두 개의 재화만 존재할 경우의 경제원리가 다수의 재화가 존재할 경우에도 성립하는가를 탐구해 볼 수 있다. 수요이론에서 일정하다고 가정된 소득이나 다른 재화의 가격 등이 변화하면 수요에 어떤 영향을 주는지를 추론해 보는 방식으로 현실에 보다 접근할 수 있다.

1-8 **경제학의 표현방법**

경제학에는 수많은 그림과 수식이 나오기 때문에 흔히 학생들은 경제학이 어렵다고 말한다. 그러나 수식이나 그림은 경제현상을 보다 쉽고 간편하게 나타내기 위한 수단으로 사용한다는 것을 알아야 한다. 경제학을 표현하는 방법은 여러 가지가 있으며 그 내용을 보면 다음과 같다.

첫째, 서술적 방법으로 어떤 사상(事象)들의 존재 상태나 상호 의존관계를 수식이나 그림에 의존하지 않고 언어를 통한 방법으로 경제현상을 설명하는 것이다. 예를 들어 "수요는 일정기간 동안 소비자가 구매하고자 의도한 양이다"와 같이 표현하는 것이 서술적 방법이다.

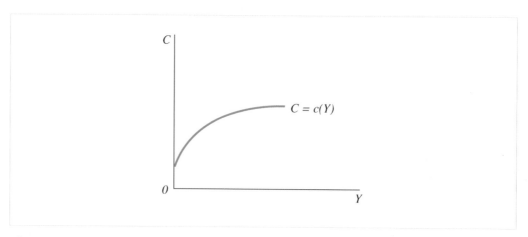

🔱 그림 1-3 **기하학적 표현방법**

둘째, 수리적 방법은 경제이론을 수학적인 함수관계로 표시하여 경제변수 사이의 상호관계를 표현하는 방법이다. 즉 소비함수를 C=c(Y)와 같이 수식으로 나타내며, 소비는 소득의 크기에 의해 결정된다는 것을 의미한다.

셋째, 기하학적 방법으로 수리적으로 표현되는 경제이론들을 설명의 편의상 그림을 이용해서 나타내는 것이다.

경제학은 주로 그림과 수식으로 표현하여 설명하지만 이것은 단지 경제현상을 쉽고, 간략하게 설명하기 위한 하나의 수단이지 그림이나 수식이 최종목적은 아니다.

1-9 소득과 행복의 관계

영국의 공리주의 철학자인 벤담(Jeremy Bentham)은 인간은 고통을 피하고 쾌락을 추구하는 존재이며, 쾌락 즉 행복이야말로 최고의 본래적인 선이라고 하였다. 경제학은 공리주의철학을 받아들여서 소비의 증가는 만족, 즉 효용(utility)을 증가시킨다고 본다. 소비를 증가시켜 주는 것이 소득과 부의 증가이므로 이것들도 효용을 증가시키는 것으로 인정된다.

인류가 가난에서 벗어나기 시작한 것은 그리 오래 전 일이 아니다. 산업혁명이 일어나기 전, 즉 200여 년 전만 하더라도 유럽의 평균수명이 30세 정도이고, 대부분의 사람들이 기아와 질병에 시달렸다. 홉스(Thomas Hobbes)가 자연상태에 관해서 말한 것과 아주 유사하게 산업혁명 이전에 대다수 사람들의 "인간생활은 고독하고, 가난하고, 험악하며, 잔인함과 동시에 짧았다." 18세기 영국에서 시작된 산업혁명이 세계 각국에 파급되어 우리나라도 1960년대에 들어와서 약 40년간 산업화에 의한 고도성장을 이루어 생활수준의 비약적인 향상이 이루어졌다. 1960년대만 하더라도 대부분의 아동이 초등학교만을 졸업하고 일을 하였고, 쌀밥과 고깃국은 잔치가 아니면 먹지 못했다. 한 동네에 회갑을 지난 노인이 거의 없을 만큼 수명이 짧았다. 그러던 우리나라가 대학진학률에 있어서 세계 1, 2위를 다투고, 평균수명은 80세를 넘고 있다. 전염병은 거의 사라지고 비만이 가장 중요한 질병의 원인이 되고 있다.

경제발전은 국민의 생활수준을 향상시켜 준다는 면에서 매우 중요한 의미를 지닌다. 그리고 아직도 남아 있는 빈민층의 생활수준 향상과 청년층들의 일자리 마련을 위해서 앞으로도 지속될 필요가 있다. 그러나 지나친 물질주의적 태도는 돈을 위해서는 타인에게 해를 끼치는 행동도 서슴지 않도록 만들어 개인과 사회전체의 행복을 감소시키는 요인이 된다.

소득의 크기와 행복의 크기의 상관관계를 보면 소득수준이 아주 낮은 상태에서 소득이 증가하면 행복이 급속도로 증가한다. 이것은 인간의 기본욕구가 충족되고 인간다운 삶이 가능할 때까지 계속된다. 그러나 그 이후에 소득의 증가가 행복을 증가시키는 정도는 점점 감소한다. 다시 말하면 여기에도 한계효용체감의 법칙이 작용하는 것이다. 새로운 TV를 사거나, 새 집을 사면 얼마 동안은 매우 기쁘지만 어느덧 그것에 익숙해져서 기쁨은 점점 약화되고 만다. 그리고 종전보다 더 높은 기대수준을 가지게 되어 현재의 소득수준이 주는 만족이 감소된다. 미국의 심리학자들이 연구한 결과를 보면 미국의 평균 소득이 크게 증가하였음에도 불구하고 행복한 사람들의 비율은 그대로라는 것이다. 소득증대도 중요하지만 기대수준이 빨리 증가하지 않도록 내면을 다스리는 노력이 필요하다. 그래서 행복방정식을 다음과 같이 나타낼 수 있다.

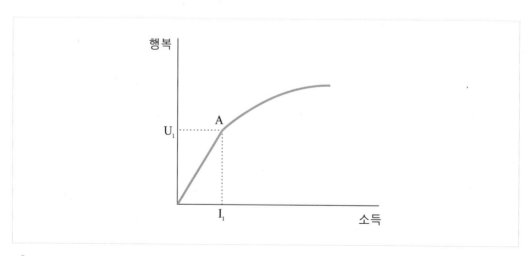

🌕 그림 1-4 **소득과 행복의 관계**

$$\text{행복} = \frac{\text{소득}}{\text{기대}}$$

위 식을 보면, 행복을 증가시키기 위해서는 소득이나 부의 증가와 함께 기대 혹은 욕망을 잘 다스리는 노력이 필요함을 알 수 있다.

경제학은 생활수준의 향상이 가져다주는 경제적 행복과 인간의 사회적 관계나 일 자체가 주는 만족, 명상이나 종교생활이 주는 만족 등의 비경제적 행복 간의 관계에 대해서는 언급하지 않는다. 소득수준의 향상이 다른 활동을 더 촉진시킨다는 면에서 서로 비례관계일 수도 있으나 반면에 지나친 물질주의적 태도가 정신적, 사회적 행복, 즉 비경제적인 행복을 감소시킬 수도 있어서 경제학은 양자가 독립적이라고 가정한다. 그래서 경제학은 사회의 경제적 행복의 증가에만 초점을 맞춘다.

1974년 미국의 행복경제학자인 이스털린(Richard Easterlin)은 '이스털린의 역설'을 발표하였는데, 그 내용은 다음과 같다. 설문조사 결과, 한 사회내에서 고소득층은 저소득층보다 더 행복하다고 응답하였다. 그러나 부유한 국가가 가난한 국가보다 더 행복한지는 불명확하고, 한 국가의 경제성장이 그 나라 국민의 행복을 증가시키지 못한다고 주장했다. 그 후 그를 비판하는 학자들과의 논쟁이 진행된 결과 반론도 있지만, 대체적으로 다음과 같은 의견에 접근하였다. 1) 한 사회 내에서 한 개인의 소득이 높을수록 그의 행복수준이 더 높으나 기본욕구 충족 이후에는 증가폭이 점점 작아진다. 2) 1인당 소득수준이 10,000달러까지는 소득수준이 높은 국가일수록 국민 행복이 높아진다. 그러나 그 이상에서는 1인당 소득수준의 증가가 국민 행복에 별로 영향을 미치지 못한다. 3) 한 나라의 경제성장은 국민의 행복을 증가시키지 않는다. 이 현상은 미국과 일본에서 두드러지게 나타난다.[1]

개인에 있어서는 소득증가가 행복을 증가시키나 국가적으로는 경제성장(1인당 소득의 증가)이 국민의 행복을 증가시키지 못하는 역설은 왜 나타나는

---

1) 이재율(2016), 『돈과 행복: 행복한 개인 행복한 국민』, 탑북스, 2장 참조. 이 주장에 대한 비판도 있긴 하다.

것일까? 이것은 타인과의 비교와 적응 때문이다. 사람들은 타인들과 비교하여 소득이나 소비수준이 높을수록 더 많은 행복을 느낀다. 그러나 한 나라의 전반적인 소득수준의 증가는 자신의 상대적인 위치를 향상시키지 못하므로 경제성장이 국민의 행복을 증가시키지 않는다는 것이다. 그리고 상대적인 상승이 있다고 해도 사람의 적응 속도는 매우 빨라서 곧 그 효과가 사라진다는 것이다. 그리고 국민들의 평균적인 소득증가는 곧 목표수준(기대)을 상승시켜서 소득증가가 행복을 증가시키는 것을 상쇄시킨다.

이런 사실에 비추어 볼 때, 가난한 저소득국의 개인과 국가는 소득증대를 위해 열심히 노력할 필요가 있다. 그러나 고소득국에서는 개인이나 국가가 소득증가로부터 행복의 증가를 기대하기가 점점 어려워진다. 그러므로 고소득국의 개인과 정부는 소득증가만이 아니라 가족, 건강, 일, 친구, 여가생활, 공동체에 대한 참여 등 행복에 중요한 영향을 미치는 다른 요인들을 중요시할 필요가 있다.

1-10   경제학을 공부하는 이유

경제학은 처음에 다소 어렵게 느껴지는데도 불구하고 많은 사람들이 공부한다. 왜 그런가? 첫째, 경제학은 우리들이 개인적으로 경제적 선택을 함에 있어서 합리적인 선택을 하도록 도움을 준다. 직장을 선택하거나, 창업을 할 때, 그리고 자금을 투자하려고 할 때, 경기와 이자율, 임금이 어떻게 변동하는지를 이해하고 예측하는 것이 매우 중요하다. 특히 부가 증가하면서 자산을 어떻게 운용할 것인가가 매우 중요한데, 이를 위해서는 금융지식이 필수적으로 요구된다.

둘째, 기업이나 정부에서 일을 할 경우에 경제학 지식은 매우 중요한 자산이 된다. 경제학은 주어진 경제상황을 체계적으로 이해하고 이윤을 증가시키기 위해서나 국민들의 공익을 위해서 올바른 선택을 할 수 있도록 도와준다.

셋째, 경제학 공부는 경제학자가 되기 위해서 할 수도 있다. 경제학은 인간 생활에 매우 긴요한 학문으로서 사회 구성원들의 복리증진을 위해서 경제현상을 분석하고 올바른 대책을 강구하는 학문이다. 이 분야의 연구를 직업으로 선택하는 사람들은 앞으로 대학이나 많은 연구소, 그리고 공공기관에서 일할 수 있다.

넷째, 경제문제는 매우 중요한 사회적 이슈이다. 각종 전국적 선거나 지방선거에서 경제문제가 중요한 쟁점이 되는 경우가 많다. 시민의 한 사람으로서 선거에 참여하여 올바른 투표를 하기 위해서도 경제학 지식은 꼭 필요하다. 나아가서 선출직 공무원으로서 국민들을 대신해서 중요한 정책결정을 할 경우에 경제학 지식이 없다면 올바른 선택을 할 수 없다. 예를 들면 국회가 미국과의 FTA를 비준할 것인가를 놓고 고심할 때, 국제경제학에 대한 이해 없이 이 문제를 어떻게 결정할 수 있겠는가? 경제원리는 다소 복잡한 과정을 거치기 때문에 좋은 의도로 결정한 정책이 기대하지 않은 나쁜 결과를 초래하는 경우가 많이 있으므로 경제원리를 이해하지 않고서는 정책결정이 어렵다.

중요 용어

- 기회비용
- 자본주의 시장경제
- 사회주의 계획경제
- 미시경제학
- 규범경제학

- 희소성의 원칙
- 자본주의 계획경제
- 자원배분
- 거시경제학
- 경제모형

- 경제체제
- 사회주의 시장경제
- 생산가능곡선
- 실증경제학
- 공리주의

참고 자료

● 경제학의 정의

경제학을 처음 대하면, 그것의 정의를 원할 것이다. 보통 이야기 되는 몇 가지 정의는 다음과 같다.

- 경제학은 재화의 생산과 교환을 포함하는 제반 활동을 연구하는 학문이다.
- 경제학은 경제 전반의 움직임, 즉 물가, 산출량, 실업의 추이를 분석한다. 일단 그런 현상이 이해되면, 경제학은 정부가 경제의 성과를 향상시키기 위한 정책의 개발에 도움을 준다.
- 경제학은 선택의 학문이다. 그것은 여러 가지 상품(밀, 쇠고기, 코트, 콘서트, 도로, 미사일)을 생산하고, 이 상품들을 여러 사회 구성원들이 소비하도록 분배하기 위해서 사람들이 희소하거나 제한되어 있는 자원(토지, 노동, 설비, 기술)을 어떻게 사용하는가를 연구한다.
- 경제학은 국가 사이의 거래에 대한 연구이다. 경제학은 국가들이 재화를 수출하고 수입하는 이유를 설명하고 무역장벽을 쌓을 때의 효과를 분석한다.
- 경제학은 화폐, 금융, 자본, 부에 관한 연구이다.

이 목록도 좋지만, 시간이 흐르면 더 확대될 수도 있다. 이 정의들을 요약하면, 다음과 같은 공통점을 발견할 수 있을 것이다.

　"경제학은 가치 있는 상품들을 생산하고 그것을 여러 집단 사이에 분배하기 위해서 사회가 희소한 자원을 어떻게 사용하는가에 대한 연구이다."

－Paul A. Samuelson and William D. Nordhaus, *Economics*

제1장 연습문제

1. '인생은 선택의 연속'이라는 말이 있는데, 선택이 불가피한 이유를 설명해 보라.

2. '결혼해 보라, 후회할 것이다. 결혼하지 말아보라, 역시 후회할 것이다.' 이 말은 유명한 실존주의 철학자 키에르케고르의 말이다. 이 말의 의미를 기회비용 개념과 연관지어 생각해 보라.

3. 자신의 대학교육의 기회비용을 계산해 보라.

4. 우리나라와 중국의 경제체제를 생산수단의 소유방식과 자원배분 방식에 따라 분류하면 어느 유형에 속하는가?

5. 경제체제의 세 가지 근본문제를 시장경제와 계획경제는 각각 어떤 방식으로 해결하는가?

6. 수년 전 한 조사에서 소득수준이 매우 낮은 뱅글라데시가 가장 행복한 나라로 선정되었다. 소득수준과 행복과의 관계를 생각해 보라.

7. "공짜 점심 같은 것은 없다"는 말의 의미를 생각해 보라.

8. 미시경제학과 거시경제학의 차이점을 설명해 보라.

9. 실증경제학과 규범경제학의 차이점을 설명하라.

시장 : 수요와 공급

Chapter 02

시장 : 수요와 공급

이 장에서는 우리나라와 거의 대부분의 국가들이 선택하고 있는 자본주의 시장경제를 대상으로 하여 그 경제가 어떻게 움직여 가고 있는지를 살펴 볼 것이다. 시장경제에서는 소비와 생산이 누구의 명령 없이도 개별 가계와 기업의 결정에 따라 이루어지고 시장에서 조절된다.

2-1 시장이란?

시장(market)이란 무엇인가? 시장은 장소에 따라 동대문시장, 서문시장 등으로 불리기도 하고, 거래되는 재화나 용역에 따라 농산물시장, 의류시장 등으로 불리기도 한다. 혹은 자산이 거래되는 경우에 거래대상에 따라 증권시장, 토지시장, 주택시장, 외환시장 등으로 불리기도 한다. 이 모든 종류의 시장들의 공통점은 재화나 용역 또는 자산이 거래되는 장소 또는 연결망이라는 점이다. 구체적인 장소가 아니라도 통신수단에 의해서 연결되어 거래가 이루어진다면 그것은 시장이다. 여기서는 일단 자산시장은 제외하고 재화와 서비스 시장만을 다루어 보기로 한다.

경제학의 아버지라고 불리는 아담 스미스(Adam Smith)는 인간에게는 서로 교환하려는 본능이 있다고 하였다. 사람들은 왜 교환을 할까? 어린 아이들이 장난감을 가지고 노는 것을 보고 있으면, 두 아이가 장난감을 가지고 놀다가 서로 바꾸어서 놀고 다시 바꾸곤 하는 것을 자주 볼 수가 있다. 아이들은 처음에 가지고 있던 장난감을 가지고 노는데 어느 정도의 시간이 지나면, 그 장난감에 싫증을 낸다. 즉 한계효용이 체감하는 것이다. 그때 서로 바꾸어서 놀면 두 사람의 효용이 모두 증가한다. 자기에게 남는 것을 모자라는 것과 교환하여 서로 이익을 얻는 것이 '교환의 이익'이다.

보울딩(Kenneth Boulding)이 말한 것처럼 인간의 사회적 관계에는 세 가지가 있다. 일방적으로 주는 관계, 일방적으로 빼앗는 관계, 서로 주고받는 관계이다. 이 가운데 일방적으로 빼앗는 관계는 사회의 지속을 위태롭게 하는 범죄이므로 국가에 의해 제어되어야 하고, 학문적으로 보면 법학이나 범죄학에서 다루는 문제이다. 일방적으로 주는 관계는 인간의 자비심의 발로로서 매우 고귀한 행위이다. 그렇지만 그것은 인간의 본성상 상당히 드물게 나타나며, 학문적으로는 종교와 도덕철학에서 다루는 영역이다. 가장 보편적으로 나타나는 인간관계가 바로 교환관계로서 경제학이 다루는 영역이다.

교환은 서로 협력하는 아주 중요한 방법이다. 사람과 사람이 서로 돕는 길에는 일방적으로 주는 것도 꼭 필요하다. 그러나 일방적으로 계속 주기 위해서는 무한대의 소유가 필요하므로 여기에는 불가피하게 한계가 있을 수밖에 없다. 지속적으로 서로 돕는 방법은 교환하는 것이다. 교환은 재화의 교환만 있는 것이 아니라 대화를 통한 정보의 교환, 의견의 교환, 감정의 교환도 있으며, 이것은 서로를 매우 윤택하게 한다. 교환은 서로를 유익하게 하므로 장려되어야 한다. 사회 구성원은 대부분 교환에 의해서 서로 돕고 있다. 그러나 교환할 재화가 없어서 교환의 이익을 얻을 수 없는 자들에 대해서는 사회의 일방적인 자선이 필요하다. 그러므로 교환관계가 사회의 중심이고 일방적인 자선은 보조적인 역할을 담당한다.

이처럼 중요한 역할을 하는 재화의 교환이 잘 이루어지기 위해서는 시장이 제도적으로 보호되어야 하고 또 거래의 활성화를 위한 정부의 장려조치가 필요하다. 그러면 거래가 활성화되기 위해 필요한 정부의 역할은 무엇인가?

• **재산권의 보호** : 강탈이나 절도가 있으면 거래는 매우 위축되므로 정부는 사유 재산을 보호해야 한다.

- **강요와 사기의 방지** : 거래가 자발적 의사에 의해서 이루어져야 쌍방이 이익을 얻을 수 있으므로 상대방을 강요하거나 속이는 행위가 정부에 의해 금지되어야 한다.
- **통화량의 적정한 공급** : 교환의 매개수단인 통화의 가치가 안정적으로 유지되고 수량이 적절하여 거래에 부족함이 없어야 한다.
- **도량형의 통일** : 길이나 무게, 부피를 재는 도량형의 단위가 통일되어야 편리하게 거래가 이루어질 수 있으므로 정부가 도량형의 통일을 기하여야 한다.
- **교통, 통신의 발달** : 거래의 활성화를 위해서 정보와 물자의 전달이 용이하도록 교통과 통신의 인프라 구축이 필요하다.
- **유통망의 효율화** : 유통산업이 효율화될 때 거래는 보다 활발하게 이루어질 수 있다.

거래가 잘 이루어지는 시장은 이러한 제도적 장치가 있을 때 제 기능을 다할 수 있다. 시장경제의 발전을 위해서 정부의 법치, 통화정책, 인프라 구축 등이 매우 중요함을 여기서 알 수 있다.

2-2 분업과 비교우위의 원리

1. 분업의 이익

아담 스미스는 핀 공장의 예를 들면서, 핀을 혼자서 생산할 때와 10명이 공정을 나누어서 생산할 때, 즉 한 노동자가 가느다란 철사를 가지고 오고, 다음 노동자는 자르고, 그 다음 노동자는 끝을 뾰족하게 하는 식으로 분업하여 생산할 때 1인당 생산량을 비교해 보았더니 무려 4,800배로 증가했다고 하였다. 한 기업 내에서 이루어지는 이러한 기술적 분업과 함께, 산업과 직업이 분화하여 이루어지는 사회적 분업도 매우 중요하다. 자급자족 시대에 가계는 자신에게 필요한 재화를 모두 생산하다가 점점 시장이 확대되어 교환이 활성화되자 자기가 가장 잘 생산할 수 있는 재화 하나만 생산하고 그것을 다른 필요한 것과 교환하여 소비하는 것이 유리하다는 것을 알게 되었다. 교통과 통신이 발전하지 않았던 시대에 시장은 매우 작은 지역적 시장이었지만, 그것들의 발전과 함께 씨족국가 및 부족국가가 통합되어 큰 국가가 이루어지고 치안이 확보되면서 시장의 크기는 계속 확대되고, 나아가 국가 간에도 거래가 가능하게 되었다. 시장의 확대는 교환과 함께 분업을 크게 촉진한다. 분업을 하면 각 개인이나 각 국가가 가장 잘 생산할 수 있는 분야에 전문화(특화)하게 되어 생산의 효율이 높아지고 나아가 한 분야의 생산을 계속함으로써 숙련도가 높아져서 또다시 생산성이 높아지는 이익을 얻게 된다. 분업의 이익은 다음과 같이 두 단계로 나누어 볼 수 있다.

1) **1단계(분업 – 단기적 효율)** : 자신이 가장 잘 생산할 수 있는 재화만을 생산하여 교환하므로 총생산량을 증대시킬 수 있어서 쌍방의 소비량이 증가한다.
2) **2단계(분업 – 장기적 효율)** : 한 재화만을 오래 생산하다 보면 숙련도가 높아지고 새로운 기계를 발명하기도 하여 생산성은 더욱 증가한다.

이렇게 생산성을 증가시켜서 모든 사람들의 생활수준을 높여주는 분업은 어떤 원리에 의해서 결정되는가? 왜 어떤 사람은 농부가 되고 어떤 사람은 목축업자가 되는가? 왜 어떤 나라는 공산품을 수출하고 어떤 나라는 농산물을 수출하는가?

2. 절대우위

아담 스미스는 분업이 결정되는 원리로서 절대우위론을 제시하였다. 예를 들어서, 쌀과 채소를 생산하는 두 농부 철수와 영희가 있다고 하자. 단순화하기 위해서 생산에 투입되는 생산요소는 노동뿐이라고 가정한다. 철수는 1시간당 쌀을 20kg, 채소를 10kg 생산할 수 있고, 영희는 1시간 동안에 쌀을 10kg, 채소를 20kg 생산한다면, 철수는 쌀 생산에 절대우위가 있고, 영희는 채소생산에

🔘 표 2-1   철수와 영희의 시간당 생산성

	쌀(kg)	채소(kg)
철 수	20	10
영 희	10	20

절대우위가 있다. 이런 경우에 철수는 쌀 생산에 특화하고 영희는 채소만 생산하여 교환하는 것이 서로에게 이익이 된다. 이 원리는 개인간에 뿐 아니라 국가간의 분업, 즉 국제분업에도 적용되어 각 나라가 생산성이 절대적으로 높은 산업에 전문화하여 교역을 함으로써 양국이 이익을 얻는다는 것이 절대우위설이다.

3. 비교우위

만약 철수가 쌀과 채소 생산 둘 다에서 생산성이 더 높다면 어떻게 되나? 스미스에 의하면, 이런 경우에는 분업과 교역이 발생하지 않는다. 철수는 쌀과 채소 둘 다 영희보다 더 잘 생산하므로 영희와 분업하지 않고 혼자서 쌀과 채소를 생산할까? 철수와 영희의 1시간당 생산량이 다음과 같다고 해 보자.

〈표 2 - 2〉는 철수가 쌀과 채소 모두에서 생산성이 더 높은 것을 보여준다. 철수는 두 재화 모두 자신이 생산하는 것이 나을까, 아니면 둘 다 영희보다 잘 생산하지만 상대적으로 더 잘 생산하는 재화를 선택하여 그것만 생산하는 것이 나을까? 이것은 기회비용 개념을 통해서 판단할 수 있다. 철수가 쌀 10kg을 생산하기 위해서 1시간을 투입하면 채소 20kg을 포기해야 한다. 그러므로 쌀 1kg의 기회비용은 채소 2kg이므로, 쌀의 기회비용은 2이다. 같은 원리에 의해서 채소의 기회비용은 1/2이다. 영희는 쌀 2kg을 생산하기 위해서 채소 18kg을 포기해야 하므로 쌀 1kg의 기회비용은 채소 9kg, 즉 9이다. 같은 원리에 의해서 채소의 기회비용은 1/9이다. 두 사람의 기회비용을 비교해 보면, 쌀에 있어서는 철수의 기회비용이 적고, 채소에 있어서는 영희의 기회비용이 적다. 기회비용이 적다는 것은 다른 재화를 적게 포기하고서 그 재화를 생산할 수 있다는 뜻이므

표 2-2 철수와 영희의 시간당 생산성(괄호 안의 숫자는 기회비용)

	쌀(kg)	채소(kg)
철 수	10(2)	20(1/2)
영 희	2(9)	18(1/9)

로 상대적으로 우위에 있다는 뜻이다. 기회비용이 많다는 것은 다른 재화를 많이 희생시키고 생산한다는 뜻이므로 상대적으로 불리하다는 뜻이다.

철수는 둘 다 절대우위에 있지만, 쌀 생산에 있어서 영희보다 기회비용이 적으므로 쌀 생산에 전문화한다. 영희는 쌀을 생산하기 위해서 많은 희생(기회비용)을 치러야 하므로 쌀을 생산하지 않는 것이 좋다. 반면에 채소에 있어서는 영희의 기회비용이 더 적으므로 영희가 채소 생산에 전문화한다. 철수도 채소 생산을 할 수는 있으나 영희보다 많은 희생을 치러야 하므로 채소 생산을 중단하는 것이 좋다. 다른 사람이나 다른 나라에 비해 기회비용이 더 적은 부문에 비교우위가 있고, 각자가 그 부문에 전문화하여 생산한 후에 교역을 하면 쌍방이 이익을 얻는 것이다. 하루 8시간 일한다고 가정하고 두 사람이 두 재화 생산에 각각 6시간, 2시간씩 투입할 경우와 8시간을 비교우위 부문에 투입할 경우 두 사람의 생산량의 합계를 보면 분업의 이익을 알 수 있다.

두 사람의 생산량의 합계를 보면 전문화(특화)할 경우에 증가하는 것을 〈표 2-3〉에서 볼 수 있다. 철수와 영희가 쌀 15kg과 채소 50kg을 교환한다면 두 사람의 소비량은 〈표 2-4〉와 같다. 두 사람의 소비량을 비교해 보면 자급자족할 때보다 교역을 할 때 두 재화 모두 증가한 것을 볼 수 있다. 이 이익이 바로 분업의 이익 혹은 교역(무역)의 이익이다. 다른 하나의 예를 들면 한 변호사가 변론과 타이핑 두 분야 모두 비서보다 절대우위에 있더라도 상대적으로 타이핑보다 변론을 훨씬 더 잘하기 때문에 타이핑은 비서에게 맡기고 자신은 변론에만 전문화하는 것이 유리하다. 타이핑까지 하려면 변론시간을 줄여야 하는데 이것은 큰 희생을 초래한다. 분업의 원리가 절대우위가 아니라 비교우위라는 사실은 매우 중요한 의미가 있다. 모든 면에서 뛰어난 사람도 그 가운데 상대적으로 가장 경쟁력이 있는 부문에 전문화해야 한다. 그리고 아무리 모든 면에서 열위에 있는 사람도 가장 덜 못하는 비교우위 부문이 있기 때문에 한 분야에 전문화할

표 2-3 자급자족과 분업의 생산량 비교 : 하루에 8시간 일할 경우

	쌀과 채소 생산에 각각 6시간, 2시간 투입할 경우		완전히 전문화할 경우	
	쌀(kg)	채소(kg)	쌀(kg)	채소(kg)
철 수	60	40	80	0
영 희	12	36	0	144
합 계	72	76	80	144

표 2-4 교역이 있을 때의 두 사람의 소비량

	쌀(kg)	채소(kg)
철 수	65	50
영 희	15	94

수 있다. 이것은 국제무역에 있어서도 마찬가지이다. 모든 부문에서 생산성이 낮은 나라도 비교우위 부문은 반드시 있기 마련이다. 비교우위의 세상이기 때문에 모든 사람이나 국가가 자기 몫을 하면서 살 수 있다. 이것은 기회가 공평하게 주어진다는 점에서 매우 다행스러운 현상이다. 다만 실업이 존재할 경우나 국제무역에 있어서 정부가 개입할 경우에는 비교우위원리가 그대로 적용되지 않는 경우도 있다.

2-3 수 요

시장에서 이루어지는 교환은 옛날에는 물물교환의 형태로서 판매와 구매가 동시에 이루어졌고, 공급자가 곧 수요자이었다. 그렇지만 거래를 편리하게 하기 위해서 화폐가 사용된 후에는 판매와 구매로 분리되었다. 그래서 오늘날에는 화폐를 가지고 재화를 사려고 하는 수요자와 재화를 팔아서 화폐를 가지고자 하는 공급자가 시장에서 만난다. 재화를 파는 공급자와 살려고 하는 수요자는 서로 호혜적인 관계에 있다. 그러나 거래(교환)의 이익을 누가 더 많이 차지할 것인가

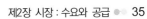

를 두고 이해가 대립된다. 거래 이익의 분배는 거래의 조건, 즉 가격에 달려 있다. 가격은 어떻게 결정되는가? 만일 수요자와 공급자가 각각 한 사람뿐이라면, 두 사람이 협상(혹은 흥정)을 통하여 가격을 결정할 것이다. 여기에는 누가 협상력이 큰가가 결정적인 요인이 된다. 그러나 수요자와 공급자가 모두 아주 많은 경쟁시장에서는 수요와 공급의 상호작용에 의해 시장에서 가격과 거래량이 결정되며, 수요자와 공급자는 그 가격에 따를 수밖에 없다.

1. 수요의 개념

수요(demand)에는 소비재에 대한 수요, 투자재에 대한 수요, 노동에 대한 수요, 자산에 대한 수요 등 여러 종류가 있지만, 여기서는 일단 소비재의 수요에 대해서 살펴본다. 수요란 구매할 수 있는 소득을 가진 소비자가 가능한 모든 가격 하에서 일정 기간 동안에 구매하려고 계획하는 재화의 수량을 말한다. 수요량(quantity demanded)이란 특정한 가격에서 소비자가 값을 지불하고 구매하려고 의도하는 재화의 수량이다. 그러므로 구매력의 뒷받침이 없는 단순한 구매 희망은 수요가 될 수 없다. 수요량은 한 달 혹은 일 년처럼 일정 기간 동안에 발생하는 수량인 유량(flow)변수라는 점에서 일정 시점에 존재하는 수량을 의미하는 저량(stock)변수와 구별된다.

2. 수요의 크기를 결정하는 요인

소비자들이 어떤 재화를 수요하는데 영향을 미치는 변수들은 여러 가지가 있지만 다음과 같은 요소들을 들 수 있을 것이다.

그 재화의 가격 : 소비자가 소비하려는 재화의 가격이 상승하면 수요량은 감소하고, 가격이 하락하면 수요량은 증가한다. 사과를 구입하려는 소비자는 사과가격이 하락하면 더 많이 소비할 것이며, 반대로 사과가격이 상승하면 소비를 줄이게 될 것이다. 아마 소비자들은 자신들이 구입하려는 재화의 가격변동에 가장 민감하게 반응할 것이다.

소득 : 대부분의 경우 소득이 증가하면 수요는 증가한다. 소득의 증가는 가계의 소비지출의 증가로 이어지고, 따라서 소비량도 증가한다. 소득증가에 따라 수요가 증가하는 재화를 **정상재**(normal goods) 혹은 **우등재**(superior goods)라고 한다. 그러나 예외적으로 소득이 증가할 때 수요가 감소하는 재화도 있으며, 그 것을 **열등재**(inferior goods)라고 한다. 그 예로 돼지고기 같은 것을 들 수 있다. 소득이 증가하면 돼지고기의 소비는 줄이고 소고기의 소비를 늘인다.

소비자의 수 : 소비자의 수가 많아지면 수요는 증가하고, 소비자의 수가 작아지면 수요는 감소한다. 최근 노인인구의 증가에 따라 노인용품의 수요가 증가하지만, 아동의 수가 감소하여 소아과와 초등학교에 대한 수요가 감소하고 있다.

취향 : 이것은 소비자의 주관적인 욕구를 말한다. 어떤 사람은 사과를 매우 좋아하고 다른 사람은 바나나를 아주 좋아하기도 한다. 소비자는 자기가 좋아하는 것을 많이 구매한다. 취향은 사람마다 다르며, 일정한 시점에서는 정해져 있다고 간주한다. 그렇지만 취향은 유행이나 새로운 정보에 의해서 변하기도 한다. 예를 들면, 토마토에 항암물질이 들어있다는 보도가 나오자 그 수요가 크게 증가하기도 했다. 유행에 있어서 대부분의 사람들은 유행을 따라가지만 어떤 사람들은 유행에 역행하는 성향을 가지고 있다.

연관재의 가격 : 재화 사이에 대체관계나 보완관계를 가진 경우를 연관재라고 한다. 대체관계란 두 재화가 매우 비슷한 경우를 말한다. 햄버거와 피자, 콜라와 사이다, 영화와 연극 등이 바로 서로 **대체재**가 된다. 햄버거의 가격이 오르면 햄버거 수요량은 감소하는 대신 피자의 수요는 증가한다. 대체재인 햄버거가격 상승이 피자의 수요를 증가시키는 것이다.

반면에 두 재화가 결합되어 소비될 때 단독으로 소비될 때보다 훨씬 큰 만족을 줄 경우에 두 재화는 서로 보완재이다. 햄버거와 콜라, 커피와 설탕, 사냥총과 총알 등이 바로 **보완재**이다. 햄버거 가격이 오르면 햄버거 수요량이 감소하므로 콜라의 수요도 감소한다.

기대 : 미래에 대해 어떤 기대를 가지는가에 따라 수요가 증가하기도 하고 감소하기도 한다. 만일 소비자들이 미래에 소득이 많이 증가할 것으로 낙관적인 기

대를 가진다면 수요는 증가할 것이다. 그리고 미래에 이 재화가격이 오를 것으로 예상되면 당장 이 재화를 더 많이 수요할 것이다.

날씨 : 날씨도 수요에 영향을 미친다. 날씨가 더우면 빙과류와 청량음료의 수요가 증가하고, 날씨가 추우면 난방기와 겨울옷 수요가 증가한다.

이와 같이 수요를 결정하는 요인으로는 가격, 소득, 소비자의 취향 등 여러 가지가 있지만 가장 중요한 요인은 가격이다. 그래서 일단 다른 요인은 일정하다고 가정하고 가격이 변할 때 수요량이 어떻게 변화하는가에만 주목한다.

수요의 법칙 : 다른 요인이 일정하다고 가정할 때, 일반적으로 가격이 하락하면 수요량은 증가하고 가격이 상승하면 수요량은 감소하는데, 이 현상을 **수요의 법칙**(law of demand)이라고 한다. 수요의 법칙을 아주 단순하게 다음과 같이 설명할 수 있다. 어떤 한 재화, 예를 들면, 쌀이나 사과의 소비를 한 단위씩 증가시키면 추가로 발생하는 만족(한계효용 : marginal utility)이 점점 감소한다. 이것을 **한계효용체감의 법칙**이라고 한다. 아무리 좋아하는 재화라도 소비량을 늘리면 점점 추가되는 만족도가 감소하므로 한 재화의 소비량이 늘어날수록 그 재화에 대한 지불용의 금액이 감소한다.

〈그림 2 - 1〉은 사과의 소비량이 증가함에 따라 사과의 한계효용이 점점 감소하고, 따라서 사과를 한 개 더 구입하기 위해서 지불하고자 하는 금액이 점점 감소하는 것을 나타내고 있다. 오른쪽 그림을 조금 다르게 해석하면 가격이 하락하면 수요량이 증가한다는 것을 의미한다. 이 설명은 매우 단순하게 수요의 법칙을 설명할 수 있으나, 재화가 2개 이상 있는 세계에서는 보다 복잡한 설명이 필요하다. 예컨대, 사과와 배 두 재화만 있다고 하자. 사과 가격이 하락하면 다음과 같은 두 가지 효과가 발생한다. 첫째, 사과 가격 하락으로 인해 물가가 하락하므로 가계의 실질소득이 증가한다. 따라서 사과 수요량이 증가하며, 이것을 소득효과라고 한다. 둘째, 사과 가격의 하락은 배 가격에 비해 사과 가격을 상대적으로 더 싸게 만든다. 따라서 배 소비량을 줄이고 사과 소비량을 증가시키며, 이것을 **대체효과**라고 한다. 이 두 효과에 의해 사과 가격의 하락은 사과

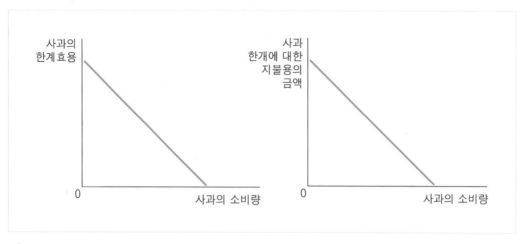

🌀 그림 2-1 **사과의 한계효용과 지불용의**

수요량을 증가시키며, 소득효과와 대체효과의 합을 **가격효과**라고 한다. 사과 가격이 상승하면 소득효과와 대체효과는 위와 반대방향으로 작용한다.

하여간 가격과 수요량 사이에는 일반적으로 상반관계가 성립한다. 보통 소비자는 가격이 하락하면 다른 재화의 소비를 줄이고 이 재화의 소비를 증가시키는 것이다.

〈그림 2-2〉는 철수의 사과에 대한 수요표와 수요곡선을 보여준다. 몇 가지 예외를 제외하면 대부분의 경우에 수요의 법칙은 성립한다.

수요 법칙의 예외 : 수요의 법칙은 거의 대부분 적용되지만, 예외적으로 수요의 법칙에 위배되는 경우가 있다. 첫째는 열등재의 성격을 매우 강하게 띠는 재화 가운데 기펜재(Giffen goods)가 있는데, 이런 재화는 가격이 하락하면 수요량이 오히려 감소하고 가격이 상승하면 수요량은 증가한다. 기펜재의 예는 매우 드물며, 19세기 중반에 아일랜드에서 발생한 대기근 시기에 감자가 그 사례로 들어져 왔다. 감자의 흉작으로 감자 가격이 상승했을 때 감자 수요량이 증가했다는 것이다. 이 현상은 19세기 후반 스코틀랜드 경제학자인 기펜(Robert Giffen)에 의해 보고되었다. 둘째는 사치재 가운데 과시적 소비재로 남에게 비싼 것을 소비한다는 것을 보여주기 위해서 소비되는 재화이다. 이런 재화는 가격이 상승할수록 수요량이 증가하며, 이것을 베블런 효과(Veblen effect)라고

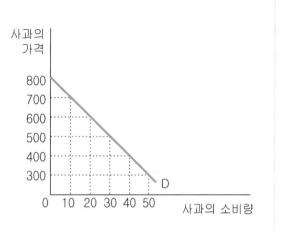

사과 가격(원)	사과 수요량(개/월)
300	50
400	40
500	30
600	20
700	10
800	0

그림 2-2 철수의 사과에 대한 수요표와 수요곡선

한다. 미국의 경제학자인 베블런(T. B. Veblen)은 19세기 말 미국 신흥부자들의 소비행태를 '과시적 소비'(conspicuous consumption)라고 불렀다. 그것은 부유층이 자신들의 경제력을 과시하여 사회적 지위를 인정받으려고 의도적으로 비싼 재화를 구입하는 행태를 말한다. 셋째는 가수요 혹은 투기의 경우에 가격 상승은 앞으로 가격이 더 상승할 것이라는 기대를 낳아서 수요량이 오히려 증가한다. 어떤 자산, 예를 들어 아파트 가격이 일정 기간 오르면 사람들은 보통 그 가격이 계속 오를 것으로 예상하여 아파트를 사두었다가 되팔아서 이익을 얻으려는 투기행위를 하게 된다. 또한 배추 가격이 오르면 소비자들은 그 가격이 더 오를 것으로 예상하여 배추를 미리 사두려고 한다.

3. 개별수요곡선과 시장수요곡선

〈그림 2 - 2〉는 철수라는 한 개인의 수요곡선을 보여주고 있는데, 시장수요는 많은 수요자들의 개별수요로 구성되어 있다. 즉 〈표 2 - 5〉에서 보듯이, 일정한 가격에서 시장수요량은 개별수요량의 합이다. 그러므로 시장수요곡선은 개별수요곡선을 수평으로 합계하여 구할 수 있다.

표 2-5 개별수요와 시장수요

사과 가격(원)	철수의 수요량 +	영희의 수요량 =	시장수요량
300	50	70	120
400	40	60	100
500	30	50	80
600	20	40	60
700	10	30	40
800	0	20	20

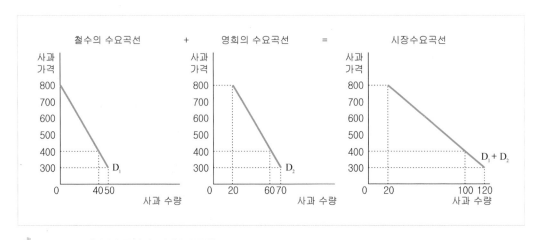

그림 2-3 개별수요곡선과 시장수요곡선

시장에 철수와 영희 두 수요자만 있다고 가정한다. 〈그림 2-3〉에서 철수의 수요곡선과 영희의 수요곡선을 수평으로 합계하여 시장수요곡선을 구할 수 있다.

4. 수요곡선의 이동

〈그림 2-4〉는 수요량의 변화와 수요의 변화를 보여준다. 수요량의 변화란 수요의 크기를 결정하는 요인 중에서 다른 조건은 일정할 때, 그 재화의 가격이 변하여 수요량이 변하는 것으로 동일한 곡선상에서 점의 이동을 나타낸 것이다. 반면 수요의 변화란 수요의 크기를 결정하는 요인 중에서 그 재화의 가격

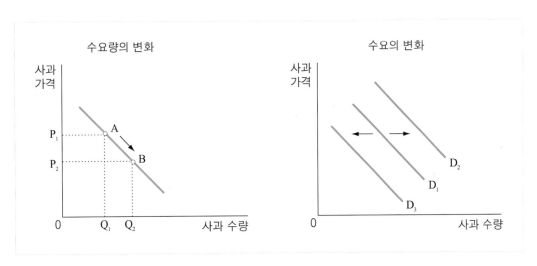

🌀 그림 2-4 **수요량의 변화와 수요의 변화**

이외의 요인들, 즉 소득, 취향, 연관재의 가격, 기대, 날씨 등이 변하여 수요가 변하는 것으로 수요곡선 자체가 왼쪽으로나 오른쪽으로 이동하는 것을 나타낸다. 예를 들어 여러분은 과일 중에서 사과를 제일 좋아하여 주로 사과를 소비한다고 하자. 그러던 어느 날 과일 중에서 토마토가 가장 많은 영양소를 가지고 있으며, 암 예방 등의 효과가 있다는 연구결과 발표가 있다면 갑자기 과일에 대한 소비자의 기호가 사과에서 토마토로 바뀌게 될 것이다. 이때 사과의 가격은 변화가 없더라도 소비자의 기호변화에 의해 사과의 수요가 변화하게 된다. 이러한 경우 사과의 수요곡선 자체가 왼쪽으로 이동하게 된다.

2-4　공　급

1. 공급의 개념

공급되는 대상이 무엇인가에 따라 공급곡선의 모양이 다른데, 여기서는 일단 소비재의 공급에 대해서 설명할 것이다. **공급**(supply)이란 일정 기간 동안에 모든 가격에서 공급자가 시장에서 판매하려고 계획하는 재화의 수량을 말한다. 공급을 결정하는 요인에는 이 재화의 가격, 생산요소의 가격, 기술 등이 있지만 가장 중요한 요인은 이 재화의 가격이다. 그래서 다른 요인은 일정하다고 가정하고 재화의 가격과 공급량 간의 관계를 먼저 살펴본다. **공급량**(quantity supplied)이란 특정한 가격에서 일정 기간 동안에 공급자가 시장에서 판매하려고 의도하는 재화의 양이다. 수요량과 마찬가지로 공급량도 일정 기간에 발생하는 유량 변수이며, 공급자가 공급능력을 가지고 공급을 의도하는 수량이다.

2. 공급의 크기를 결정하는 요인

기업들의 특정 재화의 공급에 영향을 미치는 대표적인 요인들은 아마 다음과 같은 것들을 들 수 있을 것이다.

그 재화의 가격 : 생산자가 생산하려는 재화의 가격이 상승하면 공급량은 증가하고, 가격이 하락하면 공급량은 감소한다. 신발공장 사장님에게 제일 기쁜 소식은 신발가격이 올라 수입이 증가한다는 소식일 것이다. 신발가격이 상승하면 사장님은 당연히 더 많은 수입을 위해 신발생산을 증가시킬 것이며, 신발가격이 하락하면 수입이 줄어들게 되어 신발의 생산을 줄이게 될 것이다. 소비자들이 자신이 구입하려는 재화의 가격에 가장 민감하게 반응하는 것과 마찬가지로 기업들도 자신들이 생산하는 재화의 가격에 가장 많은 영향을 받게 될 것이다.

생산요소의 가격 : 생산에 투입되는 토지, 노동, 자본 등 생산요소(자원)의 가격이 변화하면 공급이 변화하고 공급곡선은 좌로나 우로 이동한다. 예를 들어 임금이나 농약 값이 오르면 생산비의 상승으로 인해서 사과 공급을 줄이지 않으면 이윤이 감소하므로 공급은 감소하고 공급곡선은 왼쪽으로 이동한다. 반면에 임금이나 농약 값이 하락하면 공급이 증가하고 공급곡선은 오른쪽으로 이동한다.

기술 : 기술이 진보하여 생산성이 향상되면, 종전보다 더 적은 생산요소의 투입으로 전과 같은 양의 재화를 생산할 수 있으므로 생산비가 감소하여 공급이 증가하고, 공급곡선은 오른쪽으로 이동한다.

타재화의 가격 : 다른 재화의 가격이 전반적으로 상승하거나 생산기술면에서 긴밀한 관계에 있는 재화 가격이 상승하면, 생산요소가 가격이 오른 재화의 생산으로 이동된다. 따라서 이 재화의 공급은 감소한다.

기대 : 공급자들도 역시 미래에 대한 기대에 따라 공급을 조절한다. 예를 들어 미래에 이 재화의 가격이 오를 것으로 예상되면 현재의 공급을 줄이고 미래의 공급을 증가시키는 것이 유리하다. 그러므로 가격 상승이 기대되면 현재의 공급은 감소한다.

공급자의 수 : 시장에 새로운 공급자가 등장하거나 기존의 공급자가 영업을 중단하면 시장의 공급이 변화한다.

날씨 : 농산물이나 수산물처럼 자연조건의 영향을 많이 받는 생산물의 경우에 태풍, 홍수, 한발, 일조량 등 날씨 요인의 변화가 공급에 큰 영향을 미친다.

공급의 법칙 : 가격과 공급량간에는 어떤 관계가 있는가? 가격이 상승하면 판매량이 증가할수록 이윤이 증가하므로 공급자는 생산량을 증가시켜서 공급량을 늘린다. 반대로 가격이 하락하면 공급량은 감소한다. 가격과 공급량은 같은 방향으로 변화하므로 공급곡선은 우상향한다. 공급결정 요인 가운데 다른 요인이 일정하다고 가정할 때 가격과 공급량간의 正(플러스)의 관계를 **공급의 법칙**(law of supply)이라고 한다.

〈그림 2-5〉는 성호 과수원의 사과 공급표와 공급곡선을 보여주고 있다.

공급 법칙의 예외 : 공급의 법칙은 거의 대부분 적용되지만, 예외적으로 공급의 법칙에 위배되는 경우가 있다. 첫째는 골동품이나 고인의 작품이다. 예를 들어 현재 남아 있는 고려청자가 50개이고 추사 김정희의 작품이 10점만 남아 있다고 가정할 때 고려청자나 김정희 작품 가격이 오르더라도 더 이상 공급량은 증가할 수가 없다. 즉 공급량은 가격과 관계없이 일정하게 된다. 둘째, 노동시장에서 노동공급의 경우이다. 일반적으로 임금이 상승하면 노동자들은 여가를 줄이고 노동시간을 늘게 되어 노동공급은 증가하게 된다. 그러나 임금이 매우

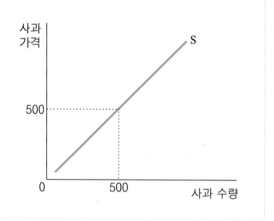

사과 가격(원)	사과 공급량(개/월)
300	300
400	400
500	500
600	600
700	700
800	800

그림 2-5 **성호의 공급표와 공급곡선**

높은 수준에 도달하면 노동자들은 여가시간을 늘리기 위해 노동공급을 줄이려고 할 수 있다. 이런 현상을 후방굴절 노동공급곡선이라고 하며, 자세한 내용은 7장에서 설명한다.

3. 개별공급곡선과 시장공급곡선

시장에는 여러 공급자가 있으므로 시장공급은 개별공급의 합이다. 각 가격에 대응한 개별공급자들의 공급량을 합하면 그 가격에서 시장공급량이 된다. 사과 시장에 성호, 성은 두 공급자만 있다고 가정할 때, 각 가격에서 성호의 사과 공급량과 성은의 사과 공급량을 합하여 시장공급량을 구할 수 있다. 이것을 그림으로 나타내면 〈그림 2 - 6〉과 같이 개별공급곡선을 수평으로 합계하여 시장공급곡선을 구할 수 있다.

표 2-6 개별공급과 시장공급

사과 가격	성호의 공급량 +	성은의 공급량 =	시장공급량
300	300	100	400
400	400	200	600
500	500	300	800
600	600	400	1000
700	700	500	1200
800	800	600	1400

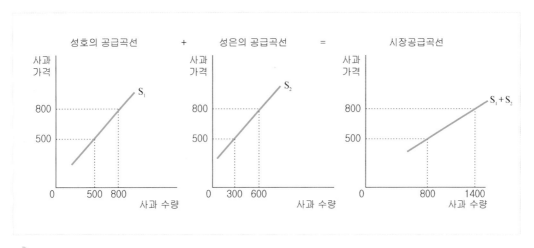

그림 2-6 개별공급곡선과 시장공급곡선

4. 공급곡선의 이동

〈그림 2-7〉은 공급량의 변화와 공급의 변화를 보여준다. 한 공급곡선 위에서 재화의 가격 변화가 있으면 공급량이 변화하여 점의 이동으로 나타나는데, 이것을 공급량의 변화라고 한다. 그리고 그 재화의 가격 이외(에) 공급의 크기에 영향을 미치는 요인, 즉 생산요소의 가격, 기술, 타재화의 가격, 기대, 공급자의 수, 날씨 등의 변화에 의해서 공급곡선 자체가 좌로나 우로 이동하는 것을 공급의 변화라고 한다. 공급이 증가하면 공급곡선은 오른쪽으로, 공급이 감소하면 왼쪽으로 이동한다.

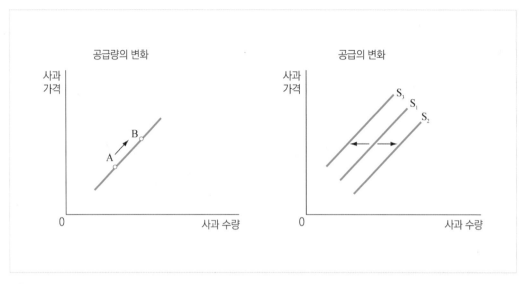

🌀 그림 2-7 **공급량의 변화와 공급의 변화**

2-5 **수요와 공급의 균형**

1. 균형의 성립

　　사과시장과 같은 경쟁시장에서는 다수의 수요자와 공급자가 시장에서 가격과 거래량을 결정한다. 수요자와 공급자는 서로의 필요를 충족시켜주는 존재이지만, 가격에 있어서는 상반되는 이해관계를 가진다. 수요자는 되도록이면 싸게 사려고 하고 공급자는 되도록 비싸게 팔려고 한다. 이런 이해관계의 대립이 어떻게 조정될 수 있나?

　　〈그림 2-8〉에서 보는 바와 같이 가격이 너무 높으면 공급량이 수요량보다 더 많은 **초과공급**(excess supply) 상태가 되어 공급량 가운데 일부는 팔리지 않는다. 그러면 공급자들이 서로 가격을 내려서라도 팔려고 하므로 가격은 하락한다. 반면에 가격이 너무 낮으면 수요량이 공급량보다 더 많아져서 **초과수요**(excess demand) 상태가 되고 재화를 사지 못한 수요자들이 서로 비싸게라도

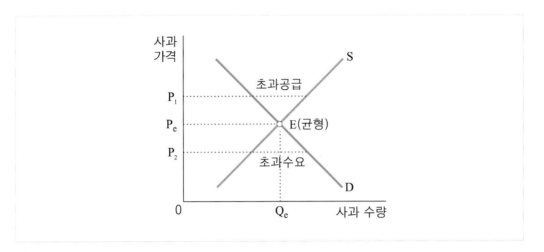

🌙 그림 2-8 **수요와 공급의 균형**

사려고 하므로 가격은 상승한다. 결국 가격은 수요량과 공급량이 일치하는 수준에서 결정되며, 이 상태를 **균형**(equilibrium)이라고 한다. 이렇게 가격이 수요량과 공급량이 일치하는 수준에서 결정되는 것을 **수요공급의 법칙**이라고 한다. 〈그림 2-8〉에서 균형은 수요곡선과 공급곡선이 교차하는 점에서 이루어진다. 이때의 가격을 **균형가격**(equilibrium price)라고 하고, 거래량을 **균형수급량**(equilibrium quantity)이라고 한다.

경쟁시장의 균형에서 가격은 수요자와 공급자의 이해관계가 조정되는 수준에서 결정되고 생산량은 수요량과 공급량이 일치하여 남는 것도 없고 모자라는 것도 없는 수준에서 생산되므로 자원이 효율적으로 사용되고 있다. 그래서 수요자도 공급자도 만족하게 되어 균형상태에서 이탈하려는 움직임이 없다. 이것이 경쟁시장의 장점이며, 불완전경쟁시장에서는 이런 균형이 성립하지 않게 되어 주로 수요자가 피해를 본다.

2. 균형의 이동

일단 주어진 수요곡선과 공급곡선의 교차점에서 균형이 성립되어 있을 때, 수요곡선이나 공급곡선이 이동한다면 균형은 이동하게 된다. 즉 수요가 변화하

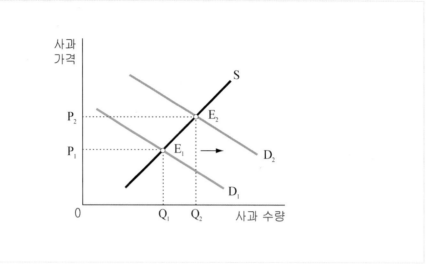

🌀 그림 2-9 **수요증가와 새로운 균형**

거나 공급이 변화할 때, 혹은 둘 다 변화할 때 새로운 균형이 생긴다. 예를 들어서 사과에 들어 있는 비만 방지 물질이 새롭게 발견되었다고 하면, 사과의 수요는 증가할 것이다. 이 요인이 공급에는 영향을 주지 않으므로 수요곡선만 오른쪽으로 이동한다. 그러면 새로운 균형이 성립되어 균형가격은 상승하고 균형거래량은 증가한다.

사과시장에서 균형이 성립되어 있을 때, 갑자기 태풍이 와서 사과가 많이 떨어져 버렸다면, 공급은 크게 감소할 것이다. 그러면 공급곡선이 왼쪽으로 이동하여 새로운 균형이 이루어지며, 균형가격은 상승하고 균형거래량은 감소한다. 만일 수요와 공급이 동시에 변화하면 두 곡선이 동시에 이동하여 새로운 균형이 이루어진다. 즉 위의 두 가지 현상이 동시에 나타나면 수요곡선과 공급곡선이 동시에 이동한다.

사과의 수요자나 공급자는 앞으로 수요와 공급이 어떻게 변화하여 가격과 거래량이 어떤 방향으로 움직일 것인가에 대해서 많은 관심을 가진다. 앞으로 가격이 오를 것으로 예측되면 수요자는 지금 더 많이 사려고 할 것이고, 공급자는 현재 공급은 줄이고 미래 공급을 증가시키려고 할 것이다. 그러므로 수요자와 공급자는 수요와 공급의 변화 요인을 잘 파악하고 예측할 할 필요가 있다.

2-6   시장에 의한 자원배분

1. 몇 가지 자원배분 기구

앞에서 본 것처럼 재화나 자원은 늘 희소하다. 어떤 재화가 누구의 손에 들어가서 소비될 것인지, 그리고 한정된 자원이 여러 가지 용도 가운데 어떤 용도로 사용될 것인지를 결정하는 방법에는 몇 가지가 있다. 먼저 재화의 배분문제를 보자. 예를 들어 신규아파트를 배분하는 경우를 보면, 첫 번째 방법은 시장에 맡기는 방법이다. 이 경우에는 시장에서 결정되는 가격을 기꺼이 치르고자 하는 수요자에게 아파트가 배분된다. 둘째는 가격을 균형가격보다 낮게 통제하면서 선착순으로 배분하는 방법이다. 셋째는 가격을 낮게 통제하면서 추첨으로 아파트를 배분하는 방법이다. 넷째는 가격을 낮게 유지하면서 정부의 정책의지에 따라 자녀가 많은 가구를 우선으로 하는 등의 일정한 정부 기준에 따라 아파트를 배분하는 방법이다.

위의 네 가지 방법에는 각각 장단점이 있다. 첫째, 시장에 의한 배분은 시장가격을 기꺼이 지불하려고 하는 사람에게 재화를 배분하는 방법이므로, 시장가격을 지불하려고 하지 않는 사람은 배제된다. 값을 치를 용의가 있다는 것은 어떤 재화, 즉 여기서는 아파트를 그만큼 좋아한다는 것을 의미하는 것으로 볼 수 있다. 따라서 이 방법은 그 재화를 좋아하는 사람에게 우선 배분하는 것이므로 소비자 전체의 효용이 크게 된다. 이 방법은 효율적인 배분 방식이라고 말할 수 있다. 그러나 저소득층은 아무리 좋아해도 배제되므로 형평성에 대한 의문이 제기되기도 하는데, 그것에 대한 판단은 소득분배가 공평한가에 달려 있다. 이 방식에 의해 재화를 배분하면 구성원들이 소득의 중요성을 깨닫고 열심히 노력해서 소득을 증가시키려는 유인(incentive)이 주어지게 되어 경제 전체의 소득이 증가되고 경제발전이 이루어지는 효과가 있게 된다. 따라서 시장에 의한 배분은 효율성에서는 매우 우수하지만, 형평성에서는 의문이 제기되기도 한다.

둘째, 선착순에 의한 배분은 정보를 재빠르게 얻거나 동작이 빠른 사람, 혹은 먼저 와서 오래 기다린 사람에게 재화를 배분하는 방식이다. 민첩한 사람이나 오래 기다린 사람이 그 재화를 가장 좋아한다는 증거는 별로 없기 때문에 그 재화로부터 얻어지는 사회 전체의 효용이 크게 된다는 보장이 없다. 그리고 이 방법은 사람들로 하여금 소득증대를 위해 노력하는 것보다 민첩하도록 만들므로 경제발전을 저해한다. 따라서 이 방법은 효율성과는 거리가 멀다. 그리고 민첩한 사람과 오래 기다린 사람이 우대받는 것이 공평한가에 대해서도 의문이 제기될 수 있다.

셋째, 추첨에 의한 배분은 재화를 가장 원하는 자에게 우선적으로 배분하지도 않으며, 사람들로 하여금 운에 기대게 하여 소득증대를 위한 노력이 생기지 않게 만든다. 운에 의한 배분에 대해서 많은 사람들이 형평성의 의문을 제기한다.

넷째, 정부의 기준에 의한 배분 방식은 정부가 어떤 기준을 제시하는가에 따라 효율성이 있을 수도 있다. 예를 들어 아파트를 자녀수에 따라 우선 배분하면 가장 필요로 하는 사람에게 배분할 수도 있다. 이런 경우에 사회 구성원의 소득증대를 위한 노력이 약화되는 것은 분명하다.

이 네 가지 배분 방식 가운데 자본주의 경제에서 가장 많이 쓰이는 방식이 시장이다. 시장에 의한 배분은 효율성이 가장 뛰어나지만, 형평성에는 의문의 여지가 있으므로 정부에 의해서 소득분배가 어느 정도 공평하게 조정된다면 가장 우수한 자원배분 방식이라고 할 수 있다. 그렇지만 다른 배분 방식도 부분적으로 시행되고 있다. 예컨대, 복권을 산 사람들 사이에서 이루어지는 상금의 배분은 추첨방식에 의해 이루어진다. 선착순은 대학생들의 수강신청 등에서 사용되고 있고, 영화관 입장권 등도 이 방법에 의해서 배분된다. 정부 기준에 의한 방식은 아파트 분양이나 정책금융 등에서 사용되고 있다. 일반적으로 저소득층은 비시장적 자원배분을 선호하고 고소득층은 시장의 자원배분을 선호한다.

2. 시장에 의한 자원배분

시장은 앞에서 본 경제의 3대 근본문제를 어떻게 해결하는가?

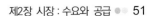
무엇을 얼마나 생산할 것인가 : 시장에서는 수요자와 공급자가 누구의 지시도 받지 않고 각자 수요량과 공급량을 결정한다. 그 결정에서 신호등의 역할을 하는 것이 바로 가격이다. 수요자와 공급자는 가격에 따라서 수요량과 공급량을 조절한다. 만일 수요자들이 석유를 많이 수요하고 연탄을 적게 수요하면, 석유 가격은 비싸서 수익성이 높으므로 석유가 많이 공급되고 연탄 가격은 싸서 수익성이 낮으므로 연탄의 공급량은 적다. 소비자의 수요 변화는 가격에 전달되고 공급자는 이것에 따라 공급량을 조절한다. 결국 시장에서 무엇을 얼마나 생산할 것인가는 소비자의 선호에 의해서 결정되므로 이것을 소비자주권(consumer sovereignty)이라고 한다. 소비자들은 자신의 소득으로 무엇을 구입할 것인가를 결정하는데, 이것은 마치 투표와 같다. 소비자들이 더 많이 원하는 것이 더 많이 생산된다. 이때 투표는 1인 1표의 정치적인 투표와는 달리 1원 1표 방식이 되어 소득이 많은 사람들이 시장의 자원배분에 더 큰 영향력을 발휘한다. 빈민층의 식량에 대한 필요성이 아무리 절실해도 이들은 소득이라는 투표권이 없으므로 그 필요성은 시장에 전달되지 않는다. 소비자주권은 정부의 시장개입이 있을 경우나 기업의 광고에 의해 소비자의 선호가 영향을 받을 경우에 제한되기도 한다.

어떻게 생산할 것인가 : 무엇을 얼마만큼 생산할 것인가가 결정되면 이제 그것을 어떤 방식으로 생산할 것인가가 결정되어야 한다. 시장경제에서는 누구도 생산을 담당하는 기업에게 어떻게 생산하라고 지시하지 않으며, 기업이 스스로 비용을 최소화하는 생산방법을 찾는다. 기업이 이윤을 증대시키기 위해서 생산비가 가장 적게 드는 방법을 선택하는 것이다. 풍부한 생산요소는 가격이 상대적으로 싸므로 이 요소를 많이 사용하고, 희소한 요소는 상대적으로 비싸므로 덜 사용하는 것이 생산비를 줄이는 방식이 된다. 이윤극대화를 추구하는 기업이 요소가격의 움직임에 따라 비용을 최소화하는 생산방법을 찾아서 선택하므로 생산의 효율성이 달성된다.

누구를 위하여 생산할 것인가 : 시장경제에서 소득분배는 요소시장에서 결정된다. 누가 얼마만큼의 생산요소(토지, 노동, 자본)를 소유하고 있는가는 상속이나 자력 등의 방법으로 이미 결정되어 있다고 간주하고, 현재의 자원소유는 사유재산제에 따라 정부에 의해 보호받는다. 생산요소가 거래되는 요소시장에서 상대적으로 희소한 자원의 가격은 높게, 풍부한 자원의 가격은 낮게 결정된다. 예를 들어 인구가 매우 많은 개발도상국에는 비숙련노동자가 많아서 이들의 임금수준은 매우 낮다. 자원의 배분상태가 불평등하면 시장에서 이루어지는 소득분배도 상당히 불평등한 경우가 많다. 그래서 지나친 불평등과 빈곤을 해결하기 위해서 정부가 누진세제와 사회보장제도 등의 방법으로 시장에 개입하기도 한다.

3. 시장이 존재하지 않는 경우

시장경제에서는 수요자와 공급자가 있으면 원칙적으로 자유로운 거래가 허용된다. 그러나 어떤 때에는 정부에 의해서 거래가 금지되어 시장이 존재하지 않는 경우도 있으며, 때로는 거래가 금지되어도 암시장에서 비밀리에 거래되기도 한다. 앞에서 본 바대로 거래는 수요자와 공급자 모두에게 이익을 주는 행위인데 정부는 왜 거래를 금지하는가? 거래를 금지한다는 것은 그 재화와 서비스의 생산과 소비도 금지한다는 것을 뜻한다. 그것은 특정 재화의 생산, 소비, 거래가 초래하는 큰 부작용 때문이다. 예를 들어 마약의 경우에 수요자가 자발적으로 구매하지만, 마약은 심각한 신체적 정신적 해를 초래하고 나아가 사회를 위태롭게 하며 중독성을 가지고 있어서, 생산과 소비 그리고 거래가 금지되어 있다. 인체의 일부인 장기 거래도 금지되어 있는데, 그것은 장기 거래가 인간의 존엄성을 해치고 범죄 가능성을 증가시키기 때문이다. 선거권의 거래가 금지되어 있는 이유는 거래가 허용될 경우에 민주주의제도를 위태롭게 하기 때문이다. 얼마 전에 강화된 성매매 금지는 인간의 정조는 돈으로 거래할 수 없을 만큼 존귀한 것이라는 관점에서 이루어진 것이다.

교환은 대부분의 경우에 거래 쌍방을 모두 이롭게 하는 것이지만, 인간의 존엄성이나 자유, 인권 등을 침해할 경우나 파급효과가 아주 나쁜 경우에는 거래가 제한되거나 금지될 수 있다. 정말 고귀한 가치가 있는 것은 돈으로 환산되어서는 안 되므로 거래가 금지된다. 때로는 지나치게 엄격하게 거래를 제한하면 그것이 오히려 더 나쁜 결과를 초래할 수도 있다. 예를 들어서 20세기 초에 미

국에서 술의 제조와 거래를 금지하는 금주법이 시행되었을 때에 갱들이 술의 제
조와 거래를 도맡아 많은 부를 축적한 사례를 볼 수 있다.

♪ 중요 용어

- 시장
- 절대우위
- 수요의 법칙
- 수요의 변화
- 공급량의 변화
- 수요-공급의 법칙

- 교환의 이익
- 비교우위
- 수요곡선
- 공급
- 공급의 변화

- 분업
- 수요
- 수요량의 변화
- 공급의 법칙
- 균형가격

참고 자료

● 보이지 않는 손

보이지 않는 손이란 자유경쟁시장에서 각자가 자신의 이익을 추구할 때, 사회 전체의 이익이 창출된다는 것이다. 예를 들어 기업이 이윤을 증가시키면 더 좋은 품질의 재화를 더 싸게 공급해야 매출증가를 통해 이윤을 증가시킬 수 있다. 그 결과 소비자에게 이익이 돌아간다. 시장이란 이처럼 사익추구의 결과가 사회전체의 이익으로 귀결되는 신비한 기구이다.

'보이지 않는 손'이란 말은 원래 아담 스미스가 사용한 말이다. 그는 이 말을 '천문학의 역사'에서 처음 언급하였는데, 그것은 신적인 신비한 힘이라는 뜻이었다. 그 다음으로 이 말은 『도덕감정론』(1759)에서 사용되었다. 부유한 지주들이 "자신만의 편의를 염두에 두더라도 --- 그들은 보이지 않는 손에 인도되어" 토지의 소산물을 가난한 노동자들과 나누게 된다고 했다. 스미스는 『국부론』(1776)에서도 이 말을 한번 사용하였다. 여기서 그는 각 개인이 자신의 자본을 생산물의 가치가 가장 크게 되는 분야에 투자하면 사회 전체의 연간수입이 극대화된다고 하고, 이어서 다음과 같이 말했다.

그는 오직 자신의 이득을 의도한 것이다. 그는 이렇게 함으로써 다른 많은 경우와 같이 '보이지 않는 손'(An Invisible Hand)에 이끌려 그가 전혀 의도하지 않은 목적을 증진시키게 된다. --- 그는 자신의 이익을 추구함으로써 종종 자신이 진실로 사회적 이익을 증진시키려고 의도하는 경우보다 더욱 효과적으로 그것을 증진시킨다. 나는 공공복지를 위해 사업한다고 떠드는 사람들이 좋은 일을 많이 하는 것을 본 적이 없다.(국부론)

스미스는 자유경쟁시장이 신비한 작용을 한다고 보았다. 그 시장에서 각 개인이 자신의 이익을 추구할 뿐인데 그 결과로 사회 전체의 이익이 창출되는 것이다. 자유경쟁시장에서는 이런 신기한 기능이 분명히 작용하지만 '보이지 않는 손'이 완벽한 것은 아니다. 시장에서 여러 가지 시장실패가 발생하기 때문에 정부(보이는 손)가 개입하여 그것을 시정한다. 예를 들어, 시장기능에만 맡겨둘 경우에, 환경오염과 생태계파괴가 발생하고, 대공황과 같은 불황이나 인플레이션이 발생할 수 있으며, 지나친 빈부격차와 빈곤이 발생할 가능성이 있는 것이다. 이런 경우들에서는 정부가 적절하게 개입하여 시정하는 것이 필요하다.

1. 시장이란 거래가 이루어지는 장소 혹은 연결망이다. 거래 혹은 교환이 인간생활에 미치는 영향은 무엇인지 설명하라.

2. 교환이 이루어지면 분업이 발생한다. 분업의 원인과 이익에 대해서 설명하라.

3. 절대우위론과 비교우위론의 차이를 설명해 보라.

4. 필리핀에서 바나나 생산량이 크게 증가하였다. 이것이 우리나라의 사과시장에 미치는 영향은 무엇인가?

5. 정부가 국민들의 흡연율을 낮추고자 한다. 정부가 취할 수 있는 정책을 수요곡선을 활용하여 설명하라.

6. 선착순, 추첨, 정부기준 등에 의한 자원배분에 비해서 시장에 의한 자원배분이 가지는 장점은 무엇인가? 상당한 수의 사람들이 시장에 의한 자원배분을 선호하지 않는 이유는 무엇인가?

7. 한계효용체감의 법칙이 적용되지 않는 사례가 있는지 찾아보라. 한계효용체감의 법칙은 소비의 다양성과 어떤 관계가 있는가?

8. 스미스가 말한 보이지 않는 손이란 오늘날 무엇을 의미하는가?

탄력성과
수요·공급
곡선의 응용

Chapter 03

탄력성과 수요·공급 곡선의 응용

제2장에서 수요의 법칙과 공급의 법칙에 따라 수요곡선은 우하향하고 공급곡선은 우상향한다는 사실을 공부하였다. 그렇지만 두 곡선이 얼마나 가파른지, 즉 기울기가 어떠한지에 대해서는 아직 설명하지 않았다. 두 곡선의 기울기에 따라 수요와 공급의 변화가 있을 때 가격변동의 정도가 다르고, 또한 수요곡선의 기울기는 기업이 가격을 올릴 것인지 내릴 것인지를 결정하는데 기준이 되는 중요한 요인이다. 두 곡선의 기울기는 가격의 변화가 수요량과 공급량에 얼마나 큰 영향을 미치느냐, 즉 수요와 공급의 가격탄력성의 크기에 달려 있다. 그리고 소득이 변화할 때에도 재화에 따라 수요가 변화하는 정도가 다르며 이것을 수요의 소득탄력성이라고 한다.

3-1   수요의 탄력성

1. 수요의 가격탄력성

수요의 가격탄력성(price elasticity of demand)이란 한 재화 가격의 변화에 대응해서 수요량이 얼마나 민감하게 반응하는가의 정도를 나타내는 지표이다. 탄력성이 작다는 것은 가격이 변화할 때 수요량이 조금 변화하는 것을 의미한다. 예를 들면 쌀과 같은 농산물은 가격이 하락해도 수요량은 별로 늘어나지 않으며 가격이 상승해도 수요량은 별로 줄어들지 않으므로 수요의 가격탄력성은 작다. 수요의 가격탄력성은 다음과 같은 공식에 의해 구할 수 있다. 가격과 수요량은 서로 반대방향으로 움직이지만 변화율은 양의 값이므로 탄력성도 양의 값을 가진다.

$$\text{수요의 가격탄력성}(Ed) = \frac{\text{수요량의 변화율}(\%)}{\text{가격의 변화율}(\%)} = \frac{\triangle Q/Q \times 100}{\triangle P/P \times 100}$$

예를 들어 사과의 가격이 5% 하락하였을 때, 수요량이 3% 증가하였다면,

$$\text{사과의 수요의 가격탄력성} = \frac{3\%}{5\%} = 0.6$$

수요의 가격탄력성은 1을 기준으로 하여 1보다 크면 탄력적이라고 하고, 1보다 작으면 비탄력적이라고 한다. 좀 더 세분하면 수요의 가격탄력성은 아래와 같이 구분하며, 그림으로 나타내면 다음과 같다.

$$Ed = 0 : \text{완전 비탄력적}$$
$$0 < Ed < 1 : \text{비탄력적}$$
$$Ed = 1 : \text{단위 탄력적}$$
$$Ed > 1 : \text{탄력적}$$
$$Ed = \infty : \text{완전 탄력적}$$

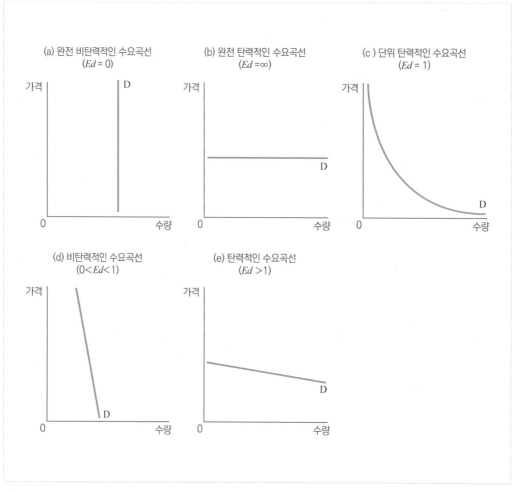

🌀 그림 3-1 **수요의 가격탄력성과 수요곡선**

2. 수요의 가격탄력성과 기업의 총수입

수요의 가격탄력성은 기업이 가격을 변화시킬 때 **총수입**(total revenue)이 어떻게 변화할 것인지를 결정한다. 이윤을 증대시키고자 하는 기업으로서는 총수입을 증가시키는 것이 매우 중요하다. 총수입이란 기업의 판매수입으로서 가격에 판매량(수요량)을 곱하여 구해진다. 기업의 총수입은 가계의 지출액이다. 만일 어떤 미술관에서 입장료를 올리는 것이 총수입을 증가시킬지 오히려 내리는 것이 총수입을 증가시킬지 고심하고 있다면, 먼저 미술관 관람 수요의 가격 탄력성의 크기를 구해봐야 할 것이다. 수요의 가격탄력성이 3이라고 할 때, 가격을 10% 인상하면 수요량은 30% 감소한다. 그러므로 총수입은 오히려 감소한다. 이 경우에 총수입의 변화는 다음과 같은 방법으로 구할 수 있다.

총수입의 변화 = (1+0.1)가격(P) × (1 - 0.3)수요량(Q) - 가격(P) × 수요량(Q)
= 0.77 × 가격(P) × 수요량(Q) - 1 × 가격(P) × 수요량(Q)
= - 0.23 × 가격(P) × 수요량(Q)

10% 가격 인상시에 총수입은 23% 감소하는 것으로 나타난다. 이것을 그림으로 나타내면 〈그림 3 - 2〉와 같다. 수요곡선이 탄력적인 경우에 가격을 인상하면 총수입은 감소한다.

가격이 변화할 때 수요의 가격탄력성에 따라 총수입은 다음 표와 같이 변화한다.

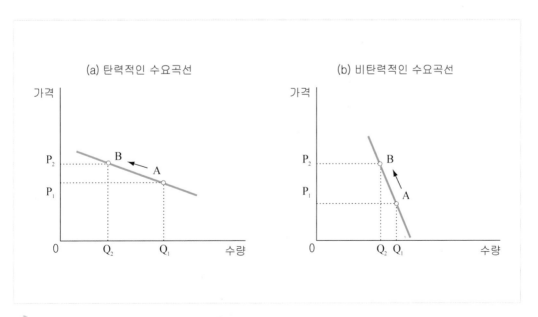

(a) 탄력적인 수요곡선

(b) 비탄력적인 수요곡선

그림 3-2 **수요의 가격탄력성과 기업의 총수입**

	가격 상승시 총수입 변화	가격 하락시 총수입 변화
$Ed = 0$	증가	감소
$0 < Ed < 1$	증가	감소
$Ed = 1$	불변	불변
$Ed > 1$	감소	증가
$Ed = \infty$	0으로 감소	∞로 증가

3. 수요의 가격탄력성 결정요인

수요의 가격탄력성은 기업의 가격결정에 중요한 역할을 하며, 또한 정부의 가격안정정책에도 중요한 기준이 된다. 그리고 가격탄력성은 수요곡선의 기울기와 연관되어 있다. 이러한 가격탄력성을 결정하는 요인은 무엇인가?

밀접한 대체재의 존재 여부 : 밀접한 대체재가 존재하는 경우에는 한 재화 가격이 상승하면 가격이 오르지 않는 다른 재화의 소비로 많이 이동하여 이 재화의 소비량이 크게 감소하므로 수요의 가격탄력성은 크다. 예를 들어 청량음료 시장에는 콜라와 사이다 등 밀접한 대체재가 많이 있으므로 수요는 탄력적이다.

필수품과 사치품 : 쌀과 같은 필수품은 가격이 올라도 수요량이 별로 감소하지 않고 가격이 내려도 별로 증가하지 않는다. 반면에 보석과 같은 사치품은 가격이 변화하면 수요량은 상당히 탄력적으로 반응한다. 그 이유는 사치품은 꼭 필요한 것이 아니기 때문에 가격이 오를 때 굳이 소비할 필요가 없기 때문이다. 보통 필수품에는 밀접한 대체재가 별로 없고 사치품에는 그것이 많은 편이다.

지출액이 가계 총지출액에서 차지하는 비중 : 소금이나 볼펜처럼 그 재화에 대한 지출액의 비중이 매우 작은 경우에는 재화의 가격이 상승해도 수요량을 거의 줄이지 않는다. 반면에 자동차와 같이 지출액이 큰 경우에 가격이 상승하면 수요량은 크게 줄어든다. 지출액의 비중이 클수록 수요는 탄력적이다.

시간의 길이 : 수요량을 측정하는 단위 시간의 길이가 길수록 수요는 더 탄력적

이다. 왜냐하면 단기에는 선택할 수 있는 다른 대체재가 별로 없기 때문이다. 예를 들어 석유 가격이 인상될 때 단기에는 수요량을 거의 줄일 수 없지만 장기에는 다른 대체연료가 개발되거나 연료의 효율성을 높이는 장치가 개발될 수 있다. 시간을 길게 잡을수록 수요는 더 탄력적이다.

장기적으로 기업입장에서 볼 때 수요의 가격탄력성이 큰 산업이 더 유망하다. 왜냐하면 장기적으로 기술진보에 의해서 공급이 증가할 때 가격 하락으로 인해 수요량이 크게 증가하므로 기업의 총수입이 많이 증가할 수 있기 때문이다.

4. 수요의 소득탄력성

소비자의 소득이 증가하면, 어떤 재화의 수요는 크게 증가하는 반면 다른 재화의 수요는 별로 증가하지 않거나 오히려 감소하는 경우도 있다. 이와 같이 소득의 증가에 대해서 수요가 반응하는 정도를 **수요의 소득탄력성**(income elasticity of demand)이라고 한다. 이것은 다음과 같은 식에 의해서 구해진다.

$$\text{수요의 소득탄력성}(Ei) = \frac{\text{수요량의 변화율}(\%)}{\text{소득의 변화율}(\%)}$$

수요의 소득탄력성이 1보다 큰 재화를 사치품이라고 하고, 0보다 크지만 1보다 작은 재화를 필수품이라고 한다. 이와 같이 수요의 소득탄력성이 0보다 큰 재화를 **우등재**(superior goods) 혹은 **정상재**(normal goods)라고 하며, 수요의 소득탄력성이 0보다 작은 재화를 **열등재**(inferior goods)라고 한다.

수요의 소득탄력성이 큰 산업은 성장가능성이 높은 산업이지만 이것이 작은 산업은 쇠퇴하는 산업이다. 개인적으로나 국가적으로 수요의 소득탄력성이 큰 산업을 선택하는 것이 일반적으로 더 유리하다.

3-2   공급의 탄력성

1. 공급의 가격탄력성

공급의 법칙에 의해서 가격이 상승하면 공급량이 증가한다는 사실에 대해서는 이미 알고 있지만, 가격이 상승할 때 공급량이 얼마나 증가하는가에 대해서는 아직 논의하지 않았다. 어떤 재화는 가격 변화가 있을 때 공급량이 크게 변화하는가 하면 다른 재화는 그렇지 않다. 예를 들어서 서울 강남구의 아파트는 토지면적의 한계로 인해서 공급을 증가시키는 것에는 큰 한계가 있으므로 가격이 상승하여도 공급량은 거의 증가하지 않는다. 반면에 청량음료 같은 공산품은 가격이 상승할 때 노동투입의 증가에 의해 공급량을 많이 증가시킬 수 있다. **공급의 가격탄력성**(price elasticity of supply)이란 가격의 변화에 대해서 공급량이 얼마나 민감하게 반응하는가를 나타내는 지표이며, 다음과 같은 식에 의해서 구해진다.

$$공급의\ 가격탄력성(Es) = \frac{공급량의\ 변화율(\%)}{가격의\ 변화율(\%)} = \frac{\triangle Q / Q \times 100}{\triangle P / P \times 100}$$

예를 들어 사과 가격이 10% 상승하였을 때 공급량이 20% 증가한다면, 공급의 가격탄력성은 2이다. 공급에서는 가격의 변화와 공급량의 변화 방향은 같은 방향이다. 공급의 가격탄력성도 1을 기준으로 하여 다음과 같이 분류되며, 〈그림 3 - 3〉과 같이 공급의 가격탄력성에 따라 공급곡선의 기울기와 모양이 다양하게 나타난다.

$$Es = 0 : 완전 \ 비탄력적$$
$$0 < Es < 1 : 비탄력적$$
$$Es = 1 : 단위 \ 탄력적$$
$$Es > 1 : 탄력적$$
$$Es = \infty : 완전 \ 탄력적$$

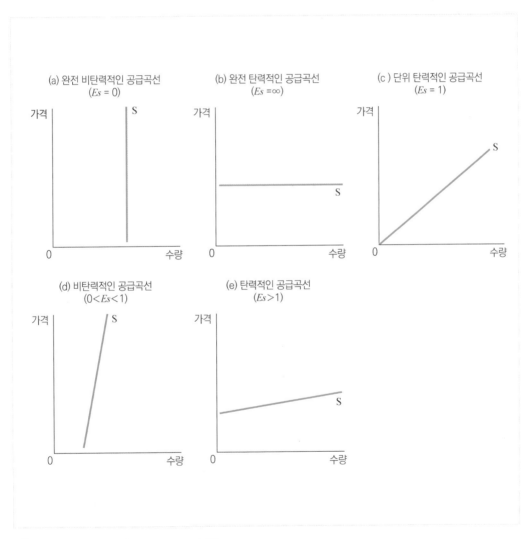

🔱 그림 3-3 **공급의 가격탄력성과 공급곡선**

2. 공급의 가격탄력성 결정요인

공급의 가격탄력성을 결정하는 요인은 무엇인가? 즉 공급곡선의 기울기는 무엇에 의해 결정되는가?

단기와 장기 : 단기에는 쉽게 조절할 수 있는 생산요소인 노동투입의 변화에 의해 공급량이 조절되므로 가격 변화가 있을 때 공급량이 크게 변화하지 않는다. 반면에 장기에는 노동투입뿐 아니라 생산설비도 변화시킬 수 있으므로 가격이 변화할 때 공급량의 변화는 더 크다. 따라서 장기에 공급의 가격탄력성이 더 크게 나타난다.

생산기술의 차이 : 어떤 재화는 노동과 원료의 투입 증가로 공급량을 크게 증가시킬 수 있는가 하면 다른 재화는 노동과 원료 투입의 증가 자체가 어려운 경우가 있다. 예를 들어 쌀 경작의 경우에 파종이 끝난 후에는 가격이 올라도 노동투입 증대가 어렵고 그것에 의한 공급량의 증가도 매우 한계가 있어서 쌀의 공급의 가격탄력성은 작다. 반면에 공산품은 공장 안에서 작업이 이루어지므로 2교대, 3교대 등으로 노동투입을 크게 증가시켜서 생산설비를 완전 가동하여 공급량을 많이 증가시킬 수 있다. 그러므로 공산품의 공급의 가격탄력성은 크다.

공급량의 크기 : 단기에는 생산설비의 규모가 일정하다. 그러므로 공급량이 적어서 생산설비를 부분적으로 가동할 경우에는 가격이 상승할 때 쉽게 공급량을 증가시킬 수 있으므로 공급의 가격탄력성은 크다. 반면에 공급량이 많을수록 이미 생산설비가 거의 완전 가동되고 있으므로 공급량을 증가시키기가 어렵다. 따라서 공급량이 많을수록 공급의 가격탄력성은 작고 공급곡선의 기울기는 가파르게 된다.

3-3 수요 · 공급 곡선의 응용

1. 농산물 가격의 불안정성 : 비탄력성

앞에서 배운 수요곡선과 공급곡선을 가지고 현실의 많은 경제현상을 설명할 수 있다. 배추, 마늘과 같은 농산물의 가격은 매우 큰 폭으로 변동해서 어떤 해에는 너무 가격이 올라서 김치가 금치라고 불리기도 하고, 어떤 해에는 너무 가격이 떨어져서 농민들이 배추를 그대로 둔 채로 밭을 갈아엎기도 한다. 흔히 농민들이 풍작을 즐거워하지만, 풍년에는 농산물 가격이 크게 하락하고 총수입은 감소하여 농민들이 오히려 손해를 보는 것이다. 이런 현상을 풍년의 역설 또는 농부의 역설(farmer's paradox)이라고 하며, 이러한 현상은 왜 발생하는 것일까?

위에서 본 바와 같이 농산물의 수요곡선은 매우 비탄력적이고, 농산물의 공급곡선도 비탄력적이다. 농산물의 공급은 날씨와 같은 자연조건의 영향을 많이 받으며, 흉작과 풍작에 따라 공급이 상당히 감소하거나 증가한다. 그 결과 〈그림 3 - 4〉에서 보듯이 풍작일 경우에는 가격이 크게 하락하여 농민들의 총수입이

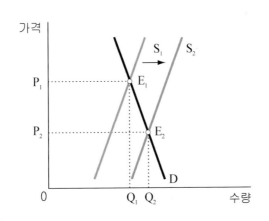

🌙 그림 3-4 **농산물 공급증가와 가격폭락**

급감한다. 그래서 성난 농민들이 거리로 나와서 시위를 하거나 채소밭을 갈아엎기도 하는 것이다. 반면에 흉작일 경우에는 가격이 급등하여 농민들의 총수입은 크게 증가하지만 소비자들은 어려운 상황에 놓인다. 그리고 농산물 가운데에는 아직도 비닐하우스에서 재배하기 어려운 작물이 많아서 일년에 한 차례 생산된다. 그래서 보통 농민들이 작년에 가격이 비쌌다면 금년에는 지나치게 많이 재배하여 가격이 폭락하는 경우도 많다. 그 다음해에는 또 재배면적이 크게 줄어서 가격이 폭등하는 현상이 반복된다. 그래서 정부는 농산물을 비축하거나 긴급수입 등을 통해서 농산물 가격을 안정시키기 위해서 노력한다.

2. 간접세 부과의 효과

정부는 재화의 판매에 대해서 조세를 부과하는데, 여기에는 부가가치세, 개별소비세 등이 있다. 이런 조세는 공급자가 납부하지만 조세의 일부는 수요자에게 전가되므로 간접세라고 불린다. 예를 들어서 〈그림 3-5〉에서와 같이 이제까지 담배에 조세가 부과되지 않았는데, 금연을 유도하기 위해서 담배 한 갑에 1,000원의 조세를 부과한다고 가정하자. 그 결과 1,000원의 담배세를 누가 부담하게 될까? 담배를 판매하는 생산자가 부담하는가 아니면 담배를 구입하는 소비자가 부담하게 되는가, 또는 생산자와 소비자가 나누어서 분담한다면 어떤 비율로 결정될 것인가? 이러한 조세의 배분을 조세귀착이라고 한다. 조세의 귀착이란 정부에 의해서 부과된 조세가 시장기구를 통하여 최종적으로 소비자 또는 생산자에게 부담되는 현상을 말한다.

담배세의 납부의무자는 담배회사이므로 그 회사가 조세를 부담하는 것으로 생각되기 쉽다. 그러나 담배회사는 한 갑당 가격을 1,000원 인상하려고 할 것이다. 만일 수요자들이 가격이 올라도 수요량을 감소시키지 않는다면 1,000원의 담배세는 모두 수요자에게 전가될 것이다. 그렇지만 실제 담배 수요자들은 수요량을 얼마만큼 줄일 것이므로 수요자의 부담은 1,000원 전체가 아닌 일부에 그친다. 담배의 수요의 가격탄력성이 작을수록 수요자의 부담은 커진다.

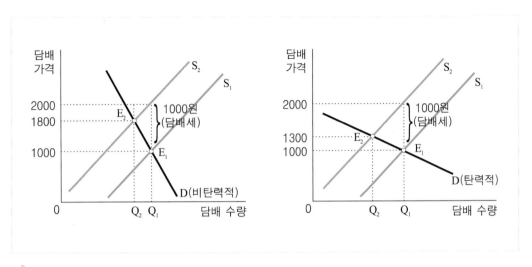

🌀 그림 3-5 **담배세의 효과**

어떤 재화에 세금이 부과되었을 때 소비자와 생산자가 똑같이 부담하는 경우는 매우 드물 것이다. 조세전가 형태를 분석해 보면 수요·공급곡선의 탄력성에 따라서 다양하게 일어난다는 것을 알 수 있다. 일반적으로 수요곡선의 탄력성이 작을수록 재화의 가격이 변화해도 수요량의 변화가 크지 않기 때문에 소비자의 부담은 커지고, 공급곡선의 탄력성이 작을수록 생산자부담이 커지게 된다.

3-4 ┃ 정부의 가격통제

정부개입이 없는 자유로운 시장에서는 수요와 공급의 힘에 의해서 균형가격이 결정된다. 그러나 정부가 자유시장의 가격이 형평성의 관점에서 바람직스럽지 않다고 판단하여 인위적으로 가격을 결정하는 경우도 있다. 가격통제(price control)는 주로 취약계층을 보호하고자 하는 의도에서 도입된다. 예를 들어 전쟁시에 소비재 공급이 매우 감소하여 가격이 크게 상승하는 경우에 서민생활을 보호하기 위해서 정부가 소비재 가격을 균형가격보다 상당히 낮은 수준에서 결정하기도 한다. 가격통제에는 최고가격제(maximum price) 혹은 가격

상한제(price ceiling)와 최저가격제(munimum price) 혹은 가격하한제(price floor)가 있다.

1. 최고가격제

이 제도는 특정 재화의 수요자를 보호하기 위해서 정부가 가격을 균형가격 이하에서 결정하는 것을 말한다. 정책당국이 최고가격을 설정해 두고 상품의 거래에 있어서 최고가격 이하의 가격으로 거래하는 것은 자유이지만, 그 이상의 가격으로 거래하는 것을 제도적으로 금지하는 것이다. 대부분의 경우는 빈곤하거나 취약한 소비자를 보호하기 위한 제도이지만, 때로는 그렇지 않은 집단들의 요구도 정치적으로 수용될 경우도 있다. 예를 들어서 우리나라에서 이전에 시행되었지만 폐지되었다가 수도권 부동산 가격 폭등으로 다시 도입이 검토되고 있는 아파트 분양가격 규제제도를 보자. 분양가격을 자율화시켰더니 그것이 지나치게 많이 올라서 주택가격 전반이 불안정하게 되고 서민들의 내집 마련이 어려워져서 분양가격 규제의 재도입이 검토되고 있다. 이 제도의 효과는 무엇인가?

〈그림 3-6〉에서와 같이 아파트 분양가격을 균형가격 이하에서 규제하면, 첫째로, 시장에서 초과수요(물량부족)가 발생한다. 즉 공급이 줄어들어서 주택사정이 더 어려워지고 장기적으로 주택가격이 더 오를 가능성이 생긴다. 둘째로, 공급량에 비해서 수요량이 더 많아지므로 어떤 기준으로 수요자들에게 배분할 것인가가 중요해진다. 한때 선착순으로 분양을 했더니, 2-3일 전부터 텐트를 치고 기다리는 현상도 있었다. 그래서 추첨방식으로 바뀌었으며, 최근에는 청약예금의 가입순서와 자녀수, 무주택기간 등을 우선순위의 기준으로 하고 있다. 셋째로, 낮은 가격으로 분양해도 신규분양주택의 수량이 기존주택의 수량보다 훨씬 적기 때문에 기존주택 가격이 낮아지는 것이 아니라 낮은 가격으로 분양된 신규주택의 가격이 기존주택 가격 수준으로 상승한다. 그러므로 분양을 받는 사람들에게는 엄청난 특혜가 돌아간다.

분양가격과 균형가격의 괴리가 클수록 위의 부작용은 더 커진다. 그러므로 분양가격 규제의 정도는 크지 않은 것이 바람직하고, 분양의 우선순위는 공정해

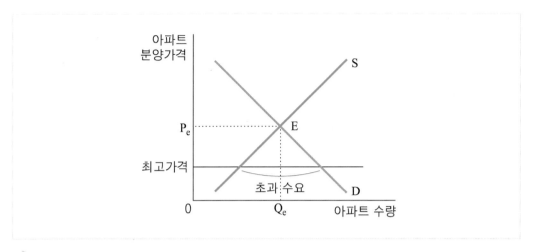

그림 3-6 **아파트 분양가격 규제**

야만 한다. 그리고 이 제도는 주택가격이 급등하는 시기에 한시적으로 시행하는 것이 바람직할 것이다.

　뉴욕, 파리 등 대도시에 시행된 주택임대료 상한제도 아주 비슷한 결과를 초래하였다. 임대주택의 공급이 줄고 주택은 보수되지 않아 황폐화되고 암시장이 생기기도 했다. 이런 문제점이 있음에도 불구하고 임대료 통제로부터 이익을 얻는 사람들의 정치적 압력에 의해서 이 제도가 유지되어 왔다.

2. 최저가격제

　이 제도는 특정한 재화의 공급자들을 보호하기 위해서 정부가 시장가격보다 더 높은 가격을 최저가격으로 정하는 것이다. 최저가격제는 정책당국이 법정가격 이상의 가격으로 판매하는 것은 자유재량에 맡겨두고, 그 이하의 가격으로 판매하는 것을 금지하는 것이다. 어떤 재화를 공급하는 집단이 경제적으로 매우 취약할 경우가 있다. 그리고 이들이 정치적으로는 큰 힘을 가지고 있을 경우에 최저가격제가 도입되기 쉽다. 최저가격제의 예로는 최저임금제와 농산물가격지지제를 들 수 있다. 최저임금제는 취약한 집단인 비숙련노동자들을 보호하려는 제도이며, 농산물가격지지제는 취약 집단으로 간주되는 농민들을 보호하려는 제도이다. 후자를 예로 들어보면, 현재의 시장가격이 너무 낮다고 판단되어 농산물의 최저가격이 균형가격 이상에서 결정되므로 공급량은 증가하고 수요량은 감소하여 초과공급(과잉)이 발생한다. 〈그림 3-7〉처럼 균형가격보다 더 높은 수준에서 가격을 유지하기 위해서는 초과공급을 정부가 수매해야 한다. 농민들의 총수입은 크게 증가하여 보다 유리해지지만 소비자들은 가격이 상승하여 손해를 보고 일반국민들도 정부수매를 위한 재정조달을 위해서 조세를 더 부담하여야 한다. 정부수매분이 어떻게 사용될 것인가도 중요하다. 이중곡가제의 경우에는 정부수매가격보다 낮은 가격으로 소비자에게 다시 판매된다. 때로는 이 잉여분이 대외원조에 쓰이기도 하고 폐기처분되기도 한다. 대부분의 국가에서 농민들은 소수이지만 정치적으로는 힘이 세기 때문에 이 제도가 실시되는 경우가 많다.

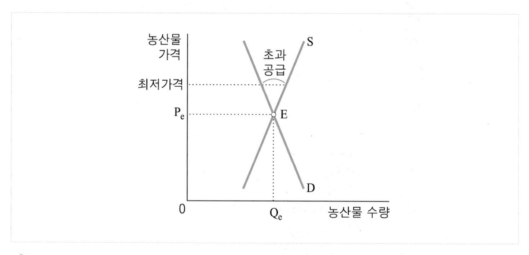

🔄 그림 3-7 **농산물가격지지제도**

최저임금제가 실시되면 같은 이유에 의해 초과공급, 즉 실업이 발생한다. 계속 고용되는 비숙련노동자는 더 유리해지지만 해고되는 노동자는 더 불리해진다. 예를 들어 경비직 노동자들에게 최저임금제가 적용되자 대량해고가 발생하였다. 누가 먼저 해고되는가를 보면 비숙련노동자 가운데에도 더 취약한 10대나 여성 근로자, 장애자들이 먼저 해고 된다. 이 결과를 볼 때 원래 의도하였던 비숙련노동자 보호가 달성되었는지에 대해서 강한 의문이 제기될 수 있으며,

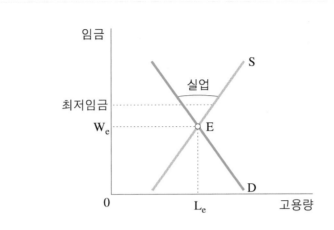

🔵 그림 3-8 **최저임금제도**

따라서 이 제도에 반대하는 학자도 많이 있다. 그러나 전반적으로 계속 고용되는 숫자가 해고되는 숫자보다 많기 때문에 최저임금제는 계속 시행된다.

시장가격이 불공정하다고 판단되어 정부가 시장가격에 개입하지만 거기에는 비효율성과 다른 의미에서의 불공정성이 발생할 수 있기 때문에 꼭 필요한 경우에 정부가 개입할 수 있되 가격왜곡의 정도가 심하지 않고 기간도 길지 않을수록 더 바람직하다고 생각된다. 이런 점에서 가격통제보다는 취약계층에게 소득보조를 하는 것이 더 낫다는 주장도 제시되고 있으나 여기에도 조세의 증가로 인한 비효율의 문제가 발생한다.

중요 용어

- 수요의 가격탄력성
- 단위 탄력적
- 대체재
- 가격통제
- 완전 비탄력적
- 탄력적
- 수요의 소득탄력성
- 최고가격제
- 비탄력적
- 총수입
- 공급의 가격탄력성
- 최저가격제

● **공급의 가격탄력성이 1인 경우**

앞에서 공급의 가격탄력성이 1인 경우는 원점을 지나는 곡선에 모두 해당된다. 아래 그림 점 A에서 점 B로 이동할 경우에 공급의 각격탄력성은 다음과 같다.

$$공급의\ 가격탄력성 = \frac{\triangle Q/Q \times 100}{\triangle P/P \times 100} = \frac{\triangle Q}{\triangle P} \times \frac{P}{Q} = \frac{\triangle Q}{\triangle P} \times \frac{1}{Q/P}$$

여기서 $\triangle Q/\triangle P = Q/P$이므로, 위의 식의 값은 1이다. 이 식은 원점을 지나는 모든 공급 곡선에 해당하므로 원점을 지나는 직선 형태의 공급곡선 위의 모든 점에서 공급의 가격탄력성은 항상 1이다.

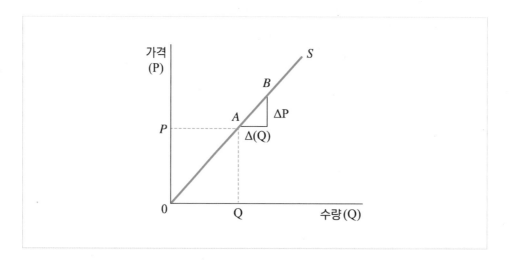

제3장 연습문제

1. 수요의 가격탄력성이 2일 때 가격을 10% 인상하면 총수입은 어떻게 변화하는가?

2. 어느 박물관이 총수입을 현재보다 증가시키려고 가격을 인상하였다. 어떤 경우에 이 박물관의 목적이 달성될 수 있는가?

3. 수요의 소득탄력성이 큰 산업의 예를 들어 보라.

4. 농산물의 수요의 가격탄력성은 매우 비탄력적이다. 풍년이 드는 것이 농민들이 기뻐할 일인가?

5. 담배세 인상의 부담이 소비자에게 많이 전가되는 경우는 어떤 경우인가?

6. 아파트 분양가격 규제 도입의 긍정적 효과와 문제점을 지적해 보라.

7. 어느 회사 볼펜의 가격이 200원이고 수요량이 월 10,000개였다. 가격을 240원으로 인상하였더니 수요량이 월 8,000개로 감소하였다. 볼펜의 수요의 가격탄력성을 구하라.

8. 국립공원의 방문객이 사찰 방문객이 아니라 대부분 등산객이라면 국립공원의 수요의 가격탄력성은 탄력적일까, 비탄력적일까?

9. 공급의 가격탄력성을 결정하는 요인은 무엇인가?

10. 수요곡선이 Q=100-2P, 공급곡선이 Q=10+3P일 때, 균형가격과 균형거래량을 구하라. 수요곡선과 공급곡선의 그림을 그려서 설명해 보라.

11. 10번 문제에서 한 단위당 20원의 간접세가 부가될 때 균형가격과 균형거래량을 구하라.

가계의 소비

Chapter 04

가계의 소비

우리는 하루 동안, 또는 평생동안 수많은 종류의 물건을 사용하며, 수많은 사람들의 도움을 받으면서 살아가고 있다. 이렇게 많은 종류의 물건을 사용하고 서비스를 받는다는 것은 그 만큼 무언가를 필요로 한다는 것과 같다. 이와 같이 소비란 개인이나 가계가 인간의 욕망을 충족시키기 위해서 재화나 용역을 사용하는 행위를 말한다. 가계는 주어진 소득과 재화의 가격하에서 최선의 선택을 하여 효용극대화를 달성하고자 한다. 이 장에서는 가계의 소비이론의 기본인 한계효용이론과 무차별곡선이론에 대해서 살펴본다.

4-1　한계효용이론

1. 기초개념

효용 : 학교에서 돌아온 태영이는 몹시 배도 고프고 목이 말라 먹을 것을 찾았다. 마침 주방에서 먹음직스러운 사과를 발견한 태영이는 정신없이 사과를 먹기 시작하였다. 태영이는 사과가 이렇게 맛있는 줄은 예전에 미쳐 몰랐다고 생각하면서 사과를 먹었다. 이처럼 개인이 어떤 재화를 소비함으로써 느끼는 만족의 크기를 효용(utility)이라고 한다.

총효용 : 만약 태영이가 사과를 10개 먹었다면 처음 소비에서부터 열 번째 소비까지 느끼는 만족이 있을 것이다. 이처럼 소비자가 일정기간 동안에 재화의 소비에서 얻을 수 있는 주관적인 만족도의 총합계를 총효용(total utility)이라고 한다.

평균효용 : 재화의 소비에서 느낀 만족의 합계를 재화의 소비량으로 나누면 재화 1단위에서 얻는 만족의 크기를 나타낼 수 있을 것이다. 예를 들어 태영이가 사과 10개의 소비에서 50이라는 만족을 얻었다면 당연히 사과 1개의 소비에서 얻는 만족의 크기는 5가 될 것이다. 이처럼 재화소비에서 얻는 총효용을 재화의 소비량으로 나눈 것을 평균효용(average utility)이라 한다.

한계효용 : 정신없이 사과를 먹던 태영이는 사과소비가 증가할수록 점점 사과가 덜 맛있다는 것을 느끼게 된다. 마찬가지로 대학생이 된 태영이는 오랫동안 마음에 두고 있던 여학생에게 용기를 내어 데이트 신청을 하게 되었다. 그리고 만난지 10일만에 태영이는 우연을 가장하여 처음으로 여자친구의 손을 잡게 되었다. 너무나 기다리던 일이라 태영이의 가슴은 터질것만 같았다. 그러던 감정이 만날 때마다 당연히 손을 잡게 됨에 따라 점점 사라지게 되었다. 이와 같이 재화의 소비량을 증가시킬 때 추가로 얻는 총효용의 증가분을 한계효용(marginal utility)이라 하며, 재화의 소비량을 1단위씩 증가시킬 때 한계효용이 감소한다는 것을 **한계효용체감의 법칙**(law of diminishing marginal utility)이라 한다.

총효용-평균효용-한계효용 관계 : 이상에서의 총효용, 평균효용, 그리고 한계효용은 다음과 같은 관계가 있다. 첫째, 한계효용이 체감하나 정(+)의 값을 가지면 총효용은 증가하고, 부(-)의 값을 가지면 총효용은 감소한다. 따라서 총효용이 극대일 때 한계효용은 영(0)이다. 둘째, 총효용이 극대가 되는 점을 만족의 포화점(saturation point)이라 한다. 총효용이 극대가 된다는 것은 어떤 재화의 소비에서 최고의 만족을 느낀다는 것을 의미한다. 셋째, 한계효용의 합계는 총효용이 된다. 즉 n단위까지의 총효용은 n단위까지의 한계효용을 합계한 것과 같다.

이러한 관계를 표와 그림으로 나타내면 〈표 4-1〉과 〈그림 4-1〉과 같이 표시할 수 있다. 〈표 4-1〉에서와 같이 사과의 소비량을 1단위씩 증가시킬 때 한계효용이 4, 3, 2, 1로 감소한다고 하자. 이때 사과의 소비에서 얻는 한계효용을 합계하면 총효용이 됨을 알 수 있으며, 이를 다시 소비량으로 나누면 평균효용이 된다. 그리고 사과의 소비가 5개일 때 한계효용이 0이 되며, 총효용은 극대가 됨을 나타내고 있다. 또한 6개의 사과 소비에서 얻는 한계효용 값은 부(-)로 표시되는 것은 6개의 소비에서는 비효용, 즉 고통을 느끼게 된다는 것을 의미한다. 이것을 그림으로 표시하면 〈그림 4-1〉과 같이 그려질 수 있다.

표 4-1   사과의 총효용-평균효용-한계효용

구 분	1	2	3	4	5	6
TU	4	7	9	10	10	9
AU	4	3.5	3	2.5	2	1.5
MU	4	3	2	1	0	-1

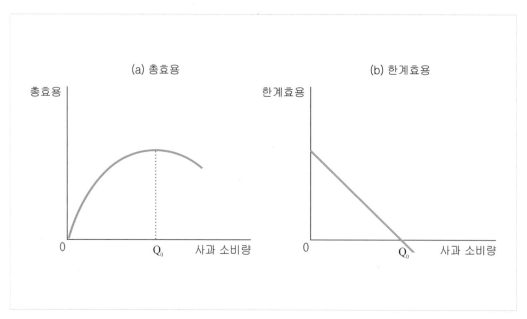

그림 4-1 총효용과 한계효용 관계

2. 한계효용균등의 법칙

모든 인간은 소비할 때 합리적인 의사결정에 의해서 소비하는 경우가 일반적이다. 태영이의 동생 민영이는 6살 밖에 안되지만 주어진 용돈으로 아이스크림을 살 때 돼지바를 살 것인가. 보석바를 살 것인가를 망설이다가 자기 생각에 더 만족이 큰 돼지바를 선택하였다. 이처럼 경제이론을 모르는 어린이들도 소비를 할 때 주어진 소득으로 합리적인 소비 방법을 찾고자 한다.

소비자균형이론은 주어진 소득으로 최대 효용을 얻고자 하는 소비자의 행동원리를 연구하는 이론이다. 이 이론에 의하면 각 상품 1원어치(화폐 1단위당)의 한계효용이 같도록 상품의 구입량을 결정하면 소비자의 효용이 극대가 된다는 것이다.

한계효용균등의 법칙(law of equal marginal utilities per dollar)은 재화의 가격이 다를 경우 소비자는 한계효용을 그 재화의 가격으로 나눈 값이 모두 균등하게 소비할 때 소비자의 총효용이 극대가 된다는 것이다.

$$\frac{\text{A재의 한계효용}}{\text{A재의 가격}} = \frac{\text{B재의 한계효용}}{\text{B재의 가격}} = \frac{\text{C재의 한계효용}}{\text{C재의 가격}} = \cdots$$
$$= \text{화폐1원의 한계효용}$$

위의 식이 성립하려면, 한 재화의 가격이 하락할 경우 그 재화의 1원 어치 한계효용이 증가하므로 그 재화의 소비량, 즉 수요량이 증가한다. 그래서 수요곡선은 우하향한다.

그런데 소비자들이 실제 한계효용균등의 법칙에 따라 소비행동을 하는가? 이것은 확인하기가 곤란하다. 왜냐하면 각 재화의 한계효용을 측정할 수 없기 때문이다. 효용은 소비자의 심리에 나타나는 내적인 만족이므로 외부에서 관찰될 수도 없다. 그렇지만 합리적인 소비자라면 반드시 한계효용을 재화 가격과 대비해서 소비의 우선순위를 정할 것이라는 점은 분명하다. 소비자는 한 재화를 추가적으로 한 단위 더 소비할 것인가를 결정할 때, 추가 소비에서 얻는 만족이 그 금액을 돈으로 가지고 있는 것보다 더 클 경우에만 소비하기로 결정한다. 이것을 일상적인 말로 바꾸면 돈이 아깝지 않을 때 소비한다는 것이다. 돈이 아깝지 않다는 것은 포기하는 돈보다 더 큰 효용을 얻는다는 뜻이다. 돈이 아까운 경우에는 구매를 하지 않는 것이 합리적이며, 돈이 아깝지 않는 재화가 여러 개 있으면 가장 덜 아까운 재화를 우선적으로 구매하는 것이 합리적이다.

현실의 소비행위 가운데 비합리적인 선택도 가끔 있다. 자신의 건강을 해치는 흡연에 있어서 그 부작용을 모두 알지만 흡연에서 오는 심리적 만족이 기회비용보다 더 크기 때문에 소비한다면 그것은 합리적인 선택이다. 그러나 금연을 해야 된다고 생각하면서도 끊지 못해서 계속 흡연을 하면 그것은 의지박약에서 오는 비합리적 선택이다. 알콜이나 마약의 경우도 중독성 때문에 후회하면서도 계속 소비하는 경우가 많다. 이것 역시 비합리적 소비이다. 더구나 어떤 재화의 소비가 자신뿐 아니라 타인의 건강과 만족을 해친다면 그것은 윤리적으로 바람직하지 않은 소비이다. 이것은 소비의 외부불경제에 해당하는데 뒤에 시장실패를 다루는 부분에서 좀 더 설명할 것이다.

4-2 무차별곡선이론

무차별곡선이론은 재화의 효용을 수량적으로 측정할 수 없고, 다만 서로 비교만 가능하다는 전제하에서 소비자행동을 설명하는 이론이다. 이 이론에서는 무차별곡선과 가격선(혹은 예산선)을 가지고 소비자행동을 설명한다.

1. 무차별곡선

사과와 귤을 모두 좋아하는 소비자는 소득범위내에서 다양한 소비방법을 선택할 수 있을 것이다. 예를 들어 사과와 귤의 소비에서 동일한 만족을 얻는 여러 조합을 〈표 4-2〉와 〈그림 4-2〉로 나타낼 수 있다고 하자.

표 4-2 소비자 선호표

재 화	개 수				
사과	12	8	5	3	2
귤	1	2	3	4	5

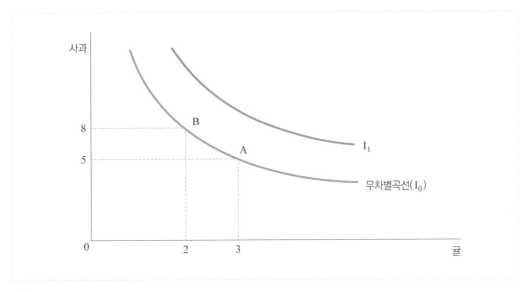

그림 4-2 **무차별곡선**

〈표 4-2〉에서 소비자가 사과 12개와 귤 1개, 사과 8개와 귤 2개, 사과 5개와 귤 3개 등 각각의 소비조합에서 얻는 만족의 크기가 모두 같다면 소비자의 만족은 무차별(indifferent)이라고 한다. 그리고 이러한 조합들을 하나의 그래프로 나타낸 것을 무차별곡선이라고 한다. 따라서 무차별곡선이란 소비자에게 동일한 만족(총효용이 동일함)을 주는 두 재화의 여러 가지 배합점을 연결한 곡선이다.

무차별곡선은 다음의 세 가지 성질을 가지는 것으로 가정한다. 1) 우하향곡선이다. 2) 원점에 대하여 볼록하다. 3) 서로 교차하지 않는다. 무차별곡선이 우하향하는 이유는 두 재화의 수량이 모두 많거나 적으면 동일한 만족을 줄 수 없기 때문이다. 2) 원점에 대하여 볼록한 이유는 한계대체율이 체감하기 때문이며, 무차별곡선의 기울기는 한계대체율에 의해 결정된다. 한계대체율이란 동일한

만족을 유지하면서 X재 1단위를 더 얻기 위해 포기해야 하는 Y재 양이다. 3)서
로 교차하지 않는 다는 것은, 서로 다른 무차별곡선이 교차한다면 논리적으로
모순이 발생하기 때문이다.

2. 가격선

소비자는 일정한 소득으로 필요한 재화를 구매한다. 그리고 재화의 가격은
이미 시장에서 결정되어 있다. 그러므로 소비자가 구입할 수 있는 재화의 수량
에는 한계가 있다. 예를 들어, 한 소비자의 소득이 10만원이라고 하고, 사과의
가격은 1,000원, 귤의 가격은 2,000원이라고 하자. 〈그림 4-3〉에서 보는 것처
럼, 10만원으로 사과만 산다면 100개를 살 수 있고, 귤만 산다면 50개를 살 수
있다. 사과를 50개 산다면 귤을 25개 살 수 있다. 이처럼 소득과 재화의 가격이
일정하게 주어져 있을 때 소비자가 구입할 수 있는 재화의 수량을 나타내는 선
을 가격선 혹은 예산선이라고 한다. 가격선은 소비자가 일정한 소득으로 구입할
수 있는 최대의 수량을 나타낸다. 소비자는 가격선상에 있는 점들 가운데서

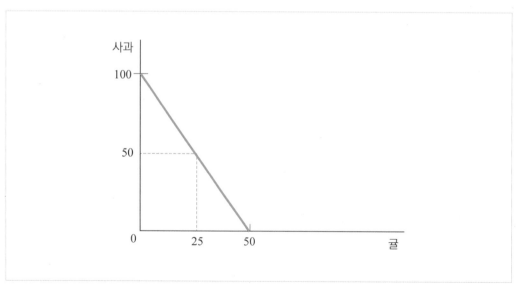

🌀 그림 4-3 **가격선**

자신에게 가장 큰 만족을 주는 점을 선택하여 소비하게 된다. 그렇다면 어느 점이 소비자에게 가장 큰 만족을 주는 점인가? 즉 어느 점이 소비자가 가장 선호하는 점일까?

3. 소비자균형

가격선상에 있는 모든 점들은 소비자가 선택할 수 있는 점들이다. 그 가운데 소비자가 최종적으로 선택하는 점은 어느 점인가? 그것은 소비자에게 가장 큰 만족을 주는 점이다. 〈그림 4-4〉에서 보듯이, 한 가격선상의 많은 점들 가운데 가장 높은 위치에 있는 무차별곡선과 만나는(접하는) A점이 소비자에게 가장 큰 만족을 주는 점이다. 우상향 방향에 있는 무차별곡선이 더 큰 만족을 주는 무차별곡선이므로 B점이나 C점보다 A점이 가장 선호되는 점이다. A점에서 소비자는 더 이상 이동하려고 하지 않으므로 이 점을 소비자균형이라고 하고 이 점에서 효용극대화가 달성된다.

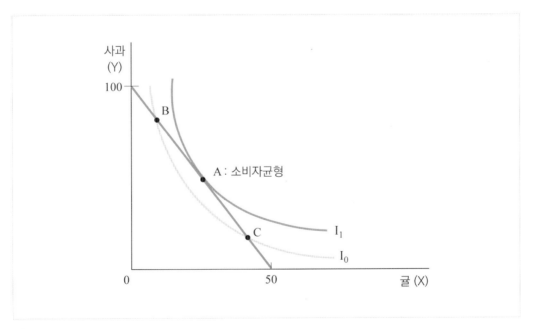

🌀 그림 4-4 **소비자균형**

소비자균형인 A점에서 효용극대화가 달성되며 또한 앞에서 다룬 한계효용
균등의 법칙이 성립한다. 왜냐하면 A점에서 무차별곡선의 기울기와 가격선의
기울기가 일치하기 때문이다. 그것을 식으로 나타내면 다음과 같다.

$$\text{무차별곡선의 기울기} = \frac{\text{귤의 한계효용}(MUx)}{\text{사과의 한계효용}(MUy)} \quad (1)$$

$$\text{가격선의 기울기} = \frac{\text{귤의 가격}(Px)}{\text{사과의 가격}(Py)} \quad (2)$$

A점에서 두 선이 접하므로 무차별곡선의 기울기와 가격선의 기울기가 같
다. 따라서 다음 식이 성립한다.

$$\frac{\text{귤의 한계효용}}{\text{사과의 한계효용}} = \frac{\text{귤의 가격}}{\text{사과의 가격}} \quad (3)$$

따라서 다음 식도 성립한다.

$$\frac{\text{귤의 한계효용}}{\text{귤의 가격}} = \frac{\text{사과의 한계효용}}{\text{사과의 가격}} \quad (4)$$

위의 (4)식이 바로 한계효용균등의 법칙을 나타낸다. 즉 각 재화 1원어치의
한계효용이 일치할 때 효용극대화가 이루어지는 것이다.

중요 용어

- 총효용
- 한계효용
- 평균효용
- 한계효용체감의 법칙
- 한계효용균등의 법칙
- 무차별곡선
- 가격선
- 소비자균형

제4장 연습문제

1. 가계는 주어진 소득으로 효용을 극대화하고자 한다. 어떤 원리에 의해서 소비해야 그 목적이 달성될 수 있는가? 왜 그런가를 설명하라.

2. 한계효용이 체감하는 이유를 설명해 보라.

3. 우리 생활에서 한계효용균등의 법칙을 예를 들어 설명해 보라.

4. 무차별곡선은 서로 교차할 수 없다고 한다. 이를 증명해 보라.

5. 무차별곡선 이론에서의 소비자균형은 무엇을 의미하는가.

기업의 생산과 비용

Chapter 05

기업의 생산과 비용

5-1 기업의 생산

1. 기업이란 무엇인가?

재화(서비스 포함)의 공급자인 기업(firm)이란 생산요소를 결합하여 재화를 생산·판매하여 이윤을 얻는 경영조직이다. 기업은 자기자본과 타인자본을 투자하여 생산설비를 갖추고 노동력과 원료를 투입하여 재화를 생산한다. 기업이 생산하는 재화는 쌀, 사과, 컴퓨터 등 매우 다양하며, 기업의 규모도 천차만별이다. 동네 구멍가게와 같은 영세기업부터 삼성전자나 GE(General Electric), GM(General Motors) 같은 거대기업까지 존재한다. 그리고 기업은 소유자의 숫자에 따라 **개인기업**(proprietorship), **합명회사**(partnership), **주식회사**(corporation) 등으로 구별된다.

개인기업이란 한 사람이 소유하는 기업이며 주로 영세한 기업이 이 유형에 속한다. 합명회사는 두 사람 이상의 출자자가 소유하는 기업이며, 출자자는 공동 경영하고 회사의 부채에 대해서 무한책임을 진다. 합명회사는 중간규모의 기업에 적합한 형태이다. 주식회사는 많은 숫자의 주주들에 의해서 소유되며 지분의 양도와 취득은 자유롭다. 회사의 경영은 주주총회에서 선출된 이사회에 의해 이루어지며 경영실적에 대해 주주총회에 책임을 진다. 주주들은 회사의 부채에 대해서 출자분만큼에 대해서 유한책임을 진다. 주식회사는 수많은 주주들로부터 자금을 조달할 수 있어서 오늘날 많은 기업들이 이 형태를 띠고 있다. 이 외에도 합자회사, 유한회사 등의 형태가 있다.

기업의 목표는 무엇인가? 여러 가지 설이 있지만 가장 널리 인정되고 있는 것은 이윤극대화이다. **이윤**(profit)이란 **총수입**(total revenue)에서 **총비용**(total cost)을 뺀 것이다.

$$이윤(\pi) = 총수입(TR) - 총비용(TC)$$

총수입은 기업의 판매수입으로서 가격에 판매수량을 곱하여(가격 x 판매수량) 구할 수 있으며, 개별기업의 수요곡선의 모양에 의해서 결정된다. 총수입에 대해서는 제6장에서 더 설명하기로 하고 여기서는 총비용에 대해서 자세히 설명한다.

2. 생산요소와 생산함수

신발을 생산하는 대규모의 공장을 가정해 보자. 신발의 생산을 위해 우선적으로 사장님은 공장부지를 매입하여 공장건축물을 준비하고 기계설비 등을 갖출 것이다. 그리고 생산을 위해 필요한 현장 근로자와 사무실 직원을 고용할 것이며, 사장님은 최대의 이윤을 얻을 수 있는 방법으로 회사를 경영할 것이다. 이렇게 생산을 위해서는 여러 가지 요소들이 필요한데, 이러한 것들을 생산요소라 한다.

생산요소들을 좀 더 자세히 보면, 먼저 노동(labor)은 생산을 위해서 제공되는 육체적·정신적 활동을 총칭하는 것으로 능동적이며 본원적인 생산요소이다. 자본(capital)은 인간에 의해 생산된 파생적 생산요소이며, 구별하는 기준에 따라 고정자본, 유동자본, 사회간접자본 등으로 분류할 수 있다. 고정자본은 공장건축물, 기계 등과 같은 내구성 생산재이며, 유동자본은 원료, 연료 등과 같은 단용성 생산재이다. 그리고 사회간접자본은 도로, 공항, 항만 등과 같이 간접적으로 생산활동에 도움을 주는 것으로 자본의 회임기간이 길고 효과의 측정이 어렵다는 특징을 가진다. 그리고 대규모 자본이 필요하기 때문에 주로 정부에 의해 투자된다. 토지(land)는 단순히 공장건물을 건축하기 위해 필요한 토지뿐만 아니라 공기나 물 등의 자연자원을 포함하며, 경영은 여러 가지 생산요소를 결합시키는 기업가의 활동을 말한다.

기업은 재화를 생산하기 위해서 생산요소를 구입한다. 생산요소를 더 많이 투입하면 산출량(생산량)도 늘어나지만 동시에 생산비도 증가한다. 생산요소의 투입량과 재화의 산출량 사이에는 일정한 기술적 관계가 존재하며 이것을 **생산함수**(production function)라고 한다. 투입량과 산출량은 모두 일정 기간 동안에 발생하는 수량이므로 유량변수이다. 여기서 설명의 편의를 위하여 생산설비(공장)의 규모를 변화시킬 수 없을 정도로 짧은 기간인 **단기**(short run)와 그것을 변화시킬 수 있을 정도로 긴 기간인 **장기**(long run)로 구별하며, 생산함수도 **단기생산함수**와 **장기생산함수**로 나눈다.

단기생산함수 : 단기에는 생산설비의 규모가 고정되어 있으므로 자본은 고정요소(fixed factor)이며, 투입량이 가변적인 노동과 원료 등은 가변요소(variable factor)이다. 여기서 생산요소는 자본(K)과 노동(L)이라고 단순화하여 투입량과 산출량의 관계를 다음과 같은 함수관계로 표현할 수 있다.

산출량 = f(자본투입량, 노동투입량) 단, 자본투입량은 고정되어 있음.
$Q = f(K, L)$; K - 고정, L - 가변적

일정한 자본투입량에 노동투입량을 증가시키면 산출량은 증가하며, 노동 한 단위의 추가투입으로 인한 산출량의 증가분인 **한계생산**(marginal product)은 처음에는 증가할 수 있지만 나중에는 점점 줄어든다. 노동투입량의 증가에 따라 처음에는 분업의 효과로 한계생산이 증가하나 나중에는 자본투입량에 비해 노동투입이 너무 많아서 자본을 활용하기가 어렵게 되므로 한계생산이 감소하는 것이다. 이것을 **한계생산체감의 법칙**(law of diminishing marginal product)

이라고 한다. **평균생산**(average product)이란 총생산(산출량)을 노동투입량으로 나눈 값이다.

$$총생산(TP) = Q = f(\overline{K},\ L)$$

$$한계생산(MP) = \frac{총생산의\ 변화분}{노동투입량의\ 변화분} = \frac{\triangle Q}{\triangle L}$$

$$평균생산(AP) = \frac{총생산}{노동투입량} = \frac{Q}{L}$$

가변요소인 노동량이 변화할 때 **총생산**(total product), 한계생산 (marginal product), 평균생산(average product)의 변화를 표와 그림으로 나타낼 수 있다. 〈표 5 - 1〉과 〈그림 5 - 1〉에서 노동투입의 증가에 따라 총생산은 계속 증가하지만, 한계생산과 평균생산은 처음에는 증가하다가 나중에는 감소하는 모양을 보여주고 있다. 가변요소가 어느 정도 이상 투입될 때 한계생산이 감소하는 현상이 바로 한계생산체감의 법칙이다. 그림에서 총생산이 극대일 때 한계생산은 영(0)이 된다. 즉 한계생산이 정(+)의 값을 가지면 총생산은 증가하고, 한계생산이 부(-)의 값을 가지면 총생산은 감소한다. 그리고 평균생산의 극대에서는 평균생산과 한계생산이 같다. 한계생산이 평균생산보다 큰 구간에서는 평균생산이 증가하고, 한계생산이 평균생산보다 작은 구간에서는 평균생산이 감소한다.

표 5-1 컴퓨터 조립회사의 총생산, 한계생산, 평균생산(1주일 동안)

노동투입	총생산	한계생산	평균생산
0	0	0	0
1	8	8	8
2	20	12	10
3	36	16	12
4	44	8	11
5	50	6	10

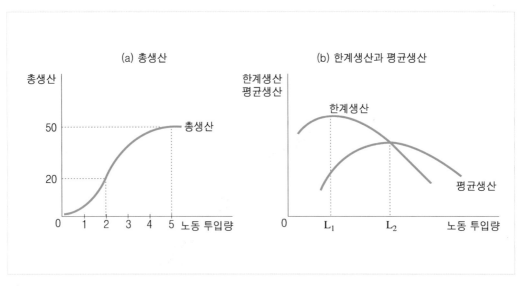

🌀 그림 5-1 **총생산, 한계생산과 평균생산**

장기생산함수 : 장기에는 고정요소가 존재하지 않으며 모든 생산요소가 가변요소이다. 수요가 증가하면 이에 대응해서 기업은 단기에는 노동과 원료 등 가변요소의 투입량을 증가시켜서 공급을 증가시킨다. 이 경우에 어느 정도까지는 공급을 증가시킬 수 있으나 그 한계가 지나면 한계생산체감의 법칙이 작용하여 가변요소의 투입량 증가에 의한 산출량의 증가에는 한계가 있고 총비용이 급격하게 증가한다. 그래서 기업은 장기적으로 생산설비를 확대하기 위해서 공장을 증설한다. 이렇게 하면 용이하게 공급을 증가시킬 수 있고 총비용도 그리 크게 증가하지 않는다. 기업은 장기적으로는 생산설비의 규모를 조정할 수 있기 때문에 단기에서보다 더 용이하게 그리고 비용면에서 더 유리하게 생산량을 조절할 수 있다. 장기생산함수는 다음과 같이 나타낼 수 있다.

> 산출량 = f(자본투입량, 노동투입량) ; 노동, 자본 모두 가변적
> $Q = f(K, L)$; K, L은 가변적

이러한 장기생산함수를 그림으로 그리려면 3차원 공간이 필요하다. 왜냐하면 이 함수에 변수가 모두 세 개이기 때문이다. 그것을 평면에 그리기 위해서 등고선과 비슷한 등량곡선을 고안해 내었다. 등고선은 3차원인 지형의 높이를

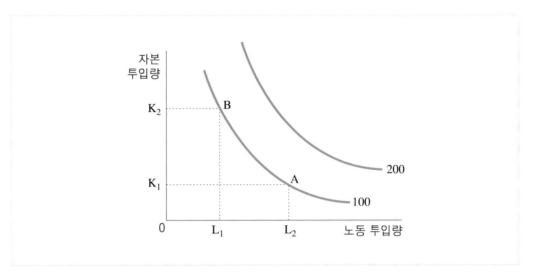

🍃 **그림 5-2 등량곡선**

2차면 평면에 나태내고 있다. 노동(L)과 자본(K)을 일정량 투입하면 그것에 해당하는 산출량이 결정된다. 등량곡선이란 동일한 산출량을 생산할 수 있는 노동 투입량과 자본 투입량의 조합을 이은 곡선이다. 등량곡선은 위와 같이 그림으로 나타낼 수 있다. 〈그림 5 - 2〉에서 보듯이 동일한 생산량을 생산할 수 있는 방법은 여러 가지가 있다. 노동집약적인 A점이 있고, 자본집약적인 B점도 있으며 그 가운데 여러 방법이 존재한다. 산출량을 달리함에 따라 무수히 많은 등량곡선이 존재한다.

3. 생산자균형이론

등량곡선 : 소비자가 사과와 귤의 여러 소비조합에서 얻는 만족이 같은 점들을 연결한 무차별곡선과 마찬가지로 생산자가 노동과 자본이라는 생산요소를 이용하여 같은 양을 얻을 수 있는 여러 점들을 연결한 곡선을 그릴 수 있다. 장기에는 단기와 달리 모든 생산요소가 가변적이므로 노동(L)뿐 아니라 자본(K)도 가변적이다. 따라서 생산함수는 Q=F(L, K)의 형태를 띤다. 이 생산함수에서 변수가 세 개이므로 생산함수를 그림으로 나타내려면 3차원 공간이 필요하지만, 3차

원 그림은 복잡하므로 2차원 평면에 그리는 방법으로 등고선과 유사한 등량곡선을 그리게 되었다는 것까지 앞에서 설명하였다.

등량곡선은 무차별곡선과 아주 유사하여 다음과 같은 세 가지 성질을 지닌다. 1) 우하향하는 곡선이다. 2) 서로 교차하지 않는다. 3) 원점에 대해서 볼록하다.

첫째, 등량곡선이 우하향곡선이라는 것은 노동과 자본이 서로 대체 가능하다는 뜻이다. 우리말에 '이가 없으면 잇몸으로 씹는다'는 말이 있는데, 그와 유사하게 자본이 부족하면 노동을 더 많이 활용하고, 노동이 부족하면 자본을 더 많이 활용하여 생산할 수 있다는 뜻이다.

둘째, 서로 교차하지 않는다는 것은 등량곡선이 교차하는 것은 논리적으로 불가능하다는 것을 의미한다. 생산량 100을 나타내는 등량곡선과 200을 나타내는 곡선이 교차한다면 100=200이라는 말이니 이것은 불가능하다.

셋째, 원점에 대하여 볼록하다. 〈그림 5-2〉에서 보는 바와 같이, 일정한 수량을 생산할 경우 노동이 증가하고 자본이 감소할수록 동일한 한 단위의 노동을 증가시킬 때 감소해도 좋은 자본량은 감소한다. 즉 노동이 증가하고 자본이 감소할수록 등량곡선의 기울기는 작아진다. 이것은 $(-\triangle K/\triangle L)$이 감소한다는 뜻이다. 등량곡선의 기울기를 한계기술대체율(MRTS: Marginal Rate of Technical Substitution)이라 하는데, 이것은 동일한 생산량을 생산할 때, 노동을 한 단위 증가시키면 자본을 몇 단위 감소시켜도 좋은가를 나타낸다. 이 말은 노동이 증가하고 자본이 감소하면 노동의 중요성은 감소하고 자본의 중요성은 증가한다는 것을 말하며, 그 이유는 노동이 증가하면 노동의 한계생산은 감소하고, 자본은 감소하여 자본의 한계생산은 증가하기 때문이다.

$\triangle L$만큼의 노동 증가로 인한 생산량 증가는 $\triangle L \times MP_L$이며, $\triangle K$만큼의 자본 감소로 인한 생산량 증가분은 $\triangle K \times MP_K$이다. 이 변화 후에도 동일한 등량곡선상에 있으므로, $\triangle L \times MP_L = \triangle K \times MP_K$이다. 따라서 다음 식이 성립한다.

$$한계기술대체율(MRTS) = \frac{\triangle K}{\triangle L} = \frac{MP_L}{MP_K}$$

등량곡선은 무차별곡선과 마찬가지로 생산량의 증가에 따라 여러 개의 곡선을 그릴 수 있고 우상향으로 갈수록 더 많은 생산량을 나타내는 등량곡선이 된다.

등비용선 : 앞의 소비이론에서 우리는 가격선을 살펴보았다. 가격선이란 소비자가 주어진 소득으로 구입할 수 있는 두 가지 재화(X재, Y재)의 최대 소비 가능한 여러 가지 점들을 연결한 직선을 나타내었다. 마찬가지로 생산활동을 하는 기업가는 주어진 지출액으로 생산활동에 필요한 생산요소의 구입을 결정하여야 할 것이다. 예를 들어 생산자가 100만 원의 지출액으로 1단위에 5만원하는 노동과 1단위에 10만원하는 자본재를 구입할 때, 전부 노동만을 구입한다면 20단위를 구입할 수 있다. 이때 한정된 지출액으로 자본재를 구입하기 위해서는 반드시 노동의 구입을 줄여야 한다. 자본재만을 구입할 때 최대가능량은 10단위가 될 것이며, 물론 이때의 노동구입가능은 0단위가 된다. 100만원으로 구입할 수 있는 노동과 자본 수량의 조합은 다음과 같은 식으로 나타낼 수 있다.

$$1,000,000 = 100,000 \times K + 50,000 \times L$$

$$K = 10 - \frac{1}{2} \cdot L$$

　　위의 식을 그림으로 그리면 〈그림 5-3〉의 모양이 된다.

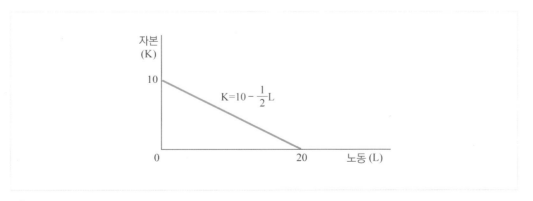

🌀 그림 5-3 **등비용선**

이와 같이 등비용선(iso-cost line)이란 생산요소의 가격이 주어져 있을 때 일정한 지출로 구입할 수 있는 두 가지 생산요소(노동과 자본)의 최대가능한 점들을 연결한 직선이다. 등비용선의 기울기는 생산요소의 상대가격 비율을 나타낸다.

생산자균형 : 무차별곡선이론에서 무차별곡선과 예산선이 접하는 점에서 소비자균형이 이루어진 것처럼 등량곡선과 등비용선이 접하는 점에서 생산자균형이 이루어진다. 생산자균형은 일정한 비용으로 생산량을 극대화하거나, 일정한 수량을 생산할 때 비용이 극소화되는 상태이다.

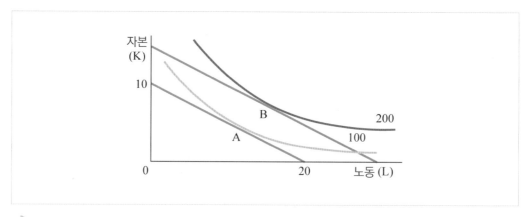

🌙 그림 5-4 **생산자균형**

위 그림 A점에서 생산자균형이 이루어진다. 상품 100단위를 생산하는데 있어서 비용이 극소화되고, 혹은 100만원으로 가장 많은 수량을 생산하는 점이다. 이 점에서 등량곡선과 등비용선의 기울기가 같으므로 다음 식이 성립한다.

$$\frac{MP_L}{MP_K} = \frac{\text{노동의 가격}(w)}{\text{자본의 가격}(r)}$$

$$\frac{MP_L}{w} = \frac{MP_K}{r}$$

식은 노동 1원어치의 한계생산이 자본 1원어치의 한계생산과 같다는 것을 의미하며, 소비이론에서 한계효용균등의 법칙과 아주 유사한 '한계생산균등의 법칙'이라고 한다. 일정 금액의 생산비로 생산량을 극대화할 수 있는 요소투입의 배합점을 나타낸다. 생산자균형은 일정한 비용으로 생산량을 극대화할 뿐이고 이윤이 극대화되는 상태는 아니다. 이윤이 극대화되려면 기업의 판매수입이 고려되어야 한다.

생산량을 증가시키려면 더 우상향의 위치에 있는 등량곡선으로 이동해야 하고 각각의 등량곡선에서 새로운 생산자균형이 성립한다. 이렇게 장기적으로 생산량을 변화시킬 때 최소의 생산비를 필요로 하는 생산자균형점들, 즉 〈그림 5-4〉의 A, B점 등의 생산량과 생산비를 그림으로 나타내면 그것이 바로 장기총비용곡선이 된다. 즉 장기적으로 가장 효율적인 생산이 이루어질 때 생산량과 총생산비의 관계를 나타내는 곡선이 장기총비용곡선이다. 장기에는 고정비용이 없으므로 장기총비용곡선은 원점에서 출발한다.

100개를 생산하는 데 드는 비용은 100만원, 150개 생산에는 120만원, 200개 생산에는 200만원의 비용이 발생한다면, 〈그림 5-5〉와 같은 장기총비용곡선이 나타난다. 장기총비용곡선은 현재의 기술수준 하에서 각 생산량을 생산하는 데 필요한 최저의 비용을 나타낸다.

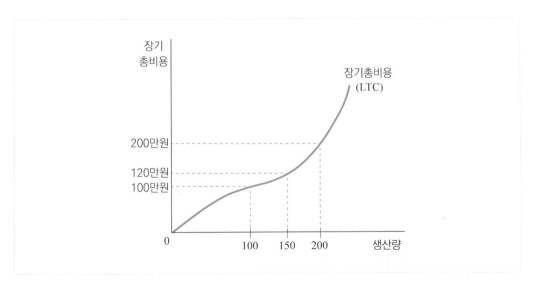

그림 5-5 **장기총비용곡선**

5-2 생산비

1. 경제학에서의 비용 개념

경제학적 비용과 회계학적 비용 : 경제학에서 사용되는 비용 개념은 기회비용 개념이다. 기회비용이란 어떤 것을 얻기 위해 포기된 것이다. 예를 들어서 자기자금 1000만원을 투자하여 송아지 4마리 구입하여 1년 동안 키워 2000만원에 팔았다고 하자. 1년 동안 사료값이 200만원 들고, 노동은 스스로 하였고, 다른 비용은 없었다고 하면 이 농부의 이윤은 얼마인가? 다음과 같은 방식으로 이윤을 계산하였다고 하자.

> 이윤 = 총수입(2000만원) - [송아지 구입비(1000만원) + 사료구입비(200만원)] = 800만원(여기서 이윤은 회계학적 이윤임)

여기에서 비용으로 간주된 것은 실제 지불이 발생한 명시적 비용(explicit cost)뿐이다. 그러나 자기자금 1000만원을 1년 정기예금 했다면 50만원의 이자가 발생했을 것이고, 이 농부가 송아지를 키우기 위해 투입한 노동시간에 다른 일을 했다면 300만원을 벌 수 있었다고 하면 '자기 자신이 소유한 생산요소의 기회비용'인 암묵적 비용(implicit cost)도 기회비용에 포함되어야 한다. 따라서 이 농부의 이윤은 450만원이다. 회계학에서는 명시적 비용만을 비용으로 간주하므로 명시적 비용을 회계학적 비용이라고 한다. 반면에 경제학에서는 명시적 비용뿐 아니라 암묵적 비용을 합한 기회비용 전체를 비용으로 간주한다. 개인기업에서는 암묵적 비용에 자기 노동의 기회비용과 자기자본의 기회비용이 모두 포함되어 있지만, 주식회사에서는 자기 노동의 기회비용이 급여 형태로 실제 지불되므로 명시적 비용에 포함되고 자기자본의 기회비용만이 암묵적 비용에 포함된다.

> 경제학적 비용 = 기회비용 = 명시적 비용 + 암묵적 비용

경제학적 이윤과 회계학적 이윤 : 회계학은 실제 들어온 수입과 지출된 비용만을 고려하므로, 총수입에서 명시적 비용을 뺀 값이 회계학적 이윤이고, 암묵적 비용까지 포함된 경제학적 비용을 뺀 값이 경제적 이윤이다.

> 회계학적 이윤 = 총수입 - 명시적 비용
> 경제학적 이윤 = 총수입 - 명시적 비용 - 암묵적 비용

회계학적인 이윤이 양의 값이라고 하더라도 자기 자본의 기회비용을 뺀 경제학적인 이윤은 음의 값일 수도 있다. 기업에 출자한 주주는 회계학적 이윤이 아니라 경제학적 이윤을 기준으로 해서 추가로 출자할 것인지, 출자자금을 회수할 것인지를 결정한다.

사적 비용과 사회적 비용 : 사적 비용(private cost)은 개별기업이나 개인이 어떤 재화나 용역을 얻기 위해 필요한 화폐적 비용이나 기회비용을 나타낸 것이다. 이에 비해 사회적 비용(social cost)은 사회전체의 입장에서 볼 때 화폐적 비용이나 기회비용을 나타낸다. 예를 들어 포스코에서 철강 1톤을 생산하기 위해 1,000원이 필요하다고 하자. 그리고 포스코에서 철강을 생산하면서 형산강에 폐수를 흘려보냈고 형산강물을 식수로 이용하는 포항시민들은 그 물을 정화하기 위해 100원이 필요하다고 가정하자. 이때 철강 1톤의 사적 비용은 포스코에서 부담한 1,000원이 되고, 사회적 비용은 포항시민들이 부담한 비용까지 합한 1,100원이 된다.

매몰비용 : 매몰비용(sunk cost)이란 '회수할 수 없는 비용'이다. 예를 들어 어떤 다리를 건설하는데 100억이 필요하고, 설계비와 기초공사비로 30억원이 지불되었다고 하자. 그런데 다리 이용에 대한 수요예측이 과대평가 되었다는 것이 나중에 알려졌다. 이런 상황에서 의사결정자는 어떻게 결정할 것인가? 이미 지불한 30억원을 회수할 수 없다면, 이 돈이 아까워서 수익이 나지 않을 공사를 계속할 것인가, 아니면 30억원을 깨끗이 포기할 것인가? 이때 30억원은 회수할 수 없으므로 기회비용에 포함되지 않으며 추가로 투입될 70억원에 대해서 적정

한 수익률이 실현될 수 있다면 공사를 계속할 것이고 그렇지 않다면 30억원을 포기하는 것이 낫다. 이런 결정이 합리적인 결정이지만 현실에서는 이미 투입한 30억원에 미련이 남아서 비합리적인 결정을 하는 경우가 있다.

사람들은 이미 비용을 지불하였고 그것을 회수할 수 없는 경우에 '본전 생각이 나서' 손실이 예상됨에도 불구하고 그 일을 계속 추진하는 경우가 많다. 뷔페식당에 비싼 값을 치르고 들어가면 본전을 뽑기 위해서 과식을 하여 속이 거북하게 될 가능성이 높다. 뷔페 가격은 매몰비용이므로 자신이 가장 만족스러운 정도만 먹는 것이 합리적이다.

단기에 있어서 고정요소인 기계나 건물은 달리 처분할 수 없으므로 이 비용은 일종의 매몰비용이며, 고정비용은 기회비용으로 간주되지 않는다. 장기에는 기계나 건물을 처분하여 얼마이건 회수할 수 있으며, 회수 가능한 비용은 기회비용으로 간주한다.

2. 산출량과 생산비

산출량이 늘어나기 위해서는 생산요소의 투입량을 증가시켜야 하므로 생산요소의 구입비용인 생산비도 증가한다. 산출량과 생산비의 관계를 비용함수(cost function)라고 하며, 총비용은 일정량의 재화를 생산하기 위해 투입되는 각 요소투입량에 요소의 가격을 곱하여 합산한 금액이다.

> 총비용 = 자본투입량(K) × 단위당 임대료 + 노동투입량(L) × 임금

생산요소 투입량과 산출량 그리고 생산비 사이에는 정(플러스)의 관계가 존재한다.

> 생산요소의 투입량 증가 → 산출량의 증가
> 생산요소의 투입량 증가 → 총생산비의 증가

그러므로 비용함수는 다음과 같은 함수식으로 나타낼 수 있다.

> 생산비 = f(산출량)
> C = f(Q)

3. 단기비용함수

　단기에는 고정요소와 가변요소가 존재하므로, 생산에 투입된 모든 생산요소의 비용인 총비용(total cost)은 고정비용(fixed cost)과 가변비용(variable cost)의 합이다. 고정비용이란 산출량이 변해도 변하지 않는 비용, 즉 생산설비의 이자와 감가상각비 같은 비용이며, 산출량이 0이라도 발생한다. 가변비용이란 산출량이 변함에 따라 변화하는 비용, 즉 원료나 노동의 비용을 말한다. 산출량이 증가하면 가변비용도 증가한다.

> 총비용(TC) = 고정비용(FC) + 가변비용(VC)

　산출량이 한 단위 추가될 때 총비용의 증가분을 한계비용(marginal cost)이라고 한다. 앞에서 살펴본 것처럼 한계생산이 체감하면 가변요소가 한 단위 증가할 때 추가되는 산출량이 적어지므로 산출량 한 단위당 가변요소투입량이 증가하는 셈이다. 그러므로 산출량 한 단위의 증가에 따른 비용 즉 한계비용은 체증한다. 한계생산의 체감은 한계비용의 체증으로 나타난다.

$$\text{한계비용}(MC) = \frac{\text{총비용의 증가분}}{\text{산출량의 증가분}} = \frac{\triangle TC}{\triangle Q}$$

　총비용을 산출량으로 나눈 값은 산출량 한 단위당 비용, 즉 평균비용이다.

$$평균비용(AC) = \frac{총비용}{산출량} = \frac{고정비용}{산출량} + \frac{가변비용}{산출량}$$
$$= 평균고정비용 + 평균가변비용$$

$$AC = \frac{TC}{Q} = \frac{FC}{Q} + \frac{VC}{Q} = AFC + AVC$$

다음 표에서 가상적인 제과점의 빵 생산량과 비용의 관계를 표로 나타내어 설명한다.

〈표 5 - 2〉를 그림으로 나타내면 다음의 총비용곡선, 한계비용곡선, 평균비용곡선으로 나타낼 수 있다. 〈표 5 - 2〉에서 빵 생산량의 증가에 따라 총비용은 지속적으로 증가하며, 〈그림 5 - 6〉이 이 관계를 보여주고 있다. 그러나 〈그림 5 - 7〉처럼 한계비용과 평균비용은 처음에는 감소하다가 나중에는 증가하여 U자 모양을 나타내고 있다.

총비용곡선의 기울기를 보면 처음에는 점점 완만해지다가 어느 지점을 지나면 점점 가파르게 되는 것을 볼 수 있다. 이것은 바로 한계비용이 점점 감소하다가 어느 지점을 지나면서 다시 증가하는 것과 밀접하게 연관되어 있다. 평균비용은 산출량의 증가에 따라 계속 감소하는 평균고정비용과 처음에는 감소하

표 5-2 총비용, 한계비용, 평균비용

빵 생산량	고정비용	가변비용	총비용	한계비용	평균고정비용	평균가변비용	평균비용
0	100	0	100				
1	100	20	120	20	100	20	120
2	100	35	135	15	50	17.5	67.5
3	100	45	145	10	33.3	15	48.3
4	100	60	160	15	25	15	40
5	100	90	190	30	20	18	38
6	100	150	250	60	16.7	25	41.7
7	100	250	350	100	14.3	35.7	50
8	100	400	500	150	12.5	50	62.5

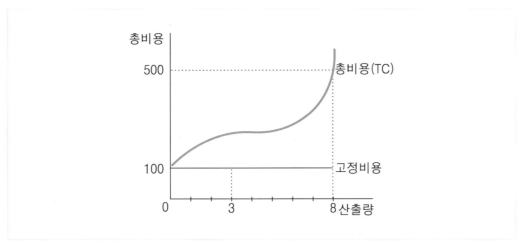

⤴ 그림 5-6 **총비용곡선**

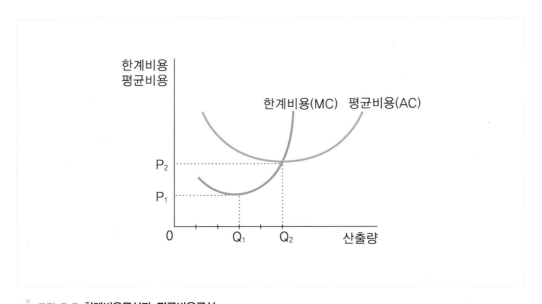

⤴ 그림 5-7 **한계비용곡선과 평균비용곡선**

다가 나중에 증가하는 평균가변비용의 합으로서, 평균비용 역시 처음에는 감소하다가 나중에 증가한다. 총비용곡선, 한계비용곡선, 평균비용곡선의 모양은 서로 긴밀하게 연관되어 있다.

U자형 한계비용곡선과 평균비용곡선 : 한계비용곡선이 U자형을 보이는 것은 가

변요소인 노동투입의 증가에 따라 처음에는 분업의 효과로 인해 한계생산이 체증하지만, 노동투입이 더 증가하면 고정요소에 비해 노동이 너무 많아서 고정요소에 접근하기조차 어려워서 한계생산이 체감하기 때문이다. 한계생산과 한계비용은 서로 반대방향으로 움직인다. 왜냐하면 생산성이 증가하면 일정한 비용으로 더 많이 생산하므로 생산물 한 단위당의 비용은 감소하기 때문이다. 같은 이유에 의해서 평균비용곡선과 평균가변비용곡선도 U자형을 그린다.

한계비용곡선과 평균비용곡선의 관계는 한계비용곡선이 평균비용곡선보다 아래에 있어서 한계비용이 평균비용보다 작으면 평균비용을 끌어내리는 역할을 하므로 평균비용곡선은 우하향하고, 한계비용곡선이 평균비용곡선보다 위에 있어서 한계비용이 평균비용보다 크면 평균비용을 끌어올리는 역할을 하므로 평균비용곡선은 우상향한다.

한계비용 < 평균비용 → 평균비용은 체감한다 → 평균비용곡선은 우하향
한계비용 = 평균비용 → 평균비용은 불변 → 평균비용이 최하점에 도달
한계비용 > 평균비용 → 평균비용은 체증한다 → 평균비용곡선은 우상향

예를 들어 40명의 학생으로 구성된 한 학급의 경제학 평균점수가 60점인데, 새로 전학 온 학생의 점수(한계점수)가 30점이면 학급 평균점수는 감소하고, 그 학생의 점수가 80점이면 학급 평균점수는 증가하는 것과 같은 이치이다. 그러므로 한계비용곡선과 평균비용곡선은 모두 U자형이면서, 한계비용곡선은 평균비용곡선의 최하점을 통과한다. 이런 관계는 한계비용곡선과 평균가변비용곡선 간에도 동일하게 적용된다.

4. 장기비용함수

장기에는 고정요소가 없어지고 모든 생산요소가 가변요소이다. 단기에 고정되어 있던 생산설비의 규모가 축소될 수도 있고 확장될 수도 있다. 이론상으로는 어떤 산출량마다 생산비를 최소화할 수 있는, 가장 알맞는 생산설비의 규모

제5장 기업의 생산과 비용 ●● 107

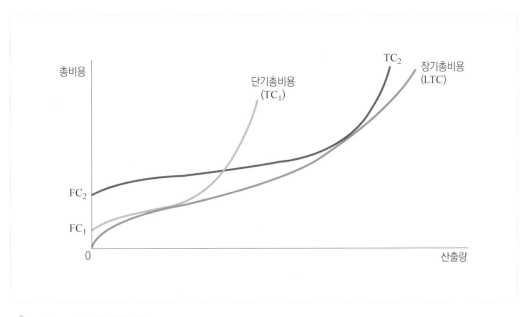

⤴ 그림 5-8 **장기총비용곡선**

가 있고, 기업은 그 규모를 선택할 수 있다. 그러므로 모든 장기비용은 단기비용
보다 더 적다. 다시 말하면 **장기총비용곡선**(long run total cost curve : LTC)은
단기총비용곡선의 포락선(envelope curve)을 이루고 있으며, 모든 단기총비용
곡선과 접하거나 그 아래에 있다. 장기총비용곡선을 〈그림 5-8〉과 같이 그릴
수 있다. **장기평균비용곡선**(long average cost curve : LAC)은 모든 단기평균비
용곡선의 포락선이 되며, 모든 **단기평균비용곡선**(SAC)과 접하거나 그 아래에 있
다. 〈그림 5 - 9〉는 기업이 선택할 수 있는 생산설비의 규모가 세 개뿐이라고 가
정하고 단기평균비용곡선과 장기평균비용곡선의 관계를 그림으로 그린 것이다.
장기평균비용곡선의 기울기에 따라 세 부분으로 나누어진다. 거기에는 각각 **규
모의 경제**(economies of scale), **규모에 대한 수익불변**(constant returns to
scale), **규모의 불경제**(diseconomies of scale)가 작용하며, 그 의미는 다음과
같다.

규모의 경제 : 장기에 산출량의 증가에 따라 장기평균비용이 감소하는 현상
규모에 대한 수익불변 : 장기에 산출량이 증가해도 장기평균비용은 불변하는 현상
규모의 불경제 : 장기에 산출량의 증가에 따라 장기평균비용이 증가하는 현상

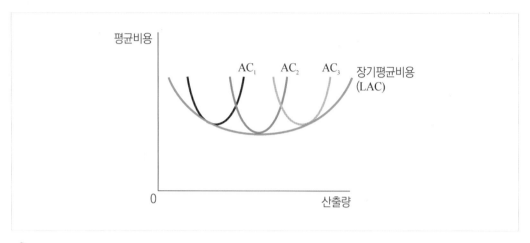

🌙 그림 5-9 **장기평균비용곡선**

장기평균비용곡선이 계속 우하향하는 경우도 있는데, 이 경우에는 규모의
경제만 작용한다. 그러나 대부분의 경우는 〈그림 5-8〉처럼 완만한 U자형을 보
여주며, 그 원인은 산출량이 적을 때는 규모의 경제, 산출량이 중간 정도 되면
규모에 대한 수익불변, 산출량이 많으면 규모의 불경제가 작용하기 때문이다.
규모의 경제가 나타나는 원인은 자본과 노동의 투입량이 증가하면 노동의 분업
과 자본의 전문화가 발생하고, 비싸서 사용할 수 없었던 효율적인 설비를 도입
할 수 있기 때문이다. 규모의 불경제는 최고경영자의 경영능력이 제한되어 있
어서 경영진을 보강해도 그 한계를 넓힐 수 없어서 발생한다. 규모의 경제가
조금 나타나는 산업은 중소기업에 적합하고, 그것이 크게 나타나면 대기업에
적합하다.

장기한계비용곡선(LMC)은 장기평균비용곡선의 최하점을 지나는 U자형 곡
선으로 나타난다. 〈그림 5-10〉에서와 같이, 규모의 경제가 있는 동안에는 장기
한계비용곡선은 장기평균비용곡선 아래에 있고 규모의 불경제가 나타나는 동안
에는 장기한계비용곡선은 장기평균비용곡선 위에 있다.

위에서 기업의 비용에 대해서 살펴보았는데, 기업이 이윤을 극대화하자
면 총수입과 총비용을 동시에 고려해야 한다. 다음 장에서 이것에 대해서 살
펴본다.

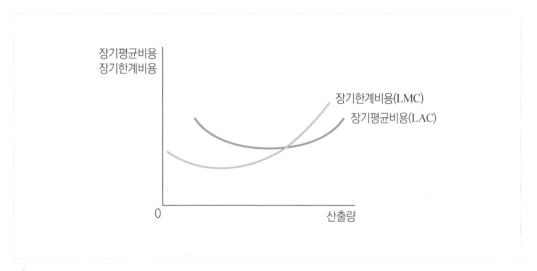

그림 5-10 **장기평균비용곡선과 장기한계비용곡선**

중요 용어

- 총수입
- 단기생산함수
- 총생산
- 경제학적 비용
- 회계학적 이윤
- 가변비용
- 총비용

- 총비용
- 장기생산함수
- 평균생산
- 회계학적 비용
- 비용함수
- 한계비용
- 장기평균비용

- 이윤
- 한계생산
- 한계생산체감의 법칙
- 경제학적 이윤
- 고정비용
- 평균비용
- 장기한계비용

제5장 연습문제

1. 주식회사의 특징과 장점은 무엇인가?

2. 경제학적 비용과 회계학적 비용의 차이점은 무엇인가?

3. 경제학적 이윤이 회계학적 이윤보다 더 클 수 있는가? 왜 그런가?

4. 단기에 평균비용과 한계비용이 U자형인 이유는 무엇인가?

5. 장기평균비용곡선이 U자형이라면, 이것은 무엇을 의미하는가?

6. 단기에 한계비용곡선이 평균비용곡선의 최하점을 지나는 이유는 무엇인지 설명하라.

경제학의 이해

시장구조와
기업의
이윤극대화

Chapter 06

시장구조와 기업의 이윤극대화

앞 장에서 기업의 생산비에 대해서 공부하였는데, 이 장에서는 기업이 총수입에서 총비용을 뺀 값, 즉 이윤을 극대화하기 위해서 생산량과 가격을 어떻게 결정하는가를 살펴본다. 기업의 총수입은 가격에 판매수량을 곱한 값이다. 시장구조에 따라 개별기업이 직면하는 수요곡선의 모양이 다르므로, 이윤극대화라는 근본원리는 같으나 가격과 생산량을 결정하는 방식에 차이가 있다. 한 기업이 속한 시장이 완전경쟁시장이라면, 그 기업은 시장에서 결정된 가격으로 자신이 원하는 수량만큼 판매할 수 있으나, 독점시장이라면 판매량을 늘리기 위해서는 가격을 인하해야 한다는 점에서 서로 다르다. 그러므로 기업의 총수입이 결정되는 원리를 보기에 앞서서 시장구조에 대해서 알아 볼 필요가 있다. 시장은 경쟁의 정도에 따라 완전경쟁시장, 독점시장, 독점적 경쟁시장, 과점시장으로 분류된다.

6-1 시장구조의 분류

재화와 서비스는 서로 유사한 것이 많은데, 어디까지를 같은 시장에 속하는 재화로 볼 것인가? 이 문제는 산업분류와도 밀접한 관계에 놓여 있다. 산업 (industry)이란 동질적이거나 아주 유사한 재화를 생산하는 기업들의 집합을

표 6-1 시장구조의 분류

	공급자의 수	재화의 질적 차이	진입의 자유
완전경쟁시장	다수	동질	자유
독점적 경쟁시장	다수	차별적	자유
독점시장	하나	한 종류	불가
과점시장	소수	동질 혹은 차별적	제한적

말하며, 산업은 농업, 공업, 서비스업 등으로 매우 크게 분류할 수도 있고, 쌀 산업, 보리 산업, 자동차 산업 등으로 매우 좁게 분류할 수도 있다. 같은 산업에 속하는 기업들이 바로 시장의 공급자들이다.

한 산업의 시장구조는 경쟁의 정도에 의해서 완전경쟁시장, 독점시장, 독점적 경쟁시장, 과점시장으로 분류되는데, 시장구조를 분류하는 기준은 다음과 같다.

수요자와 공급자의 수 : 수요자는 대부분 다수이므로, 공급자의 수가 몇 개인가?
재화의 질 : 각 기업이 공급하는 재화가 동질적인가, 차별적인가?
진입의 자유 : 경쟁기업의 진입이나 기존기업의 퇴출이 자유로운가?

이러한 기준에 따라 시장구조를 〈표 6-1〉과 같이 분류할 수 있다.

6-2 완전경쟁시장

1. 완전경쟁시장의 조건

완전경쟁시장(perfectly competitive market)이란 다음과 같은 특성을 가진 시장을 말한다.

수요자와 공급자의 수 : 이 시장에서는 수요자와 공급자가 아주 많다. 각 기업들은 시장의 공급량에 비해서 아주 적은 수량을 공급하고 있어서 어떤 공급자도 시장 가격에 영향을 미칠 수 없다. 따라서 각 기업은 시장에서 결정된 가격을 그대로 수용하는 가격수용자(price-taker)이며, 기업이 당면하는 수요곡선은 시장에서 결정된 가격에서 수평으로 그어지는 수평선의 모양을 띠며 완전탄력적이다. 완전경쟁기업은 주어진 가격에서 원하는 수량만큼 판매할 수 있기 때문에 더 많이 팔기 위해서 가격을 내릴 필요가 없다. 그리고 가격을 조금이라도 올리면 수요량은 0으로 감소하므로 기업은 시장에서 결정된 가격을 그대로 수용한다.

재화의 질 : 각 기업들이 공급하는 재화는 서로 완전히 동질적이다. 상표 없이 거래되는 농산물이 그 예이다. 완전경쟁시장에서는 개별 생산자들이 동질의 상품을 생산하기 때문에 한 가지 물건에 대해서는 가격이 모두 같게 되는 소위 일물일가법칙(一物一價法則)이 적용된다.

진입과 퇴출의 자유 : 장기에 이윤이 존재하면 새로운 기업의 진입이 있고, 손실이 발생하면 퇴출이 발생하는데, 진입과 퇴출이 어떠한 장벽도 없이 자유롭게 이루어진다.

완전한 정보와 지식 : 수요자와 공급자가 시장에 존재하는 모든 상품의 질과 각 공급자가 요구하는 가격에 대해서 완전한 정보를 가진다.

이러한 네 조건이 성립되는 시장을 완전경쟁시장이라고 한다. 이 네 가지 조건을 모두 갖춘 시장을 현실에서 찾아보기는 어려우나 이상적인 시장형태로서 중요한 의의가 있으며, 브랜드 없이 거래되는 농산물시장이 완전경쟁시장에 매우 가깝다.

2. 완전경쟁기업의 수요곡선과 총수입

완전경쟁기업의 산출량은 시장공급에 비해서 아주 미미하므로, 완전경쟁기업이 산출량을 변화시켜도 시장가격은 전혀 영향을 받지 않는다. 그러므로

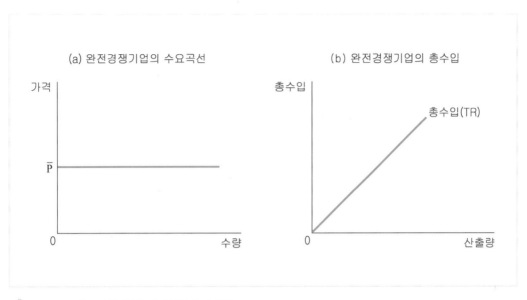

🌀 **그림 6-1 완전경쟁기업의 수요곡선과 총수입**

완전경쟁기업은 시장에서 결정된 가격을 그대로 수용하므로 기업의 수요곡선은 〈그림 6-1〉(a)처럼 수평선이다. 완전경쟁기업은 이 가격으로 자신이 원하는 수량만큼 판매할 수 있다.

완전경쟁기업의 경우에 가격은 시장에서 이미 결정되어 있으므로 산출량만 결정하면 된다. 이 기업의 **총수입**(total revenue)은 이미 정해진 가격에 산출량을 곱하여 구해진다. 그러므로 총수입곡선은 〈그림 6-1〉(b)처럼 원점을 지나는 직선 모양이다.

$$총수입(TR) = 정해진 \ 가격(\overline{P}) \times 산출량(Q)$$

총수입을 산출량으로 나누면 산출량 한 단위당 **평균수입**(average revenue)이 구해진다. 평균수입이란 평균적으로 한 단위의 판매를 통해 얼마의 수입을 얻고 있는가를 보여주며, 시장가격과 같다.

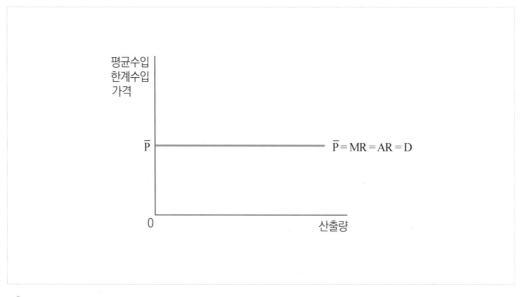

🌀 그림 6-2 완전경쟁기업의 평균수입과 한계수입

$$평균수입(AR) = \frac{총수입(TR)}{산출량(Q)} = 정해진\ 시장가격(\overline{P})$$

산출량 한 단위를 추가로 판매하여 얻는 총수입의 증가분을 **한계수입**(marginal revenue)이라고 한다. 여기서 가격은 고정되어 있으므로 한계수입도 일정하다.

$$한계수입(MR) = \frac{총수입의\ 증가분(\triangle TR)}{산출량의\ 증가분(\triangle Q)} = 정해진\ 시장가격(\overline{P})$$

따라서 평균수입과 한계수입, 그리고 시장가격이 모두 일치한다. 〈그림 6-2〉는 평균수입과 한계수입이 완전경쟁기업의 수요곡선과 일치함을 보여준다.

$$평균수입(AR) = 한계수입(MR) = 시장가격(\overline{P}) = 수요(D)$$

3. 완전경쟁기업의 이윤극대화 : 단기균형

단기에 완전경쟁기업은 어떻게 이윤을 극대화하는가? 이윤은 총수입에서 총비용을 뺀 값이다. 이윤식(π=TR - TC)을 미분하면 이윤극대화 조건이 한계수입과 한계비용이 일치하는 것임을 수학적으로 곧 알 수 있지만, 한계수입과 한계비용을 비교함으로써도 이윤극대화 조건을 구할 수 있다. 재화 한 단위를 추가 생산하여 판매함으로써 얻는 추가 수입인 한계수입이 추가 비용인 한계비용보다 크면, 추가 생산에서 얻는 한계이윤(marginal profit : 한계수입 - 한계비용=한계이윤)이 0보다 크므로 산출량을 증가시키는 것이 이윤을 증가시키는 길이다. 반면에 한계수입이 한계비용보다 적다면 한계이윤이 0보다 적으므로 산출량을 줄이는 것이 이윤을 증가시키는 방법이다. 언제 이윤이 극대화되는가 하면 바로 한계수입과 한계비용이 일치할 때이다. 이때에는 이윤이 극대화되어 산출량을 줄일 필요도 없고 늘릴 필요도 없다. 한계수입과 한계비용이 일치할 때 이윤이 극대화되는 것은 완전경쟁시장뿐 아니라 모든 시장구조에서 다 적용된다.

기업의 모든 의사결정은 한계수입과 한계비용을 비교하여 한계수입이 한계비용보다 더 크면 그것을 선택한다. 예를 들어 기업이 광고를 한 시간 늘릴까 말까를 결정할 때도 한계수입과 한계비용을 비교하여 전자가 더 크면 늘린다. 언제까지 하느냐 하면 한계수입과 한계비용이 같아질 때까지이다.

> 한계수입(MR) > 한계비용(MC) → 산출량 증가시에 이윤 증가
> 한계수입(MR) < 한계비용(MC) → 산출량 감소시에 이윤 증가
> 한계수입(MR) = 한계비용(MC) → 이윤이 극대화됨

〈그림 6 - 3〉은 단기에 완전경쟁기업이 이윤을 극대화하고 있는 상태를 보여주고 있다. 수평선의 한계수입곡선과 우상향하는 한계비용곡선이 교차하는 점에서 이윤이 극대화되고 이때 산출량은 Q_0이고, 가격은 시장에서 수요 - 공급에 의해 결정된 가격 $\overline{P}$이다. 이윤은 총수입에서 총비용을 뺀 금액으로서 빗금으로 표시된 면적이다.

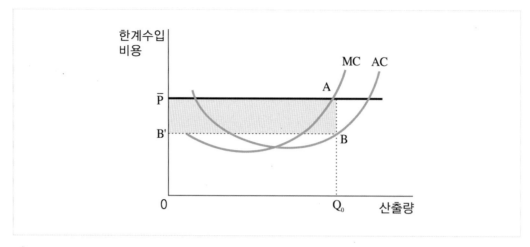

🔔 **그림 6-3 완전경쟁기업의 이윤극대화 : 단기균형**

단기에 완전경쟁기업이 항상 이윤을 얻는 것은 아니며, 이윤이 0일 수도 있고 0보다 적어서 손실을 볼 수도 있다. 단기균형에서 시장가격보다 평균비용이 더 낮을 경우에 기업이 이윤을 얻을 수 있는 것이다. 그러므로 완전경쟁기업이 이윤을 얻기 위해서 힘써야 할 것은 비용을 감소시키기 위해서 기술진보와 경영 효율화를 추구하는 것이다.

4. 완전경쟁기업의 단기공급곡선

위에서 본 것처럼 완전경쟁기업은 수평선인 한계수입곡선과 우상향의 한계비용곡선이 만나는 점에서 이윤을 극대화하거나 손실을 극소화하므로, 거기서 기업에 가장 유리한 산출량을 선택하는 셈이다. 완전경쟁기업의 단기균형에서 다음과 같은 식이 성립한다.

> 한계수입(MR) = 가격(P) = 한계비용(MC)

시장가격이 점점 상승하면 수평선인 한계수입곡선이 위로 이동하므로 산출량은 한계비용곡선을 따라서 증가한다. 따라서 한계비용곡선이 가격에 대응한 기업의 공급곡선이 된다. 가격이 점점 내려가면 한계비용곡선을 따라 산출량이 감소하고 기업의 이윤도 감소하며, 가격이 평균비용곡선의 최하점보다 더 떨어지면 손실이 발생한다. 손실이 발생하면 기업은 생산을 중단할까? 기업은 손실이 발생한다고 해서 곧 생산을 중단하지는 않는다. 손실이 발생해도 손실의 크기가 고정비용보다 적다면 생산을 계속하는 것이 유리하다. 왜냐하면 생산을 중단해도 고정비용만큼의 손실은 발생하므로 손실이 고정비용보다 적은 한에서는 생산을 계속하는 것이 손실을 줄이는 방법이다.

예를 들어 가게를 매월 100만원의 임대료를 지급하는 조건으로 2년간 빌려서 빵을 만드는 업자의 경우를 보자. 빵의 가격이 내려서 매월 50만원의 손실을 볼 경우에 생산을 중단하면 가변비용은 영이지만, 고정비용인 100만원의 임대료는 계약기간까지 계속 지불해야 하므로 손실은 100만원이다. 그러나 생산을 계속하면 손실은 50만원이므로 이 업자는 생산을 계속하는 것이 유리하다. 그러면 가격이 어느 정도 이하로 떨어지면 생산을 중단하는 것이 유리한가? 그것은 손실이 고정비용보다 더 큰 경우이다. 아래의 식을 보면서 생각해보자.

$$\text{손실} = [총비용(TC) - 총수입(TR)] > 고정비용(FC)$$
$$[(FC+VC) - TR] > FC \;\rightarrow\; TR < VC$$

위 식의 양변을 산출량 Q로 나누면,

$$P < AVC$$

그러므로 가격이 평균가변비용 이하로 내려가면 생산을 중단하는 것이 더 유리하다. 가격이 평균가변비용 이하로 내려간다는 것은 총수입이 가변비용보다도 더 적으므로 손실이, 불가피하게 발생하는 고정비용보다 더 크다는 뜻이다. 그러므로 이 경우에는 생산을 중단하는 것이 낫다. 따라서 완전경쟁기업의 단기공급곡선은 평균가변비용곡선(AVC)의 최저점 이상의 한계비용곡선이다. 〈그림 6-4〉에서 보듯이, 가격이 평균가변비용의 최하점과 일치하는 P_0 이하로

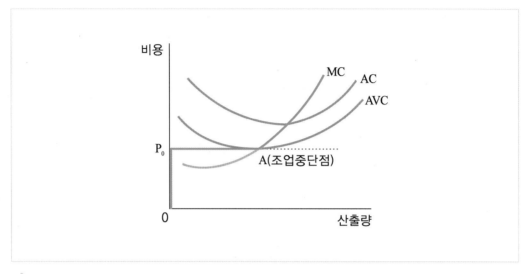

그림 6-4 **완전경쟁기업의 단기공급곡선**

내려가면 공급량은 0이 되고 그 이상으로 상승하면 공급량은 한계비용곡선(MC)을 따라 증가한다. 개별기업의 단기공급곡선을 모두 수평으로 합계하면 시장공급곡선이 된다.

5. 완전경쟁기업의 이윤극대화 : 장기균형

위의 빵 가게의 예에서 장기에는 가게 임대계약이 끝나므로 고정비용이 발생하지 않는다. 그러므로 손실이 계속 발생할 경우에 빵 업자는 임대계약을 해지하고 사업에서 손을 뗀다. 즉 퇴출이 발생한다. 반면에 이 가게의 이윤이 매우 크고 그것이 알려진다면 이웃에 빵 가게가 새로 들어선다. 경쟁기업이 진입하는 것이다. 완전경쟁기업이 단기에 이윤을 얻으면 새로운 경쟁기업이 진입하고 손실이 생기면 기존기업들이 퇴출한다. 이윤이 0보다 크면 경쟁기업이 진입하여 공급이 증가하고 가격이 하락하므로 이윤은 감소하며, 이윤이 0이 될 때까지 경쟁기업이 진입한다. 반대로 손실이 발생하면 손실이 0이 될 때까지 퇴출이 발생한다. 따라서 완전경쟁기업의 장기균형에서 이윤은 0이 되는 것이다.

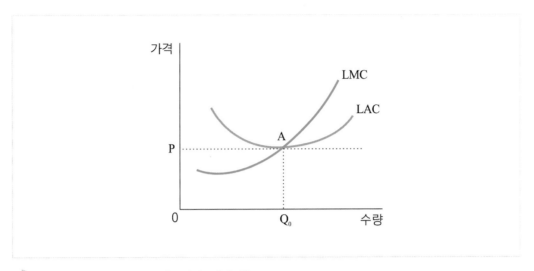

🌙 **그림 6-5 완전경쟁기업의 이윤극대화 : 장기균형**

〈그림 6 - 5〉에서 보듯이, 완전경쟁기업의 장기균형(A점)에서는 가격과 장기평균비용의 최소, 그리고 장기한계비용이 모두 일치한다.

$$\text{가격}(P) = \text{장기평균비용(LAC)의 최소} = \text{장기한계비용(LMC)}$$

이 조건이 성립한다는 것은 두 가지 점에서 중요한 의미가 있다. 첫째로, 가격 즉 한계수입이 장기한계비용과 일치하므로 기업은 이윤극대화조건을 충족시키고 있어서 최적의 산출량을 생산하고 있다. 둘째로, 가격이 장기평균비용의 최하점과 일치하기 때문에 이만큼의 산출량을 최소의 비용으로 생산한다. 사회적으로 생산비를 최소화하므로 생산에 있어서 효율성을 달성하고 있다. 그 결과로 수요자는 현재의 생산 여건하에서 가장 저렴한 가격으로 재화를 구입할 수 있다. 이렇게 될 수 있는 것은 재화의 질이 동질적이고 기업들의 진입과 퇴출을 통해 자유롭게 경쟁이 이루어지기 때문이다. 이것이 완전경쟁시장의 장점이다.

〈그림 6 - 6〉이 완전경쟁기업과 완전경쟁시장의 장기공급곡선을 보여주고 있다. 완전경쟁기업의 장기공급곡선은 장기평균비용곡선 위에 있는 장기한계비용곡선이다. 가격이 장기평균비용곡선의 최하점보다 내려가면 기업은 퇴출하므로 개별기업의 공급량은 0이 된다. 가격이 상승하면 개별기업의 공급량은 장기

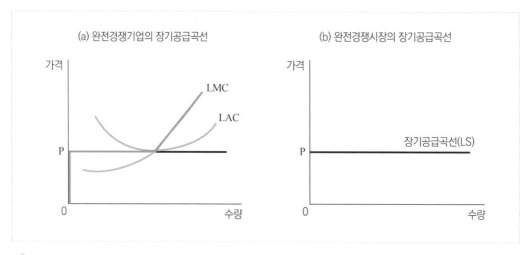

그림 6-6 완전경쟁기업의 장기공급곡선과 시장공급곡선

한계비용곡선을 따라 증가하고 이윤이 발생한다. 그러면 새로운 기업이 진입하여 공급량이 증가하므로 가격은 다시 원래의 가격으로 복귀한다. 그러므로 시장의 장기공급곡선은 장기평균비용의 최하점과 같은 수준의 수평선이다. 가격이 조금이라도 오르면 새로운 기업이 진입하여 공급량은 증가하고 가격은 다시 원래의 수준으로 돌아간다(LS곡선).

그러나 만일 이 산업의 공급량이 증가하여 여기에 투입되는 생산요소의 가격이 오른다면 시장의 장기공급곡선은 우상향하기 시작한다. 예를 들어서 이 산업에 투입되는 요소 가운데 특수한 재능을 필요로 하는 노동 등의 매우 희소한 요소가 있다면, 공급량이 증가하면 희소한 요소의 가격이 상승하여 장기평균비용이 상승하므로 장기공급곡선도 산출량의 증가에 따라 우상향하게 된다.

여기서 완전경쟁기업의 이윤이 장기적으로 0이라고 해도 총수입이 기회비용과 일치하므로 기업의 소유주는 자신의 자본을 다른 곳에 투입하였을 때 얻을 수 있는 만큼의 사회적 평균이윤은 얻고 있는 셈이다. 기업의 소유주는 자기자본의 기회비용을 보상받고 있기 때문에 다른 산업으로 이동하지 않는 것이다. 여기서는 모든 기업들의 비용조건이 동일하다는 가정하에서 설명하였는데, 만일 기업들간의 비용조건이 다르다면 비용이 낮은 기업은 장기에도 이윤을 얻을 수 있다. 그러므로 완전경쟁기업이 이윤을 얻는 방법은 비용을 줄이는 것이다.

1. 독점시장의 특징과 원인

완전경쟁시장이   아닌   모든   시장구조를   **불완전경쟁시장**(imperfectly competitive market)이라고 하며, 그 가운데 하나가 바로 **독점시장**이다. 독점시장이란 한 시장에 공급자가 단 하나인 시장을 말하며, 이런 공급자를 독점기업이라고 한다. 어떤 재화를 독점적으로 생산하는 독점기업은 그 재화를 대체할 수 있는 경쟁자를 갖지 않기 때문에 생산물에 대해서 가격결정자(price maker)로 행동한다. 또한 독점기업은 그 산업에 유일한 공급자이기 때문에 독점기업의 공급량과 시장의 공급량은 일치한다. 독점기업이 존재하려면 어떤 요인에 의해서 경쟁기업의 진입이 저지되어야 하며, 이런 요인을 **진입장벽**(entry barriers)라고 한다. 진입장벽에는 어떤 것들이 있는가?

자연독점(natural monopoly) : 시장수요에 비추어 규모의 경제가 매우 크게 작용하면 한 기업이 생산할 때 두 개 이상의 기업이 생산할 때보다 더 적은 비용으로 생산할 수 있다. 이런 경우에는 새로운 기업이 진입하기가 극히 어렵다. 만일

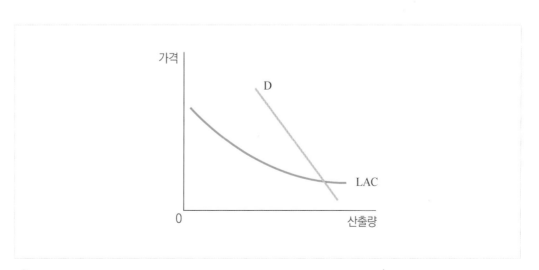

🕹 그림 6-7 **규모의 경제와 자연독점**

새로운 기업이 진입하려면 기존기업보다 더 큰 규모로 진입해야 비용면에서 경쟁력이 생기며, 기존기업과 생사를 건 경쟁이 생기고 결국에는 한 기업만 존재하게 된다. 그러므로 이런 위험을 감수하고 새로운 기업이 진입하는 경우는 거의 없다. 수도, 전기, 가스 등의 공익사업이 대부분 자연독점에 해당된다. 〈그림 6-7〉은 시장수요곡선(D)에 비해서 한 기업의 규모의 경제가 크게 나타나 이 시장에 한 기업만 존재하게 되는 상황을 보여주고 있다.

특허제도 : 새로운 발명을 촉진하기 위해서 정부가 일정기간 동안 발명자에게 생산을 독점할 수 있는 권리를 부여하는 제도가 특허제도이다. 예를 들어 엄청난 개발비를 투입하여 획기적인 신약을 개발한 제약회사는 이러한 독점권이 부여되지 않으면 비용을 회수할 수 없기 때문에 정부는 특허권을 부여한다. 그리고 저서나 음반 등에 대해서도 지적재산권을 주어 독점을 허용한다.

정부의 인허가 : 정부의 인가 혹은 허가권에 의하여 한 기업에게만 사업권을 부여하는 경우에 독점이 발생한다. 예를 들어 우편사업은 정보통신부가 독점하고, 철도사업은 철도공사가 독점하는 것을 들 수 있다. 과거에 전력은 한국전력이 독점적으로 공급했으나 지금은 몇 개의 기업이 공급하고 있다.

희소한 생산요소의 독점 : 재화의 생산에 필수적인 요소를 한 회사가 독점적으로 소유하고 있다면 다른 기업이 진입할 수 없다. 드비어스(DeBeers)사는 세계 다이아몬드 광산의 대부분을 소유하고 있어서 다른 기업이 다이아몬드를 생산하기가 매우 어렵다.

망의 경제 : MS의 운영체제의 우위를 예로 들 수 있다. MS의 운영체제는 선점을 통해서 이미 대규모 망을 구축하였기 때문에 경쟁기업의 진입이 더욱 어렵다.

2. 독점기업의 수요곡선과 총수입

독점기업은 시장의 유일한 공급자이므로 시장수요곡선이 바로 독점기업의 수요곡선이다. 그러므로 완전경쟁기업의 수요곡선이 수평선인 것과는 달리 독점기업의 수요곡선은 우하향곡선이다. 독점기업의 산출량 변화에 따라 시장가격이 변화한다. 완전경쟁기업은 시장가격을 그대로 수용하고 자신에게 가장 유리한 산출량을 결정하는데 반해 독점기업은 가장 유리한 산출량과 가격을 동시에 결정하는 가격결정자(price-maker)이다.

독점기업의 총수입이 가격과 산출량의 곱인 점에서는 완전경쟁기업과 같으나 가격이 일정하지 않고 변화한다는 점에서 완전경쟁기업과 다르다. 독점기업이 더 많이 판매하기 위해서는 가격을 인하해야 한다. 〈그림 6 - 8〉은 독점기업의 수요곡선이 우하향하며, 총수입은 산출량이 증가함에 따라 처음에는 증가하나, 어느 정도 이상으로 산출량이 증가하면 총수입이 감소하는 것을 보여준다.

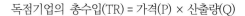

독점기업의 총수입(TR) = 가격(P) × 산출량(Q)

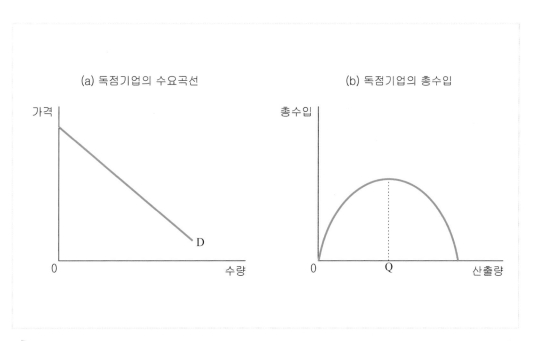

🌱 그림 6-8 **독점기업의 수요곡선과 총수입**

　　총수입을 산출량으로 나누면 산출량 한 단위당 평균수입을 구할 수 있다. 평균수입이란 재화 한 단위의 판매를 통해서 평균적으로 얼마의 수입을 얻는가를 나타내며 시장가격과 같다. 따라서 평균수입곡선은 독점기업의 수요곡선과 일치한다.

$$독점기업의\ 평균수입(AR) = \frac{총수입(TR)}{산출량(Q)} = 가격(P)$$

　　산출량 한 단위를 추가로 판매하여 얻는 총수입의 증가분인 한계수입은 평균수입보다 적다. 왜냐하면 한 단위를 추가로 판매하기 위해서 가격을 인하해야 하기 때문이다. 예를 들어서 사과 10개를 1,000원씩에 판매하는 어느 지역의 독점기업의 총수입은 10,000원이다. 사과 11개를 판매하기 위해서 가격을 950원으로 인하하면 총수입은 10,450원이다. 이때 평균수입은 가격과 같은 950원이지만 한계수입은 450원에 불과하다. 사과 한 개를 더 팔기 위해서 기존에 팔던 10개의 가격도 인하하였기 때문이다.

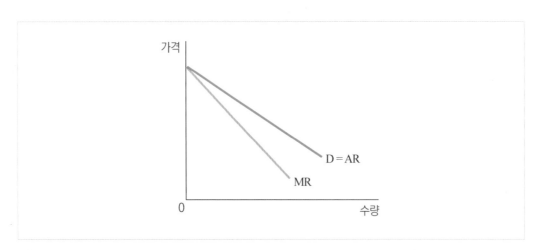

🌀 그림 6-9 **독점기업의 수요곡선과 한계수입곡선**

$$독점기업의\ 한계수입(MR) = \frac{총수입의\ 증가분(\triangle TR)}{산출량의\ 증가분(\triangle Q)}$$

〈그림 6 - 9〉에서 보듯이, 한계수입곡선은 수요곡선, 곧 평균수입곡선의 아래에 위치한다.

3. 독점기업의 이윤극대화

독점기업의 이윤극대화 조건도 완전경쟁기업의 경우와 마찬가지로 한계수입과 한계비용이 일치하는 것이다(MR = MC). 비용측면에서는 완전경쟁기업과 유사하게 독점기업의 평균비용곡선과 한계비용곡선은 U자형이다. 그러나 독점기업의 수요곡선과 한계수입곡선은 우하향한다는 점에서 완전경쟁기업과 다르다. 〈그림 6 - 10〉에서 보는 바대로 수요곡선 아래에 있는 우하향하는 한계수입곡선과 우상향하는 한계비용곡선이 교차하는 점 A에서 이윤을 극대화하는 산출량이 결정된다. 그리고 그 점에서 수직으로 수요곡선과 만나는 점 B에서 가격이 결정된다. 이윤극대화 산출량을 시장에 공급하면 수요곡선과 만나는 점에서 가격이 결정되는 것이다. 독점기업은 자신의 이윤을 극대화하기 위해서 산출량을 줄이고 가격을 인상할 수 있는 시장지배력을 가지고 있다.

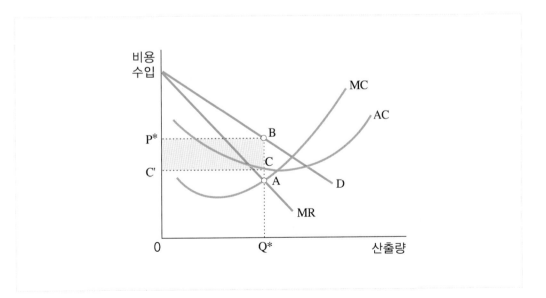

그림 6-10 **독점기업의 이윤극대화**

독점기업은 총수입에서 총비용을 제한 빗금 부분만큼의 이윤을 얻는다. 독점기업이라고 해서 항상 이윤을 얻을까? 그렇지 않다. 독점기업의 경우에도 평균비용이 너무 높아서 수요곡선 위에 있다면 가격보다 평균비용이 더 높아서 손실이 발생할 수도 있다. 이러한 현상은 수요가 감소하거나 비용이 증가하면 나타날 수 있는 현상이다. 단기에 손실이 고정비용보다도 적다면 독점기업은 생산을 계속하는 것이 유리하다.

독점기업이라고 해서 가격을 무제한적으로 인상할 수 있을까? 그렇지 않다. 독점기업의 수요곡선이 우하향하므로 가격을 인상하면 수요량이 감소하기 때문에 지나친 가격 인상은 이윤극대화에 불리할 수도 있다.

독점기업은 장기에도 이윤을 계속 얻을 수 있다. 왜냐하면 이윤이 존재해도 경쟁기업의 진입이 봉쇄되어 있어서 독점을 계속 유지할 수 있기 때문이다. 그러므로 완전경쟁시장에서는 평균비용과 가격이 최소화되는데 반해 독점에서는 그렇지 않다. 그래서 생산의 효율성과 소비자의 만족이 달성되지 못한다.

4. 완전경쟁시장과 독점시장의 효율성 비교

일반적으로 완전경쟁시장은 자원배분이 효율적으로 이루어져서 시장에 참가하는 소비자와 생산자가 모두 만족하는 시장이지만, 독점시장은 독점기업이 인위적으로 산출량을 줄이고 가격을 인상하여 자신의 이윤을 증가시키는 대신 소비자의 만족을 희생시키는 것으로 알려져 있다. 완전경쟁시장에서는 소비자의 만족을 나타내는 가격(수요곡선)과 생산의 기회비용을 나타내는 한계비용(공급곡선)이 일치하여 소비자가 원하는 수량만큼 생산되지만, 독점시장에서는 가격이 한계비용보다 높게 결정되어 소비자들이 원하는 것보다 적게 생산되고 있다. 시장에서 소비자가 얻는 만족과 생산자가 얻는 만족의 합이 극대화되는 경우를 효율적인 자원배분이라고 하는데 두 시장에서 그것이 달성되는가를 살펴보자. 그 전에 소비자잉여와 생산자잉여 개념을 먼저 설명한다.

소비자잉여(consumer surplus)와 **생산자잉여**(producer surplus) : 소비자잉여란 어떤 재화에 대해서 소비자가 기꺼이 지불하고자 하는 금액에서 실제 지불한 금액을 뺀 나머지를 말한다. 이것이 거래에서 소비자가 얻는 이익이다. 예를 들어 어떤 독자가 한 신문에서 매우 중요한 정보를 얻고 있어서 한 달 구독료를 20,000원까지 지불할 용의가 있는데, 실제 지불하는 가격은 15,000원이라면 이 소비자는 5,000원의 소비자잉여를 얻고 있다. 15,000원 이내 금액만 지불할 용의가 있는 소비자는 구매하지 않을 것이므로 소비자잉여도 발생하지 않는다. 소비자잉여란 재화를 구매할 때 얻는 만족에 비해 가격이 싸다는 느낌과 같다.

생산자잉여란 공급자가 실제로 받은 금액에서 공급자가 생산을 계속하기 위해서 최소한 받아야 하는 금액, 즉 기회비용을 뺀 나머지이다. 어떤 공급자가 사과 한 개에 1,000원만 받아도 공급할 용의가 있는데 시장에서 2,000원에 거래된다면 1,000원이 바로 생산자잉여이다. 생산자잉여에서 기업의 이윤이 나온다. 이 설명은 개별 수요자와 공급자에 관한 것이고, 시장의 소비자잉여와 생산자잉여는 수요곡선과 공급곡선으로 설명할 수 있다.

〈그림 6 - 11〉은 완전경쟁시장에서 소비자잉여와 생산자잉여의 크기를 보여준다. 이 그림에서 소비자잉여는 수요곡선 아래이면서 시장가격 위에 있는 부분이다. 그리고 생산자잉여는 시장가격 아래이면서 공급곡선 위에 있는 부분이다. 두 잉여의 합을 총잉여라고 하며 시장참가자 전체의 만족의 크기를 나타낸다. 완전경쟁시장에서 총잉여가 극대화되므로 이 시장이 자원을 효율적으로

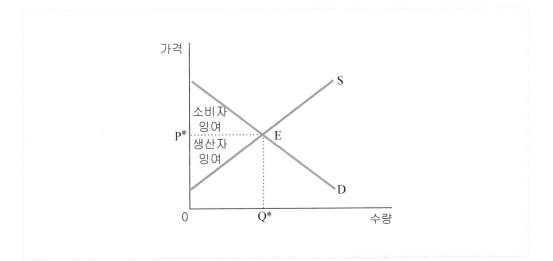

그림 6-11 **완전경쟁시장의 효율성**

활용하고 있음을 나타낸다. 그래서 완전경쟁시장이 이상적인 시장으로 선호되며 정부도 될 수 있는 한 완전경쟁시장이 이루어지도록 노력한다.

〈그림 6 - 12〉는 독점시장의 비효율성을 보여주고 있다. 독점시장에서는 독점기업이 이윤을 극대화하기 위해서 산출량과 함께 가격을 조절할 수 있는 힘(시장지배력)을 가진다. 그래서 독점기업은 산출량을 Qc로부터 Qm으로 줄이고 가격을 인상하여 이윤을 극대화한다. 완전경쟁시장에 비해서 산출량은 감소하고 가격은 인상되므로 소비자잉여가 크게 감소한다. 줄어든 소비자잉여의 상당 부분은 생산자잉여로 전환되어 생산자잉여는 증가한다. 이 과정에서 소비자들이 재화의 소비로부터 기회비용보다 더 큰 효용을 얻을 수 있음에도 불구하고 독점기업이 인위적으로 산출량을 줄임으로써 사라지는 효용이 독점으로 인한 **사회적 후생손실**(social welfare loss)이다. 이것을 **자중손실**(自重損失 : deadweight loss)라고 부르기도 하는데, 바로 〈그림 6 - 12〉의 빗금부분이며, 독점의 비효율을 나타낸다.

이제까지는 독점기업의 한계비용곡선과 완전경쟁기업의 한계비용의 합이 동일하다는 가정에서 설명을 하였다. 그러나 규모의 경제가 작용하여 독점기업이 비용상으로 우위에 있다면 독점이 완전경쟁에 비해 비효율적이라고 단정할

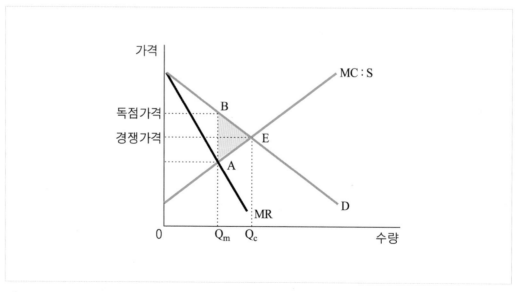

그림 6-12 **독점시장의 비효율성**

수 없다. 독점기업의 비용이 크게 감소하면 완전경쟁시장일 때보다 산출량이 증가하고 가격이 낮아질 수도 있어서 더 효율적일 수도 있다.

5. 정부의 독점규제 정책

독점시장은 일반적으로 자원을 효율적으로 배분하지 못하며 또한 산출량 감소와 가격인상을 통해서 소비자를 희생시키면서 자신의 이윤을 증가시키는 면에서 형평성에서도 문제가 있다. 그래서 많은 나라의 정부가 독점을 규제하기 위해서 시장에 개입한다. 정부의 독점규제 정책에는 어떤 것들이 있는가?

독점금지 및 기업분할: 정부는 독점의 폐해를 원천적으로 봉쇄하기 위해서 기업의 합병과 카르텔을 금지하기도 한다. 합병이란 두 기업 이상이 한 기업으로 통합하는 것을 말하며 카르텔은 기업들이 독립성을 유지하면서도 산출량이나 가격에서 공동행위를 하는 것을 말한다. 기업들은 이런 행위를 통해서 시장을 독점하려고 하므로 정부가 이것을 금지하는 것이다. 때로는 기존의 독점기업을 몇개의 기업으로 분할하기도 하는데, 미국의 전화회사인 AT&T가 여러 개의 기업으로 분할된 적이 있다.

가격통제: 규모의 경제가 있는 자연독점일 경우에는 독점기업이 비용면에서 완전경쟁기업보다 유리하므로 독점을 허용하고 그 대신 정부가 가격을 통제하는 방법을 택하기도 한다. 가격통제가 이루어지면 가격이 하락하고 산출량은 증가하여 소비자잉여가 증가하고 효율성이 증대될 수 있다.

조세: 소비자를 희생시켜서 얻은 독점이윤의 일부를 정부가 조세로 흡수함으로써 형평성을 높이려는 것이 이 정책의 의도이다. 조세 부과는 분배의 형평을 높일 수는 있으나 자원배분의 비효율을 시정하지는 못한다.

국유화: 자원배분의 효율성을 높이고 소비자의 이익을 보호하기 위해서 정부는 국유화의 방법을 사용하기도 한다. 특히 대중교통, 수도, 우편 등 규모의 경제가

크게 나타나는 자연독점의 경우에 정부가 직접 혹은 국영기업 형태로 독점기업을 경영하는 경우가 있다. 국유화는 독점의 폐해를 시정하는 반면, 방만하고 무책임한 경영으로 비용이 상승하는 비효율이 생기기도 한다.[2]

6. 가격차별

독점기업은 시장지배력을 이용해서 동일한 상품에 대해 구매자에 따라 다른 가격을 부과하기도 하는데, 이것을 가격차별(price discrimination)이라고 한다. 가격차별은 완전경쟁시장에서는 발생하지 않는다. 왜냐하면 한 기업이 비싼 가격을 부과하면, 그 수요자는 다른 경쟁기업의 제품을 구매할 것이기 때문이다. 그러므로 완전경쟁시장 이외의 시장에서 이러한 현상이 생길 수 있으나, 일반적으로 독점시장에서 발생한다. 기업이 가격차별을 하는 이유는 이윤을 더 증가시킬 수 있기 때문이다. 가격차별의 예로 우리 주변에서 관찰되는 것은 다음과 같다.

재래시장의 에누리 : 재래시장에서는 정찰제가 아니라 흥정이 이루어지는 것을 볼 수 있다. 상인들은 높은 가격을 부르고 소비자들은 에누리를 한다. 왜 정찰제를 하지 않고 흥정을 할까? 그것은 상인들이 비싼 가격을 지불하고도 살 사람에게는 비싸게 팔고 싼 가격이 아니면 사지 않을 사람에게는 싸게 파는 가격차별 전략을 사용하여 이윤을 증가시키기 위함이다. 이 판매방식의 문제점은 비용이 많이 든다는 점이다.

영화관람료 : 영화관은 어린이와 청소년에게는 가격할인을 해 준다. 왜냐하면 이들은 소득은 적고 시간은 많아서 조금이라도 싼 대체재를 찾기 때문에 수요의 가격탄력성이 크며, 영화관은 가격할인을 통해서 많은 영화관람표를 판매할 수 있기 때문이다.

---

2) 미국 경제학자인 스티글러(George Stigler)는 시장실패보다 정부실패가 더 크므로, 독점규제를 하지 말고 자유방임해야 한다고 주장하였다. 『맨큐의 경제학』 15장 참조.

백화점의 세일 : 백화점의 상품가격은 대체로 비싸다. 그런데 백화점은 정기적으로 세일을 한다. 고소득층은 세일을 기다리지 않고 비싼 가격이라도 구매하는, 수요의 가격탄력성이 작은 집단이지만, 서민들은 소득은 상대적으로 적고 시간은 많아서 시장정보 수집에 시간을 할애할 수 있으므로 세일 시기를 파악하여 가격이 낮아질 때까지 기다리는 탄력적인 수요 집단이다. 백화점은 수요의 가격탄력성이 작은 소비 집단에게는 비싼 가격으로 판매하고, 그것이 큰 소비 집단에게 가격할인을 통해서 많은 수량을 판매할 수 있어서 이윤을 증가시킬 수 있다.

할인쿠폰 : 신문이나 잡지 혹은 광고지에서 할인쿠폰이 인쇄되어 있어서 그것을 몇 장 오려오면 기업들이 가격을 할인해 주는 것을 볼 수 있다. 왜 모든 구매자들에게 가격을 할인해 주지 않고 굳이 쿠폰을 오려오는 소비자들에게만 할인해 줄까? 이것도 기업의 가격차별 예이다. 가격에 민감한 소지바들, 즉 가격탄력성이 큰 소비자들은 시간을 들여서 쿠폰을 가지고 가서 가격할인을 받는다. 반면에 가격탄력성이 작은 소비자들은 그런 수고를 하지 않는다. 그런 소비자들에게는 비싼 가격을 매겨도 팔리므로 기업들은 가격할인을 해주지 않는 것이다.

성립조건 : 독점시장에서는 특정 기업이 특정 상품에 대해 시장지배력이 있기 때문에 가격차별이 가능하다. 하지만 모든 독점기업이 모든 상품을 서로 다른 가격으로 판매할 수 있는 것은 아니다.

가격차별이 가능하기 위해서는 첫째, 소비자 집단간에 수요의 가격탄력성이 달라야 한다. 예를 들어서 전력시장에서 산업용 수요의 가격탄력성은 크지만, 가정용 수요의 가격탄력성은 작다. 백화점에서 판매하는 상품에 대한 고소득층의 수요의 가격탄력성은 작지만, 중 - 저소득층의 가격탄력성은 크다. 둘째, 시장의 분리가 가능하고 재판매가 불가하여야 한다. 어떤 소비자가 수요의 가격탄력성이 큰 집단에 속하는지 작은 집단에 속하는지를 구별할 수 있어야 하고 집단 간에 재판매(전매)가 이루어질 수 없어야 한다. 어떤 소비자가 싸게 사서 비싸게 재판매 한다면 가격차별은 이루어질 수 없다. 셋째, 시장을 분리시킬 때 소요되는 비용이 가격차별의 이익보다 작아야 한다. 당연히 시장분리에서 얻는 이익이 시장분리에 필요한 비용보다 커야 판매자에게 이익이 발생할 것이다.

가격차별의 유형 : 가격차별은 크게 1차, 2차, 3차 차별로 구분할 수 있다. 1차 차별(개인별 가격차별)은 재래시장의 에누리가 대표적인 경우로 상인들은 높은 가격을 부르고 소비자들은 에누리를 하여 소비자마다 서로 다른 가격으로 판매하는 것을 말한다. 각 소비자에게 상이한 가격을 받게 되면 〈그림 6-13〉에서와 같이 소비자는 Q_0의 소비량을 위해서 지출한 금액은 OP_0AQ_0가 되어 완전경쟁시장과 같은 자원배분이 이루어진다. 이때 소비자잉여는 모두 독점기업의 수입으로 전환되어 존재하지 않는다.

2차 차별(다단계 차별)은 독점기업이 소비자의 소비량에 따라서 상이한 가격으로 판매하는 것이다. 〈그림 6-13〉 (b)에서 Q_0의 수요량을 가진 집단에 대해서는 P_0의 가격에, Q_1의 수요량을 가진 집단은 P_1의 가격으로 판매하는 것이다.

3차 차별(시장별 차별)은 수요의 가격탄력성이 다른 2개의 시장이 존재할 때 소비자를 시장별로 구분하여 각 시장에 서로 다른 가격으로 판매하는 것으로 덤핑판매나 가정용 전기와 산업용 전기요금을 차등해서 부과하는 경우이다.

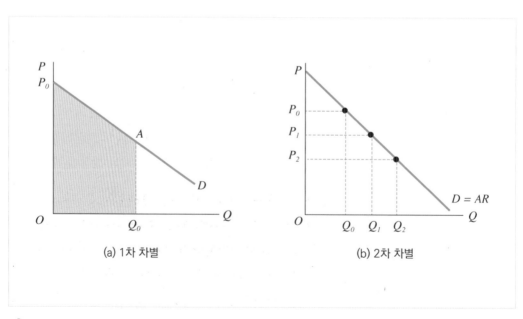

(a) 1차 차별　　　　　(b) 2차 차별

🔵 그림 6-13 **1, 2차 가격차별의 유형**

가격차별의 장단점 : 먼저 가격차별의 장점으로 첫째, 가격차별이 없을 때보다 생산량의 증대, 고용증대, 국민소득을 증대시킬 수 있다. 만약 우리나라에서 자동차를 현대에서만 만들고 시장을 강남과 강북으로 분리할 수 있다고 하자. 그리고 편의상 강남지역이 잘 살고 상대적으로 강북이 조금 소득수준이 낮다고 하자. 이때 현대자동차에서 자동차를 생산하여 비싼 가격으로만 판매한다면 강남지역 소비자들만 소비가 가능할 것이다. 이에 비해 현대에서 가격차별을 하여 강남지역에는 높은 가격으로 판매하고 강북지역에는 낮은 가격으로 판매한다면 강북지역 소비자들도 소비가 가능할 것이다. 그러면 현대자동차에서는 자동차 생산이 증가할 것이고 이에 따라 고용이 증가하여 경제 전체적 측면에서 국민소득이 증가할 것이다. 둘째, 가격차별은 소득재분배를 가져올 수 있다. 현대자동차에서 낮은 가격으로만 판매한다면 얼마가지 않아 현대자동차는 생산을 중단할 수 밖에 없을 것이다. 그런데 현대자동차가 강북지역소비자에게 싼 가격으로 판매할 수 있는 것은 강남지역 소비자에게 높은 가격으로 판매하여 그 수입의 일부로 인해 강북지역에 싼 가격으로 판매가 가능할 것이다. 즉 생산자의 경제행위로 고소득층의 소득 일부가 저소득층에게 이전되는 효과를 가질 수 있다. 셋째, 덤핑수출의 경우에 후진국의 시장협소를 타개할 수 있어 경제발전에 중요한 의의를 가질 수 있다. 경제개발 초기단계의 낮은 국내소득 수준으로 인해 내수시장이 협소할 때 가격차별을 통한 해외시장의 개척은 경제발전에 크게 기여할 것이다.

반면 가격차별의 단점으로 들 수 있는 것은 첫째, 수요자를 차별 대우한다는 점에서 문제가 있다. 현대자동차에서 같은 질의 자동차를 소득수준에 따라 다른 가격으로 판매한다면 높은 가격으로 소비하는 소비자들은 기분이 좋지 않을 것이다. 둘째, 좋은 의미로 보면 낮은 가격으로 해외수출을 많이 하여 경제발전에 기여할 수 있지만, 해외 덤핑수출을 하는 경우 국내 소비자에게 높은 가격으로 판매하고 외국 소비자에게 낮은 가격으로 판매하기 때문에 국내 소비자 소득으로 해외 소비자에게 자선을 베푸는 결과를 가져온다.

6-4   독점적 경쟁시장

1. 독점적 경쟁시장의 조건

독점적 경쟁시장(monopolistic competition)은 다수의 공급자가 매우 유사한 제품을 판매하지만 제품의 질에 조금씩 차이가 있어서 특정 생산자가 특정 소비자에게 어느 정도의 독점력을 행사할 수 있는 시장을 말한다. 즉 제품의 이질성이 존재하여 기업이 어느 정도의 독점력을 행사할 수 있고(가격결정자), 기업의 진입과 퇴출이 자유로운 시장이다. 독점적 경쟁시장은 다음과 같은 조건을 갖춘 시장을 말한다.

다수의 수요자와 공급자 : 수요자와 공급자가 모두 다수라는 점에서는 완전경쟁시장과 동일하다. 공급자가 다수이므로 서로를 의식할 필요 없이 독자적으로 행동한다.

재화의 차별성 : 각 기업이 공급하는 재화마다 조금씩 다르다. 서로 밀접한 대체재이기는 하나 소비자들은 질적 차이를 인식하고 있다. 그러므로 개별 기업들은 어느 정도의 시장지배력을 가지고 있기 때문에 가격을 조절할 수 있는 힘을 지닌다.

진입과 퇴출의 자유 : 진입장벽이 없기 때문에 장기에 새로운 기업의 진입이나 기존기업의 퇴출이 자유롭게 이루어진다.

독점적 경쟁시장의 예는 매우 많다. 거리에 나서면 보이는 식당, 카페, 약국, 의류점, 안경점 등이 모두 이 유형에 속한다. 많은 기업으로부터 공급되는 제품이 거의 비슷하지만 조금씩 다른 것이다. 요즘 브랜드화된 쌀, 곡류 등도 이에 해당된다.

2. 독점적 경쟁기업의 수요곡선과 총수입

〈그림 6 - 14〉는 독점적 경쟁기업의 수요곡선과 한계수입곡선을 보여주고 있다. 독점적 경쟁시장에서는 제품 차별화가 이루어지기 때문에 개별기업은 어느 정도의 시장지배력을 가지며, 독점적 경쟁기업의 수요곡선은 매우 탄력적인 우하향의 곡선이 된다. 각 기업들의 제품은 서로 밀접한 대체재이므로 개별기업이 가격을 변화시키면 수요량이 민감하게 반응하는 것이다. 완전경쟁기업의 수요곡선이 수평선이고, 독점기업의 수요곡선이 비탄력적인 가파른 우하향곡선인데 반해, 독점적 경쟁기업의 수요곡선은 매우 탄력적인 완만한 우하향곡선이다. 그러므로 독점적 경쟁기업은 수요곡선이 매우 완만하다는 점 이외에는 독점기업과 매우 유사하게 자신에게 가장 유리한 산출량과 가격을 결정할 수 있다.

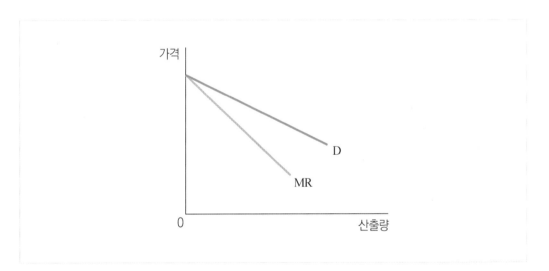

그림 6-14 **독점적 경쟁기업의 수요곡선과 한계수입곡선**

총수입$(TR) = $ 가격$(P) \times$ 산출량(Q)

평균수입$(AR) = \dfrac{총수입(TR)}{산출량(Q)} = $ 가격(P)

한계수입$(MR) = \dfrac{총수입의\ 증가분(\triangle TR)}{산출량의\ 증가분(\triangle Q)}$

독점적 경쟁기업의 총수입과 평균수입, 한계수입은 독점기업의 경우와 마찬가지로 위와 같은 식으로 구해진다. 독점적 경쟁기업도 독점기업과 같이 더 많은 수량을 판매하기 위해서는 가격을 인하해야 하므로 산출량과 가격은 모두 가변적이다.

3. 독점적 경쟁기업의 이윤극대화 : 단기균형

〈그림 6 - 15〉는 단기에 있어서 독점적 경쟁기업의 이윤극대화를 보여주고 있다. 단기에 독점적 경쟁기업은 독점기업과 마찬가지로 우하향하는 수요곡선과 한계수입곡선, 그리고 U자형의 평균비용곡선과 한계비용곡선이라는 조건 가운데 이윤을 극대화하는 생산량과 가격을 결정한다. 우하향의 한계수입곡선과 우상향의 한계비용곡선이 만나는 점 A에서 (MR = MC) 산출량이 결정되며 이 수량에서 수직으로 수요곡선과 만나는 점 B에서 가격이 결정된다. 이때 총수입에서 총비용을 뺀 부분이 바로 이윤이며, 그림에서 빗금 부분이다. 독점적 경쟁기업의 이윤극대화는 수요곡선과 한계수입곡선이 완만하다는 점 이외에는 독점기업의 이윤극대화와 동일하다.

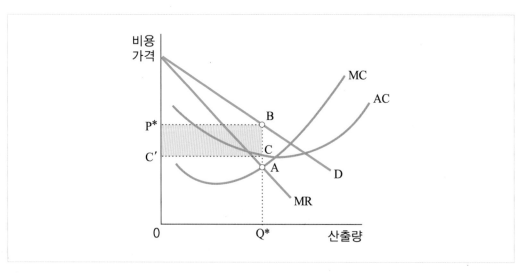

🍃 그림 6-15 **독점적 경쟁기업의 이윤극대화 : 단기균형**

단기에 독점적 경쟁기업은 이윤을 얻을 수도 있고, 손실을 볼 수도 있는데, 그것은 수요곡선과 비용곡선의 위치에 달려 있다. 균형산출량에서 평균비용곡선이 수요곡선보다 아래에 있으면 이윤이 발생하고 위에 있으면 손실이 발생한다. 물론 이윤이 0일 때도 있다. 단기에는 비용조건을 변화시키기가 어려우므로 수요를 얼마나 확보하는가가 이윤획득의 관건이다. 수요 확보를 위해서 독점적 경쟁기업은 제품 차별화와 광고 경쟁을 치열하게 전개한다.

4. 독점적 경쟁기업의 이윤극대화 : 장기균형

독점적 경쟁기업이 단기에 이윤을 얻으면 새로운 기업이 진입하여 기존기업들의 수요가 감소하여 수요곡선이 왼쪽으로 이동한다. 반면에 단기에 기업들이 손실을 기록하면 퇴출이 생기고 잔존기업들의 수요가 증가하여 수요곡선은 오른쪽으로 이동한다. 그래서 〈그림 6 - 16〉에서 보듯이, 결국 기업의 수요곡선이 장기평균비용곡선과 접하는 점 B에서 장기균형이 이루어지고 더 이상의 진입과 퇴출은 없다. 장기균형에서는 한계수입과 한계비용이 일치하는 점 A에서 산출량이 결정되고 수직으로 올라가면 가격과 장기평균비용이 일치하여 이윤은 0이 된다.

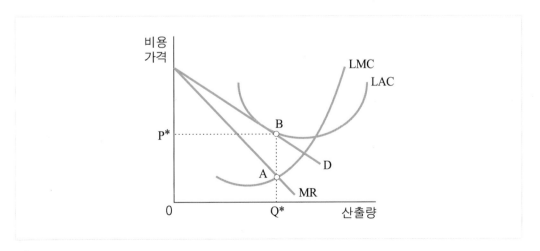

🌀 그림 6-16 **독점적 경쟁기업의 이윤극대화 : 장기균형**

독점적 경쟁기업의 장기균형에서 평균비용이 최소가 되는 최적규모를 달성하지 못하고 그 이하의 규모에서 생산하여 평균비용이 완전경쟁기업의 장기균형일 때보다 더 높게 된다. 즉 생산비가 최소화되지 못하고 있다. 이에 따라 가격도 더 높아져서 소비자의 부담이 증가한다. 그 이유는 제품의 차별화로 인해서 수요곡선이 우하향하기 때문이다. 소비자들은 다양한 재화를 소비할 수 있게 된 대가로 비싼 가격을 지불하지 않으면 안 된다.

장기에 독점적 경쟁기업은 제품 차별화와 광고로 수요 확대를 꽤하고, 기술변화와 경영합리화로 비용절감을 하여 이윤을 증대시키기 위해 노력한다.

6-5 과점시장

1. 과점시장의 조건

과점시장(oligopoly)은 소수의 공급자에 의해 제품이 공급되고 있는 시장으로, 아래와 같은 특징을 지닌 시장을 말한다.

소수의 공급자 : 과점시장에는 소수의 공급자가 존재한다. 한 시장에 소수의 기업만이 존재하기 때문에 기업들이 산출량과 가격, 광고 등을 결정할 때 다른 기업의 이익에 영향을 주므로 다른 기업들의 반응을 고려하여 행동한다. 과점기업들은 상호의존적인 관계에 놓여 있다.

가격의 경직성 : 과점시장에서는 특정 상품에 대한 한 기업의 시장점유율이 높기 때문에 한 기업의 가격변동은 다른 기업에게 큰 영향을 미치게 된다. 따라서 과점기업들은 가격경쟁을 피하고 품질이나 광고, 사후 서비스 등에서 경쟁을 하며, 담합 또는 공동행위와 같은 비경쟁적 행위를 하려는 경향이 강하다.

재화의 질 : 과점기업들이 공급하는 재화는 동질적일 수도 있고 차별화되어 있을 수도 있다. 동질적일수록 기업들간의 상호의존성은 더 크다.

진입의 제한 : 장기적으로 상당한 진입장벽이 존재하여 새로운 기업의 진입이 어렵다. 그래서 장기적으로도 소수의 기업만이 존재한다.

　　과점시장의 예는 매우 많다. 자동차, 컴퓨터, 냉장고, TV, 항공기 등 대부분의 내구소비재 시장은 과점시장에 해당한다. 그리고 정유회사, 항공사, 통신사 등도 이에 해당한다.

2. 과점기업의 수요곡선 : 굴절수요곡선

　　과점기업의 수요곡선은 정의하기가 어렵다. 왜냐하면 기업들이 상호의존적이기 때문에 한 기업의 행위에 대해서 다른 기업들이 어떻게 반응하는가에 따라 과점기업의 수요곡선이 달라지기 때문이다. 과점기업들은 독자적으로 행동하기도 하고 공동행위를 할 수도 있다. 예를 들어서 A전자회사가 가격을 인상하면 다른 B, C, D 기업들의 반응은 동일하게 가격인상으로 나타날 수도 있고, 현상유지를 할 수도 있으며, 세 기업의 반응이 다를 수도 있다. 그러므로 다른 기업의 반응에 대한 가정에 따라 다양한 과점시장이론이 등장할 수 있다. 그 중 한 이론이 **굴절수요곡선이론**(kinked demand curve theory)이다.

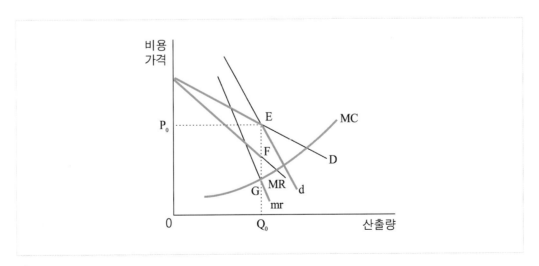

🌀 **그림 6-17 굴절수요곡선이론**

이 이론은 미국의 경제학자인 스위지(Paul Sweezy)의 학설인데, 과점기업들이 서로 독자적으로 행동하며, A기업이 가격을 인상하면 다른 기업들은 현상유지 하고 A기업이 가격을 인하하면 다른 기업들도 가격을 인하하는 방식으로 반응한다고 가정한다. A기업이 가격을 인상할 경우 다른 기업들이 가격을 인상하지 않고 그대로 있으면 그들은 수요를 더 많이 확보할 수 있기 때문에 현상유지를 할 것이고, A기업이 가격을 인하하면 다른 기업들이 가격을 인하하지 않으면 수요를 많이 빼앗겨 불리하므로 그들도 가격을 인하한다는 것이다. 이 가정은 상당히 설득력이 있는 가정이다. 이럴 경우 A기업의 수요곡선은 〈그림 6-17〉과 같이 굴절하게 된다.

현재의 가격을 P_0라고 할 때 A기업이 가격을 인상하면 다른 기업이 그대로 있으므로 A기업의 수요량은 크게 감소하므로 매우 탄력적인 수요곡선 D를 따라 수요가 감소한다. 반면에 A기업이 가격을 인하하면 다른 기업들도 가격을 인하하므로 비탄력적인 수요곡선 d를 따라 수요량은 조금 증가한다. 그러므로 수요곡선은 E점에서 굴절하게 된다. 수요곡선이 굴절하므로 한계수입곡선도 굴절한다. 한계비용곡선이 F점과 G점 사이에서 변화해도 산출량과 가격은 변화하지 않는다. 이 이론의 결론은 과점기업은 어지간한 비용의 변화가 있어도 산출량과 가격을 변화시키지 않는다는 점이다. 그러나 이 이론만으로 과점기업들의 복잡한 상호의존을 설명하지 못한다.

3. 게임이론 : 죄수의 딜레마 게임

과점기업들이 독자적으로 행동하고 서로 반응하는 상호의존상태는 바로 게임의 상황이다. 게임이론(game theory)은 상대방의 반응을 미리 예상하면서 행동하는 전략적 행동을 연구하는 이론이다. 테니스 경기에서 공을 이 방향으로 보내면 상대방이 어떻게 되받아칠까를 예상하면서 친다. 바둑이나 장기를 둘 때, 여러 가지 상대방의 반응을 모두 예상하면서 최선의 수를 생각해 낸다. 이것이 바로 게임의 좋은 예이다. 게임이 성립하려면 다음의 세 가지 요소가 존재해야 한다. 그것은 경기자(players), 전략(strategies), 결과에 따른 보수(payoffs)이다. 경기자란 게임에 참여하는 개인이나 조직으로, 경기자 수에 따라, 2인 게임, n인 게임 등으로 분류된다. 그리고 보수에 따라 불변합 게임, 가변합 게임 등으로 분류된다. 가변합 게임 가운데 흥미 있는 게임이 바로 **죄수의 딜레마 게임** (prisoner's dilemma game) 이다.

범죄 혐의를 받아 체포된 두 용의자 A와 B가 있는데, 증거가 불충분하여 두 용의자의 자백이 필요한 경우를 예로 들어 보자. 검사가 두 사람을 분리 심문하면서 두 사람이 모두 자백하면 각각 4년씩 징역을 살고, 둘 다 부인하면 현재의 증거만으로 각각 1년의 징역에 처해지며, 한 사람은 자백하고 다른 사람이 부인하면 자백한 사람은 협조한 대가로 방면되고 부인한 사람은 10년의 중형에 처해질 것이라고 말한다. 서로 분리되어 독립적으로 행동해야 하는 두 사람은 어떻게 행동할까? 이 게임을 표로 나타내면 〈표 6 - 2〉와 같다.

A의 입장에서, B가 부인하면 자신은 자백하는 것이 유리하다. B가 자백한다면 A도 자백하는 것이 유리하다. 그러므로 B가 어떻게 행동하던 A는 자백하는 것이 유리하다. B도 마찬가지 입장에 처해 있으므로 A가 어떤 행동을 하던 B는 자백한다. 이와 같이 상대방이 어떻게 행동하던 자신에게 유리한 전략을 **우월전략**(dominant strategy)라고 하는데, 여기서는 자백하는 것이 우월전략이다. 그 결과로 두 사람이 모두 부인하면 징역 1년씩만 살고 나올 수 있는 길이 있음에도 불구하고 두 사람이 모두 자백하여 징역 4년씩 살게 된다. 둘 다 자백하게 되는 것은 상대방을 고려하지 않고 자신의 이익을 추구하기 때문이다. 서로 상호의존성이 없는 상태에서는 자신의 이익만 추구해도 괜찮으나 상호의존 상태에서 자신의 이익만 추구할 때 공멸하는 결과를 초래하는 죄수의 딜레마 게임의 예는 현실에서 여러 가지 경우를 찾아볼 수 있다. 노사간에 서로 협조하면 생산성 증가, 임금 증가로 서로 이익을 얻을 수 있음에도 파업과 직장폐쇄로

표 6-2 죄수의 딜레마 게임

		B의 전략	
		부인	자백
A의 전략	부인	(1, 1)	(10, 0)
	자백	(0, 10)	(4, 4)

* 위의 숫자는 A, B의 징역 연수이다.

서로 공멸하는 경우가 있다. 모두 질서를 지키면 서로가 편함에도 자신의 이기심으로 새치기나 교통신호를 무시하여 무질서의 혼란을 겪는다.

죄수의 딜레마 게임에서는 '보이지 않는 손'이 사라진다. 즉 각자가 자신의 이익을 추구하면 사회의 이익이 창출되는 것이 아니라, 사회 전체의 피해가 초래된다. 이런 딜레마에서 벗어날 수 있는 길은 정부가 개입하여 사회에 피해를 주는 행동에 대해서 제재를 가하는 방법이 있고, 다른 방법으로는 시민의식으로 자신만의 이익이 아니라 사회 전체의 이익을 고려하는 성숙한 태도를 발휘하는 것이다. 죄수의 딜레마 게임이 한 번에 그치는 것이 아니라 반복되는 경우에는 각자가 자신만의 이익을 추구할 때, 상대방도 동일한 태도를 취하여 서로 손해 본다는 것을 알게 되어 협력적 태도가 나타나기도 한다.

죄수의 딜레마 게임의 한 가지 예가 바로 과점기업의 행동이다. 과점기업들이 둘 다 가격을 유지하면 고이윤을 얻을 수 있음에도 가격인하 경쟁을 함으로써 적은 이윤만 얻게 된다. A, B 두 과점기업의 가격경쟁을 죄수의 딜레마 게임으로 설명하면 다음의 표와 같다.

A기업은 B기업이 어떤 선택을 하던 가격을 인하하는 것이 유리하고, B 기업도 그러하다. 그러므로 균형은 두 기업이 가격을 인하하는 데서 이루어진다. 두 기업이 가격을 유지하면 각각 100억 원의 이윤을 얻을 수 있으나, 가격경쟁을 하여 각각 50억 원의 이윤만 얻게 된다. 과점기업이 광고경쟁을 하는 경우도 이와 유사하다. 한 기업이 광고를 확대하여 유리한 입장에 서려고 하면 다른 기업도 불가피하게 같은 행동을 하여 두 기업의 이윤이 모두 감소한다. 이러한 결과는 상대방이 언제든 비협조적으로 돌아설 수 있다는 서로에 대한 불신 때문에 발생한다.

표 6-3 과점기업의 가격경쟁

		B기업의 전략	
		가격유지	가격인하
A기업의 전략	가격유지	(100, 100)	(20, 200)
	가격인하	(200, 20)	(50, 50)

* 숫자는 A, B 기업의 이윤이다(단위는 억원).

과거 미국과 소련간의 군비경쟁, 국가간의 무역전쟁 등이 모두 죄수의 딜레마 게임에 해당한다. 2차대전 이후 미국과 소련은 상호 불신 가운데서 상대국을 수십 번 전멸시킬 수 있는 핵무기를 보유하였다. 양국이 그 많은 핵무기를 생산한 이유는 상대방이 더 많은 핵무기를 보유하면 패배하기 때문이다. 그 결과 다른 재화나 서비스를 생산할 수 있는 막대한 자원이 핵무기 생산에 동원되었고, 세계는 더 위험한 상태로 빠져들었다. 무역전쟁의 경우나 노사갈등의 경우도 마찬가지이다. 한 쪽이 자신의 이익을 챙기면 다른 쪽도 그것에 대해서 보복하며, 그런 과정이 계속 확대되어 쌍방이 모두 피해를 입게 된다.

현실적으로 볼 때 게임은 반드시 우월전략이 존재하는 경우는 매우 드물고, 이보다 조금 더 일반적인 형태로서 **내쉬의 균형**(Nash equilibrium)이 있다. 내쉬의 균형이란 경제주체들의 행동이 합리적임을 전제로 한 균형개념으로써 각 경기자가 상대방의 전략을 주어진 것으로 보고, 자신에게 최적전략을 선택할 때를 말한다. 그리고 이 최적전략의 짝을 내쉬의 균형이라고 한다.

기업A와 기업 B의 전략과 보수가 〈표 6-4〉와 같을 때, A기업이 가격유지 전략을 사용한다는 전제에서 B기업이 가격유지 전략을 쓰면 50, 가격인하 전략을 쓰면 30의 이윤을 얻기 때문에 B기업은 가격유지 전략을 택하여 50의 이윤을 얻게 되고 A기업은 100의 이윤을 얻는다. 또 A기업이 가격인하를 사용할 때 B기업이 가격유지를 쓰면 30, 가격인하를 사용하면 100의 이윤을 얻기 때문에 B기업은 가격인하 전략을 사용하여 A기업이 50, B기업이 100의 이윤을 얻는다. 즉 (50, 100)에서 균형이 된다. 같은 방법으로 만약 B기업이 가격유지 전략을 쓰면 A기업은 가격유지 전략을 사용하여 100의 이윤을 얻어 균형은 (100, 50)이 되고, B기업이 가격인하 전략을 사용하면 A기업은 가격인하 전략을 사용

표 6-4 **내쉬의 균형**

		B기업의 전략	
		가격유지	가격인하
A기업의 전략	가격유지	(100, 50)	(30, 30)
	가격인하	(30, 30)	(50, 100)

* 숫자는 A, B 기업의 이윤이다(단위는 억원).

하여 (50, 100)에서 균형이 된다. 따라서 내쉬의 균형은 (100, 50), (50, 100)이 된다.

4. 담합 : 카르텔

위에서 본 바와 같이 과점기업들이 독자적으로 행동할 때 다른 기업들의 반응이 매우 불확실하기 때문에 서로 협력하여 공동행위를 함으로써 불확실성을 줄이고 이윤을 증대시키고자 한다. 이것을 담합(collusion)이라고 하는데, 담합에는 비공식적 담합과 공식적 담합이 있고 공식적 담합을 카르텔(cartel)이라고 한다. 카르텔은 마치 한 독점기업처럼 행동하여 산출량을 줄이고 가격을 인상하여 공동이윤을 극대화하여 기업들 사이에 분배한다. 이때 개별기업의 입장에서는 다른 기업들이 높은 카르텔 가격에 구속되어 있을 때, 카르텔에서 이탈하여 카르텔 가격보다 조금 낮은 가격으로 많은 수량을 판매하여 이윤을 증가시키고자 하는 유인이 작용한다. 그래서 카르텔에는 이탈자가 생겨서 그것이 와해되는 경우가 종종 있다.

석유수출국기구(OPEC)는 국제적인 카르텔로서 석유 산출량을 줄이고 가격을 인상하여 막대한 오일 머니를 벌어들였다. 그러나 OPEC도 감산 합의에 실패하여 석유 가격이 하락할 때도 있었다. 카르텔은 독점기업과 마찬가지로 자원 배분의 비효율성과 소비자 이익의 침해를 초래하기 때문에 대부분의 국가에서는 금지되고 있다. 과점기업들은 암묵적으로 가격인상이나 산출량의 감축에 보조를 맞추기도 한다. 하나의 예가 우위에 있는 기업이 가격을 선도하고 나머지 기업들이 추종하는 가격선도(price leadership)이다. 기업의 암묵적 합의라도 적발될 때에는 막대한 벌금을 물게 된다.

중요 용어

- 시장구조
- 독점시장
- 평균수입
- 장기공급곡선
- 소비자잉여
- 굴절수요곡선

- 완전경쟁시장
- 과점시장
- 한계수입
- 자연독점
- 생산자잉여
- 죄수의 딜레마 게임

- 독점적 경쟁시장
- 총수입
- 단기공급곡선
- 불완전경쟁시장
- 가격차별
- 카르텔

참고 자료

● 독점규제 및 공정거래에 관한 법률

【제1조(목적)】 이 법은 사업자의 시장지배적지위의 남용과 과도한 경제력의 집중을 방지하고, 부당한 공동행위 및 불공정거래행위를 규제하여 공정하고 자유로운 경쟁을 촉진함으로써 창의적인 기업활동을 조장하고 소비자를 보호함과 아울러 국민경제의 균형있는 발전을 도모함을 목적으로 한다.

【제2조(정의)】 이 법에서 사용하는 용어의 정의는 다음과 같다.

7. "시장지배적사업자"라 함은 일정한 거래분야의 공급자나 수요자로서 단독으로 또는 다른 사업자와 함께 상품이나 용역의 가격·수량·품질 기타의 거래조건을 결정·유지 또는 변경할 수 있는 시장지위를 가진 사업자를 말한다. 시장지배적사업자를 판단함에 있어서는 시장점유율, 진입장벽의 존재 및 정도, 경쟁사업자의 상대적 규모 등을 종합적으로 고려한다. 다만, 일정한 거래분야에서 연간 매출액 또는 구매액이 10억원미만인 사업자를 제외한다.〈개정 99.2.5〉

【제3조(독과점적 시장구조의 개선등)】 ① 공정거래위원회는 독과점적 시장구조가 장기간 유지되고 있는 상품이나 용역의 공급 또는 수요시장에 대하여 경쟁을 촉진하기 위한 시책을 수립·시행하여야 한다.

【제4조(시장지배적사업자의 추정)】 일정한 거래분야에서 시장점유율이 다음 각호의 1에 해당하는 사업자는 제2조(정의)제7호의 시장지배적사업자로 추정한다.

1. 1사업자의 시장점유율이 100분의 50이상

2. 3이하의 사업자의 시장점유율의 합계가 100분의 75이상. 다만, 이 경우에 시장점유율이 100분의 10미만인 자를 제외한다.

－법제처－

이 법률에 의해서 공정거래위원회는 독과점기업을 규제하고 소비자를 보호하는 조치를 시행한다.

1. 시장이 완전경쟁시장이 될 수 있는 조건을 제시하고 완전경쟁시장의 예를 들어 보라.

2. 완전경쟁기업의 수요곡선은 수평선이고 독점기업의 수요곡선은 우하향곡선이다. 그 이유는 무엇인지 설명하라.

3. 기업이 단기에는 손실이 발생해도 조업을 계속하는 경우가 있다. 어떤 경우에 기업이 그렇게 행동하는가?

4. 독점기업은 항상 이윤을 얻는가?

5. 독점적 경쟁시장에서 발생하는 제품차별화로 소비자는 다양한 재화를 소비할 수 있다. 그 대가로 소비자는 어떤 대가를 치르는가?

6. 장기에는 완전경쟁기업의 이윤이 소멸된다. 그 이유는 무엇이며 이 사실이 생산자와 소비자에게 어떤 의미가 있는가?

7. 독점기업은 생산량을 줄이고 가격을 인상하여 독점이윤을 얻는다. 이것은 누구의 희생에 의한 것인가? 이에 대한 정부의 대책은 무엇인가?

8. 상점에서 광고지 등을 통해서 할인쿠폰을 발행하고 그것을 가지고 오는 사람에게만 가격할인을 해 주는 이유는 무엇인가?

9. 죄수의 딜레마 게임으로 과점기업 사이의 가격경쟁과 광고경쟁을 설명해 보라.

생산요소의
가격과
소득분배

Chapter 07

생산요소의 가격과 소득분배

생산요소를 제공하여 생산에 참가한 가계는 그 대가로 소득을 분배받는다. 노동을 제공한 사람은 임금을 받고, 토지를 제공한 사람은 지대를 받는다. 그리고 자본을 제공한 사람은 이자나 이윤을 얻는다. 생산요소는 모두 가계가 소유하고 있으면서 기업에게 제공한다. 이 과정에서 어떤 가계의 소득은 굉장히 많은데 반해, 다른 가계의 소득은 아주 적은 불평등 현상과 빈곤이 나타나기도 한다. 소득의 분배를 결정하는 두 가지 핵심적인 요인은 생산요소 소유권의 분배와 생산요소 가격의 결정이다.

7-1 생산요소 소유권의 분배

어떤 사람은 많은 토지, 자본과 함께 생산성이 높은 노동력을 가지고 있는 반면에, 어떤 사람은 토지도 자본도 없고 생산성이 아주 낮은 노동력을 가지고 있다. 자본주의 사회는 사유재산제가 시행되므로 생산요소의 소유권자는 개인(가계)이다. 생산요소는 토지와 자본 같은 실물자산과 노동으로 크게 구별될 수 있다. 각 개인들은 어떻게 생산요소를 소유하게 되었는가? 먼저 실물자산의 취득과정을 살펴보자.

저축 : 자신의 소득 가운데 일부를 저축하여 그것으로 토지와 자본을 취득한다. 자산을 스스로의 힘으로 취득하는 사람은 소득수준이 높거나 저축성향이 높은 사람이다. 실물자산은 재산소득을 발생시키므로 그 소득의 일부가 다시 저축되면서 추가적으로 실물자산을 매입하는 데 사용된다. 이런 과정을 통해서 빠른 속도로 자산을 축적하는 사람도 있다.

상속과 증여 : 부모로부터 유산을 받거나 증여를 받음으로 생산요소를 소유하게 된다. 어떤 부모를 만나는가가 생산요소의 소유에 있어서 상당히 중요한 영향을 미친다. 상속과 증여는 기회균등에 위배되므로 여기에는 고율의 세금이 부과된다. 그러나 상속과 증여를 완전히 금지하면 저축이 감소하고 가족의 유대가 약화되며 다른 편법 상속이라는 부작용이 생기므로, 많은 나라에서 다른 세율에 비해서 상대적인 고율 과세를 전제로 상속과 증여를 허용하고 있다.

운 : 복권이나 아파트 분양권 당첨 등의 행운에 의해서 자산을 소유하게 된다.

각 개인들이 가지고 있는 노동능력은 어떤 과정에 의해 소유되는가? 노동능력은 골격, 재능, 외모 등의 유전적인 요인과 부모의 교육투자, 그리고 본인의 노력의 정도 등에 의해 결정된다. 반면에 사고 등의 우연적인 요인으로 노동력을 상실하는 경우도 있다.

7-2 생산요소 가격의 결정

가계의 소득은 소유하고 있는 생산요소의 양에 요소가격을 곱하여 얻은 값을 합산함으로써 구할 수 있다. 위에서 생산요소 소유권의 분배에 대해 설명하였으므로 여기서는 요소가격의 결정원리를 설명한다.

토지, 노동, 자본의 가격도 역시 시장의 수요와 공급에 의해 결정된다. 생산요소에 대한 수요는 그 자체에 대한 수요가 아니라 재화의 생산을 위한 수요라

는 점에서 **파생적 수요**(derived demand)라고 불린다. 즉 생산요소의 수요는 재화의 수요에서 파생된다. 세 가지 생산요소시장 가운데 먼저 노동시장에서 임금이 결정되는 원리를 살펴본다.

1. 노동시장과 임금의 결정

기업은 생산에 투입하기 위해서 노동을 수요한다. 기업은 다른 생산요소의 양은 그대로 두고 노동 한 단위를 추가적으로 고용할 것인가를 결정할 때, 그로 인한 한계수입(생산요소의 한계수입을 **한계생산가치**라고도 함)과 한계비용을 비교하여 한계수입이 한계비용을 초과하면 추가적으로 고용하는 것이 이윤을 증가시키는 방법이다. 노동의 한계수입은 노동의 한계생산과 생산된 재화의 가격의 곱으로 결정된다.

노동의 한계수입 = 노동의 한계생산 × 재화 가격

예를 들어서 하루 임금이 50,000원인 노동자 한 사람을 하루 추가로 고용하면 사과 산출량이 1,000개 증가하고, 이때 사과 가격이 100원이라면 한계수입은 100,000원이고 한계비용은 50,000원이므로 노동자 한 사람을 하루 추가 고용하면 이윤이 50,000원 증가한다. 한계수입은 고용이 증가할수록 감소하는데, 그 원인은 앞에서 설명한 대로 한계생산이 체감하기 때문이다. 위의 예에서 한계수입이 50,000원으로 떨어져서 한계비용과 같아질 때까지 고용이 증가된다. 한계비용은 곧 임금이라고 볼 수 있으므로 임금이 하락하면 고용을 증가시

노동의 한계수입 > 노동의 한계비용 → 추가 고용
노동의 한계수입 < 노동의 한계비용 → 고용 감소
노동의 한계수입 = 노동의 한계비용 → 이윤극대화

키는 것이 기업에게 유리하다. 그러므로 노동의 한계수입곡선이 기업의 노동수요곡선이다.

재화의 수요가 증가하여 가격이 상승하면 노동의 추가 고용에서 오는 한계수입이 증가하므로 노동수요도 증가한다. 즉 노동수요곡선이 오른쪽으로 이동한다. 그리고 기술진보가 있어서 노동의 한계생산이 증가하여도 한계수입이 증가하므로 노동수요곡선은 오른쪽으로 이동한다.

이렇게 결정된 개별기업의 노동수요곡선을 수평으로 합계하면 시장의 노동수요곡선이 된다.

노동공급은 노동자가 결정한다. 노동공급을 결정하는 요인은 임금과 노동자의 취향이다. 노동자는 일을 해서 소득을 얻고자 함과 동시에 여가를 가지기를 원한다. 노동자는 하루 24시간을 일과 여가에 어떻게 배분할 것인지를 결정하는데, 취향에 따라 노동자마다 배분의 내용이 달라진다. 일을 하여 소득을 얻는 것보다 여가를 더 좋아하는 노동자는 노동공급이 적을 것이다. 반면에 여가보다는 일을 하여 소득을 얻는 것을 더 선호하는 노동자는 노동공급을 많이 할 것이다.

임금은 노동공급에 어떤 영향을 주는가? 매우 낮은 임금에서 노동자는 노동시간을 줄이고 더 나은 직장을 찾아다니거나 그런 직장에 맞는 자격을 갖추기 위해서 교육과 훈련을 받는 데 시간을 소비할 것이다. 임금이 상승하면 한 시간 여가를 누리는 기회비용(포기된 소득)이 증가하므로 여가는 줄고 노동시간이 늘어난다. 즉 노동공급이 증가하는 것이다. 그래서 일반적으로 노동공급은 임금상승에 따라 증가하므로 노동공급곡선은 우상향한다. 그러나 임금이 매우 높은 수준에 도달하면 노동자들이 일해서 더 많은 소득을 얻는 것보다 여가를 더 누리려고 하여 노동공급이 오히려 감소할 수도 있다. 이런 현상을 **후방굴절 노동공급곡선**(backward-bending labor supply curve)이라고 한다. 이미 높은 임금을 받고 있는 노동자들은 임금을 올려주면 오히려 일을 덜 하는 것이다.

개별 노동자들의 노동공급곡선을 모두 수평으로 합하면 시장의 노동공급곡선을 구할 수 있다. 이민이나 출생률의 증가로 인구가 증가하면 시장의 노동공급곡선은 오른쪽으로 이동한다.

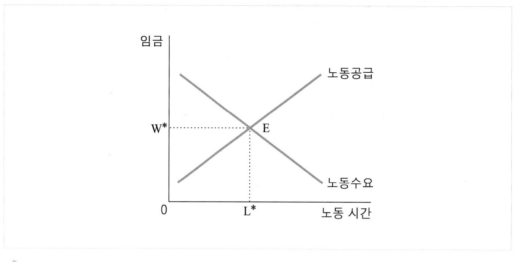

🌙 그림 7-1 **노동의 수요곡선과 공급곡선**

〈그림 7 - 1〉은 노동수요곡선과 노동공급곡선이 만나는 점에서 노동시장의 균형이 성립하고 거기서 균형임금과 균형고용량이 결정됨을 보여준다. 임금은 노동력을 일정시간 동안 사용하는 대가, 즉 노동 서비스의 사용료이다.

노동시장은 단일한 시장이 아니라 미숙련노동시장, 숙련노동시장, 전문직 노동시장 등으로 분리되어 있다. 변리사, 변호사, 의사와 같은 전문직 노동자들의 임금 수준은 매우 높은데 반해, 단순노동자의 임금은 낮은 수준이다. 예를 들어 사법연수원을 졸업하고 대형법률회사에 취업하는 변호사의 초임은 대기업에 입사하는 대졸노동자의 3배에 달하고 있으며 중소기업의 단순노동자 임금의 10배에 달한다. 왜 이렇게 큰 임금격차가 발생할까?

보상적 임금격차(compensating wage differential) : 노동의 질적 차이가 없는 노동자들이 어떤 환경에서 일하는가에 따라 임금격차가 생긴다. 동일한 단순노동자라도 고층빌딩의 창문을 닦는 사람과 실내에서 청소하는 사람의 임금은 다르다. 고층빌딩 창문을 닦는 사람의 임금이 더 높은 것은 위험성에 대한 보상이 임금에 포함되어 있기 때문이다. 그러므로 안전하고 쾌적한 환경에서 일하는 노동자의 임금은 낮고 위험하고 불쾌한 환경에서 일하는 노동자의 임금은 높다. 그래서 금전적 보수와 비금전적 보수의 합은 균등해진다.

생산능력의 차이 : 생산능력은 타고난 재능이나 후천적인 교육과 훈련에 의해서 결정되는데, 뛰어난 선천적 재능은 희소하며 교육과 훈련에는 비용이 들기 때문에 이런 유능한 노동의 공급은 적다. 그리고 유능한 노동자의 고용에 의한 기업의 한계수입은 크기 때문에 노동수요는 많다. 반면에 생산성이 낮은 노동의 수요는 적고 공급은 많다. 그러므로 유능한 노동자의 임금은 높고 능력이 떨어지는 노동의 임금은 낮다.

슈퍼스타 : 대중 매체가 매우 발달된 오늘날에는 최고의 능력을 보유한 소수의 사람에 대해서만 수요가 집중되어 있다. 그 사람들보다 능력이 조금만 떨어져도 그에 대한 수요는 크게 감소한다. 예를 들어 메시(Lionel Messi)와 같은 최고수준의 스포츠 선수, 배우와 탤런트, 가수 등의 소득과 그들과 비교해서 조금 못한 사람들의 소득과 임금의 격차는 엄청나다. 이것은 TV, 신문, 영화 등의 대중매체와 음반, 비디오 등을 통하여 최고 능력 소유자들의 서비스가 일반대중에게 매우 낮은 비용으로 아주 쉽게 전달될 수 있기 때문이다. 그래서 현대사회를 1등이 모두 차지하는 **승자독식**(winner-takes-all) 사회라고 하기도 한다. 소수의 최상위 능력 소유자와 나머지 사람들의 소득 및 임금격차는 더 벌어지고 있다.

노동조합 : 현실에서 임금 결정은 오로지 노동 수요와 공급에 의해 자유롭게 이루어지는 것은 아니다. 노동자를 고용하는 기업(사용자)에 비해 노동자들은 불리한 입장에 처해 있으므로, 법에 의해 노동자들은 노동조합을 설립하여 단결권·단체교섭권·단체행동권을 보장받는다. 노동조합이 사용자와 임금인상에 관해 교섭하고, 합의되지 않으면 파업을 하며, 사용자는 직장폐쇄로 맞선다. 따라서 강력한 노조가 있는 기업이나 산업에서 임금이 높게 결정된다. 예를 들어 자동차, 조선, 금융 등 한 기업에 고용되어 있는 노동자 수가 매우 많은 대기업에서는 강력한 노동조합이 있으므로 임금수준이 매우 높은 반면, 노동조합이 없거나 약한 중소기업 부문에서 임금수준이 낮다. 2019년 한국의 노조조직률은 12.5%에 불과하다.

2. 토지시장과 지대의 결정

토지가 있어야 경작을 하거나 공장을 지을 수 있으므로 기업은 토지 없이는 생산활동을 할 수 없다. 기업이 토지를 생산에 투입하기 위해서 택할 수 있는 방법에는 토지를 빌리는(임차) 방법과 토지를 매입하는 방법 두 가지가 있다. 임차하는 경우에는 토지 임차료, 즉 지대(rent)를 지급하고, 매입하는 경우에는 매입자금에 대한 이자를 지불해야 한다. 토지시장은 임대시장과 매매시장으로 나눌 수 있다. 현실에서는 토지를 매매시장에서 매입하여 사용하는 경우가 대부분이지만 설명의 편의와 일관성을 위해서 토지를 임차한다고 가정하고 토지시장을 설명한다.

〈그림 7 - 2〉는 토지임대시장의 균형을 보여주고 있다. 토지수요도 노동수요와 마찬가지로 토지의 추가 사용에 의해 발생하는 토지의 한계수입(한계생산가치라고도 함)과 토지의 한계비용을 비교하여 양자가 일치할 때까지 토지를 수요한다. 그러므로 토지의 한계수입곡선이 토지수요곡선이 된다. 그리고 토지 사용면적이 증가할수록 토지의 한계생산이 체감하기 때문에 토지수요곡선은 우하향한다. 즉 지대가 하락할수록 토지수요량은 증가한다.

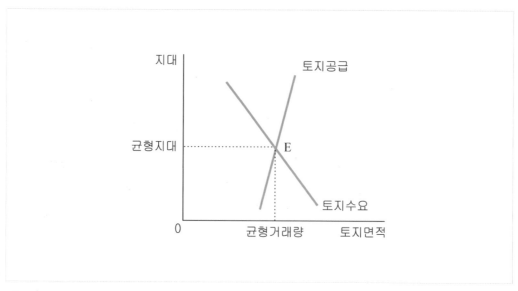

🐾 그림 7-2 **토지임대시장의 지대결정**

토지공급은 토지 전체를 대상으로 보면 공급이 완전히 고정되어 있다. 그러나 한 용도의 관점에서 보면 토지공급은 어느 정도 가변적일 수 있기 때문에 지대의 상승에 따라 증가하지만, 토지공급곡선은 일반적으로 매우 비탄력적이다.

균형지대는 토지임대시장에서 토지수요곡선과 토지공급곡선이 만나는 점에서 결정된다. 〈그림 7 - 2〉에서 지대와 토지사용면적은 두 곡선이 교차하는 점에서 결정된다.

토지는 위치가 고정되어 있어서 이동이 불가능하다. 즉 한 지역의 토지수요가 크게 증가하여 지대가 급등해도 다른 지역의 토지가 급등지역으로 이동해 갈 수 없는 것이다. 그래서 토지시장은 지역에 따라 세분화된다. 인구가 집중되어 있는 대도시 및 상공업이 발전한 지역과 농촌이나 산지의 지대는 엄청난 차이가 있다. 정부는 토지의 효율적 이용을 위하여 특정한 지역의 토지용도를 지정하기도 하는데, 토지용도가 농업지역에서 주거지역 혹은 상공업지역으로 바뀌면 지대가 크게 증가한다. 그리고 어떤 지역을 개발하기 위해서 도로나 항만, 교량 등 사회기반시설이 건설되면 그 지역의 지대가 증가한다. 토지는 공급이 거의 고정되어 있기 때문에 지대는 수요 요인에 의해서 결정된다. 인구가 증가하고 경제가 발전하면 토지수요는 증가하기 때문에 지대는 지속적으로 증가하는 경향을 보인다.

〈그림 7 - 3〉은 토지매매시장의 균형을 설명하고 있다. 토지매매가격, 즉 지가는 토지매매시장에서 결정되는데, 토지임대가격인 지대와 밀접한 관계를 갖는다. 어떤 토지의 지가는 그 토지에서 현재부터 영속적으로 발생하는 모든 예상 지대를 현재가치로 환산한 가치이다. 현재의 지대가 높거나 개발이 예상되어 미래 지대가 높게 예상되는 토지의 지가는 높은 수준에서 결정된다. 지가가 오를 것으로 예상되는 토지에는 매매차액을 노리는 투기적 수요가 발생하여 지가를 더 높이는 결과를 초래한다. 지가 상승에 의한 매매차익, 즉 양도소득은 생산에 대한 기여 없이 받는 이익이라는 점에서 정당성이 의문시되어 그 가운데 상당한 부분을 조세로 환수하기도 한다. 지가가 지나치게 오르면 기업의 토지매입비용이 상승하여 기업경쟁력을 떨어뜨리고 무주택자의 주거생활을 어렵게 만든다. 그리고 **거품**(bubble)의 붕괴로 경제전체를 침체에 몰아넣기도 하므로

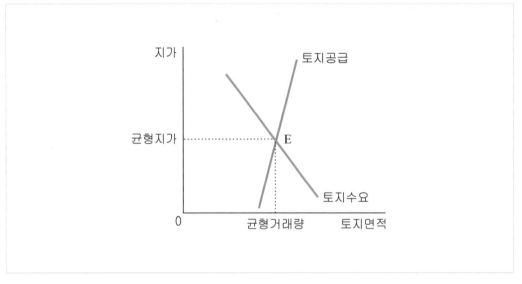

🐟 그림 7-3 **토지매매시장의 지가결정**

정부는 지가가 지나치게 급등하는 것을 금융정책과 조세정책에 의해 사전에 방지하고자 애쓴다.

그리고 토지는 인간에 의해서 생산되지 않고 자연적으로 주어진 요소이며, 공급이 고정되어 있기 때문에 토지사유제를 시행하는 나라에서도 토지에 대해 어느 정도의 공공성을 인정하여 국가가 토지이용에 대한 규제를 가하기도 하고 토지에서 발생하는 수익에 대해서 다른 자산소득보다 세율을 좀더 높게 하기도 한다. 아파트 등의 주택가격의 대부분이 토지가격이므로 주택에 대해서 비교적 높은 보유세가 부과되기도 한다.

19세기 말의 미국 경제사상가였던 헨리 조지(Henry George)는, 토지는 원래 사람에 의해서 생산된 것이 아닌 자연물이므로 공유되어야 하며, 따라서 토지 사유제는 폐지되어야 한다고 주장하였다. 그렇지만 그는, 사유화된 토지를 갑자기 공유화할 경우의 혼란을 방지하기 위해서 모든 지대를 조세로 걷는 토지가치세를 제안하였다. 이 조세제도는 지가의 폭락을 초래하여 경제를 공황으로 빠뜨릴 우려가 있고, 현재 지주들의 토지사유권에 대해서 지나치게 침해할 우려가 있어서 그대로 수용하는 것은 불가하지만 토지의 공공성에 대해서 다시 생각해보게 하는 의의가 있다.

3. 자본시장과 이자 및 이윤

　　기업이 생산에 필요한 기계와 건물 등의 자본재를 조달하는 방법에도 임차하는 방법과 매입하는 방법 두 가지가 있다. 기업이 자본재를 임차할 경우에는 임대료를 지급하고 매입할 경우에는 매입비용의 이자를 지급한다. 현실에서는 대부분의 경우에 기업이 자본재를 매입하여 생산에 투입하지만 역시 설명의 편의와 일관성을 위해서 우선 임차하는 것으로 가정하고 설명을 시작한다. 〈그림 7-4〉가 자본재 임대시장의 균형을 보여주고 있다.

　　기업의 자본수요도 역시 자본의 한계수입(자본의 한계생산가치라고도 함)에 의해 결정된다. 그 원리는 노동이나 토지의 경우와 동일하다. 즉 자본의 한계수입곡선이 자본의 수요곡선이 된다. 따라서 자본수요는 임대료가 하락할수록 증가하므로 자본수요곡선은 우하향곡선이다.

　　자본의 공급은 기존의 자본재와 신규로 생산되는 자본재의 합으로서 임대료가 상승하면 공급량이 증가한다. 균형임대료와 자본의 사용량은 자본수요곡선과 자본공급곡선이 교차하는 점에서 결정된다.

　　대부분의 경우 기업은 자본재를 임차하는 방법 대신 먼저 자금을 조달한 후 자본재를 구입하여 생산에 투입한다. 기업이 자금을 조달하는 방법에는 주식을

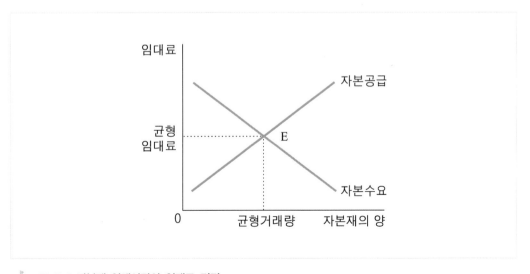

🔵 그림 7-4 **자본재 임대시장의 임대료 결정**

발행하여 매각함으로써 출자금을 획득하는 방법과 자금시장에서 차입하는 방법이 있다. 차입자금에 대해서는 이자가 지급되고 출자금에 대해서는 배당이 지급된다. 먼저 대부자금시장에서 이자율이 결정되는 과정을 살펴보자.

기업의 자금수요, 즉 차입자금수요는 투자로부터 예상되는 수익률과 이자율의 비교에 의해서 결정된다. 어떤 투자계획의 예상투자수익률이 자금의 비용인 이자율보다 높다면 그 투자는 하는 것이 기업에 유리하다. 예를 들어서 가게에 커피 자동판매기를 하나 설치하고자 하는데 예상투자수익률이 10%이고 이자율은 6%라면 4%의 이윤을 얻을 수 있으므로 자동판매기를 설치하는 것이 기업에 유리하다. 예상투자수익률과 이자율이 같아질 때까지 투자가 이루어지므로 예상투자수익률곡선이 바로 자금수요곡선이 된다. 자금수요는 이자율이 하락할수록 증가하므로 자금수요곡선은 우하향한다.

자금공급은 주로 소득 가운데 소비되지 않은 부분인 저축에서 나오며 일부는 은행조직이 결정하는 통화량 증가에서 나오기도 한다. 자금제공의 대가인 이자율이 상승할수록 자금공급은 증가하므로 자금공급곡선은 우상향곡선이다.

〈그림 7 - 5〉에서 보는 바와 같이 이자율은 자금수요곡선과 자금공급곡선이 교차하는 점에서 결정된다. 일반적으로 저축은 많은데 비해 투자가 부진한 선진국에서 자금의 가격인 이자율이 낮다. 반면에 저축은 부족하고 투자가 왕성한 개발도상국에서 이자율은 높게 결정된다.

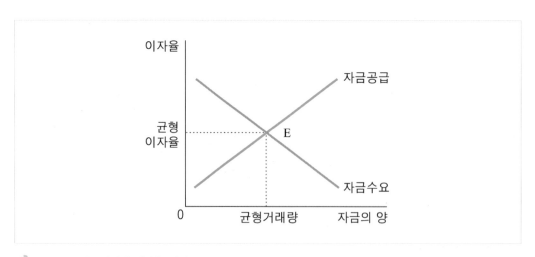

🔵 그림 7-5 **자금시장의 이자율 결정**

이윤 : 기업이 총수입에서 명시적 비용과 자기자본의 기회비용인 암묵적 비용까지 뺀 금액이 바로 이윤인데, 자기자본의 기회비용(정상이윤이라고도 함)을 초과하는 이윤이라는 뜻에서 초과이윤이라고 부르기도 한다. 이윤은 원칙적으로 출자자에게 분배되지만, 일부는 경영진이나 노동자에게 성과급으로 지급되기도 한다. 출자자에게 이윤이 분배되는 방식은 배당금으로 직접 주기도 하고, 자사주를 매입하여 소각함으로써 주가 상승을 통해서 출자자에게 이익을 주기도 한다. 그리고 기업에 사내 유보하여 투자함으로써 그 수익을 출자자에게 나중에 돌려주기도 한다. 이 모든 것을 합하여 출자자에게 분배되는 이익 중에는 자기자본의 기회비용에 해당하는 부분과 초과이윤 부분이 포함되어 있다.

7-3 소득불평등과 빈곤

1. 소득불평등의 원인과 불평등도의 측정

위에서 살펴본 바와 같이 한 가계(혹은 가구)의 소득은 소유하고 있는 생산요소의 양에 요소가격을 곱하여 합산함으로써 구해진다. 그리고 소득은 토지와 자본에서 나오는 재산소득과 노동에서 나오는 근로소득으로 구성된다.

> 가계소득 = 토지면적 × 지대 + 자본 × 이자율 + 노동자의 수 × 임금
> = 지대 + 이자 및 이윤 + 임금
> = 재산소득 + 근로소득

기업가나 대지주는 재산소득이 많아서 고소득을 얻으며, 전문경영인이나 변리사, 변호사 등의 전문직 종사자는 매우 유능한 노동력을 통해서 많은 근로소득을 얻는다. 반면에 재산이 거의 없는 단순노동자는 적은 소득을 얻으며, 재산소득이 없는 실업자나 장애인의 소득은 거의 0이다. 가계전체의 소득 가운데

근로소득의 비중은 대체로 재산소득보다 높아서, 선진국에서는 근로소득이 총 소득의 3/4에 달하고 우리나라의 경우에는 60% 내외이다.

결국 소득의 크기는 재산과 노동능력에 의해 결정된다. 재산은 대체로 매우 불평등하게 분배되어 있고 노동능력은 재산보다는 불평등도가 작지만 역시 불평 등하다. 그러므로 시장에서 결정되는 소득분배는 나라에 따라 다르지만 꽤 불평 등하다. 소득불평등이 심하면 사회의 통합이 저해되고 범죄가 증가한다. 그리고 일정한 총소득에서 얻는 사회 전체의 만족도도 비교적 평등할 때보다 작아진다. 또한 소득불평등은 빈곤을 초래하는 중요한 요인이다. 평균소득이 낮은 개발도 상국의 소득분배가 매우 불평등하면 많은 사람들이 빈곤에 떨어진다. 평균소득 이 매우 높은 나라에서도 소득불평등이 심하면 빈곤이 발생한다. 그러므로 지나 친 소득불평등은 바람직하지 않으므로 소득불평등의 정도를 측정하여 이에 대한 대책을 수립하는 것이 필요하다. 소득불평등도는 어떻게 측정할 수 있는가?

로렌츠 곡선(Lorenz curve)과 지니계수(Gini coefficient) : 소득불평등도를 측 정하는 한 방법으로서 정사각형을 그려 횡축에는 인구의 누적비율을, 종축에는 소득의 누적점유비율을 표시한다. 인구를 소득이 적은 사람부터 순서대로 나열 한 다음 하위 몇 %의 인구의 소득점유비율이 얼마인가를 나타내는 점을 이은 곡선이 바로 로렌츠 곡선이다. 그래서 마지막에 100%의 인구의 누적소득비율

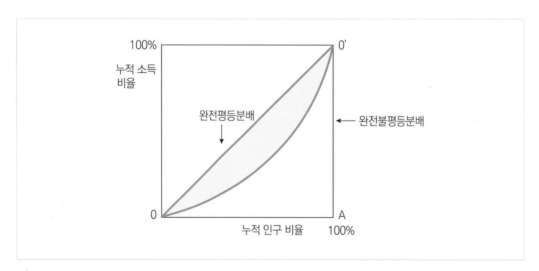

🌀 그림 7-6 **로렌츠 곡선**

은 100%가 된다. 〈그림 7 - 6〉에서 보는 것처럼 만일 소득이 완전히 평등하게 분배된다면 로렌츠 곡선은 대각선이 된다. 그리고 소득이 오직 한 사람에게만 분배된다면 로렌츠 곡선은 원점 0에서 출발하여 수평으로 가다가 인구의 누적 비율이 100%가 되는 점에서 수직으로 올라가서 점 0'에 도달한다. 로렌츠 곡선이 대각선에 멀어질수록 소득불평등도는 높다.

로렌츠 곡선의 모양으로 소득불평등도를 알 수 있지만 이것을 정확한 수치로 나타낸 것이 지니계수이다. 지니계수는 삼각형 OAO'의 넓이에 비교한 빗금친 초승달 모양의 넓이이다. 지니계수가 클수록 소득분배가 불평등하다.

$$지니계수 = \frac{빗금\ 부분의\ 넓이}{\triangle OAO'의\ 넓이}$$

〈표 7 - 1〉에서 보듯이 2012년 이후 우리나라의 지니계수는 0.324~0.385 사이에서 변동하고 있고 시간의 경과에 따라 지니계수가 점점 감소하고 있다. 〈표 7 - 1〉은 처분가능소득을 기준으로 한 지니계수이다. 처분가능소득이란 시장소득에서 조세를 빼고 이전소득을 합한 소득을 말한다. 시장소득을 기준으로 한 지니계수는 처분가능소득의 지니계수보다 높아서 0.396~0.418 사이에서 변동하고 있다. 2012년 0.411에서 2022년에는 0.396으로 감소하였다.

우리나라의 소득불평등도는 미국보다는 낮고 일본보다는 다소 높게 나타난다. 지니계수를 기준으로 하여 소득불평등도가 매우 높은 나라들은 아이티(0.595), 콜롬비아(0.585), 온두라스(0.577) 등 카리브 및 라틴아메리카 지역에 있는 국가들과 앙골라(0.586), 남아프리카공화국(0.578) 등 아프리카 지역국가들이다.

표 7-1 한국의 지니계수 추이

	2012	2013	2014	2015	2016	2017	2018	2019	2020	2021	2022
처분가능 소득	0.385	0.372	0.363	0.352	0.355	0.354	0.345	0.339	0.331	0.333	0.324
시장소득	0.411	0.401	0.397	0.396	0.402	0.406	0.402	0.404	0.405	0.405	0.396

자료 : 통계청

라틴아메리카와 아프리카 국가들 가운데 지니계수가 0.5를 넘어 소득불평등도가 매우 높은 국가들이 많다. 반면에 소득불평등도가 낮은 나라들은 스웨덴(0.250), 노르웨이(0.258), 핀란드(0.269) 등 북유럽 국가들과 벨라루스(0.272), 우크라이나(0.275) 등 과거에 사회주의권이었던 동유럽 국가들이다. 이들 지역 국가들의 지니계수는 0.3 이하로서 소득불평등도가 매우 낮다. 미국의 지니계수는 0.408로서 선진국 가운데 소득불평등도가 매우 높은 나라이다.[3]

십분위분배율 : 소득이 제일 낮은 10%의 인구를 제1십분위라고 하고 그 다음의 10% 인구를 제2십분위, 소득이 제일 많은 10%의 인구를 제10십분위라고 하여 10개의 소득계층으로 나눈다. 이렇게 소득계층으로 나눈 다음 하위 40% 소득계층의 소득점유비율을 상위 20% 소득계층의 소득점유비율로 나눈 값을 십분위분배율이라고 한다. 이 비율이 높으면 소득불평등이 작고, 반대로 낮으면 소득불평등이 크다.

$$십분위분배율 = \frac{하위\ 40\%\ 소득계층의\ 소득점유비율}{상위\ 20\%\ 소득계층의\ 소득점유비율}$$

처분가능소득 기준 2011년 우리나라의 십분위분배율은 0.282이며 2022년의 십분위분배율은 0.3077이다. 십분위분배율로 보더라도 2010년대 초반에는 소득분배가 악화되다가 2016년 이후 개선되는 것을 볼 수 있다.

소득5분위배율 : 상위 20%의 소득점유비율을 하위 20%의 소득점유비율로 나눈 값을 소득5분위배율이라고 하며, 이 값은 작을수록 소득분배가 더 평등하다. 우리나라의 소득5분위배율은 2011년 11.21에서 2013년 10.29로 감소하다가 2019년 11.56, 2022년 10.99로 높아져 계층 간 소득 격차가 점점 벌어지고 있는 것으로 나타났다. 그러나 처분가능소득을 기준으로 하면, 소득5분위배율이 2011년 8.82에서 2022년 5.76으로 축소되었다. 즉 시장소득의 양극화는 심각하나, 소득재분배 후의 소득격차는 오히려 약간 감소한 것으로 나타났다.

---

3) UNDP, *Human Development Report 2021*.

2011년 이후 복지제도의 확대로 인해서 소득재분배 효과가 나타나는 것으로 해석된다. 그렇지만 시장소득의 격차가 최근에 크게 증가하는 것은 우려스러운 현상이다. 이것은 그동안 말로 들어온 양극화가 실제로 발생하고 있다는 것을 보여준다.

$$소득5분위배율 = \frac{상위\ 20\%\ 소득계층의\ 소득점유비율}{하위\ 20\%\ 소득계층의\ 소득점유비율}$$

이런 지표 이외에 최고소득층인 상위 1%, 혹은 상위 10%가 차지하는 소득 비율이 얼마나 되는가도 관심의 대상이 되며, 소득불평등의 지표로 사용된다. 2010년 자료를 토대로 나온 결과를 보면, 한국에서 상위 1%의 소득점유 비율은 12.23%로서 OECD 주요 19개국 가운데 미국의 19.34)%, 영국의 12.93% 다음으로 3위를 차지하였다. 상위 10%의 소득점유율은 44.97%로서 미국의 48.16% 다음으로 2위였다. 이런 지표는 지니계수가 보여주지 못하는 다른 측면의 소득불평등도를 보여준다. 한국의 소득불평등은 상당히 우려스러운 정도인 것으로 보인다. 이것은 소득분배 개선을 위한 노력이 더 필요함을 보여준다.

4. 빈곤

한 국가의 평균소득수준이 낮거나 소득이 상당히 불평등하게 분배되어 있으면, 빈곤이 발생한다. 빈민들은 생계유지가 어렵고 질병과 무지 가운데 살아가게 된다. 아프리카와 서아시아 및 남아시아 등에 있는 최빈국들에서는 국민 대다수가 빈곤에 허덕인다. 빈곤에는 절대빈곤(absolute poverty)과 상대적 빈곤(relative poverty)이 있다.

절대빈곤이란 가구소득이 최저생계비, 즉 최소한의 인간다운 생활을 하는 데 필요한 금액에 미치지 못하는 상태를 말한다. 최저생계비를 **빈곤선**(poverty line)이라고 하는데, 빈곤선 이하에 있는 인구 비율을 절대빈곤율이라고 한다. 빈곤선은 경제발전과 물가상승에 따라 매년 상향 조정된다. 우리나라에서는 매년 보건복지부장관의 책임하에 최저생계비, 즉 빈곤선을 정한다. 2012년 한국의 1인 가구의 빈곤선은 553,354원이고 4인 가구의 빈곤선은 1,495,550원이다. 2023년 1인 가구의 빈곤선은 1,246,735원이고, 4인 가구의 빈곤선은 3,240,578원이다. 우리나라의 절대빈곤율은 2012년 8.5%, 2013년 8.6%이며 이후 9% 선을 유지하고 있다. 이것은 처분가능소득을 기준으로 한 절대빈곤율이다. 우리나라에서 경제발전이 막 시작되던 1960년대 초에 절대빈곤율은 50% 내외의 수준이었던 데 비하면 커다란 개선이 있었다는 것을 알 수 있다. 그렇지만 현재의 9% 수준도 낮은 수준이 아니므로 개선 노력이 더 필요하다. 미국의 절대빈곤율은 1993년 15.1%를 정점으로 하여 감소하기 시작하여 2000년에 11.3%로 최저점에 도달했으나, 그 후 계속 증가하여 2010년에 다시 15.1%를 기록했고, 2014년에는 14.8%에 달하고 있다. 미국은 주요 선진국들 가운데 빈곤 문제가 심각한 국가이다.

상대적 빈곤이란 전체 가구를 소득계층으로 나눌 때, 상대적으로 하위에 있는 상태를 말한다. 소득분배가 불평등할수록 상대적 빈곤율은 증가한다. 상대적 빈곤은 보통 중위소득(median income)의 50%에 미치지 못하는 상태를 말하며, 그 인구비율을 상대적 빈곤율이라고 한다. 처분가능소득을 기준으로 한 한국의 상대적 빈곤율은 2006년에 13.4%였고, 2011년 18.6%로 정점에 이르렀으며, 그 후 조금씩 감소하여 2021년에 15.1%에 이르고 있다. 2018년을 기준으로 국제비교를 해보면 아이슬란드의 상대적 빈곤율은 4.9%로 매우 낮고, 덴마크도 6.1%로 낮다. 세계 최고의 복지국가답다. 반면에 코스타리카는 20.5%, 미국은 17.8%로 매우 높다. 미국은 선진국 가운데 빈곤율이 매우 높아서 신자유주의 정책에 대한 저항이 고조되고 있다.

어떤 사람들이 빈곤한가? 먼저 장애자와 노인 등 노동능력이 없는 사람들이 빈곤하다. 그리고 교육과 훈련을 받지 못한 미숙련노동자들과 일자리를 얻지 못한 실업자들이 빈곤하다. 또한 이혼이나 사별로 인해 여성이 가구주인 가계도 빈곤에 떨어지기 쉽다. 빈곤율은 1인당 국민소득이 낮은 개발도상국과 소득분배가 매우 불평등한 나라에서 높게 나타난다. 빈곤을 해결하기 위해서는 경제발전과 일자리 창출이 필요하고 경제발전의 과실이 비교적 골고루 분배되도록 하는 소득재분배정책이 필요하다.

5. 소득재분배정책

시장에서 이루어지는 소득분배를 그대로 두면 소득분배가 매우 불평등하고 많은 사람이 빈곤선 이하에서 고통스럽게 살게 된다. 불평등과 빈곤에 대해서 정부가 어느 정도 개입할 것인가에 대해서는 다양한 견해가 있다.

자유지상주의(libertarianism)는 소득분배과정이 타인의 권리를 침해하지 않는 정당한 방법으로 이루어졌다면 결과가 아무리 불평등해도 그 분배는 공정하다고 주장한다. 여기서 말하는 정당한 방법이란 쌍방의 자유로운 동의의 과정으로서 자발적 교환, 증여, 상속 등을 포함한다. 따라서 시장에서 자유로운 거래과정에 의해 이루어진 소득분배는 그 결과가 어떠하든 대부분 정당화된다. 반면에 **진보주의**(liberalism)는 빈곤층의 처지를 개선하지 않는 불평등은 정당성이 없다고 주장하고 정부가 적극적으로 빈곤 해결에 나설 것을 주장한다. 이 견해는 시장에서 이루어진 소득분배가 심한 불평등과 빈곤을 초래할 경우에 그것은 정당성이 결여되어 있다고 보는 것이다.[4] 소득재분배의 필요성을 강조한 미국의 철학자 존 롤스(John Rawls)는 분배적 정의의 원칙으로 '차등의 원칙'을 제시하였다. 차등의 원칙이란 완전평등을 고수하기보다 불평등을 어느 정도 허용함으로써 오히려 모든 사람들에게 이익이 될 가능성이 있으며, 그런 경우에만 불평등을 허용한다는 원칙이다. 롤스는 완전평등분배는 비효율을 초래하며, 반면에 자유시장의 소득분배는 너무 큰 불평등을 초래하므로 소득재분배를 통한 적정한 수준의 소득불평등이 공정한 상태라고 보았다.

이런 논란이 있으나 지나친 소득불평등과 빈곤은 범죄의 확산, 생존의 불안, 빈민촌의 형성, 교육 거부 등 많은 경제사회문제를 야기한다. 심한 경우에는 소요나 내전이 발생하기도 한다. 그래서 소득불평등과 빈곤을 방치하면 빈민들만 고통스러운 것이 아니라 다른 사람들도 어려움을 당한다. 그러므로 많은 국가, 특히 선진국 정부는 소득재분배를 위해서 정도의 차이는 있지만 적극적으로 개입한다. 소득재분배와 최저생계비 보장에 가장 적극적인 국가들이 복지국가(welfare state)이다. 지나친 소득재분배정책은 배분적 비효율과 경제활동 의욕

---

4) 자유지상주의자는 노직(Robert Nozick), 하이에크(Friedrich von Hayek) 등이고, 진보주의자로서는 롤스(John Rawls)를 들 수 있다.

의 약화를 초래한다는 비판이 있어서 적절한 개입의 정도를 선택하는 것이 매우 중요하다. 정부는 어떤 방식으로 개입하는가?

누진세(progressive tax) : 소득세, 재산세, 상속세 등에서 과세대상금액이 증가할수록 세율이 상승하는 것을 누진세라고 한다. 이 제도는 조세수입을 증가시키고 소득불평등도를 낮추는 효과가 있다. 반면에 지나치게 가파른 누진세율은 노동, 저축, 투자, 경영 등 모든 경제활동의 동기를 약화시켜 비효율을 초래할 수 있다. 이런 부작용을 감안하여 산업화 초기에 경제학자들은 비례세를 제시하였다. 그러나 자본주의 사회에 소득불평등과 빈곤이 심각해지고 소득재분배의 필요성이 보편적으로 인식되면서 누진세제가 확립되었다. 서유럽 및 북유럽 국가들은 매우 높은 누진세율을 적용하다가 그것이 비효율성을 초래함을 경험하고 세율을 낮춘 경우도 있었다. 따라서 각국의 상황에 가장 적합한 적절한 누진세율을 찾아내는 것이 매우 중요하다.

스티글리츠(J. Stiglitz)와 피케티(T. Piketty) 등의 경제학자들에 따르면, 1980년대 초부터 시작된 신자유주의적 세계화 과정에서 미국과 영국을 비롯한 여러 나라에서 부와 소득의 불평등이 크게 증가하였다. 그리고 신자유주의 시기에 조세의 누진율이 큰 폭으로 감소하였다. 그래서 이들은 과도한 불평등을 줄이기 위해서 누진율을 더 높일 것을 주장하였다.

사회보험(social insurance) : 사회보험은 민간보험과 달리 법률에 의해 해당되는 사람은 가입이 의무화되어 있으며, 소득에 비례한 보험료에 정부의 재정지원이 합쳐진 재원으로 운영되는데 납부한 보험료 금액에 큰 차이가 나도 가입자에게 동일한 혜택이나 차이가 크지 않는 혜택을 되돌려 준다. 예를 들어 국민건강보험의 경우에 모든 국민이 가입하고 소득에 비례한 보험료를 납부하지만 의료비 혜택은 동일하게 받는다. 사회보험에는 실업에 대비한 고용보험, 질병에 대비한 건강보험, 노령에 대비한 국민연금, 산업재해에 대비한 산업재해보상보험이 있으며 소득재분배와 빈곤방지의 효과가 있다.

사회보험의 시작은 프러시아의 국무총리이던 비스마르크에 의해서 시작되었다. 그는 19세기 말에 사회주의 사상 및 운동이 확산되자 노동자계급을 체제내에 통합시키고자 산재보험, 의료보험, 연금 등의 제도를 도입하여 노동자들의 생활을 안정시키고자 했다. 이런 사회보험제도들이 유럽과 미국 등에 파급되어 더 발전해 왔다. 우리나라에서는 1964년에 산재보험이 시행되었고, 1977년에 부분적으로 시작된 건강보험(의료보험)은 1994년에 전국민에게 확대되었다. 국민연금은 1988년부터, 그리고 고용보험(실업보험)은 1995년부터 시행되었다. 우리나라의 건강보험제도는 다른 나라에서도 인정받고 있는데, 2010년에 미국 대통령 오바마가 건강보험제도를 개혁하기 위해 애쓰는 가운데 한국의 건강보험을 모범 사례로 수차례 언급하였다. 미국의 건강보험은 민간보험을 위주로 하고 부분적으로 공공보험(주로 65세 이상의 노인을 위한 메디케어, 빈곤층을 위한 메디케이드)으로 보완하는 방식이며, '오바마케어'라는 건강보험 개혁에도 불구하고 미국시민 가운데 일부는 건강보험의 보호를 받지 못하고 있다.

공적부조(public assistance) : 중앙정부 및 지방정부의 재정에 의해 빈곤계층의 최저생활을 보장하는 자활을 돕는 제도를 공적부조라고 한다. 우리나라에서는 1999년에 이전부터 시행되던 생활보호정책이 확대 개편되어 2000년부터 국민 기초생활보장제도가 시행되어 최저생계비를 보장하고 있다. 매년 보건복지부장관은 국민소득과 물가 등을 고려하여 최저생계비를 결정하고 빈곤층의 생활수준이 최소한 이 기준에 도달하도록 급여를 행하는 임무를 진다. 그 이외에 노인들의 생계 곤란 문제의 해결을 돕기 위해서 기초연금제가 실시되고 있다. 원래 이 제도는 2008년 1월부터 '기초노령연금'이란 이름으로 시행되었는데, 2014년 7월부터 '기초연금'이란 이름으로 소득기준 하위 70%의 노인들에게 소득수준에 따라 매달 10~40만원을 지원하는 제도이다. 2020년 한국의 노인빈곤율이 40.4%로 높기 때문에 기초연금의 금액을 점차 상향 조정할 필요가 있을 것이다.

중요 용어

- 노동시장
- 후방굴절 노동공급곡선
- 로렌츠 곡선
- 빈곤선
- 진보주의
- 공적부조

- 한계수입
- 지대
- 지니계수
- 빈곤율
- 복지국가

- 보상적 임금격차
- 이자율
- 십분위분배율
- 자유지상주의
- 사회보험

참고 자료

● 국민기초생활보장법

국민기초생활보장법이 우리나라 사회보장제도의 기초이며, 2000년 10월 1일부터 시행
되었다.   [제정 99. 9. 7 법률 제6024호]

【제1조(목적)】 이 법은 생활이 어려운 자에게 필요한 급여를 행하여 이들의 최저생활을 보장하
          고 자활을 조성하는 것을 목적으로 한다. [시행일 2000. 10. 1]

【제2조(정의)】 이 법에서 사용하는 용어의 정의는 다음과 같다.

          6. "최저생계비"라 함은 국민이 건강하고 문화적인 생활을 유지하기 위하여 소요되는 최
          소한의 비용으로서 제6조의 규정에 의하여 보건복지부장관이 공표하는 금액을 말한다.

【제3조(급여의 기본원칙)】 ① 이 법에 의한 급여는 수급자가 자신의 생활의 유지ㆍ향상을 위
          하여 그 소득ㆍ재산ㆍ근로능력 등을 활용하여 최대한 노력하는 것을 전제로 이를 보
          충ㆍ발전시키는 것을 기본원칙으로 한다.

【제4조(급여의 기준 등)】 ① 이 법에 의한 급여는 건강하고 문화적인 최저생활을 유지 할 수
          있는 것이어야 한다.

【제6조(최저생계비의 결정)】 ① 보건복지부장관은 국민의 소득ㆍ지출수준과 수급권자의 생활
          실태, 물가상승률 등을 고려하여 최저생계비를 결정하여야 한다.

                                                                    – 법제처 –

제7장 연습문제

1. 생산요소의 소유권은 어떤 과정에 의해서 취득되는가?

2. 기업이 노동의 추가고용으로부터 발생하는 한계수입과 노동의 한계비용이 일치할 때까지 고용을 하는 것이 이윤을 극대화하는 방법임을 설명하라.

3. 변리사, 변호사, 의사 등의 전문직의 소득이나 임금은 청소부 등의 단순직 임금보다 매우 높다. 그 이유를 경제학적으로 설명하라.

4. 현대사회를 흔히 승자독식사회라고 한다. 어떻게 이런 사회가 도래하게 되었는가?

5. 지대와 지가 사이에는 어떤 연관성이 있는지 생각해 보라.

6. 버블은 왜 발생하며, 그 영향은 무엇인지를 일본의 부동산 버블의 붕괴 경험을 예를 들어 설명해 보라.

7. 일반적으로 선진국의 이자율은 낮고 개발도상국의 이자율은 높은 이유는 무엇인가?

8. 지니계수가 1인 경우는 어떤 경우인가?

9. 어느 정도의 복지정책이 적정한 수준인지 생각해 보라.

시장실패와
정부의 역할

Chapter 08

시장실패와 정부의 역할

이제 이 책의 전반부인 미시경제학 분야를 마무리하는 단계에 이르렀다. 앞에서 시장이 어떻게 자원을 배분하고 소득을 분배하는가를 살펴보았다. 결함이 없는 완벽한 시장에서는 자원이 적재적소에 효율적으로 배분될 수 있다. 아담 스미스는 각자가 자신의 이익을 합리적으로 추구하면 보이지 않는 손(invisible hand)에 의해서 사회의 질서와 사회후생의 증대를 초래한다고 주장하였다. 보이지 않는 손이란 오늘날의 용어로는 시장기구이다.

그러나 현실의 시장은 여러 가지로 결함이 있어서 자원의 효율적 배분에 실패한다. 그리고 소득도 불평등하게 분배되고 빈곤이 발생하기도 한다. 또한 시장은 거시적으로 불안정하여 호황 때에는 물가가 급격히 상승하고 불황 때에는 소득이 감소하고 실업이 발생하는 문제가 발생한다. 어떤 경제는 장기적으로 성장하지 못하고 침체에 빠지기도 하고, 어떤 경우에는 국제수지의 불균형으로 외환위기를 당하기도 한다. 여러 가지 측면에서 시장의 성과가 크게 만족스러운 것은 아니기 때문에 정부의 적절한 개입이 필요하다.

위에서 말한 모든 시장의 결함을 시장실패라고 할 수 있겠지만, 특히 시장이 자원의 효율적인 배분에 실패하는 것을 **시장실패**(market failure)라고 한다. 시장실패의 요인 가운데 중요한 것은 독과점시장, 외부효과, 공공재 등인데 독과점시장에 의한 시장실패는 이미 앞에서 살펴보았으므로 여기서는 외부효과와 공공재로 인한 시장실패와 그것을 시정하기 위한 정부의 개입에 대해서 살펴보고자 한다.

외부효과와 공공재에 대해서 설명하기 전에 정보의 비대칭성 때문에 발생하는 시장실패에 대해서 간단하게 설명하려고 한다. 정보의 비대칭성이란 거래당사자 중에 한쪽이 다른 쪽보다 더 많거나 더 적은 정보를 가지고 있는 상태를 말한다. 그 결과 '역선택'과 '도덕적 해이'라는 두 현상이 나타난다.

　먼저 역선택에 대해서 살펴보자. 역선택의 사례로 흔히 중고차시장이 사용된다. 중고차시장에서 차를 팔려고 하는 공급자는 그 차에 대해서 많은 정보를 가지고 있다. 즉 그 차가 고장이 있었는지 없었는지, 심지어 홍수 때 물에 잠겼던 차인지 아닌지를 알고 있지만 수요자는 그것을 전혀 모른다. 이 경우에 중고차 수요자는 그 차가 우량 중고차라고 해도 믿지 못하므로 자동차가격을 깎으려고 한다. 그 결과 우량 중고차는 시장에 나오지 않고 도리어 불량 중고차만 공급된다. 우량 중고차는 거래되지 않아서 수요자와 공급자 모두 피해를 입는다. 이러한 역선택의 문제를 해결하기 위해서 품질이 불량일 경우에 공급자가 수요자에게 보상하는 방안을 제시할 수 있다.

　다음으로, 도덕적 해이란 보험시장에서 자주 나타난다. 자신이 소유한 건물에 대해 화재보험에 가입한 사람들 가운데 일부는 가입하기 이전보다 화재예방에 주의를 덜 기울인다. 보험회사는 누가 그런 사람인지 알지 못한다. 그 결과 화재가 더 많이 발생하고 손해를 보게 되는 보험회사는 보험료를 인상한다. 보험료가 증가하면 화재예방에 더 주의를 기울인 사람들은 보험에서 탈퇴하고 화재예방에 덜 노력한 사람들만 남게 되  어 보험료는 더 증가한다. 이처럼 도덕적 해이는 보험회사와 가입자에게 손해를 끼친다. 도덕적 해이는 주인과 주인을 위해 일하는 대리인 사이에도 발생한다. 주인은 고용인의 성실성을 일일이 파악할 수 없기 때문에 고용인이 태만하게 일하는 경우가 생긴다. 결국 생산량이 감소하여 주인과 고용인 모두 손해를 본다. 도덕적 해이를 해결하기 위해서 보험회사는 손해의 100%를 보험금으로 지급하지 않고 일정한 금액의 본인부담금을 두며, 고용주는 성과급제도를 시행하여 고용인이 성실히 일하도록 유도한다.

8-1 외부효과와 정부개입

1. 외부효과

외부효과(external effect) 혹은 외부성(externality)이란 한 사람의 소비행위나 생산행위가 거래 당사자가 아닌 제삼자에게 보상이 없이 효용이나 생산비에 영향을 주는 현상을 말한다. 외부효과에는 외부경제(external economy)와 외부불경제(external diseconomy)가 있다. 외부경제란 제삼자에게 이익을 주는 것을 말하고 외부불경제는 제삼자에게 해를 끼치는 것을 말한다.

- 소비에 있어서 외부경제의 예는 예방주사를 맞으면 다른 사람에게 전염병을 옮기지 않으므로 제삼자에게 보상 없이 이익을 준다. 교육도 제삼자에게 이익을 주는 예이며, 한 가정의 정원이 예쁘게 가꾸어져 있으면 지나다니는 사람들의 기분이 좋아지기도 한다.
- 소비에 있어서 외부불경제의 예는 자동차를 몰고 등산로로 올라가면 등산객들은 배기가스 때문에 고통스러운 경우를 들 수 있다. 오디오를 크게 틀어 음악을 감상하면 옆집 사람에게 소음으로 인한 피해를 준다.
- 생산에 있어서 외부경제의 예는 과수원이 있으면 옆에 있는 양봉업자에게 꿀 생산 증가로 이익을 주는 경우이다. 또한 양봉업자의 벌은 과수원 꽃의 수정을 도와주어 사과 산출량을 증가시킨다.
- 생산에 있어서 외부불경제의 예는 매우 많다. 공장에서 나오는 매연, 폐수, 폐유 등이 대기오염, 수질오염, 토양오염 등을 일으킨다. 그리고 예식장이 영업하면 주변에 교통혼잡을 일으키고 유흥업소도 소음을 일으켜서 이웃에게 피해를 준다.

이러한 외부효과가 있으면 시장은 자원을 효율적으로 배분하지 못한다. 즉 사회적으로 바람직한 수량만큼 생산하지 못하는 것이다. 먼저 소비에 있어서 외부경제가 발생하는 경우를 보자. 20,000원의 비용을 지불하고 예방접종을 받은 사람은 자신이 전염병에 걸리지 않으므로 20,000원 이상의 만족을 얻지만 다른 제삼자에게도 전염시키지 않으므로 이웃에게 10,000원의 이익을 준다고 하자. 그러면 20,000원의 비용으로 사회전체가 얻는 이익은 30,000원 이상이므로 예방접종이 더 많이 이루어지는 것이 사회적으로 보았을 때 바람직하다. 소비에 있어서 외부경제가 있을 때 시장은 예방접종을 사회적으로 바람직한 수량보다 과소 생산하고 있는 것이다.

〈그림 8 - 1〉에서 보듯이 수요곡선은 사적 효용을 나타내는데 외부경제로 인해 사회적 효용은 그보다 더 크므로, 사회적 효용곡선은 사적 효용곡선 위에 있다. 시장에서는 수요곡선과 공급곡선이 만나는 점에서 예방접종의 가격과 수량이 결정되는데, 소비자잉여와 생산자잉여의 합인 총잉여가 극대화되는 사회적으로 바람직한 예방접종의 수량은 사회적 효용곡선과 공급곡선이 교차하는 점에서 결정된다.

소비에서 외부불경제가 있는 자동차 소비는 배기가스라는 외부불경제를 초래하므로 위의 그림과는 반대로 사회적 효용 곡선이 수요곡선보다 아래에 있으며, 자동차 시장의 균형수량이 사회적으로 바람직한 수량보다 더 많이, 즉 과다하게 공급되고 있는 것이다.

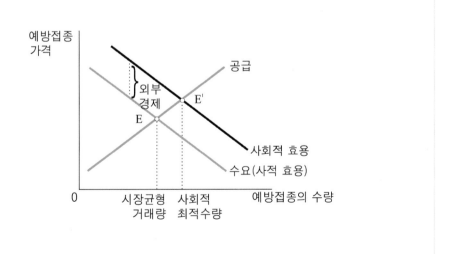

🍃 그림 8-1 **소비에 있어서 외부경제**

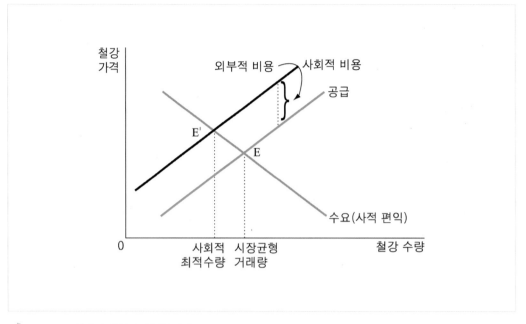

🌀 그림 8-2 **생산에 있어서 외부불경제**

생산에서 외부불경제가 있는 경우를 보자. 철강산업이나 화학산업의 기업들은 많은 공해물질을 배출한다. 예를 들어서 철강 1톤에 10만원의 생산비가 든다고 하자. 그러나 철강 1톤을 생산하는 과정에서 공해 때문에 사회에 대해 50,000원의 손해를 끼쳤다면 철강 1톤의 사회적 비용은 150,000원이다. 그러므로 시장은 철강의 비용을 과소평가하여 철강을 사회적으로 바람직한 수량보다 과다하게 생산하고 있는 것이다. 〈그림 8 - 2〉에서 철강산업의 비효율성을 살펴보자. 공해로 인해서 사회에 손해를 끼치므로 철강의 사회적 비용곡선은 사적 비용을 나타내는 공급곡선보다 위에 있다. 그러므로 시장균형에서 결정되는 철강 수량은 사회적 최적수량보다 더 많다. 즉 시장이 사회적 최적수량보다 과다하게 공급하고 있는 것이다.

생산에 있어서 외부경제가 존재하면 위의 그림과는 반대로 사회적 비용곡선은 사적 비용곡선보다 아래에 있다. 그러므로 시장균형 수량은 사회적 최적수량보다 더 적다. 시장이 최적수량보다 과소 공급하고 있는 것이다.

2. 외부효과가 있을 때의 정부정책

외부효과가 있을 때 정부는 자원의 효율적 배분을 위해서 어떤 정책으로 대응하는가?

보조금(subsidy) : 먼저 예방접종처럼 소비에 있어서 외부경제가 있을 경우를 살펴보자. 〈그림 8 - 3〉이 보여주듯이, 이 경우에는 사회적 효용곡선이 사적 효용곡선 위에 있어서 재화가 사회적 최적수량보다 과소 생산되고 있다. 따라서 정부는 이런 재화의 소비에 대해서 외부적 편익(external benefit)만큼 보조금을 지불한다. 외부적 편익이란 사적 편익 이외에 제삼자에게 주는 이익을 말한다. 그만큼의 보조금이 지불되면 사적 효용곡선이 위로 이동하여 사회적 효용곡선과 일치하게 되어 효율적인 자원배분이 이루어져서 사회적 최적수량만큼 생산된다.

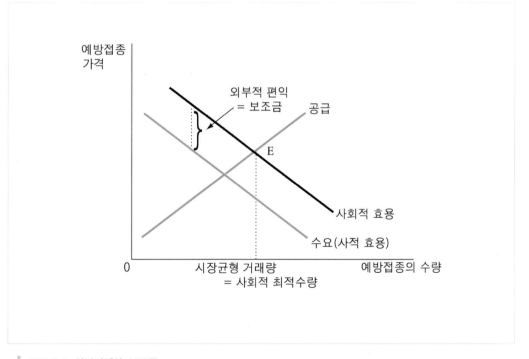

🌙 그림 8-3 **외부경제와 보조금**

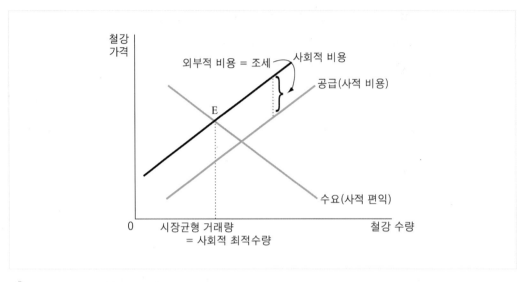

🌀 그림 8-4 **외부불경제와 조세**

조세(tax) : 공해와 같이 생산에 있어서 외부불경제가 있는 경우에는 정부가 외부적 비용(external cost)만큼 조세를 부과한다. 외부적 비용이란 사적비용 이외에 기업이 제삼자에게 주는 피해를 말한다. 철강산업이 공해를 유발하는 경우에 정부가 외부적 비용만큼 조세를 부과하면 사적 비용과 사회적 비용이 일치하여 철강 수량은 사회적 최적 수준에서 결정된다. 〈그림 8 - 4〉가 외부불경제로 인한 비효율을 조세에 의해 교정하는 것을 보여준다.

직접규제(direct control) : 때로는 정부가 외부불경제를 초래하는 행위를 금지하고 위반할 시에는 형사처벌을 하는 것이 직접규제이다. 일정 수준 이상의 소음을 규제하고, 공장의 오염물질 배출도 일정 수준을 초과하면 규제한다. 직접규제의 기준이 적정한 수준에서 결정되고 그것이 제대로 시행되기가 쉽지 않은 문제점이 있다.

정부의 설득(government persuasion) : 외부적 비용이 발생하는 것은 사람들이 타인에게 미치는 피해를 의식하지 않고 무시해 버리기 때문이다. 정부가 시민들에게 쓰레기를 버리는 행위, 교통규칙을 지키지 않는 행위가 제삼자에게 피해를 준다는 사실을 환기시키고 그들을 배려하도록 지속적으로 설득하면 외부적 비용이 내부화되어 사적 비용과 사회적 비용이 일치하는 방향으로 변화가 일어날 수 있다. 말하자면 자신만이 아니라 사회전체를 고려하는 방향으로 행동하게 만드는 노력이 바로 정부의 설득이다. 이러한 설득은 정부만이 할 수 있는 것이 아니라 민간의 캠페인과 학교의 공중도덕교육에 의해서도 이루어질 수 있다.

정부의 권리부여와 민간의 협상 : 예를 들어서 흡연자가 담배를 피워서 옆 사람에게 불쾌감과 건강상의 해를 주는 경우를 보자. 흡연자가 흡연으로부터 1,000원의 만족을 얻고, 옆 사람이 1,500원의 피해를 본다면, 비흡연자가 흡연자에게 1,000원 이상 1,500원 이하(예컨대 1,200원)를 지급할 테니 흡연을 중단해 달라고 제의하면 흡연자는 흡연을 중단할 것이고 둘 다가 만족한다. 이 경우에는 흡연자의 흡연권이 법률로 보장되어 있을 경우이다. 반면에 비흡연자의 맑은 공기에 대한 권리가 법률로 보장되어 있다면, 흡연자가 1,500원 이상을 비흡연자에게 지급하려고 하지 않으므로 협상은 이루어지지 않는다. 만일 흡연자의 만족이 2,000원이고 비흡연자의 피해가 1,500원이라면 흡연자는 1,600원을 제시하여 흡연할 권리를 살 수 있다. 정부가 누구에게 권리를 부여하는가에 따라 누가 보상할 것인지가 결정된다. 흡연이나 공해처럼 많은 협상의 당사자들이 있을 경우에 협상비용, 즉 거래비용이 많이 들기 때문에 협상에 의한 해결은 쉽지 않다. 이러한 협상에 의한 외부효과의 해결방법을 코즈(R. H. Coase)가 제시하였다.

8-2 공공재와 정부개입

1. 공공재

재화 가운데에는 대가를 지불해야 소비할 수 있는 재화가 있고(배제성), 대가를 지불하지 않아도 소비할 수 있는 재화가 있다(비배제성). 그리고 한 사람이 소비하면 다른 사람은 그것을 소비할 수 없는 재화가 있고(경합성), 한 사람이

소비해도 그 양이 줄어들지 않아서 다른 사람도 동시에 소비할 수 있는 재화가 있다(비경합성)

이제까지 우리가 다룬 재화는 당연히 배제성과 경합성을 가진 사적 재화(private goods, 개인재라고 부르는 것이 더 좋다고 생각됨)라고 전제하였다. 그러나 현실에는 비배제성과 비경합성을 가진 **공공재**(public goods)가 존재한다. 공공재는 사적 재화와는 크게 다른 성질을 지녔기 때문에 시장에서 공급되기가 매우 어렵다. 공공재의 두 가지 성질에 대해서 살펴본다.

비배제성(non-excludability) : 사과 같은 재화는 대가를 지불하지 않고서는 구입할 수 없는 반면에 등대 불빛의 경우에 등대지기가 지나가는 선박에게 대가를 징수하기가 불가능하다. 불꽃놀이의 경우에도 대가를 지불하지 않고서도 볼 수 있다. 국립공원처럼 입장료를 내는 곳을 제외한 자연경관은 요금을 징수하기가 불가능해서 모두 무료이다. 재산권이 불분명하거나 징수비용이 너무 많이 들어서; 대가를 지불하지 않는 사람을 배제할 수 없는 재화의 속성을 바로 비배제성이라고 한다. 이런 재화의 소비자들은 대가를 지불하지 않고 소비하려고 하므로 시장에서 공급되기가 매우 어렵다.

비경합성(non-rivalry) : 사과는 한 사람이 먹어버리면 다른 사람이 먹을 수 없다. 그러나 등대 불빛은 많은 선박이 동시에 보고 활용할 수 있다. 국방 서비스의 경우에도 휴전선에서 국방을 제공하면 전국민이 모두 누릴 수 있다. 이처럼 한 사람의 재화 소비가 다른 사람의 소비를 방해하지 않는 것을 비경합성이라고 한다. 비경합성은 소비의 외부경제가 완전하게 나타나는 경우에 발생한다. 앞에서 살펴본 예방접종의 경우를 보면, 예방접종을 받은 사람이 얻는 효용은 전염병에 걸리지 않는 것이지만, 제삼자의 이익은 그것보다는 효과가 작은 것으로서 전염의 통로가 하나 줄어지는 이익이다. 한 사람이 예방접종을 받을 때 다른 제삼자에게도 동일한 예방효과가 나타난다면, 이것을 비경합성이라고 하는데 예방접종의 경우에는 외부경제는 존재하나 비경합성은 존재하지 않는다. 비경합성이 있다는 것은 대가를 지불한 소비자가 얻는 혜택과 동일한 혜택을 수많은 사람에게 준다는 뜻이다.

비배제성과 비경합성이 있는 공공재는 시장에서 공급되기가 매우 어렵다.

국방의 경우에 국경선에서 외적을 격퇴하면 국민 모두가 편익을 누리게 되지만, 대가를 지불하지 않는 사람이라고 해서 국방 서비스에서 배제할 수가 없다. 그래서 많은 사람들이 대가를 지불하지 않고 국방 서비스를 이용하려고 할 것이다. 즉 무임승차(free rider)하려고 하는 것이다. 따라서 민간기업이 국방사업을 해서 성공할 가능성이 거의 없다. 국방 서비스는 사회적으로 꼭 필요하지만 민간기업이 공급할 수 없다면 어떻게 해야 하는가? 정부가 공급할 수밖에 없다.

2. 정부의 공공재 공급

공공재의 예로는 국방, 치안, 소방, 공중보건, 오염되지 않은 공기 등을 들 수 있다. 만일 한 기업이 외적과 도둑, 범죄자를 막아주는 서비스를 공급하면 수많은 사람들이 혜택을 얻지만, 그 혜택에 비례해서 요금을 청구하기는 매우 어렵다. 기업이 혜택을 보는 만큼 대가를 청구한다면 소비자들은 자신들의 혜택을 매우 줄여서 신고하거나, 아예 무임승차하려고 할 것이다. 그래서 많은 사람에게 아주 중요한 혜택을 주는 공공재는 정부가 공급할 수밖에 없다. 정부는 공공재 공급을 위한 재원을 조달하기 위해서 국민들에게 강제로 조세를 징수한다.

국민들은 공공재에 대한 가격을 지불하려고 하지 않는 것처럼 세금을 내는 것도 싫어한다. 그래서 조세는 법률에 의해서만 징수할 수 있도록 되어 있으며, 정부는 공공재를 얼마만큼 공급하는 것이 적당한가를 결정해야 한다. 공공재를 많이 공급하기 위해서 조세를 많이 부과하면 결국 사적 재화의 생산과 소비는 그만큼 감소한다. 여기서도 희소성의 원칙이 작용하여 공공재와 사적 재화 사이에 선택해야 하는 것이다. 더 안전하고 쾌적한 사회를 만들기 위해서는 사적 재화의 소비를 줄이지 않으면 안 된다.

사적 재화의 경우에, '무엇을 얼마만큼', '어떻게', '누구를 위하여'의 문제는 시장에서 결정된다. 그러나 공공재의 경우에는 정치적 과정에 의해 결정된다. 우리나라에서는 예산안이 행정부에 의해서 만들어져서 국회로 보내지면, 국회에서 심의 의결하여 대통령이 공포함으로써 확정된다. 행정부와 입법부는 유권자의 표를 의식하면서 세입과 세출의 총액과 구성을 결정한다.

8-3 / 정부의 실패

시장은 완전하지 않다. 거기에는 독과점이 있고, 외부효과와 공공재가 존재한다. 그래서 시장에 맡겨두면 독점기업이 소비자의 이익을 줄여 독점이윤을 증가시킨다. 그리고 기업들은 공해를 배출하여 산천이 병들어 가기도 한다. 또한 국방이나 치안과 같은 필수적인 서비스가 제공되지 않거나 과소 공급된다. 그러므로 정부가 개입하여 자원배분의 효율성을 높인다.

그러나 정부가 개입하여도 시장실패를 시정하지 못하고 오히려 더 악화시키는 정부의 실패(government failure)가 발생하기도 한다. 정부는 왜 시장실패를 제거하지 못하는가?

첫째, 정부의 관료집단이나 정치가들은 사실은 자신들의 이익을 더 추구한다는 것이다. 관료들은 정부의 역할을 확대하여 자신들의 이익을 얻으려고 하며, 정치가들은 재선이 목표이므로 정부의 영향력을 팽창시키고자 하는 유인이 작용한다는 것이다. 둘째, 선거일정에 맞추어 경기를 호경기로 만들려고 하고 여러 가지 선심성 정책을 제시하므로 만성적인 재정적자를 초래한다고 한다. 셋째, 정부의 의사결정과정에서 여러 이익집단들이 집단이기주의적 입장에서 로비를 해서 정책을 왜곡시키기도 한다. 넷째, 정부가 충분한 정보를 가지지 못하고 근시안적인 결정을 내리기도 한다는 것이다.

시장의 보이지 않는 손에 결함이 있듯이 정부의 보이는 손도 결함이 있다. 그래서 어느 하나를 온전히 신뢰할 수 없다. 그러나 정부가 시장의 실패를 어느 정도는 해결해 왔다. 다만 정부의 기능이 지나치게 비대해지지 않도록 경계할 필요가 있다.

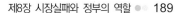

중요 용어

- 외부효과
- 외부경제
- 보조금
- 직접규제
- 비경합성
- 시장실패
- 외부성
- 사회적 효용
- 사회적 비용
- 공공재
- 무임승차
- 외부불경제
- 사적 효용
- 사적 편익
- 비배제성
- 정부의 실패

참고 자료

● 대표적인 시장실패인 대기오염을 극복하기 위한 노력: 교토의정서와 파리기후협약

　날로 심각해지는 지구 온난화 문제를 해결하기 위한 노력이 바로 1997년 12월 일본의 교토에서 체결된 '교토의정서'(Kyoto Protocol)이다. 지구 온난화는 각종 기상이변을 일으키기 때문에 방치할 수 없는 문제이다. 이 협약은 2005년에 공식 발효되어 선진국(38개국)은 1990년을 기준으로 하여 2008-2012년까지 평균 5.2%의 온실가스를 감축해야 한다. 한국은 2002년 11월에 비준하였으며, 2차 의무감축국이 되어 2013-2017년까지 온실가스를 감축해야 할 가능성이 높다. 미국은 전세계 이산화탄소 배출량의 최대치를 차지하면서도 중국의 예외에 대한 반대와 자국 산업보호를 위해 비준을 하지 않고 있다. 2006년 12월 현재 169개국이 이 협약을 비준하였고, 인도와 중국은 비준은 하였으나 이산화탄소 배출의 감축 의무는 없다. 개발과 환경이라는 두 가지 목표를 어떻게 조화시킬 것인가가 관건이다. 각국은 지구 온난화 문제의 심각성을 알지만 비용 분담은 적게 하려고 하기 때문에 합의가 어렵다.

　교토의정서는 2020년에 만료되기 때문에 새로운 기후협약이 필요하다. 그래서 유엔이 주관하는 '제21차 기후변화협약 당사국총회'가 2015년 11월 30일부터 12월 12일까지 파리에서 열렸고, 마침내 파리기후협약이 타결되었다. 교토의정서에서는 선진국(37개국)만이 의무감축 대상이었지만 이번에는 195개국 모두, 즉 선진국과 개도국이 함께 감축대상국이 되었다. 감축목표는 산업화 이전에 비해 지구평균온도를 1.5^0C 이하로 제한하는 것이다. 교코의정서에서는 미국과 중국이 참여하지 않았으나 이번에는 둘 다 참여하며, 개도국들이 참여하는 대가로 선진국들이 1,000억 달러의 기금을 모아 개도국들을 지원하기로 했다. 파리기후협약에서는 어떤 기준을 정해서 국가별로 강요하는 방식이 아니라, 각국이 자율적으로 기분을 정하여 유엔에 제시하고 그것을 실행하게 되며, 미이행시 제재가 있는 것은 아니다.

1. 소비에 있어서 외부경제와 외부불경제의 예를 들어보고, 그것이 어떻게 자원배분을 왜곡시키는지를 설명해 보라.

2. 생산에 있어서 외부경제와 외부불경제의 예를 들고, 그것이 자원배분의 비효율을 초래하는 이유를 설명하라.

3. 외부경제로 인한 비효율을 제거하기 위한 정부의 정책에는 어떤 것이 있는가?

4. 외부불경제의 중요한 사례인 대기오염 문제와 이를 해결하기 위한 국제적인 노력인 교토의정서의 내용을 알아보라.

5. 공공재의 특성은 무엇이며 예를 들어서 그 특성을 설명하라.

6. 시장의 실패와 정부의 실패 가운데 어느 쪽이 더 심각한가를 논의해 보라.

7. 다음 가운데 외부경제와 외부불경제를 가려보라
   ① 노래방
   ② 화장장
   ③ 공원
   ④ 화장품
   ⑤ 아이스크림

경제학의 이해

국민소득의 측정

Chapter 09

국민소득의 측정

제8장까지 미시경제학의 분야에 대해 설명하였다. 가계의 효용극대화 과정과 기업의 이윤극대화 과정을 살펴보았고, 시장에서 가격과 거래량이 어떻게 결정되는지, 요소시장에서 소득분배가 어떤 과정으로 이루어지는지를 고찰하였다. 요컨대, 미시경제학은 주어진 일정한 자원량과 기술이라는 여건하에서 개별 소비자와 기업이 어떻게 행동하는지, 그리고 이들이 만나는 시장에서 어떻게 상호작용하여 자원이 배분되는지를 다루는 분야이다.

이에 반해 거시경제학은 경제전체의 움직임을 연구하는 분야로서, 왜 어떤 해에는 국민소득이 크고 고용이 많이 이루어지고 물가가 상승하는 호경기가 되고 어떤 해에는 불경기가 되는지, 그리고 어떤 나라는 급속하게 성장하여 생활수준이 빨리 개선되는데 반해 어떤 나라는 장기적으로 정체하고 있는지 등을 다룬다. 한 나라 경제전체의 움직임을 나타내는 지표를 **거시경**  **제지표**(macroeconomic indicators)라고 하는데, 그것은 GDP와 같은 국민소득, 물가, 실업률, 경제성장률, 국제수지 등이다. 거시경제지표를 보면 그 나라 경제의 전반적인 성과를 판단할 수 있다. 이제 거시경제분야를 공부할 차례인데, 이 장에서는 국민소득의 개념과 측정방법에 대해서 살펴본다.

거시경제학의 등장

1. 거시경제학은 왜 필요한가?

흔히 미시경제학은 국민경제라는 숲을 이해하기 위해서 그 안에 있는 대표적인 가계와 기업이라는 나무의 성질을 먼저 밝혀서 그것을 종합함으로써 숲을 이해하는 접근인데 반해, 거시경제학은 언덕 위에서 숲 전체를 한꺼번에 관찰하여 그것을 이해하는 접근이라고 대비된다. 그래서 미시경제학은 개별 경제주체와 개별시장을 다루는데 반해 거시경제학은 생산물시장 전체, 노동시장 전체, 자본시장 전체, 외환시장 전체를 한꺼번에 다룬다. 거시경제학은 국민경제를 이해하는 또 하나의 방법인 것이다.

다시 말하면, 미시경제학은 쌀, 사과, 컴퓨터 등 각 재화의 생산량이 어느 수준에서 결정되는가를 다루는데 반해, 거시경제학은 모든 종류의 재화 생산량의 총량이 얼마인가를 다룬다. 그리고 미시경제학은 개별재화의 가격이 어느 수준인가를 다루는데 반해, 거시경제학은 모든 재화 가격의 평균적인 수준인 물가를 다루는 것이다. 미시경제학에서는 어떤 산업이 비교우위가 있는 수출산업인지, 어떤 산업이 비교열위에 있는 수입경쟁산업인지를 다루는데 반해, 거시경제학에서는 수출총액에서 수입총액을 뺀 금액, 즉 무역수지(혹은 순수출)가 얼마인가를 중요하게 다룬다.

미시경제학과 거시경제학은 기본전제에 있어서도 다르다. 즉 미시경제학은 자원의 양이 일정하게 주어져 있고 자원은 모두 생산에 투입된다고 하는 완전고용을 전제하고 있다. 토지, 노동, 자본 등의 생산요소가 모두 완전히 생산에 이용되고 있다고 보므로 자원은 희소하다고 본다. 그러나 현실은 반드시 그런 것이 아니다. 때로는 생산요소가 생산에 투입되지 않고 유휴상태에 있다. 그래서 거시경제학은 완전고용을 가정하지 않는다. 현실의 총생산량이 최대로 생산 가능한 총생산량에 미치지 못하는 경우가 있으므로 생산요소가 활용되는 정도를 결정하는 원리, 즉 총생산량이 결정되는 원리를 탐구할 필요가 있다. 총생산량의 수준에 따라 고용량과 실업률도 결정된다.

거시경제현상은 단기적 현상과 장기적 현상으로 나눈다. 단기이론은 국민소득이 결정되고 경기변동이 이루어지는 현상을 다룬다. 반면에 장기이론은 경제성장을 다룬다. 장기적으로는 미시경제학과 단기 거시경제학에서 일정하다고 가정했던 자원의 양이 증가하고, 기술이 진보하여 경제성장이 이루어져서 총생산량과 국민소득이 증가하고 국민들의 생활수준이 향상된다. 경제성장이 이루어지는 원인을 밝히고 경제성장을 촉진하는 정책을 개발하는 것은 매우 중요하다.

한 나라 국민의 경제적 복지의 수준을 나타내는 지표로서 거시경제지표가 많이 활용된다. 그 가운데에도 가장 많이 활용되는 것이 국민소득이다. 국민소득이 절대적인 것은 아니지만 국민들의 복지수준을 다른 지표보다 잘 나타내주고 있다. 그리고 총생산량이 장기적으로 증가하는 경제성장도 국민복지의 향상에 매우 중요하다. 그러므로 국민소득의 개념을 명확하게 정의하고 그것을 정확하게 측정하는 방법을 개발하는 것이 중요한 의의가 있는 것이다. 〈표 9-1〉에서 최근 몇 년 동안 우리나라의 중요한 거시경제지표의 변화를 살펴본다.

1996년까지 우리나라 경제는 연 7%가 넘는 고성장을 이루었으나 1997년부터 성장률이 감소하기 시작하였다. 그리고 1996년의 약 240억 달러에 달하는 대폭적인 경상수지 적자에 이어 1997년에도 경상수지 적자가 이어졌다. 마침내 1997년 말의 외환 및 금융위기로 말미암아 IMF의 구제금융을 받게 되고, IMF가 요구한 융자조건(긴축정책) 이행으로 인해 1998년  에 대폭적인 마이너스 성장이 이루어졌다. 그 해에 실업률은 7.0%로 급증했고, 환율상승으로 인해 소비자물가상승률도 7.5%로 높아졌다. 1999년에 IMF의 양해로 확장적 통화정책을 실시하고 수출이 크게 증가하여 경기가 급속하게 회복되었다. 2000년대 들어와서 비교적 견조한 성장을 계속했으나 2008년의 미국 서브프라임모기지 사태로 인한 세계금융위로 우리나라 경제도 침체에 빠졌다. 2010년에 회복세를 보였으나 다시 침체하는 양상을 보인다. 2011년에 경제성장률이 3.7%로 하락한 이후, 2%대 성장으로 저성장이 고착되고 있다. 그리고 2019년 말 중국에서 최초로 보고된 후 전세계로 퍼진 코로나19(COVID-19)의 영향으로 2020년에는 경제성장률이 −0.7%로 역성장하였다.

표 9-1 우리나라 주요 거시경제지표

연도	GDP (억$)	1인당GNI ($)	실업률 (%)	소비자물가 상승률(%)	경제성장률 (%)	경상수지 (백만$)
1996	6,099	13,320	2.0	4.9	7.9	-24,461
1997	5,699	13,550	2.6	4.4	6.2	-10,812
1998	3,840	10,330	7.0	7.5	-5.1	40,113
1999	4,972	10,430	6.3	0.8	11.5	21,785
2000	5,764	11,030	4.4	2.3	9.1	10,181
2005	9,347	18,520	3.7	2.8	4.3	12,209
2010	11,439	22,290	3.7	2.5	6.8	27,951
2011	12,534	23,590	3.4	4.0	3.7	16,638
2015	14,653	28,720	3.6	4.7	2.8	105,119
2020	16,446	32,004	4.0	0.5	-0.7	75,902
2021	18,177	35,523	3.7	2.5	4.3	85,228
2022	16,978	32,886	2.9	5.1	2.6	29,831

자료 : 한국은행, 통계청 홈페이지

2000년대 2%대로 비교적 안정적이던 물가는 2010년 이후 2008년 세계금융위기에 따른 통화팽창과 2020년 코로나19 상황 등의 영향으로 상당한 변동을 보이고 있다. 실업률은 2011년 3.4%에서 2022년 2.9%로 소폭 감소했다. 경상수지흑자는 불황으로 인한 수입감소폭이 커서 2010년에 270억 달러를 돌파하고 2015년에는 1,000억 달러를 초과하였으며, 이후 국제경제 상황의 변화와 더불어 증감을 반복하고 있다. 이처럼 한국경제는 2008년 세계금융위기와 2020년 코로나19로 저성장과 큰 폭의 물가변동이라는 문제에 직면하고 있다.

2. 거시경제학의 등장

스미스(Adam Smith), 리카도(David Ricardo)로 대표되는 고전학파는 장기적인 경제성장에 대해서는 많은 관심을 가졌으나, 국민소득의 측정과 결정원리를 다루는 단기적인 거시경제학에 대해서는 전혀 무관심하였다. 그 이유는 고전학파(신고전학파 포함)가 세이의 법칙(Say's law)을 신봉했기 때문이다. 세이의 법칙이란 고전학파 시대에 프랑스 경제학자였던 세이가 주장한 것으로서 "공급은 그 스스로 수요를 창출한다"는 말로 요약된다. 즉 재화와 서비스의 공급이 이루어지면 같은 양의 수요가 창출되므로 수요부족 현상이 나타나지 않는다는 것이다. 이러한 흐름에 큰 변화를 일으킨 사람이 바로 영국의 위대한 경제학자인 케인스(John Maynard Keynes)였다. 1929년 미국에서 발생한 **대공황**(Great Depression)으로 인해서 국민소득이 격감하고 실업률이 크게 치솟았을 때, 케인스는 당시의 경제이론으로서는 설명할 수 없는 경제현상을 해명하기 위해서 유효수요이론을 제시하였다. 이 이론에 따르면, 수요가 공급을 결정한다.[5] 이것이 바로 현대적인 거시경제학의 시작이었다. 그 후에 국민소득의 개념이 더 명확하게 되고 국민소득을 측정하는 보다 정확한 통계적 방법이 개발되었다. 그리고 거시경제변수들간의 관계를 나타내는 다양한 거시경제모델이 개발되었다.

9-2 　국민소득의 순환

1. 가계와 기업만 있는 경우의 국민소득의 순환

국민소득(national income)이란 한 나라 모든 국민들의 소득, 즉 임금, 이자, 지대, 이윤을 모두 합산한 금액이다. 국민소득이 많다는 것은 그 나라가 그만큼 풍요롭고 시장이 크고 국력이 강하다는 것을 의미한다. 소득은 생산에 참여한 사람들이 생산물을 나누어 가지는 것이므로 국민소득은 국민경제의 총생산과 일치한다. 〈그림 9 - 1〉의 매우 단순한 국민소득 순환도를 보면서 설명해 본다.

---

5) 케인스가 1936년에 출간한 『일반이론』(*The General Theory of Employment, Interest, and Money*)에서 이 작업을 수행하였다.

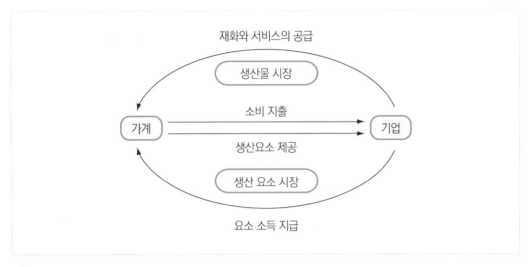

재화와 서비스의 공급

생산물 시장

소비 지출

가계 → 기업

생산요소 제공

생산 요소 시장

요소 소득 지급

🌀 **그림 9-1 국민소득 순환도 : 가계, 기업만 있는 경우**

우선 국민경제가 가계와 기업으로만 구성되어 있고, 가계는 저축하지 않으며 기업에서는 감가상각이 발생하지 않는다고 하자. 설명의 편의를 위해서 정부와 해외부분은 잠시 접어둔다.

그러면 가계는 소유하고 있는 토지, 노동, 자본 등의 생산요소를 기업에 제공하고 기업은 생산요소를 구입하는 대가로 임금, 이자, 지대, 이윤이라는 요소소득을 가계에 지급한다. 가계는 이 소득으로 옷, 신발, 컴퓨터 등 기업이 생산한 생산물을 구입하기 위해서 소득을 지출한다. 그러면 기업은 판매수입을 얻게되고, 그것으로 다시 생산요소를 가계로부터 구입한다. 이렇게 가계와 기업은 상호작용하고 소득은 끊임없이 순환한다. 그래서 국민소득은 세 측면에서 측정할 수 있다.

첫째, 개인들이 분배받는 임금, 이자, 지대, 이윤을 국민경제 전체적으로 합산해서 국민소득을 구할 수 있다. 이것을 분배국민소득이라고도 한다. 둘째, 분배받은 소득은 모두 재화를 구입하기 위해서 지출되므로 가계의 지출액을 모두 합산하여 국민소득을 계산할 수 있는데, 이것을 지출국민소득이라고도 한다. 셋째, 가계에 분배되는 소득은 결국 총생산물에서 나오므로 기업이 생산한 생산량을 모두 합계한 총생산량이 바로 국민소득이다. 이 측면에서 측정한 국민소득을 생산국민소득이라고도 한다. 생산국민소득을 측정할 때 주의해야 할 점은 중간

투입물로 인한 중복계산을 피해야 한다는 점인데, 이것에 대해서는 조금 후에 설명한다. 세 측면에서 측정한 국민소득이 모두 같은 것을 삼면등가의 법칙이라고 한다.

총생산	=	총소득	=	총지출
(생산국민소득)		(분배국민소득)		(지출국민소득)

2. 가계, 기업, 정부, 해외가 있는 경우의 국민소득의 순환

현실에는 가계와 기업뿐 아니라 정부와 해외부문도 존재하기 때문에 위에서 설명한 단순한 세계보다는 복잡하다. 그러면 네 개의 경제주체들이 거시경제에서 어떤 역할을 하는지 살펴보자. 〈그림 9 - 2〉는 네 부문이 존재할 경우의 소득순환을 설명하고 있다.

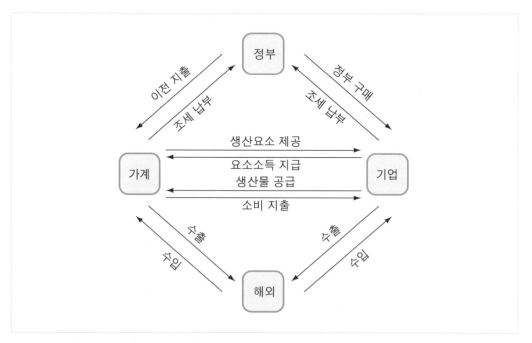

🌀 그림 9-2 **국민소득 순환도 : 가계, 기업, 정부, 해외가 있는 경우**

가계 : 가계는 기업에 노동, 토지, 자본을 제공한 대가로 임금, 지대, 이자, 이윤을 분배받아서 정부에 조세를 납부하고 남은 소득으로 저축하거나 소비한다. 저축은 금융기관을 거쳐 기업에 투자자금으로 대출되고 소비는 기업의 판매수입이 된다.

기업 : 기업은 가계에 요소소득(임금, 이자, 지대, 이윤)을 지급하고 생산요소를 제공받아 생산물을 생산한다. 기업은 생산물을 판매하여 판매수입을 얻어서 비용을 공제하고 조세를 납부한 다음에 남는 것은 이윤으로 분배한다. 기업의 생산물이 판매되는 용도는 가계의 소비용뿐 아니라, 기업의 투자용, 정부구매용, 수출용 등으로 판매된다. 기업은 투자자금을 대부분 금융기관을 통해 가계의 저축으로부터 조달한다.

정부 : 정부는 가계와 기업으로부터 조세를 징수하여 그것으로 공공재 공급 및 이전지출에 사용한다. **정부지출**(government expenditure)은 정부소비, 정부투자, 이전지출 등으로 나누어지는데, 민간으로부터 구입하는 재화와 서비스에 대한 지출만 **정부구매**(government purchase)에 해당하며, 이전지출은 정부구매에 해당하지 않는다. 일반적으로 이전지출은 없는 것으로 가정하고 정부지출을 정부구매와 같은 의미로 사용하기도 한다. 여기서도 정부지출을 정부구매와 같은 뜻으로 사용한다.

해외 : 우리나라 국민들이 해외로부터 재화와 서비스를 수입하고 우리나라의 재화와 서비스를 해외로 수출하기도 한다. 수출액만큼 우리나라의 판매액이 증가하지만, 우리나라의 소비와 투자, 정부지출에는 수입재가 포함되어 있으므로 수입액만큼 우리나라 상품의 판매가 감소한다. 그러므로 수출에서 수입을 뺀 금액만큼 해외부문이 우리나라 제품을 구입한 셈이다. 수출에서 수입을 뺀 금액을 **순수출**(net export)이라고 한다.

　가계, 기업, 정부, 해외 등의 네 개의 경제부문이 있을 경우에 세 측면의 국민소득은 다음과 같이 구성되어 있다.

생산국민소득 : 생산국민소득은 농림업, 제조업, 사회간접자본, 서비스업 등 산업별로 생산액을 측정하여 합산함으로써 구할 수 있다. 그리고 기업뿐 아니라, 정부와 농가와 같은 가계도 생산을 하고 있다. 생산국민소득은 국민경제 전체의 총생산함수에서 생산요소의 투입량에 의해서 결정된다.

생산국민소득(총생산) = f(노동투입량, 토지투입량, 자본투입량)

단기에는 자본과 토지의 투입량은 고정되어 있으므로 총생산은 노동투입량의 함수이다.

생산국민소득(총생산) = f(노동투입량)

분배국민소득 : 분배국민소득은 임금, 이자, 지대, 이윤의 합으로 구할 수 있다. 분배국민소득은 먼저 조세(tax)를 납부한 다음 **소비**(consumption)와 **저축** (saving)으로 나누어진다. 그러므로 임금, 이자, 지대, 이윤의 합은 세 형태의 처분 금액과 항상 같다.

분배국민소득(총소득) = 임금 + 이자 + 지대 + 이윤
= 소비(C) + 저축(S) + 조세(T)

지출국민소득 : 지출국민소득은 생산된 재화와 서비스가 어떤 용도로 팔려나가는가를 파악하여 합산함으로써 구할 수 있다. 재화를 구입하는 주체는 가계, 기업, 정부, 해외이므로 이들의 지출을 합산한다.

지출국민소득(총지출) = 소비(C) + 투자(I) + 정부지출(G) + 순수출(NX)

국민경제는 이런 식으로 생산, 분배, 지출이 계속 순환하는 방식으로 운용되고 있으며, 세 측면에서 측정한 국민소득이 사후적으로 동일한 것은 앞의 단순한 모형의 경우와 같다.

　순환과정에서 투자, 정부지출, 수출은 순환으로의 주입(injection)이 되어 국민소득의 크기를 증가시키며, 저축, 조세, 수입은 누출(leakage)이 되어 국민소득의 크기를 감소시킨다.

9-3　국민소득의 여러 가지 지표

　어느 범위까지 국민소득에 포함시킬 것인가에는 필요에 따라 몇 가지 지표가 있다. 오늘날 가장 널리 사용되는 국민소득의 지표는 국내총생산(GDP)이고, 이전에는 국민총생산(GNP)이 많이 사용되었다. 그 이외에도 국민순생산(NNP), 국민총소득(GNI), 국민소득(NI), 개인소득(PI), 가처분소득(DI) 등 여러 가지 국민소득의 지표가 있다. 먼저 생산측면에서 측정된 국내총생산부터 살펴보자.

1. 국내총생산(GDP)

　국내총생산(GDP : gross domestic product)은 다음과 같이 정의된다.

"GDP란 일정 기간 동안에 한 나라 안에서 생산된 최종재화(서비스 포함)의 시장가치의 합계이다."

　이 정의의 의미를 자세히 분석해보자.

"일정 기간 동안에" : GDP는 일정 기간 동안에 발생한 국민소득이다. 보통 GDP는 분기별(3개월) 및 연도별(1년)로 측정되고 발표된다. 일정 기간 동안에 발생한 양이므로 유량변수(플로우)이다.

"한 나라 안에서" : GDP는 한 나라의 국경 안에서 생산된 국민소득이다. 그러므로 외국인이 국내에 투자한 기업이 생산한 것도 GDP에 포함된다. 반면에 우리나라 사람이 외국에 나가서 생산한 것은 제외된다. 예를 들어 동남아 노동자들이 우리나라에서 생산한 생산물의 가치는 포함되나, 우리나라 기업이 중국에 투자하여 생산한 가치는 제외된다. 즉 GDP의 측정은 사람이 기준이 아닌 장소가 기준이 되며, 이를 '속지주의'라고 한다.

"생산된" : 그 기간에 새로이 생산된 것만 포함되며, 이미 존재하던 것은 포함되지 않는다. 2022년 12월에 만들어져서 2023년 1월에 팔린 컴퓨터는 2022년의 GDP에 포함된다.

"최종재화(final goods)" : 최종재화(서비스 포함)란 다른 재화를 생산하기 위해서 투입되는 재화인 중간재(intermediate goods)가 아닌 재화이며, 소비, 투자, 정부구매, 수출 등의 용도로 판매되는 재화를 말한다. 여기서 주의해야 할 것은 기계는 투자재이므로 최종재화이지만, 강판은 자동차나 선박의 생산에 투입되는 중간재이다. 기계는 오래도록 사용되는 내구재이므로 투자재이고 강판은 한 번 생산에 투입되는 것으로 사라지는 점에서 차이가 있다.

　　최종재화만 GDP에 포함시키는 것은 중복계산을 방지하기 때문이다. 예를 들어서 〈그림 9 - 3〉처럼, 농부가 100만 원어치의 밀을 생산해서 제분회사에 팔았다고 하자. 제분회사는 100만 원어치의 밀을 가공하여 150만 원어치의 밀가루를 생산하여 제과점에 팔았다. 제과점은 150만 원어치의 밀가루를 가공하여 200만 원어치의 빵을 만들어서 팔았다고 하자. 이때 밀, 밀가루, 빵의 가치를 모두 합산하면 450만 원어치의 생산이 이루어진 것으로 보인다. 그러나 여기에는 이중, 삼중의 중복계산이 이루어지고 있어서 잘못 계산된 것이다. 밀의 가치(100만원)는 밀가루와 빵의 가치에 포함되어 있어서 삼중 계산되고, 밀가루의 가치(150만원)는 빵의 가치에 한 번 더 계산되어 이중 계산되어 있다. 그러므로 최종재화인 빵의 가치만이 GDP에 포함된다.

　　최종재화의 가치와 생산단계별로 발생하는 부가가치(value added), 즉 산출물의 가치에서 투입된 중간재의 가치를 뺀 금액을 모두 합산하면 같아진다. 부가가치란 요소비용(혹은 요소소득) 즉 임금, 이자, 지대, 이윤으로 구성되어 있다.

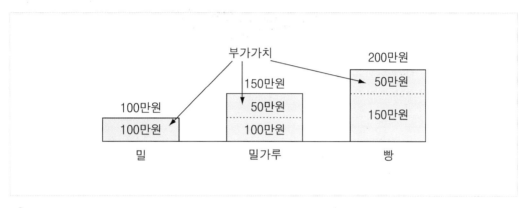

🌀 그림 9-3 **중복계산과 부가가치**

최종재화의 가치 = 부가가치의 합계

"시장가치의 합계" : 한 국가에서 생산되는 재화는 수없이 많다. 쌀, 사과, 컴퓨터 등을 공통의 단위로 합산할 수 있는 방법은 무게, 부피 등이 있을 수 있으나 그 것은 의미가 없으며, 시장가치로 환산하여 합산하는 방법이 가장 의미 있는 방법이다. 시장가치로 환산하려면 각종의 재화가 거래되는 시장이 있어야 거래량과 시장가격을 알 수 있다. 마약이나 매춘처럼 시장이 불법화되어 있는 경우에는 생산된 생산물이 인간에게 나쁜 것이므로 GDP에서 제외된다. 그 외에 합법화된 생산활동이지만 세금을 피하기 위해서 당국에 보고되지 않는 생산물도 GDP에서 제외된다. 학생들의 아르바이트 소득, 파출부의 일당, 팁 등이 이에 해당한다. 불법화된 영역과 세무당국에 보고되지 않는 영역을 **지하경제**(underground economy)라고 한다.

GDP에서 제외되는 항목 가운데 중요한 것이 주부들의 가사노동의 가치이다. 주부들은 집안에서 많은 서비스를 생산한다. 요리, 육아, 청소, 장보기 등 많은 생산이 이루어지나 거래되는 시장이 없으므로 시장가치를 평가하기가 매우 곤란하여 GDP에서 제외되고 있다. 선진국에서는 주부들이 가사보다는 직업에 종사하므로 GDP가 과대평가되는 경향이 있다.

시장에서 거래되지 않는 재화 가운데 자가주택의 임대료(귀속임대료)를 평가하여 GDP에 포함시키며, 농가의 자가소비용 생산물도 포함시키고 있다. 이렇게 하여 모든 최종재화를 시장가치로 환산하여 합산하면 GDP를 구할 수 있다.

위의 방법으로 측정된 GDP는 생산측면에서 측정된 생산 GDP이다. 지출측면에서 측정된 GDP는 가계의 소비, 기업의 투자, 정부의 정부지출, 순수출을 합산한 지출 GDP이다.

> 지출 GDP = 소비(C) + 투자(I) + 정부지출(G) + 순수출(NX)

표 9-2 가상적인 경제의 GDP

	생산량	가격	생산액
쌀 컴퓨터	100 가마 200 대	20만원 100만원	2000만원 2억원
GDP			2억2000만원

〈표 9-2〉는 쌀과 컴퓨터 두 재화만 생산되는 가상적인 경제에서 GDP를 계산하는 방법을 보여준다. 두 재화 모두 최종재로 간주되므로 생산량에 가격을 곱한 값을 합산하여 GDP를 구한다.

2. 국민총생산(GNP)

국민총생산(GNP : gross national product)은 다음과 같이 정의된다.

"GNP란 일정 기간 동안에 자국 국민에 의하여 생산된 최종재화(서비스 포함)의 시장가치의 합계이다."

GDP와의 차이점은 "한 나라 안에서"가 "자국 국민에 의하여"로 바뀐 점뿐이다. GDP는 자국민이든 외국인이든 가리지 않고 자국의 국경 안에서 생산되면 포함시키는데 반해, GNP는 국경 안이든 밖이든 구분하지 않고 자국민이 소유하는 생산요소에 의해 생산된 것은 모두 포함시킨다. 즉 GDP는 '속지개념'인 반면 GNP는 '속인개념'이 된다. 한 국민의 생활수준을 나타내는 면에서는 GNP가 더 유용하나, 한 나라의 경제활동이 얼마나 활발한지 그리고 고용이 얼마나 이루어지는지를 알려면 GDP가 더 유용하다. 그래서 최근에는 GNP 개념보다 GDP 개념을 더 많이 사용하고 있다. GNP와 GDP의 관계를 다음과 같은 식으로 나타낼 수 있다.

$$GNP = GDP + \text{해외수취요소소득} - \text{해외지급요소소득}$$
$$= GDP + \text{해외순수취요소소득}$$

어떤 나라가 국내에 외국인 투자나 외국인 노동자가 별로 없고 오히려 해외에 많은 투자를 하거나 많은 인력을 내보내고 있는 나라라면, 해외로부터 유입되는 해외수취요소소득이 해외로 지급되는 요소소득보다 더 많으므로 GNP가 GDP보다 더 많을 것이다. 우리나라의 경우에는 GDP가 대략 1조7,000억 달러인데 비해 해외순수취요소소득의 크기가 플러스(+), 마이너스(-) 200억 달러 내외이므로 GNP와 GDP는 거의 비슷하다.(2022년 기준)

3. 국민총소득(GNI)

국민총소득(GNI : gross national income)이란 GNP의 구매력을 나타내는 지표이다. GNI는 무역에 있어서 교역조건의 변화에 따라 나타나는 GNP의 구매력의 변화를 반영한 지표이다. 예를 들어 우리나라가 수출하는 자동차의 가격은 내리고 수입하는 석유의 가격은 오르면 작년에 자동차 5만대를 수출하여 석유 1억 배럴을 수입할 수 있었는데 올해에는 자동차 10만대를 수출하여 석유

1억 배럴을 수입할 수 있게 된다. 그러면 자동차를 5만대 더 생산해야 작년과 같은 실질구매력을 가질 수 있다. GNI와 GNP의 관계는 다음과 같이 나타낼 수 있다.

$$\text{명목 GNI} = \text{명목 GNP}$$

양자가 같은 이유는 명목 GNI와 명목 GNP를 측정할 때 모두 위의 예에서 말한 대로 하락한 자동차 가격으로 측정하기 때문이다. 그러나 실질 GNI와 실질 GNP를 측정할 때에는 모두 기준년도의 가격으로 측정하므로 교역조건의 변화가 고려되지 않는다. 그래서 실질 GNI는 실질 GNP에 교역조건 변화에 따른 실질무역손익을 더해야 된다.

$$\text{실질 GNI} = \text{실질 GNP} + \text{교역조건 변화에 따른 실질무역손익}$$

4. 국민순생산(NNP)

국민순생산(NNP : net national product)이란 GNP에서 감가상각을 뺀 금액을 국민소득으로 보는 지표이다. 생산과정에서 자본재가 마모되고 노후화되므로 GNP에서 그 부분, 즉 감가상각만큼을 뺀 금액이야말로 진정한 국민소득이라고 볼 수 있다. 그러나 감가상각을 정확하게 측정하는 것은 거의 불가능하기 때문에 이 지표는 널리 사용되지 않는다.

$$\text{NNP} = \text{GNP} - \text{감가상각비}$$

5. 국민소득(NI)

넓은 의미에서는 지금 논의하고 있는 모든 지표가 국민소득 지표이지만 여기서는 좁은 의미의 **국민소득**(NI : national income)에 대해서 설명한다. 이것은 민간부문의 요소소득(임금, 이자, 지대, 이윤)의 합계인데, 정부가 없다면 NNP가 모두 민간의 소득으로 분배될 것이다. 그러나 정부가 상품에 대해서 간접세를 부과하기 때문에 그 부분은 정부의 조세수입으로 빠져 나간다. 그리고 정부가 제공하는 보조금은 가계에 분배된다. 그러므로 NI는 NNP에서 간접세를 빼고 보조금을 더하여 구할 수 있다.

NI = NNP - 간접세 + 보조금

6. 개인소득(PI)

개인소득(PI : personal income)이란 실제 가계(개인)에 분배되는 소득을 말한다. 위의 NI 가운데 일부는 가계에 분배되지 않는다. 그것은 기업의 이윤 가운데 일부가 법인세로 정부에 납부되며 일부는 사내유보되어 장래 투자를 위한 준비금으로 사용된다. 그러므로 이 부분은 제외된다. 그런데 정부가 사회보장을 위해서 가계에 이전지출을 하면 이 부분은 가계의 소득이므로 개인소득에 포함되며, 기업이 무상으로 지급하는 이전지출도 포함된다.

PI = NI - 법인세 - 사내유보이윤 + 정부와 기업의 이전지출

7. 가처분소득(DI)

가처분소득(DI : disposable income)이란 개인소득에서 개인이 납부하는 세금을 뺀 금액이다. 가계는 가처분소득을 가지고 소비하든지 저축하든지 마음대로 처분할 수 있다.

$$DI = PI - 개인세금$$

위에서 일곱 개의 국민소득 지표를 살펴보았는데 분석의 필요에 따라 적합한 지표를 사용할 수 있다.

9-4 명목 GDP와 실질 GDP

1. 명목 GDP와 실질 GDP

GDP는 최종재화의 시장가치라고 했는데, 시장가격은 가변적이기 때문에 어느 시점의 가격으로 계산하는가에 따라 GDP의 크기가 달라진다. 명목 GDP(nominal GDP)는 GDP를 측정하는 시점의 가격, 즉 경상가격(current prices)으로 측정된 GDP를 말한다. 명목 GDP의 증가는 생산량의 증가와 물가상승 두 요인에 의해서 나타날 수 있으며, 때로는 명목 GDP가 증가한 것이 모두 물가상승에 기인하고 생산량은 불변인 경우도 있다. 물가상승에 의해서 명목 GDP가 증가하여도 국민생활의 향상은 전혀 없으므로 중요한 것은 명목 GDP가 아니라 실질 GDP이다.

실질 GDP(real GDP)란 최종재화의 가치를 기준년도의 가격, 즉 불변가격(constant prices)으로 계산한 값을 말한다. 실질 GDP는 기준년도의 가격으로 계산한 것이므로 물가상승으로 인한 변화를 제거한 값이며, 순수하게 생산량의 변화를 반영하는 값이다. 우리나라 2015년과 2022년의 명목 GDP와 실질 GDP는 다음과 같다. 2015년과 2022년의 명목 GDP는 경상가격, 즉 2015년 가격과 2022년 가격으로 계산한 것이고, 2015년과 2022년의 실질 GDP는 모두 2015년 가격으로 계산한 값이다.

표 9-3 한국의 2015년과 2022년 명목 GDP와 실질 GDP

	명목 GDP(경상가격)	실질 GDP(2015년 가격)
2015	1658조 0204억원	1658조 0204억원
2022	2161조 7739억원	1968조 8395억원
7년간	30.4% 증가	18.7% 증가

자료 : 한국은행

〈표 9-3〉은 한국의 2015년과 2022년의 명목 GDP와 실질 GDP를 보여주고 있다. 2015년에는 명목 GDP와 실질 GDP가 같다. 왜냐하면 2015년이 기준년도이므로 그 해의 가격인 경상가격과 기준년도의 가격인 불변가격이 같기 때문이다. 2022년에 실질 GDP는 2015년에 비해 18.7% 증가하였는데, 이것은 생산량의 증가 때문이다. 반면에 명목 GDP는 30.4% 증가하였으며, 명목 GDP 상승률이 더 높은 것은 물가상승 때문이다.

2. GDP 디플레이터

2015년에 비해서 2022년에 명목 GDP가 30.4% 증가한 원인은 생산량이 18.7% 증가하고 물가도 얼마 상승하였기 때문이다. 그러면 GDP에 포함되는 최종재화의 물가는 얼마나 상승했는가? GDP에 포함되는 최종재화의 물가지수를 GDP 디플레이터(GDP deflator)라고 하는데 다음과 같이 계산된다.

$$GDP \ 디플레이터 = \frac{명목 \ GDP}{실질 \ GDP} \times 100$$

〈표 9 - 3〉을 토대로 한국의 2015년과 2022년의 GDP 디플레이터를 계산하면 〈표 9 - 4〉와 같다.

표 9-4 한국의 2015년과 2022년의 GDP 디플레이터 계산

	계산방법	GDP 디플레이터
2015	(578조 6645억 / 578조 6645억) × 100	100
2022	(2161조 7739억 / 1968조 8395억) × 100	109.80

2015년에는 명목 GDP와 실질 GDP가 같으므로 GDP 디플레이터는 100이다. 2022년 GDP 디플레이터가 109.80이므로 2015년에 비해 9.80% GDP 물가가 상승한 셈이다. 2015년부터 2022년까지 명목 GDP가 30.4% 증가한 원인을 찾아보면 생산량이 18.7% 증가하고 물가(GDP 디플레이터)가 9.80% 상승한 결과로 나타난 것이다.

GDP 디플레이터는 기준년도인 2015년에 100이고, 2020년 105.5, 2022년에 109.8을 기록하고 있어 최근 물가가 상승하고 있음을 보여주고 있다.

3. 실제GDP와 잠재적 GDP

한 나라의 경제가 실제로 자국 내에서 생산한 최종생산물의 시장가치를 실제GDP(actual GDP)라 한다. 잠재적 GDP(potential GDP)란 한 나라에 존재하는 모든 생산자원과 기술수준을 효율적으로 고용하였을 때 생산 가능한 최종생산물의 시장가치를 말한다. 이것은 완전고용하에서 달성할 수 있기 때문에 완전고용GDP라고도 한다.

잠재적 GDP와 실제GDP와의 차이를 GDP gap이라 한다. GDP gap > 0이면 생산활동이 위축되어 경기침체로 실업이 증가할 것이며, GDP gap < 0이면 생산활동이 활발하여 경기과열국면에 접어든다.

> GDP gap = 잠재적 GDP - 실제GDP

9-5　GDP의 의미

　　한 가계의 경제적 후생(만족)의 정도는 그 가계의 소득수준을 통해서 상당한 정도로 파악할 수 있다. 마찬가지로 한 국가의 경제적 후생은 그 나라의 GDP를 통해서 가늠할 수 있다. 한 나라의 경제적 후생이란 국민전체의 경제적 만족도를 말한다. 인간의 행복은 경제적 행복과 비경제적 행복의 합이므로 경제적 행복이 크면 행복의 총합도 커질 것이라고 가정한다. 비경제적 행복을 결정하는 요인으로는 가족, 친구 등의 친밀한 인간관계, 일에서 느끼는 보람, 공동체에 대한 적극적 참여, 인생의 목적과 사명에 대한 확신 등이 중요한 것으로 알려져 있다. 경제적 행복의 증가가 총행복의 증가로 이어진다는 이 가정이 맞는가의 문제는 매우 심리 – 철학적이고 종교적인 문제이지만, 여기서는 상식적인 차원에서 어느 정도 현실과 부합한다고 본다. 비참한 가난을 선호하는 사람은 없고 거의 대부분이 보다 풍족한 생활을 원할 것이다. 그리고 소득이 증가하면 인간이 선택할 수 있는 가능성이 확대되기 때문에 행복에의 가능성이 확대된다고 볼 수 있다. 확대된 선택의 자유를 잘못 사용하여 더 불행해지는 경우도 있지만, 여기서는 자유의 확대를 좋은 것으로 받아들인다.

　　그러면 GDP는 경제적 후생을 얼마나 잘 표현해 주는 지표인가? 일단 GDP는 매우 단순하게 경제적 후생의 정도를 판단하는 지표라는 점에서 많이 활용되기도 한다. 그러나 단순한 만큼 허점도 많이 있다.

　　첫째, GDP를 측정하기가 쉽지 않다. 수많은 재화의 가격과 수량을 정확하게 파악하기가 매우 어렵다. 생산과정 중에 있는 재화는 어느 기간에 포함시킬 것인지, 가격은 얼마로 할지 등 불명확한 점이 많다. 그리고 GDP는 시장에서 거래되는 것 위주로 측정하기 때문에 지하경제가 모두 누락되고 주부의 가사노동의 가치도 포함되지 않아서 GDP는 실제의 생산액과 꽤 차이가 있다.

　　둘째, GDP가 증가하는 과정에서 환경파괴와 교통혼잡 등이 발생하는데 GDP에서 이 부분은 공제해야 진정한 경제적 후생이 될 수 있다.

　　셋째, GDP를 그 나라의 인구로 나눈 1인당 GDP가 그 나라 국민의 경제적 후생의 지표로 많이 쓰이는데, 이것은 평균적인 수치일 뿐이며 그 나라의 소득분배가 얼마나 불평등한가를 반영하지 않는다. 1인당 GDP가 많아도 소득이 매우 불평등하게 분배되어 있으면 그 나라 국민전체의 경제적 후생은 그리 크지 않을 수도 있다.

넷째, 노동시간이 짧아져서 여가시간이 늘어난다면 여가의 가치는 GDP에 포함되지 않으므로 GDP는 여가의 가치만큼 국민의 경제적 후생을 과소평가하는 셈이다.

다섯째, 1인당 GDP를 국제적으로 비교할 경우에 환율이 개입되는데 시장환율은 구매력을 정확하게 반영하지 못하므로 선진국의 1인당 GDP를 과대평가하고 개발도상국의 1인당 GDP를 과소평가하는 문제점이 생긴다.

따라서 경제적 후생의 지표로 GDP를 사용할 경우에는 이러한 한계가 있다는 점을 미리 알고 사용해야 할 것이다. 그래서 GDP 이외에 평균기대수명, 평균재학기간, 구매력기준 1인당 GNI 등을 경제적 후생을 나타내는 보조적인 지표로 사용하기도 한다.

이런 취지에서 구성된 지표가 바로 유엔개발계획(UNDP)이 매년 발표하는 '인간개발지수'(Human Development Index: HDI)이다. 이 지수는 건강, 교육, 물질적 생활수준이 좋은 삶을 살 수 있는 기초적인 조건이라는 의미에서 '객관적인 삶의 질'을 나타낸다. 인간개발지수는 각국의 건강, 교육, 물질적 생활수준을 0~1로 평가하여 그것을 종합한 지수로서 최상위 국가는 1에 근접하고 최하위의 국가는 0에 근접한다. GDP의 한계를 극복하려는 노력은 더 나아가 주관적인 삶의 질을 나타내는 행복을 경제적 후생의 지표로 보려고 한다. 각국의 행복지수는 표본 설문조사를 통해서 삶에 대한 만족과 긍정적 정서 및 부정적 정서를 측정함으로써 나타내어진다. 유엔은 2012년부터 '세계 행복보고서'를 발간한다.

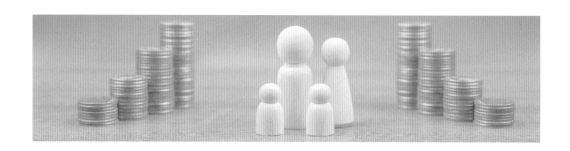

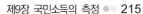

중요 용어

- 거시경제지표
- 대공황
- 순수출
- 분배국민소득
- 부가가치
- 국민순생산(NNP)
- 경상가격
- GDP 디플레이터

- 국내총생산(GDP)
- 국민소득(NI)
- 생산국민소득
- 최종재화
- 지하경제
- 개인소득(PI)
- 명목 GDP
- 잠재적 GDP

- 국민총소득(GNI)
- 정부지출
- 지출국민소득
- 중간재
- 국민총생산(GNP)
- 가처분소득(DI)
- 실질 GDP

참고 자료

● **대공황의 시작 – 주가 대폭락**

1929년의 주가 대폭락이 대공황의 서막이었다. 주가 대폭락은 가계와 금융기관의 파산을 초래하고 소비와 투자의 대폭적인 감소로 인해 전대미문의 불황국면으로 들어가게 되었다. 하일브로너는 다음과 같이 주가대폭락을 묘사하였다.

　이발사, 구두닦이, 은행가나 실업가 할 것 없이 모든 사람이 투기를 했고 또 모두가 돈을 벌었다. …

　그 화려한 그림의 결말이 어떻게 되었는지를 길게 논할 필요가 없다. 1929년 10월의 끔찍한 마지막 주에 시장은 붕괴했다. 증권거래소의 홀에 있던 중개인들로서는 갑자기 창문을 뚫고 쏟아져 내리는 나이아가라 폭포에 휩쓸린 것 같았다. 도저히 처리할 수 없는 매물이 폭포처럼 시장을 휩쓸었다. 너무나 기진맥진한 중개인들은 눈물을 흘리며 와이셔츠 칼라를 찢었다. … 호텔방을 예약하려니까 직원이 "주무실 겁니까, 투신하실 겁니까? 하고 물어봤다는 이야기도 있었다.

　파편을 치우고 난 파산의 참상은 차마 눈뜨고 보기 어려웠다. 미쳐 돌아가던 2년 동안 오른 주가가 미친 두 달 동안에 폭락했다. 400억 달러에 달하는 돈이 신기루처럼 사라졌다. 2만 1000달러로 불었던 투자가의 재산은 3년 만에 80퍼센트가 감소했다.

- 로버트 하일브로너, 『세속의 철학자들』

제9장 연습문제

1. 미시경제학만 있으면 불충분하고 거시경제학이 꼭 필요한 이유를 설명하라.

2. 국민경제는 계속 순환과정을 반복한다. 이 과정에서 가계와 기업이 하는 기능을 설명하라.

3. 생산, 분배, 지출 측면에서 측정한 국민소득이 왜 일치하는지 설명하라.

4. GDP를 측정할 때 최종재화의 시장가치와 단계별 부가가치의 합계가 일치하는 사실을 설명해 보라.

5. GNP, GDP, GNI 사이에는 어떤 관계가 있는지 설명하라.

6. NNP, NI, PI 사이에는 어떤 관계가 있는가?

7. 어떤 해의 실질 GDP는 100조 원이고, 명목 GDP는 80조원이다. 이 해의 GDP 디플레이터를 구하라.

8. 흔히 1인당 GDP를 그 나라 국민들의 평균적인 경제적 후생수준으로 평가한다. 그러나 1인당 GDP를 이러한 용도로 활용하는 데에는 상당한 문제점이 있다. 어떤 문제점이 있는가?

경제학의 이해

국민소득과
물가수준의
결정원리

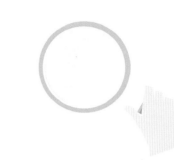

Chapter 10
국민소득과 물가수준의 결정원리

제9장에서 국민소득과 물가의 측정방법에 대해서 설명하였다. 이 장에서는 왜 어떤 해에는 국민소득이 많고 어떤 해에는 적은지, 그리고 물가수준은 어떻게 결정되는지를 알아보려고 한다. 우리나라의 경우에 외환위기 직후인 1998년에 GDP는 5.7%나 감소하였고 실업률은 6.8%를 넘어 많은 국민들이 어려움을 겪었다. 그러나 그 다음해인 1999년에는 GDP가 10.7% 증가하였다. 미국의 대공황(Great Depression)은 이것보다 더 극적인 모습을 보여준다. 1929년 10월 주가대폭락으로 시작된 대공황은 미국경제를 초토화시켰다. 1929년부터 1933년까지 실질 GNP가 29% 감소하였고, 물가는 23% 하락하였다. 실업률은 3%에서 25%로 증가하였다. 주식가격은 무려 1/6 이하로 떨어졌다. 수많은 사람이 거지가 되어 구걸할 수밖에 없는 처지가 되었다. 전쟁이나 자연재해가 온 것도 아닌데 풍요롭던 미국이 어떻게 이렇게까지 갑자기 가난하게 될 수 있었을까?

미시경제학에서 한 재화의 수요와 공급에 의해 가격과 수량이 결정되는 원리와 유사하게 거시경제학에서는 모든 최종재화(서비스 포함) 생산량의 합인 총공급과 이에 대한 지출을 나타내는 총수요에 의해서 국민소득과 물가수준이 결정된다.

10-1 총수요와 총공급

　국민소득의 크기와 물가수준은 어떤 원리에 의해서 결정될까? 국민경제 전체적으로도 총수요와 총공급이 일치할 때 균형국민소득(여기서는 실질 GDP)과 물가수준이 결정된다. **총수요**(aggregate demand)란 최종재화에 대한 지출총액을 말하며, 소비, 투자, 정부지출, 순수출의 합계이다. 그리고 **총공급**(aggregate supply)이란 기업이 생산하여 공급하려고 하는 총생산액을 말한다.

　따라서 총수요곡선은 각 물가수준에 대응한 총지출액을 나타내는 곡선이며 미시경제학에서 다룬 개별재화의 수요곡선과 마찬가지로 우하향의 곡선이다. 총공급곡선은 각 물가수준에 대응한 모든 기업들의 총생산액을 나타내며 개별재화의 공급곡선과 마찬가지로 우상향곡선이다. 그렇지만 총수요곡선과 총공급곡선이 개별재화의 수요곡선 및 공급곡선과 비슷한 모양을 가지게 된 원인은 서로 전혀 다르며 그것에 대해서는 조금 후에 설명한다.

　〈그림 10 - 1〉이 보여주듯이, 총수요곡선과 총공급곡선이 교차하는 점에서 균형 GDP와 균형 물가수준이 결정된다. 균형이라는 것은 어떤 외부적인 충격이 없으면 그 위치에 계속 머문다는 뜻이다.

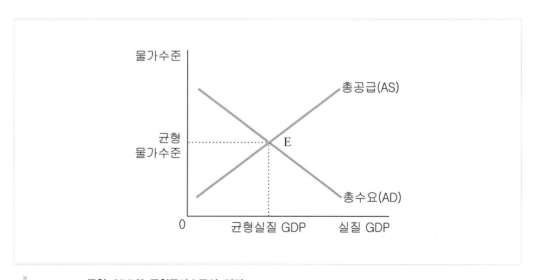

🐾 그림 10-1 **균형 GDP와 균형물가수준의 결정**

만일 총수요가 총공급보다 많으면 물가는 상승하고 GDP는 증가하며, 총수요가 총공급보다 적으면 물가는 하락하고 GDP는 감소한다. 그래서 총수요와 총공급이 일치할 때 GDP는 균형에 도달한다. 그러면 총수요와 총공급은 어떤 요인에 의해서 결정되며 왜 우하향하고 우상향하는지 알아보자.

10-2 총수요의 결정요인

총수요는 소비와 투자, 정부지출, 순수출의 합이므로 각 구성항목이 어떻게 결정되는지를 살펴보자.

1. 소비

소비란 가계가 최종재화를 구입하기 위해서 지출하는 금액의 합계이다. 소비는 총수요 가운데 가장 큰 비중을 차지한다. 소비의 크기를 결정하는 요인은 무엇인가?

소득(income) : 소비를 결정하는 가장 중요한 변수는 소득이다. 소득이 증가하면 소비도 증가하고 소득이 감소하면 소비도 감소한다. 소득(Y)과 소비(C)의 관계를 **소비함수**(consumption function)라고 하며, 다음과 같은 함수관계로 표현된다.

$$C = a + bY \; ; \; a, \; b\text{는 상수}, \; b = \triangle C / \triangle Y$$

여기서 a는 기초소비로서 소득이 0일 때에도 이루어지는 소비를 말하며, b는 소득이 증가할 때 소비가 증가하는 비율을 나타내는 상수로서 **한계소비성향**

(marginal propensity to consume)이라고 한다. 예를 들어 소득이 10,000원씩 증가할 때 소비가 8,000원씩 증가하면 한계소비성향은 0.8이다. 소득 이외의 다른 요인이 변화할 때 a가 변화한다.

이자율(interest rate) : 이자율이 상승하면 보통 저축이 증가하고 소비는 감소한다. 반면에 이자율이 하락하면 저축이 감소하고 소비는 증가한다.

부(wealth) : 가계가 보유하는 주식, 채권 등의 금융자산과 토지, 건물 등 부동산의 가격이 상승하여 부가 증가하면 소비도 증가한다. 왜냐하면 부가 증가하면 미래의 소비를 위해서 저축할 필요성이 줄어들기 때문이다. 이자율이 하락하면 대체로 모든 자산의 가격을 상승시켜서 소비를 촉진시키는 경향이 있다. 왜냐하면 이자율이 하락하면 은행에 예금하는 것보다 대출을 받아서라도 자산을 구입하는 것이 더 유리하므로 자산수요가 증가하여 가격이 상승한다.

조세(tax) : 정부가 조세를 많이 부과하면 가계의 가처분소득이 감소하여 소비는 감소한다. 조세가 감소하면 소비는 증가한다. 이것은 정부의 조세정책에 의해서 결정된다.

기대(expectation) : 소비자들이 앞으로 경기가 좋아져서 소득이나 부가 증가할 것으로 예상하면 소비를 증가시키고 반면에 비관적인 기대를 가지면 소비를 줄인다.

2. 투자

투자(investment)란 기업이 새로 생산된 자본재를 구입하는 행위를 말하며, 여기에는 생산설비, 신축건물, 재고 등에 대한 기업의 지출이 포함된다. 투자는 생산능력을 증가시키는 행위이므로, 단순히 주식이나 채권 등의 증권과 기존의 부동산을 구입하는 것은 통상적인 의미에서는 투자라고 불리지만 경제학적 의미의 투자가 아니다. 그리고 중고 기계를 구입하는 것은 해당 기간 이전에 이미 존재하던 것을 구입한 것이므로 투자에서 제외된다. 투자는 해당 기간 동안에 새로 생산된 자본재를 구입하는 것에 한정된다. 투자는 **총투자**(gross investment)와 **순투자**(net investment)로 구별되는데, 순투자는 총투자에서 자본재의 감가상각비 부분을 보충하는 대체투자를 뺀 금액이다. 이러한 투자의 크기를 결정하는 요인은 무엇인가?

이자율(interest rate) : 기업은 투자의 예상수익률과 비용인 이자율을 비교하여 예상수익률이 이자율을 초과하는 사업에만 투자한다. 그러므로 이자율이 하락하면 자금조달 비용이 감소하므로 투자는 증가한다. 이자율이 상승하면 투자는 감소한다. 예를 들어 한 섬유 생산기업이 1억원 하는 새로운 기계를 도입하면 8%의 수익이 예상되고 이자율은 9%라고 하자. 이 경우에 기업이 손해를 보는 투자를 하지 않을 것이나, 이자율이 6%로 하락하면 이 투자를 실행할 것이다.

기업가의 기대(expectation) : 기업가는 투자를 결정할 때 예상수익률과 이자율을 비교한다. 예상수익률은 투자로부터 기대되는 수익률이므로 기업가가 장래를 비관적으로 전망하는가 낙관적으로 전망하는가에 따라 달라진다. 낙관적인 전망이란 투자로부터 예상되는 수익이 크다는 의미이다. 미래는 근본적으로 불확실하며 확률적으로도 계산해 낼 수 없으므로 투자는 기업가의 심리에 많이 좌우된다.

GDP의 크기 : 경기가 좋아져서 생산량이 증가하면 생산설비가 부족해진다. 그러면 기업은 생산설비를 확대하기 위해서 투자를 증가시킨다. 이것은 생산설비의 가동률과 관련되어 있다. 생산량이 증가하여 가동률이 100%에 가까워지면 투자는 증가하고, 생산량이 감소하여 가동률이 떨어지면 투자는 감소한다. GDP의 증가에 의해서 초래되는 투자를 **유발투자**(induced investment)라고 한다.

자본재의 가격 : 예를 들어 기계 가격이 오르면 기계로부터 예상되는 수익률이 감소하므로 투자는 감소한다. 반면에 앞의 섬유 기계의 가격이 1억원에서 8,000만원으로 하락하면 예상수익률이 상승하므로 투자는 증가한다.

기술혁신(innovation) : 새로운 제품이 개발되면 투자가 증가한다. 자동차가 개발되자 자동차 조립공장, 도로, 정유산업 등에 많은 투자가 이루어졌다. 그리고 획기적인 신기술의 발명도 투자를 촉진시킨다.

정부의 정책(government policy) : 정부가 법인세를 인하하면 기업의 세후 수익률이 증가하므로 투자가 증가하며, 저금리의 자금제공 등 금융상의 혜택을 주어도 투자는 증가한다.

이러한 요인들에 의해서 결정되는 투자는 총수요 가운데 차지하는 비중에서 소비보다 작지만 소비는 비교적 안정적인데 반해 투자는 경기에 따라 그리고 기업가의 장래에 대한 예상에 따라 크게 변동한다. 그러므로 투자가 GDP의 결정에 미치는 영향은 매우 크다.

3. 정부지출

정부지출(government expenditure)이란 정부(중앙정부 및 지방정부)가 민간으로부터 최종재화와 서비스를 구매하는 것을 말한다. 정부는 국방, 치안 등의 공공재와 사회간접자본 등을 생산하기 위해서 노동 서비스를 제공받는 대가로 임금을 지불하며 무기나 다른 물자를 구매한다. 이러한 정부구매를 위한 지출을 정부지출이라고 하며, 빈곤층에게 지급되는 공적부조와 같이 대가 없이 지급되는 이전지출은 여기에서 제외된다. 이전지출은 가계의 가처분소득을 증가시켜서 소비를 증대시킨다.

정부지출의 규모는 정부의 정책에 의해서 결정된다. 행정부가 한 해의 예산안을 수립하여 의회로 보내면 의회가 심의하여 최종 확정하여 행정부가 시행한다. 정부지출은 정책변수로서 정치적 과정에 의해서 결정된다.

4. 순수출

순수출(net export)이란 수출에서 수입을 뺀 금액을 말한다. 순수출의 크기를 결정하는 요인은 무엇인가?

외국의 소득 : 외국의 소득이 증가하면 외국의 소비와 투자가 증가하므로 수출이 증가하고 외국의 소득이 감소하면 수출은 감소한다. 예를 들어 중국의 소득이 급속히 증가하자 우리나라의 수출이 큰 폭으로 증가하고 있다.

국내소득 : 국내의 소득이 증가하면 국내의 소비와 투자가 증가하여 수입도 증가하며 국내소득이 감소하면 수입도 감소한다.

환율(exchange rate) : 환율이란 각국의 통화 간의 교환비율이다. 예를 들어 미국의 달러화와 한국의 원화가 1달러 당 1200원의 비율로 교환된다면, 이 비율을 원/달러 환율이라고 한다. 환율이 상승하여 1달러 당 1300원으로 교환되면 수출품의 달러 가격이 싸지므로 수출이 증가하고 수입은 감소한다. 반면에 환율이 하락하면 수출은 감소하고 수입은 증가한다.

국내물가와 외국물가의 상대적 비율 : 상대적으로 국내물가가 더 많이 오르면 수출은 감소하고 수입은 증가한다. 반면에 외국물가에 비해 국내물가가 더 안정되어 있다면 수출은 증가하고 수입은 감소한다.

무역정책(trade policy) : 한 나라가 수출에 대해서 보조금을 주고 수입에 대해서 관세를 부과하면 순수출은 증가할 것이고 자국의 총수요는 증가한다. 반면에 외국의 수출은 감소하고 수입은 증가하므로 역시 보호무역정책을 시행하면 그 효과는 상쇄될 것이다. 무역정책이 순수출에 미치는 영향이 크다.

10-3 총수요곡선

1. 우하향하는 총수요곡선

총수요곡선(aggregate demand curve)은 각 물가수준에 대응하는 총지출액을 나타내는 곡선인데 우하향곡선이다. 총수요곡선이 우하향한다는 것은 물가수준이 하락할수록 총수요량 즉 총지출액은 증가한다는 뜻이다. 왜 그런가? 그 이유는 개별재화의 수요곡선이 우하향곡선인 이유와는 전혀 다르다.

부효과(wealth effect) : 물가수준이 하락하면 화폐와 국채 등의 실질가치가 증가하여 가계의 부가 증가하고 소비도 증가한다는 것이다. 이것을 **실질잔고효과**[6] (real balance effect)라고도 하는데, 물가수준의 추가하락이 예상되면 소비가 오히려 감소할 수도 있기 때문에 경제학자들은 부효과가 그리 크지 않을 것으로 보고 있다.

이자율효과(interest rate effect) : 사람들은 자산의 일부를 현금이나 요구불예금의 형태로 보유한다. 현금을 보유하면 아무런 수익도 발생하지 않지만 가까운 시일 내에 재화구입에 지출할 금액이나 예상하지 못하는 일에 대비하기 위해서 무수익자산인 화폐를 보유하는데, 물가수준이 높을수록 이러한 용도의 화폐보유액이 증가하고 물가가 하락하면 화폐보유액을 줄인다. 물가가 하락하면 화폐보유액을 줄이고 여분의 화폐를 은행에 예금하거나 채권구입에 사용한다. 그러면 자금공급이 증가하므로 이자율은 하락한다. 이자율이 하락하면 기업의 투자

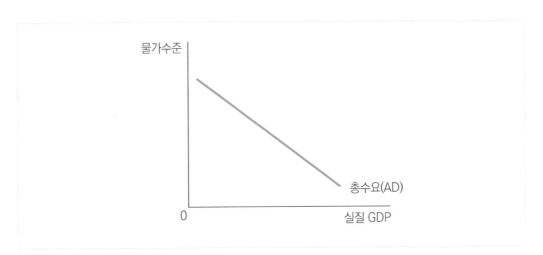

🌙 그림 10-2 **총수요곡선**

---

6) 주창자의 이름을 따서 피구효과(Pigou effect)라고도 한다.

가 증가하며, 이것은 총지출액을 증가시키는 요인이 된다. 또한 이자율 하락은 자산가격의 상승을 초래하여 위에서 말한 부효과를 발생시켜서 소비를 증가시 킨다.

무역효과(international trade effect) : 국내물가의 하락으로 수출품의 가격경 쟁력이 생기므로 수출은 증가하고, 수입품 가격이 상대적으로 비싸므로 수입은 감소하여 순수출이 증가한다. 그리고 물가하락으로 인해 국내 이자율이 하락하 면 자금이 고이자율을 좇아 해외로 빠져나간다. 그러면 자국통화를 매각하고 외 국통화를 구입하므로 자국통화의 가치가 하락하고 외국통화의 가치가 상승한다. 즉 환율이 인상되어 수출이 증가하고 수입은 감소한다.

정부지출이나 통화량 등 다른 요인의 변화는 없다고 가정하고 물가가 하락 하면 위에서 말한 세 가지 효과에 의해서 소비, 투자, 순수출이 증가하므로 총수 요량, 즉 총지출액이 증가한다. 따라서 총수요곡선은 우하향하는 곡선이 되는 것이다.

2. 총수요곡선의 이동

앞에서 물가 이외에 총수요에 영향을 미치는 다른 요인의 변화는 없다고 가 정하고 우하향의 총수요곡선을 도출하였다. 이제까지 일정하다고 가정했던 부, 미래에 대한 예상, 정부정책 등 다른 요인들의 변화가 총수요곡선 자체를 왼쪽 으로 혹은 오른쪽으로 이동시키는 현상을 살펴본다.

소비의 변화 : 소비자들의 미래에 대한 전망이 낙관적으로 되면 미래에 대비한 저 축의 필요성이 감소하므로 소비가 증가하고 소비자들의 전망이 비관적으로 되 면 소비가 감소한다. 그리고 주식 가격이 오르거나 부동산 가격이 올라 가계의 부가 증가하면 역시 소비가 증가하고 그 가격이 하락하면 소비는 감소한다. 정 부가 세율을 인상하면 가계의 가처분소득이 감소하여 소비는 감소하며 세율을

인하하면 소비는 증가한다. 정부의 이전지출의 변화도 소비에 영향을 미치는데, 이전지출이 증가하면 가처분소득의 증가로 소비가 증가한다. 이런 요인들에 의해 소비가 증가하면 총수요곡선은 오른쪽으로 이동하고 소비가 감소하면 총수요곡선은 왼쪽으로 이동한다.

투자의 변화 : 기업가들의 미래에 대한 예상이 변화하면 투자가 변화한다. 예를 들어 기업가들의 미래에 대한 전망이 낙관적으로 바뀌면 투자의 예상수익률이 증가하여 투자는 증가하고 비관적으로 바뀌면 투자는 감소한다. 그리고 새로운 제품의 개발, 신기술의 발명 등 기술혁신이 활발하게 이루어지면 투자는 증가한다. 정부가 투자에 대해서 조세감면을 한다든가 법인세율을 인하하면 투자는 증가한다. 그리고 중앙은행이 통화량을 증가시키면 이자율이 하락하여 투자는 증가한다. 이런 요인들에 의해서 투자가 증가하면 총수요가 증가하므로 총수요곡선은 오른쪽으로 이동하고 투자가 감소하면 총수요곡선은 왼쪽으로 이동한다.

정부지출의 변화 : 행정부와 입법부의 합의에 의한 재정정책의 변화, 즉 공무원수 증가, 방위비의 증대, 공공사업 확대 등은 정부의 최종재화의 구매를 증가시키는 것이므로 총수요곡선을 오른쪽으로 이동시킨다. 정부구매의 감소는 총수요곡선을 왼쪽으로 이동시킨다.

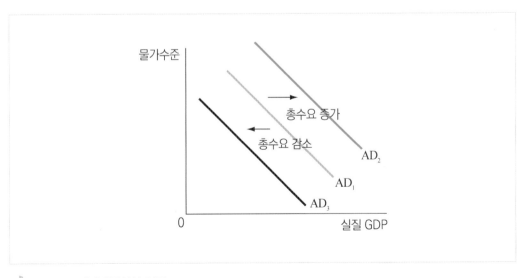

🐤 **그림 10-3 총수요곡선의 이동**

순수출의 변화 : 외국의 경기가 호전되면 수출이 증가한다. 예를 들어 중국의 고도성장이 우리나라의 수출을 급격히 증가시켰다. 반면에 외국의 경기가 침체되면 수출이 감소한다. 환율의 변화도 순수출에 영향을 미치는데, 최근 원화가 약세를 보이고 달러화가 강세를 보임에 따라, 즉 환율이 상승함에 따라 순수출이 증가하고 있다. 외국의 물가가 급등한다면 수출품의 가격이 외국상품 가격에 비해 상대적으로 싸므로 수출이 증가한다. 이런 요인들에 의해 순수출이 증가하면 총수요곡선은 오른쪽으로 이동하고 순수출이 감소하면 총수요곡선은 왼쪽으로 이동한다.

총수요가 증가하면 총수요곡선이 우측으로 이동하고 총수요가 감소하면 총수요곡선은 좌측으로 이동한다.

10-4 총공급곡선

총공급곡선은 각 물가수준에 대응하여 모든 기업이 생산하여 공급하려고 하는 생산액을 나타내는 곡선이다. 총공급곡선에는 단기총공급곡선과 장기총공급곡선이 있으며, 단기총공급곡선은 우상향곡선인데 반해 장기총공급곡선은 수직선이다. 왜 그런 차이가 있는 걸까?

1. 우상향의 단기총공급곡선

총공급에 영향을 미치는 다른 요인의 변화가 없다고 가정할 때, 단기에 물가가 상승하면 총공급량이 증가하고 물가가 하락하면 총공급량이 감소한다. 왜 물가와 총공급량은 같은 방향으로 움직일까?

그 이유는 단기에는 명목임금과 다른 자원의 가격이 거의 고정되어 있기 때문이다. 고용계약은 2 - 3년의 장기계약일 경우가 있고, 임금은 보통 1년에 1회

조정되는 경우가 대부분이다. 그리고 자원의 가격도 장기계약일 경우가 많다. 그러므로 단기에는 생산요소의 가격이 상당히 안정적이다. 이럴 때 물가가 상승하면 기업의 수입은 증가하고 비용의 변화는 거의 없으므로 생산량을 증가시키는 것이 이윤을 증가시키는 방법이므로 총공급량은 증가한다. 반면에 물가가 하락하면 기업의 수입이 감소하여 생산량을 줄이므로 총공급량은 감소한다. 그러므로 **단기총공급곡선**(short-run aggregate supply curve)은 우상향한다.

〈그림 10 - 4〉는 총공급곡선의 기울기를 보여주고 있다. 실질 GDP가 매우 적은 불황기에 총수요가 증가하면 임금, 원자재 가격은 그대로 있고 실업상태에 있는 노동력과 원료를 투입하고 유휴상태에 있는 생산설비를 활용하여 생산할 수 있기 때문에 물가는 거의 상승하지 않는다. 그러나 총수요가 증가하여 실질 GDP가 완전고용수준에서 생산 가능한 **잠재적 GDP**(potential GDP : Yp)에 가까워질수록 생산량의 증가는 어려워지고 물가가 가파르게 상승한다. 그러므로 단기총공급곡선은 처음에는 완만하게 우상향하다가 오른쪽으로 갈수록 가파르게 우상향한다.

〈그림 10 - 5〉는 단기총공급곡선의 이동을 보여준다. 단기총공급곡선은 일정하다고 가정한 요인들이 변화하면 왼쪽으로 혹은 오른쪽으로 이동한다. 단기총공급곡선을 이동시키는 요인은 무엇인가?

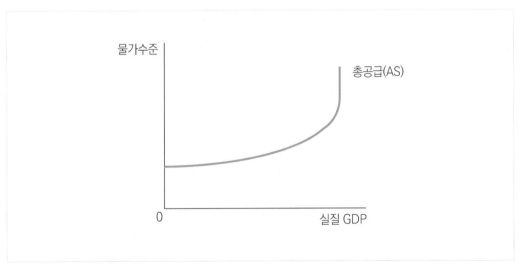

그림 10-4 **단기총공급곡선의 기울기**

생산요소 가격의 변화 : 일정하다고 가정했던 임금, 원료 가격 등 생산요소의 가격이 상승하면 일정한 재화 가격에서 비용이 상승하므로 이윤이 감소하여 총공급량이 감소한다. 그러므로 단기총공급곡선은 왼쪽으로 이동한다. 오일 쇼크도 단기총공급곡선을 왼쪽으로 이동시키는 요인이다. 생산요소의 가격이 하락하면 단기총공급곡선은 오른쪽으로 이동한다.

예상물가 : 물가상승이 예상되면 생산요소를 소유한 사람들은 그것에 맞추어 요소가격의 인상을 요구하므로 생산요소의 가격이 상승한다. 그러므로 이것은 기업의 이윤을 감소시켜 총공급을 감소시키므로 단기총공급곡선은 왼쪽으로 이동한다.

이런 요인들 이외에 자본량이 증가하거나 기술진보가 발생하면 총공급이 증가하므로 단기총공급곡선은 오른쪽으로 이동한다. 그렇지만 이런 요인들은 단기에도 발생하지만 주로 장기에 발생하는 요인들이다.

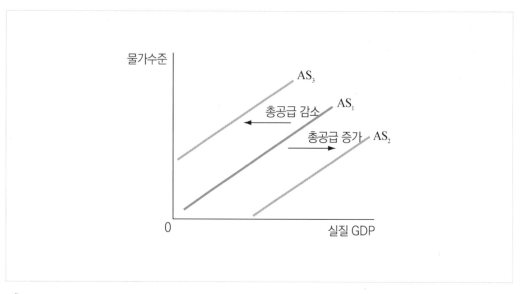

🐌 그림 10-5 **단기총공급곡선의 이동**

2. 수직의 장기총공급곡선

장기총공급곡선(long-run aggregate supply curve)은 수직선이다. 장기총공급곡선은 왜 수직일까? 장기에는 모든 재화와 생산요소의 가격이 신축적이어서 완전고용이 달성되므로 총공급은 잠재적 실질 GDP(Yp) 수준에서 결정되며 물가가 아무리 변동해도 총공급량은 변화하지 않으므로 수직선인 것이다.

장기에는 모든 생산요소의 가격이 물가수준의 변화에 따라 신축적으로 변화한다. 단기에는 장기계약 등으로 인해 요소가격이 경직적이라도 장기에는 신축적으로 변화하는 것이다. 그러므로 물가가 상승하면 그것에 비례하여 생산요소의 가격이 상승하므로 기업의 이윤은 변화하지 않고 총공급량도 변화하지 않는다. 그러므로 장기총공급곡선은 수직선이다. 장기총공급곡선도 물가 이외의 요인이 변화하면 왼쪽으로 혹은 오른쪽으로 이동한다. 장기총공급곡선을 이동시키는 요인은 바로 경제의 생산능력 즉 잠재적 실질 GDP를 변화시키는 요인이며, 그것은 다음과 같다.

노동력의 증가 : 장기에 인구증가에 의해 노동력이 증가하면 총공급이 증가하므로 장기총공급곡선은 오른쪽으로 이동한다. 그리고 교육, 훈련 등으로 인해 인간자본이 축적되면 노동의 생산성이 증가되어 총공급은 증가한다.

자본량의 증가 : 장기적으로 투자가 많이 이루어지면 자본량이 급속하게 증가하여 총공급을 크게 증가시킨다. 반면에 투자가 별로 이루어지지 않아서 감가상각에도 미치지 못하면 자본량은 오히려 감소하여 총공급이 감소하기도 한다.

자연자원량의 변화 : 토지면적은 시간이 지나도 고정되어 있으나 지하자원의 수량은 변화한다. 자연자원이 고갈되기도 하고 새로운 자연자원이 발굴되기도 한다. 자연자원량의 증가는 총공급을 증가시키므로 총공급곡선을 오른쪽으로 이동시킨다.

기술진보 : 기술이 진보하면 동일한 자본과 노동, 그리고 자연자원의 투입량으로 더 많은 재화의 생산을 할 수 있으므로 총공급은 증가하고 장기총공급곡선은 오른쪽으로 이동한다.

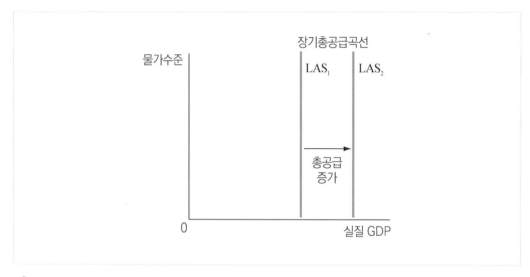

그림 10-6 **장기총공급곡선의 이동**

균형국민소득과 균형물가수준의 결정

1. 거시경제의 단기균형

앞 절에서 총수요곡선이 우하향하는 이유와 단기총공급곡선이 우상향하고
장기총공급곡선은 수직선인 이유를 알아보았다. 단기적으로 균형은 총수요곡선
과 단기총공급곡선이 교차하는 점에서 이루어진다. 단기균형에서 결정된 GDP
가 완전고용 GDP, 즉 잠재적 실질 GDP(Yp)에 미달되면 불황국면이며 실업이
존재한다. 반면에 단기균형 GDP가 잠재적 실질 GDP를 초과하면 호황국면에
있고 인플레이션이 발생할 소지가 있다.

〈그림 10 - 7〉은 E₁에서 거시경제의 단기균형이 이루어지고 있는 모양을 보
여주고 있다. 그러나 단기균형 상태가 오래 지속될 수는 없다. 왜냐하면 장기적
으로는 생산요소의 가격이 신축적으로 변화할 수 있기 때문이다. 생산요소 가격
이 변화하면 단기총공급곡선은 이동한다.

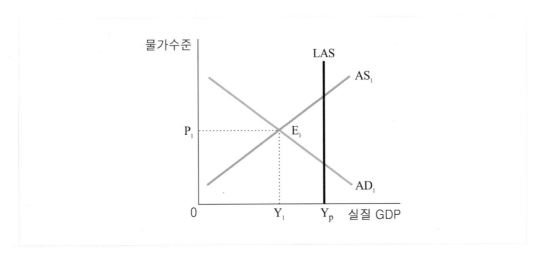

🌙 그림 10-7 **거시경제의 단기균형**

2. 경기변동의 원인

총수요곡선과 총공급곡선을 이용하여 경기변동 현상을 설명할 수 있다. 예를 들어 1929년에 발생한 대공황의 원인을 살펴보자. 1920년대에 미국경제는 호황을 지속하였고 주식가격도 급격하게 상승하였다. 그런데 1929년 10월 24일(검은 목요일) 주식가격의 폭락을 시작으로 하여 투자와 소비가 급격하게 감소하였다. 그래서 〈그림 10 - 8〉처럼, 총수요곡선이 왼쪽으로 크게 이동하여, 새로운 균형은 매우 낮은 실질 GDP 수준에서 이루어졌다.

당시 고전학파 경제학자들은 이 현상은 일시적이므로 기다리면 경기가 곧 회복될 것으로 낙관하였으나, 이 상태는 예상보다 매우 오랫동안 지속되었다. 영국의 경제학자인 케인스는 그대로 기다리자는 고전학파에 대해서 "장기에는 우리 모두 죽는다"고 응수하면서 정부지출의 증대에 의해서 대공황에서 탈출할 수 있다고 주장하였다. 그렇지만 미국 정부는 케인스가 주장한 적자재정정책을 많이 수용하지는 않았다. 그래서 뉴딜정책이 경기회복에 기여한 것은 사실이나 그 효과는 그리 크지 않았다. 오히려 금융정책면에서 금본위제 포기 및 달러화의 평가절하와 연방준비제도의 통화량 증가가 경기회복에 더 큰 영향을 미친 것으로 평가되고 있다. 그 결과 서서히 경기가 회복되어 1939년이 되어서야 1929년의 실질 GDP 수준에 도달하였다.

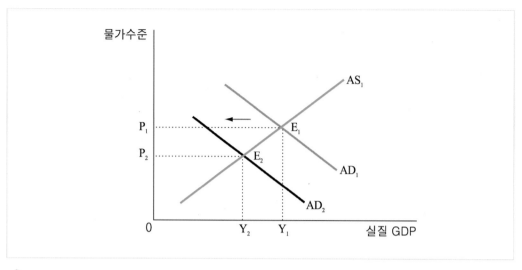

🌀 그림 10-8 **대공황의 발생**

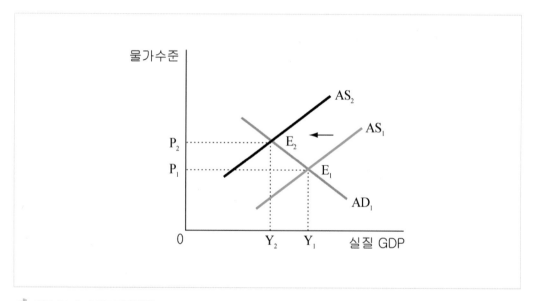

🌀 그림 10-9 **스태그플레이션**

대공황은 총수요의 갑작스런 감소에 의해서 설명된다. 반면에 총공급곡선이 이동하여 생기는 경기변동도 있다. 예를 들어 1970년대에 두 차례 발생한 오일 쇼크를 보면, 〈그림 10 - 9〉에서 보듯이 석유 가격의 급등으로 총공급곡선이 왼쪽으로 이동하여 실질 GDP의 감소와 함께 물가상승이 나타났다. 이러한 현상을 스태그플레이션(stagflation)이라고 한다. 총공급곡선과 총수요곡선이 어떤 외부적 요인에 의해서 이동하면 실질 GDP와 물가가 변동하여 경기변동이 발생한다.

3. 거시경제의 장기균형

〈그림 10 - 10〉은 거시경제 장기균형의 이동을 보여주고 있다. 한 거시경제가 장기균형인 A점에 있다고 하자. A점에서는 총수요곡선과 단기총공급곡선 그리고 장기총공급곡선이 모두 교차하고 있다. 소비자와 기업가의 낙관적인 전망으로 인해서 소비와 투자가 증가하면 총수요곡선은 오른쪽으로 이동하여 단기총공급곡선과 교차하는 B점에서 새로운 단기균형이 성립한다. A점에 비해 실질 GDP는 증가하고 물가도 상승하였다. 그렇지만 단기균형은 오래 지속되지 못한다. 물가상승에 따라 장기적으로 생산요소의 가격이 상향조정되므로 단기총공급곡선은 왼쪽으로 이동하여 새로운 균형점인 C점에 도달한다.

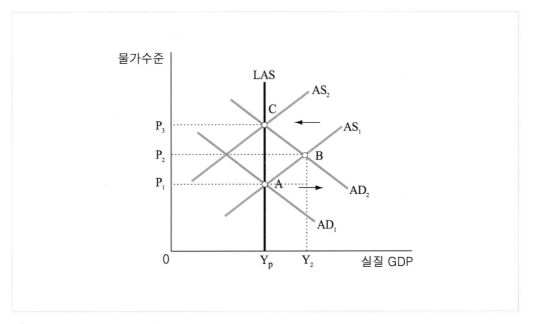

🌀 그림 10-10 **거시경제 장기균형의 이동**

C점이 바로 새로운 장기균형인데 A점과 비교하면 실질 GDP는 동일하고 물가만 상승하였다. 실질 GDP가 잠재적 실질 GDP에 도달해 있는 상태에서 총수요가 더 증가하면 단기적으로는 실질 GDP와 물가가 모두 상승하나 장기적으로는 실질 GDP는 원래의 상태로 돌아가고 물가만 상승하는 것을 알 수 있다.

비관적인 전망에 의해 총수요가 감소하여 총수요곡선이 왼쪽으로 이동하는 경우에는 단기적으로는 실질 GDP가 감소하고 물가가 하락한다. 그러나 장기적으로는 생산요소 가격의 하락으로 총공급곡선이 오른쪽으로 이동하여 잠재적 실질 GDP 수준에서 새로운 장기균형이 달성된다. 실질 GDP는 원래의 완전고용 수준으로 회복되고 물가만 하락한 것이다. 장기적으로는 완전고용이 달성되지만 조정기간이 오래 걸린다면 정부가 개입하는 것이 더 효과적일 수 있다.

중요 용어

- 총수요
- 부
- 기술혁신
- 환율
- 무역효과
- 장기 총공급곡선

- 총공급
- 조세
- 투자
- 부효과
- 단기 총공급곡선
- 스태그플레이션

- 이자율
- 기업가의 기대
- 정부지출
- 이자율효과
- 잠재적 GDP
- 거시경제의 장기균형

참고 자료

● 절약의 역설: 소비가 미덕이다

거시경제학의 아버지라고 할 수 있는 케인스의 유효수요이론에는 '절약의 역설'이란 것이 있다. 전통적으로 절약이 미덕이고 소비는 악덕이라고 인식되었다. 그러나 케인스는 개인적으로는 절약을 하면 저축을 증가시킬 수 있지만, 집단적으로 대다수가 절약을 할 경우에 증가한 저축이 투자로 연결되면 괜찮으나, 투자기회가 없어서 투자가 증가하지 않으면 유효수요(총수요)가 감소하여 총생산과 고용이 감소하고 심지어 저축마저도 감소할 수 있다는 것이 절약의 역설이다.

절약이 미덕이냐 아니냐는 그 나라가 투자기회가 많은 나라인가, 아니면 이미 많은 투자가 이루어져서 투자기회가 대부분 사라진 나라인가에 달려 있다. 선진국에는 투자기회가 부족하므로 절약은 미덕이 아닌 경우도 있다. 그러나 투자기회가 상대적으로 많은 개발도상국에서는 절약이 미덕이다. 우리나라는 호경기 때에는 절약이 미덕이고 불경기 때에는 소비가 미덕인 그런 중간적인 상태에 놓여 있다고 볼 수 있다.

연습문제

1. 총수요 가운데 가장 큰 비중을 차지하는 것은 소비이다. 소비를 결정하는 요인에 대해서 설명하라.

2. 이자율이 하락하면 소비는 일반적으로 증가한다. 왜 그런가를 설명하라.

3. 투자는 총수요에서 차지하는 비중이 소비보다 작지만 경기상태를 결정하는 아주 중요한 요인이다. 왜 그런가?

4. 투자를 결정하는 요인 가운데 가장 중요한 요인은 이자율과 기업가의 기대이다. 이것들은 투자에 어떤 영향을 미치는가?

5. 순수출을 결정하는 요인을 설명하라.

6. 총수요곡선은 물가수준과 총수요의 관계를 나타내는 곡선인데, 물가수준과 총수요 사이에 상반관계가 존재한다. 즉 총수요곡선은 우하향한다. 그 이유를 설명하라.

7. 아래의 경우에 우리나라의 총수요곡선은 어떤 방향으로 이동하는가?
   ① 일본의 버블붕괴 ② 중국의 고도성장
   ③ 달러의 평가절하 ④ 한국의 저금리정책
   ⑤ 소비자의 낙관적인 전망

8. 단기 총공급곡선은 우상향곡선이다. 왜 이런 모양을 하는가?

9. 장기 총공급곡선이 수직인 이유는 무엇인가?

10. 현재 중국이 세계로부터 원자재를 대량으로 구매하고 있다. 이것이 우리나라 단기 총공급곡선에 어떤 영향을 미치는가?

11. 거시경제의 장기균형에서 이탈하였을 경우에 새로운 장기균형이 이루어지는 과정을 설명하라.

경제학의 이해

실업과
인플레이션

Chapter 11

실업과 인플레이션

실업은 개인이나 가계에 엄청난 고통을 안겨준다. 대부분의 가계는 주로 근로소득으로 생계를 유지하기 때문에 실업은 생계유지조차 어렵게 만든다. 우리나라의 경우에도 1997년 외환위기 이후에 많은 사람들이 실직을 당하였고, 노숙자가 크게 늘고 경제적 이유로 이혼하는 가정도 많이 증가하였다. 실업은 또한 사회적 관계의 단절과 자존감의 손상을 초래하기도 하므로 매우 심각한 사회적 질병이라고 할 수 있다.

물가가 지속적으로 상승하는 인플레이션도 많은 문제점을 발생시키지만 실업만큼 절박한 문제를 야기시키지는 않는다. 그러나 인플레이션도 명목소득이 일정한 가계에 큰 타격을 주고 경제전체의 효율성을 떨어뜨리는 결과를 초래하므로 원인과 대책에 대해서 살펴볼 필요가 있다. 실업과 인플레이션은 경기순환과 매우 밀접한 관계를 가지고 있으므로 먼저 경기순환에 대해서 알아보자.

11-1 경기순환

1. 경기순환의 패턴

한 나라의 국민소득은 일정한 수준을 유지하거나 일정한 비율로 성장하는 것이 아니다. 국민소득이 매우 빠르게 증가하는 시기와 그것이 감소하거나 경제성장률이 낮아지는 시기가 반복되는 파동현상이 존재한다. 이 현상을 **경기순환**(business cycles)이라고 한다. 한 나라의 경제는 일반적으로 확장기와 수축기를 반복하면서 장기적으로 성장을 지속한다. 파동을 그리는 순환적 경제성장을 두 부분으로 나누어 파동의 성질과 원인을 규명하는 경기순환의 이론과 장기적 경제성장의 **추세**(trend)를 다루는 경제성장의 이론으로 구분한다. 여기서는 그 가운데 경기순환에 대해 살펴본다.

〈그림 11 - 1〉이 경기순환의 주기를 설명하고 있다. 경기순환의 주기는 가장 깊은 불황의 골짜기인 **저점**(trough)에서 시작하여 경기가 상승국면에 있는 **확장기**(expansion)를 거쳐 최고의 호황인 **정점**(peak)을 지나 다시 경기가 하강하는 **수축기**(contraction)를 거쳐 다시 저점에 도달하는 것을 말한다. 확장기를 두 국면으로 나눌 수 있으며, 저점에서 추세선까지를 **회복기**(recovery)라고 하고 추세선에서 정점까지를 **호황기**(boom)라고 한다. 그리고 수축기도 **경기후퇴**(recession)와 **불황**(depression)으로 나눈다. 경기순환의 주기는 저점에서 다음 저점까지, 혹은 정점에서 다음 정점까지 등 한 국면에서 다음의 동일한 국면까지를 가리킨다.

경기순환이 발생하는 원인을 설명하는 이론에는 여러 가지가 있으나 가장 일반적인 설명은 제9장에서 설명한 대로 총수요곡선과 총공급곡선이 외부의

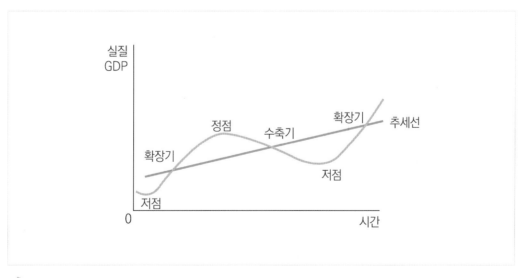

🌙 **그림 11-1** 경기순환

충격에 의해 이동함으로써 경기순환이 발생한다는 설명이다. 어떤 요인에 의해서 총수요가 증가하면 확장기가 오고 총수요가 감소하면 수축기가 도래한다. 반면에 총공급이 증가하면 역시 확장기가 오고 총공급이 감소하면 수축기가 찾아온다.

2. 경기지수

앞에서 말한 바와 같이 경기순환이란 실질 GDP의 순환적 변동을 말하는데, 실질 GDP의 변동과 매우 긴밀한 관련성을 가지고 변화하는 다른 변수들이 많이 존재한다. 그런 변수들 가운데에는 실질 GDP보다 앞서 변화하는 것이 있고, 동시에 변화하는 것도 있고 나중에 변화하는 것도 있다. 그래서 미래의 경기를 예측하거나 현재나 과거의 경기상태를 확인하기 하기 위해서 경기와 관련 있는 경제변수를 그 중요도에 따라 종합적으로 가공하여 경기지표로 사용한다.

우리나라 통계청은 매월 19개의 경기관련지표를 종합 가공하여 **경기종합지수**(composite index : CI)를 발표함으로써 경기판단에 도움을 주고 있으며, 2015년을 기준년도로 잡고 있다. 경기종합지수에는 선행종합지수, 동행종합지수, 후행종합지수가 있다.

선행종합지수(leading composite index)는 실질 GDP에 앞서 먼저 변화하는 경제변수를 활용하여 계산하는데 사용되는 지표는 재고순환지표, 경제심리지수, 건설수주액, 기계류내수출하지수(선박제외), 수출입물가비율, 코스피, 장단기금리차 등 7개이다. 통계청은 현재 2015년을 기준년도로 하여 지수를 100으로 잡고 매월의 선행종합지수를 발표하며, 그것은 몇 개월 후의 경기동향을 예측하는데 사용된다.

동행종합지수(coincident composite index)는 실질 GDP와 동시에 변화하는 경제변수를 활용하여 계산하며, 계산에 사용되는 지표는 광공업생산지수, 서비스업생산지수, 건설기성액(실질), 소매판매액지수, 내수출하지수, 수입액(실질), 비농림어업취업자수 등 7개이며, 역시 2015년을 기준년도로 한다. 이 지수는 현재의 경기상황을 파악하는데 사용된다.

후행종합지수(lagging composite index)는 실질 GDP의 변화 후에 변동하는 경제변수를 활용하여 몇 개월 이전의 경기상황을 확인하는데 사용된다. 여기에 활용되는 지표는 생산자제품재고지수, 소비자물가지수변화율(서비스), 소비재수입액, 취업자수, 회사채유통수익률 등 5개이다.

3. 경기회복속도

경기의 움직임을 영문자로 표기하는 경우가 많다. 이러한 경우는 경기가 회복하는 속도와 관계가 있는 것으로 V, U, W, L자로 표기되는 경우가 많다. 여기에 대한 내용을 설명하면 다음과 같다.

V자형은 글자 모양이 아래로 내려가자마자 곧바로 다시 위로 올라가는 것처럼 경기가 나빠졌다가 빠르게 좋아지는 것이다. 실제로 V자형 경기가 나타나기 위해서는 경제의 덩치가 작아야 하는데, 이제는 우리 경제의 덩치가 커져서 V자형 경기회복은 어렵게 되었다는 지적이 많다.

U자형은 V자보다 밑바닥이 긴 형태로 상당 기간 밑바닥을 다진 후 회복되는 유형이다. 2008년 세계금융위기 이후 나빠진 우리 경기가 2010년 중반이후 회복되면서 경기는 일정 기간 U자형을 이루었다고 볼 수 있다.

W자형은 경기가 회복 후 다시 침체하는 경우로 경기가 침체국면에서 회복할 조짐을 보이다가 다시 침체국면으로 빠져드는 현상을 말한다. 1980년대 미국경제를 말할 때 이 용어를 자주 사용하였다.

L자형은 장기불황을 겪는 나라에서 나타난다. L자의 바닥이 긴 것처럼 좋지 않은 경기상태가 지속되는 것을 뜻한다. 일본은 1980년대까지 호황을 누렸으나 1990년대에 들어와서 20년이 넘도록 불황을 겪었다.

11-2 실 업

1. 실업률의 측정

실업(unemployment)이란 일을 할 능력이 있고 일자리를 찾고 있음에도 불구하고 일자리가 주어지지 않는 상태를 말하며, 실업상태에 있는 사람을 실업자라고 한다. 실업은 경기순환과 매우 밀접한 관계에 있으며 호황기에는 실업이 감소하고 불황기에는 실업이 증가한다. 어떤 경제학자가 '100년 전에는 호랑이가 나타났다는 말이 가장 무서운 말이었는데 지금은 실직이라는 말이 가장 무서운 말이다'라고 비유적으로 말하기도 할 만큼 실업은 개인의 삶에 큰 타격을 준다. 일은 소득의 원천, 소속감과 자존감의 제공처, 자기실현과 삶의 보람의 터전 등의 기능을 하므로 경제적 및 비경제적으로 매우 중요한 의미를 지닌다. 그러므로 실업을 당하는 것은 개인의 삶에 있어서 큰 고통이다. 그리고 사회전체적으로 귀중한 자원이 활용되지 않고 사장되어 GDP가 감소한다. 식량, 옷, 구두 등 더 많은 재화와 서비스가 생산될 수 있는데도 생산되지 못하는 것이다. 따라서 실업은 매우 중요한 경제문제이다.

실업자 및 실업률은 어떻게 측정되는가? 우리나라에서는 통계청이 매월 고용통계를 발표하는데, 먼저 전체인구는 취업가능인구와 취업불가능인구로 구분된다. 우리나라의 경우에 취업가능한 인구는 15세 이상 인구[7] 가운데 군인(직업군인, 상근예비역 포함), 사회복무요원, 교도소 수감자 등 실질적으로 경제활동을 할 수 없는 사람은 제외한 인구를 말한다. 2022년말 현재 우리나라의 고용통계를 보면 다음과 같다.

> 전체인구(5,163만명)
> =15세 이상 취업가능인구(4,533만명)+취업불가능인구(630만명)

---

7) 미국에서는 16세 이상을 취업가능인구로 본다.

취업가능인구 가운데 일부는 여러 가지 이유로 일할 의사가 없어서 구직활동을 하지 않으며, 이런 사람들을 비경제활동인구라고 하고 일할 의사가 있는 사람들을 **경제활동인구**(economically active population)라고 한다. 비경제활동인구에는 학생, 전업주부, 연로자와 심신장애자 등이 포함되는데 조사 당시에 4주 이상 구직활동을 하지 않은 사람이 이 범주에 포함된다.

취업가능인구(4,533만명)
　　＝경제활동인구(2,867.4만명)+비경제활동인구(1,665.8만명)

경제활동인구 가운데 매월 15일이 속한 한 주 동안에 소득을 얻기 위해서 1시간 이상 일을 하였거나 직장을 가지고 있는 사람이 취업자이고 지난 4주 동안 구직활동을 하였으나 일자리를 얻지 못한 사람이 실업자이다.

경제활동인구(2,867.4만명)=취업자(2,780.8만명)+실업자(86.6만명)

실업률은 경제활동인구 가운데 실업자가 차지하는 비율이며 다음과 같이 계산된다.

$$\text{실업률} = \frac{\text{실업자수}}{\text{경제활동인구}} \times 100 = 3.3\%(2022년의 경우)$$

주당 1시간 이상만 일하면 취업자로 간주되는 것은 비현실적인 기준으로 보이고 실업률을 과소평가하게 만드는 요인인데, 국제노동기구(ILO)의 권고기준인 것은 사실이다. 원하는 시간만큼 일하지 못하여 파트타임으로 일하고 소득도 생계유지에 훨씬 미치지 못하는 **불완전취업자**(the underemployed)와 구직을 하다가 포기하여 실업자로 간주되지 않고 비경제활동인구에 포함되는 **구직포기자**(discouraged workers)는 공식적 실업률이 실제의 실업률을 과소평가하게 만드는 부분이다. 반면에 실제 일하고 있으나 공식통계에는 반영되지 않은 지하경제 종사자들도 있다.

구직포기자나 취업준비자 등은 사실상 실업자에 포함되는 것이 적절함에도 불구하고 이들은 비경제활동인구에 속하므로 실업자가 아니다. 그래서 공식 실업률이 실제의 실업률을 과소평가하는 경향이 있으므로 고용률이라는 지표를 추가로 사용한다. 고용률은 15세 이상 노동가능인구 가운데 취업자의 비율을 말하며 다음과 같은 식으로 측정된다.[8]

$$\text{고용률} = \frac{\text{취업자수}}{\text{노동가능인구}} \times 100$$

2022년 12월 현재 우리나라의 고용률은 61.3%이다. 우리나라의 실업률은 다른 나라들에 비해서 양호하게 나타나지만, 고용률을 비교해 보면 오히려 그 반대이다. 2014년 한국의 고용률은 OECD 방식으로 65.3%였는데, 우리나라보다 실업률이 좀 더 높은 일본의 고용률은 72.7%, 미국은 68.1%로 우리보다 오히려 더 높았다.

실업률 측정의 정확성에 문제점이 없지 않으나, 일단 공식 통계를 가지고 국제적으로 비교해 보면, 2002-2005년 사이에 한국의 실업률은 3.3-3.7% 수준이고, 미국, 일본, 중국도 대체로 4-5% 수준이다. 반면에 유럽 국가들 가운데 실업률이 상대적으로 낮은 영국을 제외한 유로지역과 독일의 실업률은 8.2-9.5%로 매우 높은 수준을 나타내고 있다. 유럽지역의 고실업은 지나치게 관대한 사회복지와 지나친 노동자보호 때문이라는 지적이 많아서 그 지역의 각 정부는 그런 부분을 완화하려고 시도하고 있다.

2008년 미국발 세계금융위기 이후에 스페인의 실업률은 20%를 기록했고, 미국을 비롯한 다른 선진국들도 대부분 10% 내외를 기록하였다. 반면에 2009년 한국은 3.6%, 일본은 5.1%로 상당히 낮은 실업률을 보였었다.

---

8) 이 방식은 ILO 방식이며, OECD 방식은 (취업자 수/생산가능인구) × 100이다. 생산가능인구는 15~64세 사이의 인구를 말한다.

2022년말 현재에는 세계금융위기와 코로나19의 여파가 어느 정도 진정되어 스페인의 실업률은 12.7%이고, 그리스는 11.4%로 낮아졌으며, 미국은 3.7%, 일본은 2.5%의 낮은 실업률을 보이고 있다.

2. 실업의 원인과 대책

일할 능력과 의사가 있음에도 불구하고 일할 기회가 주어지지 않는 현상은 하나의 역설이다. 누구나 토지와 자본 같은 생산수단을 소유하고 있다면 스스로 일할 기회를 창출할 수 있지만, 생산수단이 집중화되어 있어서 그것을 소유하지 않는 사람들이 많으므로 실업이 발생할 소지가 생긴다. 실업이 발생하는 보다 세부적인 원인에는 여러 가지가 있으므로 그것을 파악해야 거기에 맞는 대책을 수립할 수 있다.

마찰적 실업(frictional unemployment)은 학교를 졸업하고 처음으로 일자리를 찾는 중이거나 아이를 키워 놓은 주부가 다시 일자리를 찾는 경우, 다른 지역의 일자리를 찾거나 혹은 더 나은 일자리를 찾고 있는 등 일자리를 탐색중인 실업을 말한다. 이 실업은 경제가 완전고용상태에 있어도 발생할 수 있는 실업이며, 비교적 짧은 기간 지속된다.

구조적 실업(structural unemployment)은 어떤 산업은 성장하고 다른 산업은 쇠퇴하거나 어떤 지역은 성장하고 다른 지역은 쇠퇴할 경우에 쇠퇴 부문의 노동력이 성장 부문으로 급속히 이동할 수 없기 때문에 쇠퇴 부문에 실업이 발생하고 성장 부문에는 빈자리가 생긴다. 예를 들어 섬유산업이 쇠퇴하고 IT산업이 성장할 때 섬유산업에서는 실업이, IT산업에서는 빈자리가 생긴다. 임금이 신축적으로 움직이면 구조적 실업은 빨리 사라지지만 현실적으로 임금 경직성 때문에 이 실업이 오래 지속된다. 그리고 노동자를 성장 부문으로 빨리 이동할 수 있도록 하기 위해서는 노동자 재교육이나 노동자의 이주, 혹은 기업의 이전이 필요하다. 구조적 실업은 총수요를 증가시켜도 사라지지 않으며, 비교적 장기간 지속된다.

계절적 실업(seasonal unemployment)은 특정 재화의 수요가 특정 계절에 제약됨으로 인해 노동수요가 계절적으로 큰 변동을 보이는 산업에서 발생한다. 농업, 건설업, 관광업 등에서 비수기에 실업이 발생한다.

기술적 실업(technological unemployment)은 기술진보 또는 공장자동화와 경제구조의 변동으로 자본의 유기적 구성이 고도화됨에 따라서 노동력이 기계로 대체되고, 기술로 대체된 노동자는 경제의 다른 분야로 흡수되지 못함으로써 발생하는 실업이다. 그러나 기술진보는 새로운 노동수요를 유발하므로 장기적으로는 실업을 증가시키는 것만은 아니다.[9]

경기적 실업(cyclical unemployment)은 총수요 부족으로 인해서 경제 전체의 노동수요가 감소하기 때문에 발생하는 실업이다. 이 실업은 총수요를 증가시킴으로써 해소될 수 있는 실업이다.

위장실업(disguised unemployment)은 외형상으로는 취업자로 보이지만 실제로 실업상태에 있는 것으로, 노동의 한계생산이 0인 실업($MP_L=0$을 말한다. 이것은 노동자 자신의 생산력을 발휘하지 못해 낮은 소득수준과 불만족스러운 생활을 지속하는 반실업상태를 말하며, 후진국의 농업부문에서 많이 존재한다. 이 실업은 국내저축의 증가와 외자도입에 의한 적극적인 자본축적을 통해서 어느 정도 해결할 수 있다.

　　위의 여섯 종류의 실업 가운데 경기적 실업은 총수요를 조절함으로써 해결할 수 있으나 다른 실업은 그것으로 해소시키기가 매우 어렵다. 그래서 완전고용(full employment)은 실업이 전혀 없는 상태가 아니라 경기적 실업이 없는 상태를 말한다. 이때의 실업률을 자연실업률(natural rate of unemployment), 혹은 NAIRU(Non-Accelerating-Inflation Rate of Unemployment : 인플레이션을 가속화시키지 않는 실업률)라고 한다. 자연실업률만 존재할 때의 GDP를 완전고용 GDP 혹은 잠재적 GDP라고 한다.

---

9) 자동화 및 기계화 등으로 인해 발생하는 기술적 실업과 계절적 실업은 구조적 실업에 속하는 것으로 인식되고 있다.

자연실업률은 어느 정도인가? 처음에는 4% 정도라고 하다가 5%, 6% 등으로 자꾸 높아졌다. 인구가 늘어나거나 여성의 경제활동참가율이 증가하면 탐색 중인 사람이 많아지므로 마찰적 실업이 증가한다. 그리고 오일 쇼크나 국제무역 등에 의해서 어떤 지역이나 산업은 유리해지고 다른 지역이나 산업은 불리해지면 노동의 이동이 쉽지 않으므로 구조적 실업은 증가한다. 이런 자연실업률은 낮출 수 없는가?

자연실업률을 낮추는 방법으로는 다음과 같은 방법을 들 수 있다. 첫째로, 알선기관을 설립하고 직업정보를 더 많이 제공하여 빨리 원하는 직업을 찾아줌으로써 마찰적 실업을 줄인다. 둘째, 재교육과 재훈련을 통해서 실업자를 성장 부문으로 원활하게 이동시킴으로써 구조적 실업을 줄인다. 셋째, 복지제도가 잘 갖추어진 나라에서는 지나치게 관대한 복지제도와 실업급여가 일자리를 찾는 노력을 감소시키므로 이런 제도를 적정한 수준으로 조정한다. 넷째, 지나치게 높은 최저임금, 강한 노조 등이 임금을 시장균형에서 많이 이탈시켜 구조적 실업을 증가시키므로 노동시장을 좀 더 유연화하는 노력이 필요하다는 주장도 있다.

11-3 물가와 인플레이션

1. 물가와 물가지수

물가(prices), 혹은 물가수준(price level)은 한 경제 내에서 거래되는 수많은 재화와 서비스 가격의 평균적인 수준을 나타내는 지표로 물가지수로 측정된다. 물가가 상승하면 일정한 수량의 재화(서비스 포함)를 구입하기 위해서 더 많은 화폐가 필요하다. 물가가 너무 많이 오르면 화폐는 휴지조각이나 마찬가지로 되어 화폐의 역할을 제대로 하지 못하는 경우도 발생한다.

물가지수는 기준년도의 물가수준을 100으로 할 때 비교년도의 물가수준이 얼마인가를 나타내는 지수로, 다음과 같은 경제적 의미를 가진다. 첫째, 물가지수는 화폐의 구매력을 측정할 수 있는 지표이다. 만일, 시장에서 물가지수가 지속적으로 상승하면 일정한 금액으로 우리가 구입할 수 있는 상품의 양은 전보다 감소하므로 화폐의 구매력은 떨어지게 된다. 그러나 물가지수가 하락하면 화폐의 구매력은 증가하게 된다. 둘째, 물가지수는 경기변동의 판단 지표로서의 역할을 한다. 일반적으로 경기상승은 물가상승을 동반한다. 따라서 물가지수가 상승하면 경기는 상승하고 물가가 하락하면 경기는 하강한다고 판단할 수 있다. 그러나 1970년대에 있었던 석유 파동기처럼 경기침체와 물가상승이 함께 나타나는 스테그플레이션(stagflation) 현상이 발생할 때는 물가지수를 경기판단 자료로 활용하기는 어렵다. 셋째, 물가지수는 디플레이터(deflator)로서의 역할을 한다. 금액으로 표시되어 있는 통계자료를 과거 어느 시점의 가치로 환산하려 할 때 물가지수를 이용하면 편리하다. 일반적으로 금액은 수량과 가격을 곱한 것이기 때문에 금액의 계열을 물가지수로 나누면 가격변동을 포함하지 않는 실질계열이 된다. 즉 물가지수는 실질소득이나 실질임금의 측정 지표로 사용된다. 넷째, 물가지수는 상품의 수급동향을 판단하게 해 준다. 즉 물가지수에는 모든 상품의 가격변동을 종합한 총지수뿐만 아니라 상품종류별로 작성한 지수도 있어 부문별로 상품수급동향을 분석할 수 있다.

2. 물가지수의 종류

물가지수에는 소비자물가지수, 생산자물가지수, GDP 디플레이터 등이 있는데, 어떤 물가지수인가에 따라 대상 재화가 다르다.

소비자물가지수(consumer price index : CPI)는 일반적인 가계가 구입하는 소비재의 가격 변동을 전반적으로 파악하기 위하여 작성되는 물가지수이며, 소비자가 일정한 생활수준을 유지하는 데 필요한 생계비의 지수이기도 하다. 소비자물가지수가 상승하면 동일한 생활수준 유지에 필요한 생계비도 그만큼 증가한다.

우리나라의 경우에 통계청이 매월 전도시소비자물가지수를 발표하고 있으며, 2020년을 기준년도로 정하여 그해 소비자물가지수를 100으로 하며, 2022년의 소비자물가지수는 109.28이다. 통계청은 현재 수많은 소비재 가운데 지출비중이 높은 458개 소비재를 대상으로 하여 개별 재화의 가격을 조사한다. 어떤 재화 가격은 내리기도 하고, 어떤 재화의 가격은 큰 폭으로 오르고 다른 재화의 가격은 조금 오르기도 한다. 예를 들어 2020년에 비해 2022년에 볼펜의 가격이 200원에서 300원으로 상승하고 컴퓨터 가격이 100만원에서 110만원으로 상승했다면 소비자물가지수는 얼마나 상승할까? 소비자물가지수는 개별재화 가격지수의 단순평균이 아니라 지출비중에 따라 다른 가중치를 적용하여 계산하는 가중평균이다. 위의 단순한 예에서 2022년의 소비자물가지수는 다음과 같은 방식으로 측정된다.

$$\text{소비자물가지수}$$
$$= \frac{\text{볼펜 1개 300원×1000자루 + 컴퓨터 110만원×100대}}{\text{볼펜 1개 200원×1000자루 + 컴퓨터 100만원×100대}} \times 100$$
$$= 110.8$$

위의 예에서 볼펜의 가격이 50%나 상승했지만 볼펜에 대한 지출의 비중이 워낙 작아서 물가에 미치는 영향이 매우 미미한 것을 알 수 있다. 2020년에 비해서 2022년에 소비자물가는 10.8% 상승하였다. 소비자물가상승률은 다음과 같이 계산된다.

$$\text{소비자물가상승률}$$
$$= \frac{\text{금년도 소비자물가지수 − 전년도 소비자물가지수}}{\text{전년도 소비자물가지수}} \times 100$$

소비자물가지수는 생계비지수를 나타내므로 임금인상률 결정이나 정부의 최저생계비 산출에 중요한 기준으로 사용된다.

생산자물가지수(producer price index : PPI)는 국내에서 생산되어 판매되는 모든 재화와 서비스에 대해서 생산자가 받는 가격의 평균적인 수준을 거래액에 따른 가중치를 곱하여 계산한 물가지수이다. 이 물가지수는 기업 상호간의 거래 가격의 지수이므로 과거에는 도매물가지수(wholesale price index)라고 불리었으며, 우리나라에서는 한국은행이 조사 발표하고 있다. 현재에는 2015년을 기준년도로 하고 891개 품목을 대상으로 가격 조사를 하고 있다. 2022년의 생산자물가지수는 119.96므로 생산자물가는 2015년에 비해서 19.96% 상승하였다. 생산자물가지수 측정에 포함되는 재화 가격은 소비재뿐 아니라 중간재, 자본재, 원자재의 가격도 포함된다.

GDP 디플레이터(GDP deflator)는 국내에서 생산된 모든 최종재화와 서비스 가격의 평균적인 수준을 나타내는 물가지수이다. 이 물가지수에는 중간재의 가격은 반영되지 않는다. 기준년도의 GDP 디플레이터는 100이며 비교년도의 GDP 디플레이터는 다음과 같은 방식으로 계산된다.

$$\text{GDP 디플레이터} = \frac{\text{명목 GDP}}{\text{실질 GDP}} \times 100$$

자연재해가 발생하거나 환율이 급격하게 상승할 경우에 식료품 등 생활필수품의 가격이 많이 올랐음에도 불구하고 통계청에서 발표하는 소비자물가는 별로 오르지 않는 것으로 나타날 때가 가끔 있다. 이때 소비자들은 통계가 엉터리라고 생각하거나 소비자의 체감물가, 혹은 장바구니물가를 반영하지 못한다고 생각한다. 그래서 보조지표로 생활물가지수라는 것을 작성한다. 이것은 소비자들이 많이 그리고 자주 구입하는 생활필수품을 대상으로 작성하는 물가지수이다.

그리고 물가를 변동시키는 요인에는 장기적이고 근원적인 요인과 일시적이고 변동이 심한 요인이 있다. 장기적으로 물가의 변동을 파악하기 위해서는 일시적인 요인을 제외시킬 필요가 있다. 농산물(곡물 제외)과 석유류 등 일시적인 요인을 제외한 물가를 근원물가라고 한다.

3. 인플레이션이란?

인플레이션(inflation)이란 일반물가수준이 지속적으로 상승하는 현상을 말하며, 물가상승이라고 번역된다. 물가수준이 상승하더라도 제품에 따라 가격상승률은 서로 다르다. 앞에서 살펴본 바대로 물가수준은 물가지수로 측정되므로 물가지수가 지속적으로 상승하는 현상이 바로 인플레이션이다. 반대로 물가수준이 하락하는 현상을 디플레이션(deflation)이라고 한다.

인플레이션율, 즉 물가상승률은 물가지수의 상승률이며, 다음과 같이 계산된다.

인플레이션율(물가상승률)
$$= \frac{\text{금년도 물가지수} - \text{전년도 물가지수}}{\text{전년도 물가지수}} \times 100$$

인플레이션율은 일반물가의 상승률이기 때문에 개개인이 체험적으로 느끼는 물가상승률과는 다를 수 있다. 어떤 개인이 주로 구입하는 재화의 가격이 많이 오르면 그 사람은 물가가 전반적으로 많이 상승한 것으로 느끼지만, 이것이 곧 일반물가의 상승을 뜻하는 것은 아니다.

인플레이션이 발생하면 화폐의 구매력이 감소한다. 이전에 10,000원으로 구입할 수 있던 상품의 묶음을 이제 20,000원으로 구입해야 한다면 화폐의 구매력은 반으로 줄어든 것이다. 화폐는 재화의 가치를 측정하는 기준인데 이것의 가치가 변동하는 것, 특히 하락하는 것은 경제에 여러 가지 문제를 발생시킨다. 그러므로 각국의 통화제도를 운영하는 중앙은행은 물가안정을 가장 우선적인 목표로 하고 있다.

6.25사변 이후 우리나라의 물가상승률이 가장 높았던 1955년의 GNP 디플레이터 상승률은 65.3%였으나 점점 안정되어 1966-1976년까지의 연평균 GNP 디플레이터 상승률은 13.3%였다. 1980년대 초 이후 우리나라의 물가는 더욱 안정되었고, 2000년 이후 2005년까지 연평균 소비자물가상승률은 3.56% 정도이다. 2008년에는 세계금융위기로 인해서 환율이 급등하여 2008년 소비자

물가가 4.7% 상승하였고, 2011년에는 경기침체를 막기 위한 통화량의 팽창과 재정지출 증가로 인해서 4.0% 상승하였다. 2012년에는 2.2%, 2015년에는 0.7%, 2019년에는 0.4% 등으로 낮아졌으나 2022년 러시아의 우크라이나 침공으로 곡물과 천연가스 등의 가격상승으로 2022년의 소비자물가는 5.1% 상승하였으며, 이러한 흐름은 당분간 지속될 것으로 예상되고 있다.

4. 인플레이션이 초래하는 결과

실업은 누구나 싫어하고 해결되어야 할 문제로 인식되는데 반해 인플레이션의 경우에는 이익을 보는 사람이 있고 손해를 보는 사람이 있어서 인플레이션의 폐해는 불분명한 측면이 있다.

많은 사람들이 물가상승 때문에 살기가 어렵다고 하지만, 이것이 사실이 아닌 경우도 많이 있다. 왜냐하면 물가상승과 더불어 임금 등의 소득이 증가하여 실질소득이 감소하지 않은 경우도 있기 때문이다. 그렇지만 어떤 사람들은 인플레이션으로 인해서 분명히 손해를 보고, 다른 어떤 사람들은 이익을 본다. 그리고 인플레이션은 경제 전체에 나쁜 영향을 미치는 것으로 알려져 있다. 인플레이션의 경제적 효과를 살펴보자.

예상하지 못한 인플레이션(unexpected inflation)의 재분배효과 : 예상하지 못한 인플레이션이 발생하면 실물자산의 가격은 상승하므로 그것의 실질가치는 거의 변화가 없으나, 명목가치가 일정한 자산의 실질가치가 감소한다. 즉 예금, 채권 등을 보유한 사람은 손해를 보게 된다. 예를 들어서 인플레이션이 없을 것으로 예상하고 100만원을 5%의 이자율로 돈을 빌려준 사람의 경우에 예상하지 못한 10%의 인플레이션이 발생하면 실질이자율은 −5%가 되어 자산가치가 5% 감소하는 손해를 본다. 반면에 5%의 이자로 돈을 빌린 사람은 −5%의 이자를 지불하여 오히려 이익이다. 이와 같이 예상하지 못한 인플레이션이 발생하면 채권자로부터 채무자에게로 부가 재분배된다.

예상하지 못한 인플레이션은 소득의 재분배도 초래한다. 인플레이션이 없을 것으로 예상하여 일정한 임금으로 장기고용계약을 맺은 노동자는 인플레이션으로 인해서 실질소득이 감소하고, 기업은 이익을 얻는다. 연금소득처럼 명목소득이 고정되어 있거나 경직적인 경우에는 인플레이션으로 인해서 손해를 본다.

　예상된 인플레이션(expected inflation)의 경우에는, 채권자는 인플레이션을 예상하여 대출이자율을 인상하거나 또는 인플레이션율에 따라 이자율을 변동시키는 변동이자율 조건으로 돈을 빌려주어 인플레이션으로 인한 손해를 회피하려고 한다. 그리고 노동자들도 인플레이션이 예상되면 그만큼 임금인상을 요구하거나 물가연동제를 통해서 손해를 피하려고 한다. 그러나 명목소득이 일정한 연금소득자는 예상된 인플레이션이라고 할지라도 그 피해로부터 자신을 보호하기가 어려워 손해를 당한다.

구두창소모비용(shoe leather costs) : 인플레이션이 발생할 경우에 현금을 가지고 있으면 실질가치가 감소한다. 다른 사람에게 빌려줄 경우에는 명목이자율을 인상하여 자기 방어를 할 수 있으나 현금을 소유할 경우에는 그것이 불가능하다. 현금보유를 줄이기 위해서 이자가 조금이라도 더 발생하는 예금 계좌에 넣고 더 자주 은행에 가서 소액을 인출한다. 여기에 시간과 인력이 소모되며, 이것을 '구두창소모비용'이라고 한다. 그리고 기업에게도 가치가 자꾸 감소하는 현금을 어떻게 관리할 것인가가 큰 문제가 되어 여기에 자원을 투입하므로 비효율이 발생한다.

세율인상효과 : 누진세 구조하에서 단순한 명목소득의 증가에도 불구하고 세율이 상승하기 때문에 실질세율이 상승하여 자원배분의 효율을 감소시킨다.

상대가격왜곡과 불확실성증대 효과 : 인플레이션이 빠르게 진행되면 상품의 가격을 비교하기가 어려워져서 상대가격을 파악할 수가 없게 되고 가계와 기업의 합리적인 선택이 어려워진다. 그리고 급속한 인플레이션 발생시에 불확실성이 증가하여 금융시장에서 장기계약이 힘들어져서 투자가 어려워진다.

인플레이션조세(inflation tax) : 정부가 재정적자를 메우기 위해 화폐를 증발하면 물가가 상승하고 따라서 화폐의 가치가 감소한다. 화폐를 보유하는 사람은 가치감소분만큼 정부에 세금을 납부하는 것이나 마찬가지이다. 그래서 이것을 인플레이션조세라고 한다. 개발도상국에서 투자재원이 부족할 경우에 정부가 화폐를 증발하여 투자하는 경우가 많으며, 이 경우에 화폐를 보유하는 사람들이 화폐의 구매력 감소분만큼 손해를 본다.

저축 및 무역에 미치는 영향 : 인플레이션이 발생할 때 명목이자율이 상승하여 실질이자율이 종전과 같이 유지된다면 저축은 그대로 이루어질 것이지만, 만일 명목이자율이 충분히 상승하지 않거나 그것에 대한 통제가 있다면 실질이자율이 하락하여 저축이 감소하고 경제성장에 불리한 영향을 줄 수 있다. 그리고 국내 물가상승률이 해외물가상승률보다 더 높을 경우에 이것이 환율상승에 반영되지 않으면 수출은 감소하고 수입은 증가할 것이다.

인플레이션은 그 정도에 따라 세 종류의 인플레이션으로 나뉜다. 첫째는 매우 완만한 인플레이션인 **서행성 인플레이션**(moderate or creeping inflation)인데, 보통 한 자리수의 인플레이션을 말한다. 이 경우에 사람들은 화폐를 신뢰한다. 두 번째는 수십%에서 수백%에 이르는 높은 인플레이션율을 보이는 **주행성 인플레이션**(galloping inflation)이다. 예를 들어 1970년대와 1980년대에 많은 라틴 아메리카 국가들이 주행성 인플레이션을 경험하였다. 사람들은 화폐를 신뢰하지 못하여 최소한의 수량만 보유하려고 한다. 세 번째는 수 천% 이상 천문학적인 인플레이션율을 보이는 **초인플레이션**(hyper inflation)이다. 가장 대표적인 예는 1920년대 초 독일 바이마르 공화국에서의 인플레이션인데, 1922년 1월부터 1923년 11월 사이에 물가는 100억배 상승하였다. 1마르크 하던 상품의 가격이 2년이 안되는 사이에 100억 마르크로 상승한 것이다.

위에서 살펴본 인플레이션의 부정적 결과는 서행성 인플레이션일 경우에는 거의 없는 것으로 나타나지만, 주행성 인플레이션에는 부작용이 꽤 크고, 초인플레이션일 경우에는 화폐의 기능이 상실되고 금융이 마비되어 경제가 존속하기 어려운 정도가 된다.

5. 인플레이션의 원인

인플레이션의 원인은 크게 총수요의 증가로 인해서 발생하는 수요견인 인플레이션과 총공급의 감소로 인해 발생하는 비용상승 인플레이션으로 나뉜다.

수요견인 인플레이션(demand-pull inflation)이란 소비, 투자, 정부지출, 순수출 등의 총수요가 증가하여 발생하는 인플레이션이다. 공급능력이 제한되어 있기 때문에 총수요가 증가하면 물가가 상승하므로 인플레이션이 발생한다. 총수요가 증가하는 요인 가운데 통화량의 증가를 특히 강조하는 학자들이 **통화주의자들**(monetarists)이다. 이들은 인플레이션의 원인은 통화량의 증가뿐이라고 한다. 통화주의자들은 고전학파의 화폐수량설에 입각하여 통화량의 증가는 바로 비례적인 총수요의 증가를 초래하므로 인플레이션을 발생시킨다고 주장한다. 화폐수량설이란 다음의 방정식으로 표현되는 고전학파의 물가이론이다.

$$M \times v = P \times Y \ ; \ M : 통화량, \ v : 유통속도, \ P : 물가수준, \ Y : 실질총생산$$

고전학파는 단기에 유통속도와 실질총생산은 일정하다고 보므로 물가수준은 통화량에 비례한다. 통화주의는 화폐수량설을 현대적으로 조금 수정하였지만 통화량의 증가가 인플레이션의 원인이라고 보는 점에서는 동일하다. 장기에 유통속도와 실질 GDP가 대체로 안정적이므로 화폐수량설은 장기에 대체로 타당한 것으로 알려져 있다. 그리고 1920년대 독일의 예와 같은 아주 심한 인플레이션의 원인은 대부분 통화의 증발로 알려져 있다.

반면에 케인스학파는 통화량의 증가가 없어도 소비, 투자, 정부지출, 순수출 등 총수요가 증가하면 인플레이션이 발생한다고 주장한다. 어쨌든 총수요가 증가하면 인플레이션이 발생하는 것은 분명하다. 수요견인 인플레이션을 그림으로 보면 〈그림 11 - 2〉와 같다. 총수요가 증가하여 총수요곡선이 오른쪽으로 이동하면 실질 GDP와 함께 물가가 상승한다.

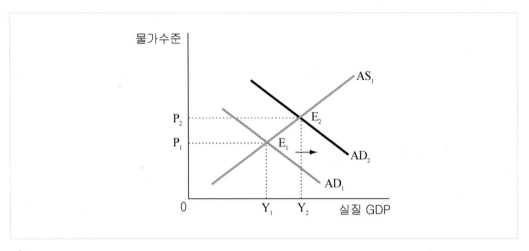

🌀 그림 11-2 **수요견인 인플레이션**

비용상승 인플레이션(cost-push inflation)은 임금, 이자, 원재료 가격 등 비용의 상승으로 인해서 발생하는 인플레이션이다. 총수요가 증가하여 생산요소에 대한 수요가 증가할 때 비용이 상승하는 것이 일반적이지만, 총수요가 증가하지 않았음에도 불구하고 노동조합이나, 국내외적인 카르텔의 형성 등 독과점적인 요인에 의해 비용이 상승할 수 있으며, 천재지변이나 자원의 고갈 등에 의한 생산요소의 공급감소에 의해 투입물의 가격이 상승할 수 있다. 이렇게 비용이

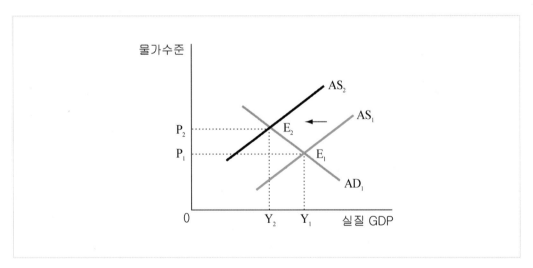

🌀 그림 11-3 **비용상승 인플레이션**

상승하면 총공급곡선이 왼쪽으로 이동하고 물가상승과 함께 실질 GDP가 감소하는 현상이 나타난다. 이렇게 물가상승과 경기침체가 동시에 나타나는 현상을 스태그플레이션(stagflation)이라고 한다. 비용상승 인플레이션의 예로 1973년과 1979년 두 차례의 오일 쇼크에 의한 스태그플레이션을 들 수 있다.

위 〈그림 11 - 3〉에서 총공급곡선이 왼쪽으로 이동하면 물가상승과 함께 실질 GDP의 감소가 발생하는 것을 볼 수 있다.

6. 실업과 인플레이션의 관계 : 필립스곡선

뉴질랜드 출신의 영국 경제학자인 필립스(A.W.Phillips)는 영국의 통계를 바탕으로 하여 명목임금상승률과 실업률 사이에는 상반적(相反的)인 관계(negative relation)가 존재한다는 것을 밝혀내었으며, 이 관계를 나타내는 우하향하는 곡선을 그의 이름을 따서 필립스곡선이라고 부르게 되었다. 이 곡선이 의미하는 것은 실업률이 낮으면 명목임금상승률이 높고 실업률이 높으면 명목임금상승률이 낮다는 것이다. 명목임금이 상승하면 비용상승으로 인해서 물가가 상승하므로 명목임금상승률과 물가상승률 사이에는 밀접한 관계가 있다. 따라서 필립스곡선은 물가상승률과 실업률 사이의 상반관계로 나타내어진다.

이제 필립스곡선은 인플레이션과 실업 사이의 상반관계를 나타내주고 있다. 인플레이션을 진정시키려면 높은 실업을 허용해야 하고 실업을 줄이려면 높은 인플레이션율을 허용해야 하는 딜레마에 놓여 있다는 뜻이다. 인플레이션과 실업을 동시에 해결하기가 어렵다는 것이 필립스곡선이 지니는 의미이다.

실업률이 낮으면 기업이 노동자를 추가적으로 고용하기가 점점 어려워지므로 기업은 임금을 올리게 되며, 따라서 물가도 높은 비율로 상승한다. 반면에 실업률이 높으면 기업들은 임금을 별로 올리지 않을 것이고 따라서 물가도 별로 상승하지 않는다.

이러한 필립스곡선은 장기적으로 안정적이지 않고 시간이 흐름에 따라 위로 이동하는 현상이 발견되었다. 이것은 모든 경제주체들이 처음에는 실제의 인플레이션을 인식하지 못하거나 일시적인 것으로 간주했지만 점차 그 인플레이

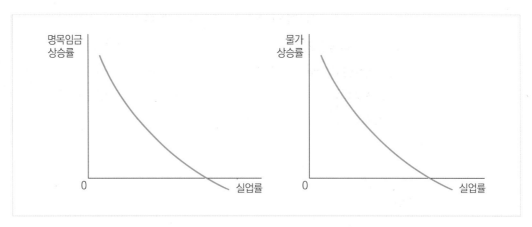

🕐 그림 11-4 **필립스곡선**

선율에 적응하여 모든 거래에서 그것을 감안하여 높아진 예상인플레이션율을 기준으로 임금과 다른 투입물의 가격을 결정하게 되므로 인플레이션이 가속화된다. 그래서 장기적인 필립스곡선은 자연실업률 수준에서 수직선으로 나타난다.

결국 단기적으로는 총수요를 증가시켜 실업률을 자연실업률 이하로 낮출 수 있지만 장기적으로는 자연실업률 수준으로 복귀하고 인플레이션율만 올라간

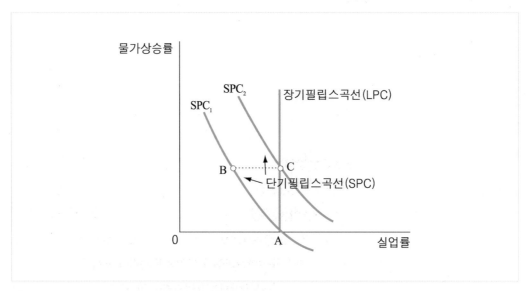

🕐 그림 11-5 **단기필립스곡선과 장기필립스곡선**

다는 것이다. 〈그림 11-5〉에서 처음에 한 국민경제가 A점에 있다고 하자. 정부가 이때의 실업률(자연실업률)이 높다고 판단하여 총수요 증대를 통해 실업률을 낮추려고 하면, 물가상승률이 높아져서 B점으로 이동한다. 처음에는 물가상승률이 올라간 사실을 잘 인식하지 못하던 경제주체들이 이 사실에 적응하면 물가상승 기대가 생겨서 모든 요소가격이 그에 상응하게 상승하므로 단기필립스곡선이 위로 이동하여 C점으로 이동한다. 그러므로 장기적으로 총수요 증대를 통한 실업률의 감소는 불가능하므로 정부는 자연실업률을 받아들이고 물가안정에 더 주력해야 한다는 뜻이다. 자연실업률 이하로 실업률을 감소시키기 위한 총수요확대정책은 불가피하게 인플레이션을 가속화한다. 이러한 인플레이션율을 낮추려면 긴축정책을 시행해야 하고 실업과 GDP의 감소를 대가로 지불하지 않으면 안 된다.

7. 인플레이션 대책

인플레이션이 심해지면 각종 부작용이 나타나므로 각국 정부는 인플레이션을 억제하는 대책을 수립하여 집행한다. 그러나 인플레이션을 억제하는 정책은 다른 측면에서 무언가를 희생하는 대가를 치른다. 인플레이션 대책에는 어떤 것이 있는가?

긴축정책(contractionary policy) : 긴축적인 재정정책이나 금융정책을 통해서 총수요를 감소시켜서 인플레이션을 억제하는 방법이 있다. 장기적으로는 통화량의 통제가 인플레이션 억제에 매우 중요하다.

이 방법에는 실업이라는 희생이 따른다. 실업률이 증가하고 GDP가 감소하는 불황을 대가로 치러야만 인플레이션율을 낮출 수 있다. 인플레이션율이 낮아지면 사람들의 예상인플레이션율도 점차 낮아져서 실업률은 자연실업률 수준으로 회복된다.

소득정책(incomes policy) : 이것은 실업률을 증가시키지 않고 인플레이션을 억제하기 위해서 정부가 직접적으로 혹은 간접적으로 임금과 가격을 통제하는 정

책을 말한다. 정부가 임금상승률을 일정한 범위내로 할 것을 민간부문에 설득하거나 요구하고 가격상승률도 낮출 것을 요구하는 방식이다. 이러한 정책으로 단기필립스곡선이 안쪽으로 이동될 수 있다. 이 정책은 단기적으로 효과가 있을 경우도 있었으나 장기적으로는 효과가 약화되었다.

⚓ 중요 용어

• 경기순환	• 추세	• 확장기	• 저점
• 정점	• 수축기	• 회복기	• 호황기
• 경기후퇴	• 불황	• 경기종합지수	• 선행종합지수
• 동행종합지수	• 후행종합지수	• 비경제활동인구	• 경제활동인구
• 실망실업자	• 마찰적 실업	• 구조적 실업	• 계절적 실업
• 경기적 실업	• 완전고용	• 자연실업률	• 디플레이션
• 구두창소모비용	• 인플레이션 조세	• 수요견인 인플레이션	• 초인플레이션
• 비용상승 인플레이션	• 필립스곡선	• 장기필립스곡선	• 소득정책

💬 참고 자료

● 하이퍼인플레이션의 사례

가장 심한 인플레이션을 하이퍼인플레이션이라고 하는데, 대략 연간 1,000% 이상의 인플레이션을 가리킨다. 이런 경우에는 인플레이션은 통제할 수 없는 수준이고, 화폐는 제 구실을 할 수 없다. 하이퍼인플레이션의 예로 많이 들어지는 사례가 독일 바이마르 공화국 시절, 즉 1920–1923년이었다. 가장 심했던 시기인 1922년 1월부터 1923년 11월 사이에 물가가 100억 배 상승하여, %로 환산하면 1조%에 달하였다. 2년 남짓한 기간 동안에 마르크의 가치가 (1/100억)로 감소하여, 100억 마르크의 실질 가치가 2년도 안 되는 기간에 1마르크로 감소한 것이다.

독일보다 더 높은 인플레이션의 사례도 있었다. 1920년대 초 독일의 물가가 두 배(100%의 물가상승)되는데 걸리는 시간은 49시간이었다. 즉 이틀 만에 물가가 2배가 되었다. 독일 지배 하의 그리스(1941–44년)에서는 그 시간이 28시간이었고, 2차대전 직후 헝가리에서는 16시간에 불과하였다. 이것보다는 훨씬 완만하지만, 1980년대의 라틴 아메리카와 1990년대 초 자본주의로 이행을 시작한 동유럽에서도 수천%에 달하는 높은 인플레이션이 발생하였다.

1. 경기순환의 국면에는 어떤 국면이 있는가?

2. 경기상태를 판단하는 지수인 경기지수에는 어떤 것이 있으며, 그것을 결정하는 중요한 경제변수에는 어떤 것이 있는가?

3. 우리나라의 실업률은 3% 내외로서 매우 낮은 수치인데, 이것은 현실의 실업률을 제대로 반영하지 못한 것으로 평가된다. 그 이유를 설명하라.

4. 마찰적 실업과 구조적 실업의 차이와 각각의 해결방안에 대해서 설명하라.

5. 완전고용, 자연실업률, NAIRU 사이에는 어떤 관계가 있는가?

6. 2022년에 연필의 가격이 50% 상승했다고 하자. 그런데도 그것이 소비자물가에 별로 영향을 미치지 않았다면 그 이유는 무엇인가?

7. GDP 디플레이터, 소비자물가지수는 둘 다 물가지수이다. 그러나 물가조사의 대상이 서로 다르다. 어떻게 다른지 설명하라.

8. 인플레이션에는 여러 가지 부정적 결과가 초래된다. 그것에는 어떤 것들이 있는가?

9. 인플레이션과 실업 가운데 국민생활에 어느 것이 더 심각한 문제인지 논의해 보라.

10. 전시에 인플레이션이 많이 발생한다. 왜 그런지를 설명하라.

11. 중국은 매년 10%에 가까운 고도성장을 지속하여 호황을 누리고 있음에도 불구하고 물가는 매우 안정되어 있다. 그 원인은 무엇인가?

12. 단기필립스곡선과 장기필립스곡선의 차이점을 설명하라.

13. 인플레이션을 억제하는 정부의 대책은 무엇인가?

정부재정과
재정정책

Chapter 12

정부재정과 재정정책

    자본주의 시장경제는 원칙적으로 시장의 자율에 의해서 운영되지만, 시장이 늘 바람직한 결과를 낳지는 않는다. 따라서 정부가 다양한 측면에서 여러 가지 방식으로 시장에 개입한다. 앞의 제8장에서 본 것처럼 정부는 독과점이나, 공공재, 외부성 등의 시장실패 요인이 있을 때 개입하여 시장이 효율적으로 작동하도록 하는 역할을 한다. 그리고 경제적 불평등이 심화되고 빈곤문제가 발생할 때 이것을 시정하는 역할을 맡기도 한다. 또한 경제가 불안정해져서 인플레이션이나 불황이 발생할 때 정부가 개입하여 경기를 조절한다. 개발도상국 정부는 대중들의 생활수준이 빨리 개선되도록 하기 위해서 경제발전을 시장에 맡기지 않고 개발계획을 수립하거나 각종 산업정책을 추진하여 목표를 달성하려고 한다. 이처럼 다양한 역할을 하기 위해서 정부는 막대한 수입을 필요로 하며 이것을 인력과 물자를 조달하거나 빈민들을 돕기 위한 이전지출의 용도로 지출한다. 정부의 재정수입은 대부분 국민들로부터 징수한 조세에 의존한다. 재정지출은 국방비, 교육비, 복지비, 경제개발비 등 다양한 용도로 사용된다.

    이 장에서는 정부의 역할 가운데 앞에서 다룬 시장실패의 시정과 소득재분배 기능은 간단하게 언급하고 주로 재정수입과 재정지출 그리고 거시적인 안정을 위한 재정정책에 대해서 살펴보려고 한다.

재정의 기능

정부는 많은 기능을 담당한다. 여러 가지 공공재를 공급하고, 독과점기업을 규제하며, 공해유발기업을 통제한다. 그리고 저소득층의 생계를 지원하기도 하며 경기조절 기능을 하기도 한다. 개발도상국 정부는 경제발전을 가장 중요한 정책목표로 삼기도 한다. 다양한 정부의 기능을 다음과 같이 네 가지로 요약할 수 있다.

1. 자원배분 기능

정부는 시장실패가 있을 경우에 시장에 개입하여 이것을 시정한다. 독과점 시장이 출현하면 경쟁질서를 유지하기 위한 정부기구를 만들어 독과점을 규제한다. 그리고 교육, 보건 같은 외부경제나 공해와 같은 외부불경제가 발생하므로 정부가 보조금을 지급하거나 조세 혹은 벌금을 부과한다. 또한 정부는 시장을 통해서는 충분히 공급되지 못하는 국방, 치안, 도로, 항만, 공원 같은 공공재를 공급한다. 이러한 기능을 자원배분 기능이라고 하는데, 정부가 이런 기능을 하기 위해서는 많은 비용을 필요로 하고 이 재원을 조달하기 위해서 조세를 부과한다. 사람들은 공공재를 무상으로 제공받는 것은 좋아하지만 조세를 납부하는 것은 싫어하므로 적정한 수준의 공공재 수량의 결정은 국민의 의사를 반영하는 정치적 과정에 의해서 결정된다.

2. 소득재분배 기능

시장에서 결정되는 소득분배가 공평하게 이루어진다고 보기는 어렵다. 소득불평등이 심하고 빈곤문제가 발생하는 경우도 많다. 그러므로 정부는 빈곤문제를 해결하고 지나친 소득불평등을 완화하기 위해서 시장에 개입한다. 정부는 조세면에서는 주로 누진세제를 통해서 재원을 확보하고 그것을 사회보장제를 시행하는 데 지출하여 소득불평등을 완화하고 빈곤계층의 최저생활을 보장한다. 그런데 공평한 분배가 어떤 상태인가에 대하여 다양한 견해가 존재하며 고소득층과 저소득층 사이에 이해관계의 대립도 있어서 적정한 소득재분배에 대해서도 정치적 조정과정과 결정과정이 필요하다.

3. 경제안정화 기능

시장경제에는 경기순환이 존재하여 호경기와 불경기가 순환적으로 발생한다. 때로는 호경기에 심한 인플레이션이 생기고 불경기에는 실업과 소득감소가 발생하여 국민생활을 불안정하게 할 경우가 있다. 이런 경우에 정부가 개입하여 지나친 호경기에는 긴축정책을 실시하고 지나친 불경기에는 확장정책을 시행하여 경기를 조절한다. 재정정책의 수단에는 조세와 정부지출을 증감시키는 방법이 있다. 따라서 경제안정화를 위한 재정정책은 정부재정과 직결되어 있다.

4. 경제성장과 발전 기능

경제가 장기적으로 성장하고 발전하는 것은 매우 중요한 국가목표이다. 물론 개발도상국에게 있어서 경제발전은 더욱 절실한 목표이지만 선진국도 경제가 정체한다면 고용이 증가하기 어렵고 빈곤문제 해결도 어려워진다. 그리고 국력신장 측면에서도 지속적인 성장이 바람직하다. 그러므로 정부는 여러 가지 방법으로 경제성장과 발전을 촉진하기 위한 정책을 강구한다. 정부가 개입하지 않고 시장에 맡기는 것보다는 적절하게 개입하는 것이 더 나은 성과를 얻을 수 있으므로 정부는 여러 가지 방식으로 정책을 구사한다. 각국 정부는 기술진보를 위해서 연구개발 투자를 늘리고 교육비 지출을 증가시킨다. 그리고 도로, 항만, 통신시설 등 사회간접자본을 건설하고, 이런 투자적 지출의 재원을 마련하기 위해서 민간저축과 정부저축의 증가를 위해 노력한다. 그리고 성장유망산업의 발전을 위해서 조세 인하와 보조금 지급 등으로 지원한다. 또한 수출을 증가시키기 위해서 각종의 지원책을 시행한다. 이런 정책은 정부의 재정과 밀접한 연관을 맺고 있는 것이다.

12-2 재정수입

1. 재정수입의 구성

재정은 크게 나누어 중앙정부 재정과 지방정부 재정으로 구분된다. 중앙정부 재정은 일반회계와 특별회계로 구별된다. 특별회계란 정부의 특정사업 운영이나 특별자금 운용의 경우에 해당하는 회계이며, 대부분의 중앙정부 재정은 일반회계에 속한다. 우리나라의 2022년도(결산 기준) 중앙정부의 총세입(총재정수입)은 617.2조원이며 국세수입과 세외수입으로 구성되어 있다.

> 총세입(617.2조원) = 국세수입(395.9조원) + 세외수입(221.3조원)

총세입의 대부분은 국세이며 나머지는 공기업의 이윤, 공공요금, 수수료 등의 세외수입이다.

조세는 크게 국세와 지방세로 구분되며, 국세가 총조세의 2/3 정도를 차지하며 나머지 1/3 정도가 지방세이다. 2021년도 우리나라 국세와 지방세 규모는 다음과 같다.

> 총조세(456.9조원)= 국세(344.1조원 : 67%) + 지방세(112.8조원 : 33%)

국세와 지방세의 비율을 보면, 1970년에 지방세의 총조세에 대한 비율이 9%였는데 이 비율이 조금씩 증가하여 2005년에는 22% 수준에 달하였고, 현재

33%로 증가하였다. 지방자치의 진전에 따라 지방세의 비중이 꾸준히 증가한 것이다.

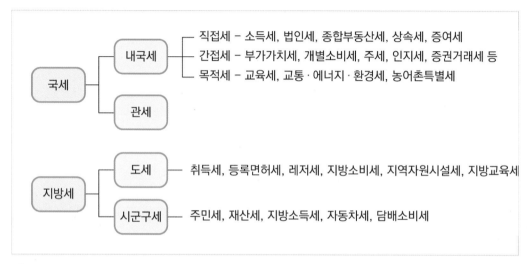

🌀 그림 12-1 **우리나라의 조세제도**

👆 표 12-1 　2022년 우리나라 국세수입 주요내역(일반회계)

	합계	소득세	법인세	부가가치세	상속세	교통세	관세	개별소비세
금액(조원)	385.2	128.7	103.6	81.6	14.6	11.1	10.3	9.3
구성비(%)	100	33.4	26.9	21.2	3.8	2.9	2.7	2.4

* 교통세는 교통·에너지·환경세를 말한다.
　자료 : 기획재정부.

〈그림 12-1〉은 우리나라의 조세제도를 개괄한 것인데, 국세는 내국세와 관세로 나뉘고, 내국세는 보통세와 목적세로 나뉜다. 보통세는 직접세와 간접세로, 목적세는 교육세, 교통세, 농어촌특별세로 구분된다. 2022년 우리나라 국세수입의 구성은 〈표 12-1〉과 같다.

2022년 우리나라 국세수입의 주요내역을 보면, 가장 큰 비중을 차지하는 항목은 소득세(33.4%)이다. 소득의 지속적인 증가와 소득에 대한 누진세율의 강화로 소득세 비중이 증가하고 있다. 그 다음으로 법인세(26.9%), 부가가치세

(21.2%), 상속세(3.8%) 순이며, 최근 APT가격 상승에 따라 고액의 부동산 소유
주에게 과세되는 종합부동산세(1.8%)의 비중이 증가하고 있다.

〈표 12-2〉는 2021년 우리나라 지방세의 세목별 세수 현황을 보여준다. 지
방세 가운데 가장 비중이 큰 세목이 취득세이고 그 다음이 지방소득세, 지방소
비세, 재산세, 지방교육세 순이다. 취득세는 부동산 등의 자산을 취득할 때 납부
하는 거래세이고, 지방소득세는 개인과 법인이 소득에 따라 납부해야 하는 소득
세이다.

표 12-2   2022년 우리나라 지방세 세목별 세수

	합계	취득세	지방 소득세	지방 소비세	재산세	지방교육세	자동차세	담배 소비세
금액(조원)	118.6	27.7	24.3	23.9	16.3	7.5	7.3	3.6
구성비(%)	100	23.4	20.5	20.2	13.7	6.3	6.2	3.0

자료 : 통계청.

2. 조세부담률

위에서 본 것처럼 정부 재정수입의 대부분은 조세이다. 조세는 재정지출을
위해 필요한 자금을 조달하고, 부분적으로 민간의 지출을 통제하기 위해서 정부
가 국민에게 강제적으로 징수하는 금액을 말한다. 전제군주정 하에서 피지배자
는 많은 조세부담을 지고 허덕였으며 그들의 불만이 폭동이나 반란의 형태로 표
출되기도 하였다. 과도한 조세 징수는 국민의 사유재산권을 침해할 소지가 있으
므로 민주국가에서는 정부의 조세권 남용을 방지하기 위해서 국민의 대표인 의
회에서 결정되는 법률에 의해서 과세가 이루어지도록 규정하고 있다.

국민소득에 대비한 조세의 비율 즉 **조세부담률**(tax burden ratio)이 높으
면 그만큼 국민들의 가처분소득이 감소하는 셈이다. 그리고 일반적으로 조세부
담률이 높으면 조세의 초과부담(excess burden)으로 인해서 비효율이 증가한
다. 그렇지만 경제개발이나 사회보장을 위해서 어느 정도의 조세부담률은 불가
피할 수도 있다. 〈표 12-3〉에 우리나라의 조세부담률과 국민부담률의 추세가

나타나 있다. 우리나라의 조세부담률은 1970년에 14.3%였는데 꾸준히 증가하여 2005년에 20.3%에 달하였다. 2010년 이후에 조세부담률은 소폭 감소하여 2015년에는 18.0%였으나 최근 다시 증가하여 2022년에는 23.9%였다. 최근 조세부담률과 국민부담률(조세부담률에 사회보장부담률을 합한 수치)의 변화를 보면 〈표 12-3〉과 같다.

　　우리나라의 조세부담률이 지나치게 높은 것이 아닌가 하는 우려의 목소리가 있어서, 다른 나라의 조세부담률과 비교해 보면 〈표 12 - 4〉와 같다. 일본과 미국의 조세부담률은 선진국 평균수준에 비해 상당히 낮을 뿐 아니라 우리나라보다 더 낮으며, 국민부담률은 우리나라보다 조금 높거나 비슷한 수준이다.

표 12-3 조세부담률 및 국민부담률

	1970년	2000년	2005년	2010년	2015년	2020년	2021년	2022년
국민부담률(%)	-	20.9	-	22.4	23.7	27.7	29.9	32.0
조세부담률(%)	14.3	22.0	20.3	17.9	18.0	20.0	22.1	23.9
국세부담률(%)	-	18.0	15.8	14.0	13.8	14.7	16.6	18.4
지방세부담률(%)	-	4.0	4.5	3.9	4.2	5.3	5.3	5.5

자료 : 통계청.

표 12-4 외국의 조세부담률과 국민부담률(%)

	2001년	2008년	2013년	2020년
한 국	19.7(24.1)	20.7(26.5)	17.9(24.3)	20.0(27.7)
일 본	17.1(27.3)	17.3(28.1)	17.2(29.5	(31.4)*
미 국	22.0(28.8)	19.5(26.1)	19.3(25.4)	(25.5)
영 국	30.9(37.0)	28.9(35.7)	26.7(32.9)	(32.8)
독 일	22.2(36.1)	23.1(37.0)	22.7(36.7)	(38.3)
프랑스	28.7(44.0)	27.1(43.2)	28.3(45.0)	(45.4)
이태리	30.7(42.0)	29.8(43.3)	29.7(42.6)	(42.9)
스웨덴	(51.3)	34.8(46.3)	33.0(42.8)	(42.6)

* 괄호 안의 숫자가 국민부담률임. 2020년 일본은 2019년 통계임(*)
　자료 : 디지털 예산회계시스템, 기획예산처 홈페이지, 통계청.

이에 비해서 유럽 대륙 국가들의 조세부담률과 국민부담률은 높은 편이며, 북유럽 복지국가의 하나인 스웨덴의 국민부담률은 최근 낮아지기는 하였지만 50% 정도로서 세계최고 수준에 도달해 있다. 세계 전반적으로 보면 조세부담률과 국민부담률이 점점 낮아지고 있는 것을 알 수 있으며, 이것은 작은 정부를 지향하는 신자유주의 조류와 밀접한 관계가 있다.

3. 조세의 효율성과 공평성

조세제도에 있어서도 효율성과 공평성이 중요하다. 정부가 필요한 많은 재원을 주로 조세를 통해서 조달하므로, 가급적이면 조세로 인한 비효율이 적어야 한다. 정부가 조세를 1억 부과하면 국민들은 1억 이상의 부담을 진다. 조세로 인해서 생산이 감소하고, 징수하는 과정에서 행정적 비용이 발생한다. 구체적으로 살펴보면, 조세로 인한 비효율은 다음과 같은 세 가지 비용으로 나타난다. 첫 번째는 초과부담이다. 조세가 부과되면 경제주체들은 조세부담을 피하기 위하여 행동을 변화시킨다. 예를 들면, 소비세 부과로 인해 소비자는 소비를 줄이게 되고, 소득세 부과로 인해 노동자와 기업은 소득증대를 위한 활동을 감소시키려고 한다. 이로 인해 비효율이 발생한다. 두 번째는 행정비용이다. 조세를 징수하기 위하여 세무공무원과 건물, 행정 인프라가 필요하므로 조세 징수에 비용이 발생한다. 세무공무원이 부패하고 무능하다면 행정비용은 더욱 증가한다. 세 번째는 납세협력비용이다. 민간경제주체들이 조세를 납부하기 위하여 수입과 비용을 정확하게 기록하는 인력을 두어야 하고, 세무전문가의 도움을 얻는 등의 비용이 발생한다. 이 세 가지 비용을 가능한 한 줄여야 조세로 인한 비효율성을 줄일 수 있다.

조세로 인한 비효율을 줄이는 것과 함께 조세부담을 국민들에게 공평하게 나누는 것도 매우 중요하다. 어떤 사람들은 지나치게 많은 조세를 부담하고 어떤 사람들은 적게 부담한다면 그것 자체가 불공평할 뿐 아니라 그로 인해서 국민들의 많은 불만과 저항이 나타난다. 그러므로 정부는 대다수의 국민들이 납득할 수 있는 공평한 방식으로 조세가 부과되도록 노력하여야 한다. 따라서 다음과 같은 문제가 해결되어야 한다. 무엇을 과세대상으로 할 것인가? 소득인가 아니면 재산, 혹은 재화인가? 세율은 어떤 수준에서 결정되어야 하나? 세율은 소득이나 재산에 관계없이 정액으로 할 것인가, 아니면 단일세율이나 누진세율로 할 것인가? 이러한 복잡한 조세구조의 선택문제를 해결함에 있어서 두 가지 조세 공평성의 기준이 존재한다.

편익원칙(benefit principle) : 이것은 사람들이 정부로부터 받는 편익에 비례하여 조세를 부담하여야 한다는 원칙이다. 정부는 조세를 재원으로 하여 여러 가지 공공재를 공급한다. 국방, 치안, 법질서의 유지, 도로, 공원 등의 공공재가 정부로부터 제공된다. 이러한 공공재로부터 많은 편익을 얻는 사람이 많은 조세를 부담하여야 한다는 것이다. 이 원칙은 공공재에 대한 수익자 부담원칙이므로 사적 재화의 경우와 매우 유사하다. 이 원칙에 부합하는 조세의 예를 찾아보면 다음과 같다.

재산과 소득이 많은 사람이 국방과 치안의 필요성을 더 많이 느끼며 그것으로부터 얻는 편익이 더 많으므로 이들이 더 많은 조세를 납부해야 한다는 주장은 편익원칙에 근거한다. 소방과 행정 등의 서비스에 있어서도 부유층이 더 많은 편익을 얻는다고 볼 수 있다. 그리고 휘발유세는 도로를 많이 사용하는 사람이 더 많은 조세를 부담하므로 이것 역시 편익원칙과 일치한다.

소득재분배를 통해서 빈곤이 경감되면 빈민가가 줄어들고 범죄율도 낮아지며 빈민들의 곤경을 바라보는 고통이 감소한다. 이러한 현상으로부터 더 많은 편익을 얻는 계층은 부유층이므로 이들이 더 많은 조세를 부담하여야 한다는 주장도 편익원칙과 부합한다.

편익원칙의 문제점은 사람들이 공공재로부터 많은 편익을 얻는다고 표현하면 많은 조세부담을 하여야 하므로 편익의 크기를 외부로 표현하지 않으며, 따라서 공공재로부터 누가 어느 정도의 편익을 얻는지 잘 알 수 없는 것이다. 그러므로 편익원칙은 한계가 있으며 다른 원칙이 필요하다.

능력원칙(ability-to-pay principle) : 이 원칙은 사람들의 담세능력, 즉 그들의 소득이나 재산에 따라 조세부담이 결정되어야 한다는 원칙이다. 이 원칙은 사람들의 조세부담에 따른 희생이 동일하여야 한다고 주장한다. 동일한 희생이란 동일한 금액의 조세부담을 의미하는 것이 아니다. 가령 빈곤층은 100만원의 조세부담을 크게 느끼겠지만 부유층은 같은 금액의 조세에 부담을 거의 느끼지 않을 것이다. 동일한 희생이란 조세로 인한 동일한 정도의 만족(효용) 감소를 의미한다. 소득과 재산의 한계효용도 체감하므로 부유층이 더 많은 조세를 부담해야 더 적은 조세를 부담하는 빈곤층과 만족의 감소 정도가 같아진다. 따라서 능력원칙은 소득과 부가 더 많은 사람이 더 많은 조세를 부담해야 한다는 점을 주장한다.

    그러나 이 원칙은 소득과 재산이 증가할 때 조세부담이 어느 정도 증가해야 하는가에 대해서는 단일한 대답을 주지 않는다. 예를 들어서 소득이 2배가 될 때 세금도 2배가 되면 이것을 비례세(proportional tax, 혹은 flat tax)라고 한다. 소득이 2배가 될 때 세금이 증가하기는 하나 1.5배로 증가한다면 세율은 낮아진 셈이다. 이런 조세를 역진세(regressive tax)라고 한다. 반면에 소득이 2배로 증가할 때 세금이 3배가 된다면 세율이 높아진 셈이다. 이런 조세를 누진세(progressive tax) 라고 한다. 부담능력이 큰 사람들에게 세금을 더 많이 부과해야 한다는 점에서 능력원칙은 수직적 공평성(vertical equity)의 개념을 내포한다. 그러나 부유층이 얼마나 더 많은 부담을 해야 하는지는 명확하게 답하기 어렵다. 능력원칙은 부담능력이 동일한 사람은 동일한 세금을 내야 한다는 수평적 공평성(horizontal equity)개념도 포함하고 있다.

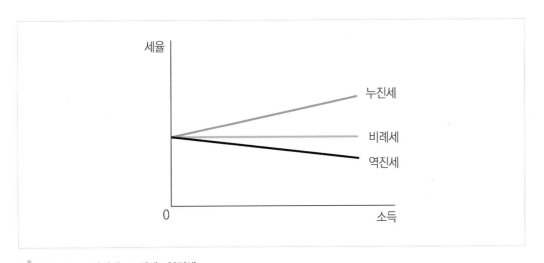

그림 12-2 **비례세, 누진세, 역진세**

현실에 있어서는 편익원칙과 능력원칙이 혼합되어 있다. 휘발유세의 경우처럼 한 공공재가 뚜렷하게 어떤 집단에게 편익을 주고 그 집단이 그들의 소득이나 다른 특성상 특별한 대우를 받을 필요가 없을 경우에는 편익원칙을 적용한다. 그 이외에는 광범위하게 능력원칙이 적용된다.

그리고 많은 나라에서 소득세, 법인세, 상속세, 증여세 등은 누진세이고 부가가치세 등은 비례세이다. 우리나라의 소득세율은 여덟 단계의 누진구조로 되어 있는데 세율은 〈표 12 - 5〉와 같다.

예를 들어 연간 소득에서 각종 소득공제를 뺀 과세대상소득이 2,000만원인 사람의 종합소득세는 300만원(2,000만원 × 15%)이 아니라 192만원(1,200만원 × 6% + 800만원 × 15%)이다. 연간 과세대상소득이 1,200만원 이내일 경우에는 6%의 세율이 적용되고, 1,200만원을 초과하고 4,600만원 이내일 경우에 15%의 세율이 적용된다. 그러므로 위의 표에 표시한 세율은 평균세율이 아니라 한계세율이다. 연 과세대상소득이 2,000만원인 사람의 한계세율은 15%이지만, 평균세율은 9.6%이다.

조세의 공평성과 관련하여 우리나라의 사업소득 파악이 명확하게 되지 않는다는 문제점이 지적된다. 근로소득은 분명하게 파악되어 과세되지만 자영업주나 의사와 변호사 같은 고소득전문직의 소득신고가 매우 부실하게 되어 많은 탈세가 이루어지고 있다. 이들이 소득을 제대로 신고하게 만드는 제도적 장치가 필요하다.

표 12-5   종합소득세율(2023년)

과세표준 소득	한계세율(%)
연 1,400만원 이하	6
연 1,400만원 ~ 5,000만원	15
연 5,000만원 ~ 8,800만원	24
연 8,800만원 ~ 1.5억원	35
연 1.5억원 ~ 3.0억원	38
연 3.0억원 ~ 5.0억원	40
연 5.0억원 ~ 10.0억원	42
연 10.0억원 초과	45

자료 : 국세청

직접세(direct taxes)와 **간접세**(indirect taxes)의 비율도 조세의 공평성과 관련되어 있다. 직접세는 소득세, 법인세, 상속세, 증여세처럼 개인이나 기업의 소득에 원천을 두고 부과되는 조세로서 조세가 부과된 대상자가 세금을 납부한다. 반면에 간접세는 부가가치세, 개별소비세, 주세처럼 재화와 서비스의 소비에 원천을 두고 부과되어 납부자와 실제 부담자는 다를 수 있다. 직접세는 납세자의 부담능력에 따라 과세될 수 있으나 간접세는 그렇지 않음으로 일반적으로 직접세의 비중이 높은 조세체계가 더 바람직한 제도라고 알려져 있다. 우리나라의 경우에 직접세의 비율이 1980년에 32.9%에서 이후 꾸준히 증가하여 2004년에 50%를 넘었다. 그런데 2009년 이후에 직접세의 비중이 다시 50% 이하로 떨어졌다가 2018년에 51.1%로 조금 증가하였다. 이것은 일본의 71.6%, 독일의 68.3% 등 선진국에 비해 낮은 수준이다.

12-3 　재정지출

1. 재정지출의 구성

　　조세와 세외수입으로 조성된 재정수입은 다양한 용도로 지출된다. 먼저 우리나라 중앙정부 재정지출을 살펴보면, 2022년도 일반회계와 특별회계를 합한 중앙정부 총세출(재정지출)은 559.7조원이었으며, 총세입에서 총세출을 빼면 14.2조원의 잉여금이 남아 재정흑자를 이루었다. 총세출 가운데 일반회계 세출과 특별회계 세출의 구성은 다음과 같다.

> 총세출(559.7조원)= 일반회계 세출(485.0조원) + 특별회계 세출(74.7조원)

　　일반회계 세출은 사회복지, 일반·지방행정, 교육, 국방비 등으로 지출되었는데 중요한 지출항목의 구성비를 보면 〈표 12 - 6〉과 같다.

🖐 표 12-6 일반회계 지출항목의 구성비

2022년도 구성비(%)	
사회복지	32.1
일반공공행정	16.1
교육	13.8
국방	8.7
농림해양수산	3.9
수송 및 교통	3.8
산업·중소기업	5.2
공공질서 및 안전	3.7

자료 : 디지털 예산회계시스템, 기획예산처 홈페이지.

분야별 재정지출 항목의 구성비를 볼 때 2000년 이후 국민들의 복지에 대한 욕구 증가와 취약계층의 생계보조를 위한 사회복지비의 비중이 높은 비중을 차지하고 있음을 알 수 있다. 그리고 교육비에도 많은 예산이 투입되고 있으며 분단의 현실 가운데서 국방비도 많이 지출되고 있음을 볼 수 있다. 2000년대 중반 이후 분야별 재정지출의 구성비에서 상당한 변화가 있었음을 〈표 12-7〉을 통해서 알 수 있다.

🖐 표 12-7 재정지출의 구성비 변화

	사회복지	일반공공행정	교육	국방	농림해양수산	수송및교통	산업·중소기업	공공질서 및 안전
2007	23.7	17.8	13.0	10.1	6.7	6.6	5.3	-
2010	25.2	16.6	13.1	9.9	5.9	6.0	5.2	-
2015	28.0	15.5	14.1	9.8	5.1	5.4	4.4	4.5
2020	32.6	15.4	14.2	9.3	4.2	3.7	4.6	4.1
2021	33.2	15.2	12.8	9.2	4.1	3.8	5.1	4.0
2022	32.1	16.1	13.8	8.7	3.9	3.8	5.2	3.7

* 각 년도 예산 기준임.
자료 : 기획재정부 재정정보공개시스템.

〈표 12-7〉을 볼 때, 사회복지비는 지속적으로 큰 폭으로 증가하고 국방비, 농림해양수산과 수송 및 교통 분야의 비중은 꾸준히 조금씩 감소하였다. 그리고 일반공공행정비, 교육비, 산업·중소기업비는 조금씩 증가와 감소를 반복하는 모습을 보인다. 우리나라 경제규모가 커짐에 따라 국방력이 강화되어 국방비 비중은 감소하는 반면에 국민의 복지와 관련성이 깊은 보건, 위생, 주택 등의 사회복지에 대한 지출비중은 증가한 것이다.

2. 재정지출의 효율성과 공평성

재정지출을 위해 조성되는 재원은 모두 조세 등의 국민부담에 의한 것이므로 이것 역시 효율적으로 그리고 공평하게 사용되어야 한다. 크게 보아서 사회복지비, 일반행정비, 교육비, 국방비 등의 여러 용도가 있고, 세부적으로 수많은 용도가 있는데 재원을 어디에 얼마만큼 배분할 것인가는 매우 중요하면서도 어려운 문제이다.

우리나라의 경우에는 정부의 예산담당부처인 기획재정부가 정부의 모든 예산요구를 취합하고 조정하여 예산안을 만들어 국회에 회부한다. 그러면 국회의 각 상임위원회의 심의를 거쳐 국회 본회의의 의결을 통해서 예산이 확정된다. 확정된 예산에 따라 각 정부기관이 집행하며 다음 연도에 결산서를 국회에 보내서 심의 의결을 받음으로써 예산집행의 전과정이 끝난다.

재정지출이 효율적이고 공평하려면 우선 위의 의사결정과정과 집행과정이 투명해야 하고 공개적인 검증과정을 거쳐야 한다. 그리고 이 과정에서 재정지출이 효율성의 기준과 공평성의 기준을 최대한 충족시켜야 한다. 효율성의 기준과 공평성의 기준이 무엇인가?

효율성의 기준 – 비용편익분석(cost benefit analysis) : 민간부문의 기업에서 반도체 공장 증설과 같은 투자를 할 것인가 하지 않을 것인가를 결정할 때 그 투자로부터 기대되는 예상수익의 현재가치를 투자비용과 비교하여 전자가 후자보다 클 경우에 투자를 한다. 이 방법은 공공재 공급에 있어서도 마찬가지로 적용될 수 있다. 예를 들어서 새로운 도로를 건설할 것인가의 여부를 결정해야 할 경우에 그 도로로부터 기대되는 모든 측면의 편익을 화폐가치로 측정하여 그것의 가치를 현재가치로 환산한 금액을 투입된 모든 비용의 현재가치와 비교하여 전자가 후자보다 크면 공공재를 생산하고 그렇지 않으면 생산하지 않는 것이 효율적이다. 예를 들어 1조원을 투입하여 사회전체에 2조원의 편익을 발생시키는 공공투자는 사회적 후생을 증가시키는 것이다.

> 공공사업의 조건 : 투자로부터 예상되는 편익의 현재가치 > 투자비용의 현재가치

그런데 공공재로부터 기대되는 예상수익을 화폐가치로 환산하는 것은 매우 어려운 일이다. 사람들은 공공재 서비스에 대해서 실제로 대가를 지불하지 않기 때문에 공공재로부터 얻는 편익을 정확하게 표현하지 않는다. 사람들은 자기 지역 공공재의 가치를 매우 과장되게 평가하여 정부로 하여금 그 지역에 공공재를 공급하도록 유도할 가능성도 있어서 공공재로부터 발생하는 편익의 정확한 측정이 어려운 것이다. 그리고 도로, 항만과 같은 대규모 공공사업에는 상당한 수의 인명피해도 있기 때문에 인명이라는 비용을 화폐가치로 환산하는 것도 매우 어렵다. 그렇지만 정부는 개략적으로라도 비용편익분석을 하여 공공사업의 효율성을 분석한 후에 사업을 시행한다.

공평성(equity) : 공평성의 기준은 효율성만큼 분명하지 않다. 그러나 재정지출이 특정한 계층이나 특정한 지역에 지나치게 편중되어 그 집단의 구성원에게 특혜를 준다면 이것은 불공평하다. 그러므로 치안, 도로, 항만, 공원 등의 공공재가 지역적으로 그리고 계층적으로 비교적 골고루 공급되어야 한다. 때로는 공평성이 위에서 말한 효율성과 상충될 경우도 있으므로 적절한 조화가 필요하다.

12-4 재정정책

1. 재정정책의 필요성

　　1929년의 대공황을 경험하자 케인스는 재정지출 증가, 즉 확장적 재정정책을 통해서 경제를 공황상태로부터 구해낼 수 있다고 주장하였다. 그때까지 정부는 공공재 공급이라는 최소한의 기능만을 담당하고 다른 경제활동에 대해서는 거의 개입하지 않는 상태에 있었다. 그러나 대공황의 소용돌이 가운데서 정부는 거시경제를 심각한 불황과 실업으로부터 보호하는 임무를 맡게 되었고 나아가 소득재분배 기능까지 담당하게 되었다. **재정정책**(fiscal policy)이란 정부지출과 조세에 관련된 정부의 정책을 말하는데, 좁은 의미로는 거시경제를 안정화시키기 위한 총수요관리를 목적으로 재정적 수단을 사용하는 것을 말한다. 즉 재정지출과 조세를 변화시켜서 거시경제를 안정시키는 것이 재정정책이다.

　　경제안정화를 위한 총수요관리정책에는 재정정책과 금융정책(혹은 통화정책)이 있다. 케인스는 금융정책은 거의 효과가 없다고 주장하면서 재정정책의 유효성을 강조하였다. 그러나 **통화주의자**들(monetarists)은 정반대로 재정정책의 효과는 거의 없으며 금융정책의 효과는 강력하다고 주장하였다. 치열한 논쟁이 있었는데 현재로는 두 정책이 모두 효과가 있는 것으로 인정되고 있다.

2. 재정정책의 효과

　　경제가 불황의 골짜기로 들어가면 소득수준이 감소하거나 정체하며, 실업이 증가한다. 이것은 국민들의 생활을 어렵게 만든다. 그래서 정부는 재정지출을 늘리거나 조세를 삭감하는 **확장적 재정정책**(expansionary fiscal policy)으로 이에 대처한다. 반면에 경기가 지나치게 과열되어 인플레이션이 우려되면 정부는 재정지출을 줄이거나 조세를 증가시키는 **긴축재정정책**(contractionary fiscal policy)을 통해서 경기를 진정시킨다. 이 두 정책의 효과를 살펴보도록 하자.

확장적 재정정책 : 총수요가 부족하여 경제가 불황에 있을 경우에 정부는 정부지출을 증가시키거나 조세를 감소시킨다. 그러면 총수요가 증가하여 아래 그림과 같이 총수요곡선이 우측으로 이동한다. 앞에서 이미 본 바대로 총수요는 소비, 투자, 정부지출, 순수출의 합이다.

$$총수요 = 소비(C) + 투자(I) + 정부지출(G) + 수출(X) - 수입(M)$$

〈그림 12 - 3〉은 확장적 재정정책의 효과를 나타내고 있다. 총수요곡선이 우측으로 이동하면 실질 GDP는 증가하고 물가도 상승한다. 재정정책의 효과는 총공급곡선이 완만할수록 크고 총공급곡선이 가파를수록 작다. 총공급곡선이 완만할 경우는 불황이 매우 심각한 경우이며 총공급곡선이 가파를 경우는 완전고용에 가까울 때이다. 이때 정부지출은 증가하는데 조세는 감소하거나 불변일 경우에 재정적자가 발생한다.

긴축재정정책 : 〈그림 12 - 4〉는 긴축재정정책의 효과를 나타낸다. 총수요가 과다하여 경기과열이 있게 되면 물가가 급격히 상승한다. 이럴 경우에 정부는 긴축재정정책으로 대응할 수 있다. 정부는 재정지출을 줄이거나 조세를 증가시킨다. 그러면 총수요가 감소하여 총수요곡선이 좌측으로 이동한다. 총수요가 감소

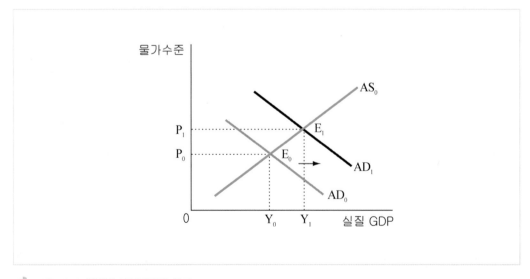

🐌 그림 12-3 **확장적 재정정책의 효과**

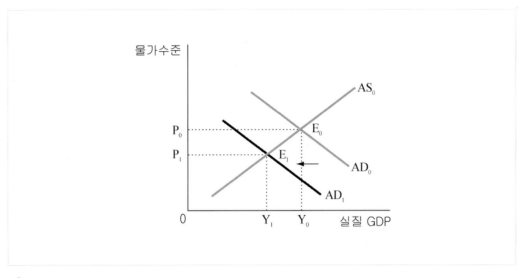

🌙 그림 12-4 **긴축재정정책의 효과**

하면 물가가 안정되는 반면에 실질 GDP도 감소하여 실업이 증가하는 문제를 발생시킨다. 그러나 완전고용이 달성된 경우에 긴축재정정책은 소득감소효과보다는 물가안정효과가 더 크게 나타난다.

3. 승수효과와 구축효과

경제가 불황 가운데 있어서 정부가 10조원의 정부지출을 증가시킨다고 하자. 그러면 총수요는 얼마나 증가할 것인가? 얼른 보기에 총수요도 10조원 증가할 것으로 생각된다. 그러나 이것은 당장 나타나는 효과이고 추가적으로 파급효과가 발생한다. 정부가 10조원의 재화와 서비스를 구입한다면 기업의 생산량이 10조원 증가하고 이 금액을 판매수입으로 받은 기업은 이것을 가계의 소득으로 분배한다. 소득이 10조원 증가한 가계는 그 가운데 2조원을 저축하고 8조원을 소비에 지출한다면 추가적으로 총수요가 8조원 더 증가한다. 이러한 과정이 한 번에 그치는 것이 아니고 수없이 반복된다. 그 과정이 모두 끝나면 처음에 정부지출 증가로 인한 총수요 증가분 10조원의 몇 배의 총수요 증가가 발생한다. 이 것을 수식으로 표현하면 다음과 같다.

$$총수요증가 = 10조 + 10조 \times 0.8 + 10조 \times 0.8 \times 0.8 \cdots\cdots (무한등비급수)$$
$$= 10조 \times \frac{1}{1-0.8} = 10조 \times 5 = 50조(원)$$

이렇게 처음에 증가한 정부지출보다 더 많은 총수요증가가 생기는 것을 승수효과(multiplier effect)라고 하고 이 과정을 승수과정이라고 한다. 그리고 위의 5, 즉 1/(1 - 한계소비성향)을 승수라고 한다. 한계소비성향이란 소비증가분의 소득증가분에 대한 비율을 말한다. 여기서는 한계소비성향이 일정하다고 간주한다. 총수요증가분만큼 국민소득이 증가한다.

$$한계소비성향(MPC : Marginal\ Propensity\ to\ Consume) = \frac{소비증가분}{소득증가분}$$

승수효과가 존재하면 처음에 발생한 총수요(소비, 투자, 정부지출, 수출)의 변화는 승수과정을 거쳐서 그것의 몇 배에 달하는 총수요변화를 초래하기 때문에 경제는 매우 불안정해진다. 그러나 이 승수효과를 활용하면 정부지출을 조금만 변화시켜도 그 몇 배의 총수요변화를 발생시킬 수 있다. 예를 들어서 완전고용 상태에서 갑자기 투자가 10조원 감소하였다고 하자. 그러면 승수과정에 의해서 총수요가 50조원 감소하고 소득도 50조원 정도 감소할 것이다. 이때 정부지출을 50조원 증가시킬 필요 없이 10조원만 증가시키면 승수효과에 의해서 총수요와 소득이 50조원 증가하여 완전고용 상태로 회복된다.

그러나 현실에서 이만큼 큰 승수효과가 나타나기는 어렵다. 왜냐하면 정부지출이 증가할 때 그 재원을 어떤 방식으로 조달하는가에 따라 정책효과는 달리 나타나기 때문이다. 정부지출이 10조원 증가할 때 조세도 10조원 증가하면 균형재정이 유지되는 반면, 정부지출 증가와 조세 증가가 서로 상쇄되는 효과 때문에 총수요의 증가분은 미미한 정도에 그친다. 재정정책의 효과를 크게 하기 위해서는 정부지출을 증가시키되 조세는 그대로 유지하는 것이 좋다. 그럴 경우에 재정적자가 발생한다. 재정적자의 재원을 어떻게 조달할 것인가? 첫 번째 방법은 정부가 국채를 발행하여 중앙은행으로 하여금 인수하게 하는 것인데, 이것은 중앙은행이 통화를 증발하여 정부에 빌려주는 방법이다. 두 번째 방법은 정부가 국채를 발행하여 증권시장에서 매각하여 자금을 조달하는 방법이다.

> 정부지출 = 조세 + 통화증발 + 민간차입
> 정부지출 − 조세 = 통화증발 + 민간차입

첫 번째 방법인 통화증발은 정부지출만 증가시키는 것이 아니고 통화량도 증가시키므로 재정정책과 금융정책이 동시에 시행되어 총수요는 크게 증가한다. 따라서 정책효과는 매우 강력하다. 이 방법은 주로 개발도상국이 선택하는 방법인데 만성적인 인플레이션의 원인이 되곤 한다. 두 번째 방법인 민간차입은 대체로 선진국이 취하는 방법인데, 정부가 국채를 발행하여 민간의 자금시장에서 차입하므로 결국 이자율이 상승한다. 이자율이 상승하면 투자가 감소하고 저축 증가에 의해 소비도 감소할 가능성이 높다. 즉 투자와 소비라는 민간지출이 감소하므로 정부지출의 증가를 상당한 부분 상쇄시켜 버린다. 이것을 가리켜 **구축효과**(crowding-out effect)라고 한다. 승수효과의 상당 부분이 구축효과에 의해서 상쇄되어 실제 나타나는 승수효과는 그리 크지 않다. 실제로 구축효과가 얼마나 나타날 것인가에 대해서는 경제학자들 사이에 주장이 엇갈린다.

4. 재정적자와 국가채무

불황이 되면 국민소득이 감소하므로 조세수입도 감소하는 경향이 있으며, 정부의 불황대책으로 인해 정부지출은 증가하는 것이 보통이다. 이런 경우에 재정적자가 발생한다. 불황기에 발생한 재정적자가 호황기의 재정흑자로 상쇄된다면 일시적인 재정적자는 별로 문제가 되지 않는다.

확장적 재정정책의 수단에는 정부지출 증가와 감세 두 가지가 있다. 승수효과 면에서는 정부지출 증가가 감세보다 더 효과가 있다. 정부지출은 직접적으로 총수요를 증가시키고, 감세는 가계의 가처분소득을 증가시켜서 소비증가를 유도하여 총수요를 증가시키는 정책이다. 두 방법 모두 재정적자를 초래하는 점에서는 동일하다. 그런데 감세는 총수요 이외에 총공급에도 영향을 준다. 세율 인하는 노동, 저축, 투자 등 모든 경제활동의 의욕을 높여서 총공급을 증가시킨다는 것이다. 미국의 레이건 행정부 시절에 래퍼(Arthur Laffer)라는 경제학자가, 세율을 인하하면 총생산이 세율 인하율보다 더 높은 비율로 증가하여 조세수입이 오히려 증가한다는 **래퍼곡선**(Laffer curve)을 주장하였다. 〈그림 12 - 5〉가 래퍼곡선을 나타내고 있는데, 세율이 0%이면 조세수입은 0이고 세율이 최적세율일 때 조세수입이 극대화되고, 세율이 100%일 경우에도 조세수입은 0이다. 그는 당시 미국의 세율은 최적세율보다 높으므로 세율의 인하가 오히려 조세수입을 증가시킨다고 주장하였다. 이 이론은 레이건 행정부에 받아들여져서 대대적인 감세정책이 실시되었다. 래퍼와 같은 **공급경제학자**(supply-side economist)들은 감세는 조세수입을 오히려 증가시키므로 재정적자 문제가 발생하지 않으며 총공급을 증가시켜 물가안정과 성장을 동시에 달성한다고 보았다.

래퍼는 감세가 조세수입을 증가시킨다고 주장하였으나 감세의 결과는 오히려 조세수입의 감소를 초래하였고, 그 결과 미국의 재정은 대폭의 적자를 기록하였다.

위에서 본 것처럼 재정적자를 메우기 위해서 정부는 국채를 발행하여 민간으로부터 차입한다. 그러면 이자율이 상승하여 민간투자가 감소한다. 투자의

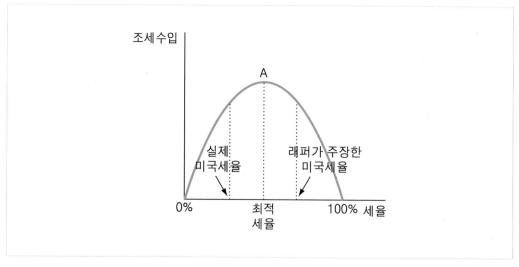

🌀 그림 12-5 **래퍼곡선**

감소는 장기적으로 경제성장률을 낮추는 요인이 되므로 재정적자가 오래 지속되는 것은 바람직하지 않다. 그리고 미국 레이건 행정부 시절의 경험이 잘 보여주듯이 미국의 재정적자는 고금리를 초래하였고, 그것은 외국자본의 미국에 대한 투자를 증가시켜서 달러화의 강세를 초래하여 미국의 막대한 무역수지적자를 발생시켰다. 이것이 1980년대와 1990년대 중반까지 미국에서 발생한 쌍둥이 적자, 즉 막대한 재정적자와 무역수지적자이다. 이런 현상은 미국뿐만 아니라 보편적으로 나타날 수 있다. 재정적자는 고금리와 투자감소, 그리고 무역수지적자를 초래하기 쉬운 것이다.

재정적자가 장기적으로 지속되면 국가채무가 누적된다. 국가채무의 누적은 원금과 이자의 상환부담을 가중시켜서 장래의 재정에 큰 압박을 준다. 원금은 고사하고 이자를 갚기 위해서 더 많은 차입을 해야 하는 지경에 이를 수도 있다. 이런 과정이 지속되어 국가채무가 계속 증가하면 민간이 국가의 상환능력을 신뢰하지 못하여 국채를 매입하지 않아 국가가 채무의 원리금을 상환하지 못하는 부도(채무불이행) 상태에 빠질 수도 있다. 그러므로 재정적자와 국가채무를 적절하게 통제하는 것이 필요하다.

우리나라의 2022년 국가채무(중앙정부와 지방정부 채무의 합)는 1,067.4 조원으로서 GDP 대비 비율은 49.4%였다. 이 비율은 다른 나라와 비교하면 그리 높은 편은 아니지만, 1996년 9% 정도에서 2000년 17.1%, 2010년에 29.7%, 2020년에 43.6%, 2022년에 49.4% 등으로 지속적으로 증가하고 있다. 2005년을 기준으로 하여 다른 나라 총부채의 GDP 대비비율을 우리나라의 비율과 비교해 보면 〈표 12 - 8〉과 같다. 일본과 이탈리아의 총부채비율은 매우 높고 한국은 선진국 가운데에는 비교적 낮은 비율을 보이고 있다. 그러나 우리나라 총부채비율이 급격하게 상승하는 현상은 다소 우려스러운 현상이며, 적절한 국가채무 관리가 필요하다.

그런데 2008년 미국발 세계금융위기를 맞아 세계 각국은 위기에 처한 금융부문을 구제하고, 경기침체에서 벗어나기 위해서 재정지출을 크게 증가시켰다. 그 결과 2010년에 총부채 비율이 많이 증가하였고, 재정위기에 빠진 국가들이 유럽 지역에서 속출하였다. 심지어 미국도 재정적인 어려움에 처하였다. 일본의 총부채 비율은 GDP의 230%에 달하여 세계 최고 수준이지만 아직 재정위기에 빠지지는 아니했는데, 그 다음으로 높은 수준인 그리스, 이탈리아, 포르투갈, 스페인 등은 심각한 재정위기에 몰리고 있다. 그래서 안정되어 가던 세계경제가 여전히 침체국면에 빠져있다.

표 12-8   각국의 GDP 대비 일반정부 총부채 비율(단위 : %)

국 가	2005년	2010년	2015년	2020년
이탈리아	117.2	124.3	156.9	183.5
벨기에	109.0	108.7	126.2	140.7
독 일	71.6	87.1	79.8	78.7
프랑스	82.1	101.0	120.8	145.3
미 국	88.6	125.4	137.0	161.4
영 국	52.1	89.1	111.7	149.0
캐나다	93.8	105.0	114.7	141.9
스웨덴	65.5	53.4	62.3	62.2
일 본	171.7	204.4	233.3	257.8
한 국	26.1	-	40.8	48.9

* 한국의 2005년 자료는 2004년의 GDP 대비 국가채무비율임.
  자료 : 통계청

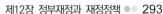
중요 용어

- 자원배분 기능
- 재정수입
- 조세부담률
- 편익원칙
- 역진세
- 비용편익분석
- 래퍼곡선

- 소득재분배 기능
- 국세
- 초과부담
- 능력원칙
- 일반회계
- 승수효과
- 공급경제학

- 경제안정화 기능
- 지방세
- 국민부담률
- 누진세
- 특별회계
- 구축효과
- 국가채무

참고 자료

● 불황기의 재정정책 필요성: 케인스

케인스는 시장이 스스로 불황을 치유할 수 없기 때문에 정부의 재정정책이 불가피하다고 하면서 다음과 같이 자유방임을 조롱하는 유머러스한 주장을 하였다.

> 만일 재무부가 낡은 항아리에 지폐를 가득 채워 그것을 어느 석탄 폐광에 알맞은 깊이로 묻어둔 다음, 그 지폐를 다시 캐내는 일은 이미 시험과정을 잘 거친 자유방임의 원칙에 입각하여 사기업에 맡긴다 해도 … 그때부터는 모두 그 돈을 파내기에 혈안이 될 터이므로 실업이 발생할 이유가 없어지고 그 사회의 실질소득과 자본적 부 역시 그 전보다 훨씬 증가할 것이다. 굴착장비 등이 날개 돋친 듯 팔리고 생산과 소비가 늘어날 것이기 때문이다.
>
> 주택을 짓는 등의 일을 한다면 더 지각 있는 행위가 될 것이지만, 이런 건설사업을 벌이는 데 실질적인 난관이 존재한다면, 그래도 위에서 말한 방식이 아무것도 안 하는 것보다는 나을 것이다.

- 케인스, 『일반이론』

1. 정부가 시장에 개입하는 것은 넓은 의미에서 시장실패가 있기 때문이다. 넓은 의미의 시장실패는 무엇이며 이에 대해 정부는 어떤 방식으로 개입하는가?

2. 일반회계와 특별회계의 차이점은 무엇인가?

3. 우리나라의 조세부담률은 적정한 수준이라고 생각하는가?

4. 조세부담을 공평하게 나누어지는데 있어서 두 가지 원칙을 소개하고 그 원칙에 부합하는 예를 제시하라.

5. 조세부과에서 비효율이 발생한다. 조세로 인한 비효율에는 어떤 것이 있는가?

6. 우리나라 재정지출의 구성비의 변화에는 어떤 특징이 보이는가?

7. 재정지출의 효율성을 평가하는 방식은 무엇인가?

8. 재정정책을 실시하면 승수효과와 구축효과 따른다. 두 효과를 설명하라.

9. 미국의 레이건 행정부가 래퍼곡선에 따라 시행한 정책의 결과는 무엇이었는지 설명하라.

경제학의 이해

화폐와 금융 및 금융정책

Chapter 13
화폐와 금융 및 금융정책

화폐의 사전적인 뜻은 돈이다. 돈이라는 말은 여러 가지 의미로 사용된다. 돈이 많은 사람이라는 말은 재산이 많은 사람을 의미한다. 돈을 많이 번다는 말은 소득이 많다는 뜻이다. '돈'이라는 말의 어원은 '돈다'라는 말에서 왔다는 설과 아주 옛날에 화폐로 쓰이던 칼(刀:도)에서 왔다는 설이 있는데 확실하지는 않다. 그러나 화폐라는 경제학적인 용어는 일상적으로 쓰이는 돈이라는 말보다 엄밀하게 정의되어 사용된다.

화폐가 없다면 어떻게 될까? 안경을 사는 대가로 화폐를 지불할 수 없다면 다른 재화, 예를 들면 쌀을 제공해야 한다. 안경을 파는 사람이 쌀을 받기 싫어하면 거래는 이루어지지 않는다. 화폐가 없다면 거래는 매우 어려워지고 많은 불편이 생긴다. 경제활동은 비효율적으로 이루어져서 경제적 후생이 감소하게 된다. 따라서 화폐는 경제생활에 아주 중요한 기능을 하고 있음을 알 수 있다.

화폐는 계속 돈다. 쌀을 사기 위해서 돈을 지불하면 그 돈을 받은 사람은 다시 컴퓨터를 구입하고 그 돈을 지불한다. 돈은 상품의 거래를 통해서 돌 뿐 아니라 여유자금을 가진 사람이 자금이 부족한 사람에게 빌려주는 자금의 융통을 통해서도 돈다. 이런 금융을 통해서 저축이 투자로 연결되어 경제는 발전하게 된다. 이런 점에서 화폐와 금융은 경제에서 혈액과 같은 역할을 한다. 인체에서 피가 잘 돌아야 건강을 유지하듯이 돈이 잘 돌아야 경제가 건강하게 움직일 수 있다.

또한 거시경제가 불안정하게 될 때 정부는 통화량을 변화시키거나 이자율을 조정하여 경기를 조절하고 물가를 안정시킨다. 이런 정책을 일컬어 금융정책

혹은 통화정책이라고 한다. 이 장에서는 화폐와 금융의 제도와 역할, 그리고 금융정책의 효과에 대해서 살펴본다.

13-1 화폐의 정의와 기능

1. 화폐란 무엇인가?

일상적으로 화폐는 돈과 같은 뜻으로 쓰인다. 위에서 본 것처럼 돈이라는 말은 다양한 의미로 사용되지만, **화폐**(money)라는 말은 보다 엄밀하게 정의된다. 화폐란 재화와 서비스를 구입하거나 부채를 갚을 때 일반적으로 수용되는 지불수단이다. 우리가 물건을 살 때 무엇을 지불하는가? 보통은 **현금**(currency)이나 수표, 그리고 신용카드로 지불한다. 수표는 은행에 예치된 예금을 지불수단으로 활용하는 것이며, 신용카드는 카드회사가 일정 기간 동안 신용 대출하므로 카드 사용자는 그 대출금으로 지불하고 얼마의 기간 후에 현금이나 수표로 카드회사에 상환한다. 따라서 신용카드는 최종적인 지불수단이 아니므로 화폐가 아니다.

화폐는 최종적인 지불수단이다. 직접 지불수단으로 사용되는 것은 현금과 요구불예금이지만, 화폐로 쉽게 바꿀 수 있는 유동성이 높은 자산은 넓은 의미에서 화폐라고 볼 수 있다. 그러므로 화폐를 좁게 정의할 수도 있고 보다 넓게 정의할 수도 있어서 화폐량의 측정에 있어서 몇 가지 종류의 지표가 있다. 먼저 가장 좁은 의미의 화폐량을 **통화량**(M1)이라고 한다. 한국은행은 통화량을 **협의통화**(M1)라고 하며 다음과 같이 측정한다.

> M1(협의통화) = 현금통화(민간보유현금) + 예금통화(요구불예금 + 수시입출식 저축성 예금)

2022년 12월 현재 우리나라의 M1과 그 구성은 다음과 같다.

> M1(1,240조3,762억원)=현금통화(163조6,660억원)+요구불예금(371조4,215조원)+수시입출금식 저축성예금(705조2,947억원)

광의통화(M2)를 총통화라고도 부르며 M1에 쉽게 화폐로 전환될 수 있는 유동성이 높은 금융자산을 더한 금액이다.

> M2(광의통화)= M1 + 저축성예금[10]

화폐를 가장 넓게 정의한 개념이 유동성인데, 한국은행은 유동성지표를 금융기관유동성(Lf)과 광의유동성(L)의 두 가지로 구별한다. Lf는 다음과 같이 측정된다.

> Lf(금융기관유동성)= M2 + 유동성금융채권[11]

가장 넓은 의미의 화폐개념인 광의유동성(L)은 다음과 같이 정의된다.

> L(광의유동성)= Lf + 정부 및 기업 등이 발행한 유동성 금융상품[12]

---

10) 저축성예금은 다음과 같다. 만기 2년 미만 정기예.적금 및 부금 +시장형 상품 + 실적배당형 상품 + 금융채 + 기타(투신증권저축 + 종금사 발행어음)

11) 유동성금융채권은 다음과 같다. 만기 2년 이상 정기예.적금 및 금융채 + 증권금융 예수금 + 생명보험회사(우체국포함) 보험계약준비금

12) 정부 및 기업 등이 발행한 유동성 금융상품에는 다음과 같은 것이 있다. 증권회사 RP, 여신전문기관의 채권, 예금보험공사채, 자산관리공사채, 자산유동화전문회사의 자산유동화증권, 국채, 지방채, 기업어음, 회사채 등이다.

우리나라의 최근의 몇 가지 통화지표를 비교해 보면 〈표 13 - 1〉과 같다.

표 13-1   우리나라 통화지표(2022년말, 단위 : 원)

현금통화	본원통화	M1	M2	Lf
163조6,660억	263조9,078억	1240조3,762억	3810조0,828억	5195조4,866억

* 자료 : 한국은행
 본원통화 = 현금통화 + 중앙은행의 대 예금취급기관 부채 등

2. 화폐의 기능

화폐가 존재하기 때문에 물물교환의 불편함과 비용을 절약할 수 있게 되었다. 물물교환에서는 서로 상대방이 원하는 것을 가진 사람이 만나야 거래가 가능하다. 따라서 물물교환에서는 거래가 매우 어렵게 이루어진다. 그러던 중 화폐가 사용됨으로 인해서 거래비용(transaction cost)이 크게 절감되어 거래가 활성화되고 분업에 따른 이익을 누릴 수 있게 되었다. 화폐는 거래 혹은 부채상환시에 일반적으로 수용되는 지불수단이므로 다음과 같은 기능을 하고 있다.

교환의 매개수단(the medium of exchange) : 재화나 서비스를 구입할 때 구매자는 화폐를 지불한다. 화폐는 재화를 판매하는 누구나 수용하므로 물건을 사러 갈 때 화폐만을 준비하여 간다. 화폐의 이런 기능으로 인해 거래는 매우 간편하게 되고 비용이 절감되었다.

계산의 단위(the unit of account) 혹은 **가치의 척도**(standard of value) : 모든 재화와 서비스의 가격은 화폐단위로 표시된다. 사과 한 상자의 가격을 귤 두 상자, 쌀 5kg 등으로 표시할 수 있지만 모든 재화와의 교환비율을 표시하는 것은 매우 혼란스러울 것이다. 화폐가 일반적인 지불수단이므로 모든 재화의 가격과 채권과 채무의 가치는 화폐단위로 표시되는 것이다. 하나의 단일한 계산의 단위 혹은 가치의 척도가 있다는 것은 경제적 계산을 매우 편리하게 해 준다.

가치의 저장수단(a store of value) : 사람들은 재산이 있을 경우에 다양한 형태의 자산으로 보유한다. 토지, 건물 등의 실물자산이나 채권, 주식 등의 금융자산을 보유하기도 하는데, 이런 자산으로부터는 수익이 발생한다. 그런데 사람들은 화폐로부터 아무런 수익도 얻지 못함에도 불구하고 화폐는 언제라도 다른 재화를 구입하는데 사용할 수 있으므로 화폐형태로 자산을 보유한다. 화폐는 언제든지 다른 재화와 교환할 수 있는 편리성 때문에 가치의 저장수단으로 보유되지만, 물가변동에 의해서 화폐의 가치가 변화하므로 화폐보유에도 위험이 따르며, 수익이 발생하지 않는다는 한계가 있다. 재산을 어떤 형태의 자산으로 보유할 것인가를 의미하는 자산의 구성은 각 자산의 수익성, 안전성, 유동성 등을 고려하여 결정된다.

3. 화폐의 발달과정

경제생활을 영위하는 사람들의 필요성에 따라 화폐는 다양한 형태로 변화해 왔다. 예를 들면 중국 하(夏)나라에서 사용했던 동전, 북미 인디언의 목걸이 모양의 완펌(wampum), 남태평양의 작은 섬 야프(Micronesia Yap)의 커다란 돌 바퀴 등이 화폐로 사용되었으며, 2차 세계대전의 포로수용소에서는 담배가 화폐로 사용되었다. 이와 같이 화폐는 문자와 언어와 같이 인간생활의 필요성에 따라 발달되어 왔다.

물품화폐(commodity money) : 물품화폐는 물물교환의 불편함을 없애기 위해 생활주변에서 사용하고 있는 물품을 화폐로 사용하는 것을 말한다. 자급자족의 생활에서 생산력의 발달로 잉여생산물이 발생하고 상호 필요성에 따라 물물교환이 이루어지면서 교환의 매개물로 물품이 사용되었다. 예를 들면 어업지역에서는 조개, 농경지역에서는 곡식, 수렵지역에서는 동물의 뿔이나 가죽을 화폐로 이용하였다.

금속화폐 : 물품화폐는 가분성, 동질성, 내구성, 휴대의 편리성 면에서 여러 가지

불편한 점이 많았다. 이에 따라 금속제련 기술이 발달되면서 금속화폐가 등장하였다. 초기의 금속화폐는 귀금속의 순도와 무게를 거래할 때마다 직접 측정하여 사용하던 칭량화폐의 형태였다. 그러다가 일정한 양의 금속을 소재로 하여 금속편에 양과 질을 보증하는 각인을 찍어 사용하는 화폐로서 오늘날의 동전과 같은 주조화폐가 등장하였다. 금과 같은 물품은 소재가치가 높아 화폐로 이용하는데 사회적 기회비용이 높다. 따라서 소재가치가 낮은 물품을 찾는 과정에서 은화와 동전이 출현하였다.

지폐와 신용(예금)화폐 : 지폐는 금속화폐에 비해 휴대하기 편리하고 소재가치와 사회적 비용이 상대적으로 낮아 교환의 매개수단으로 널리 사용될 수 있다. 지폐는 일종의 명목화폐이며, 우리나라의 경우 한국은행권이 법으로 강제통용권을 부여받아 통용되는 법화(legal tender)이다.

전자화폐 : 컴퓨터 및 통신기술이 발달하면서 전자자금이체제도(electronic funds transfer system: EFTS)를 이용해 결제할 수 있는 화폐가 등장하여 일반화되고 있다. 이 제도는 전자통신을 이용해 거래 쌍방의 은행계좌간 자금을 이체하는 방식으로 모든 지급이 이루어진다.

13-2 화폐의 공급과 금융정책

1. 중앙은행

대다수의 국가에는 지폐와 주화를 독점적으로 발행하고 화폐량을 조절하며 화폐제도의 운영에 책임을 지는 중앙은행이 존재한다. 우리나라의 중앙은행으로 한국은행(Bank of Korea)이 있고, 미국에는 연방준비제도(Federal Reserve System), 일본에는 일본은행(Bank of Japan) 등이 있다.

한국은행은 1950년에 제정된 한국은행법에 의해 설립되었으며, 정부기관이 아니지만 정부기관과 유사하며, '무자본특수법인'으로서의 지위를 가지고 있다. 한국은행의 정책결정기관은 금융통화위원회인데, 한국은행 총재를 포함한 7명의 위원으로 구성되며 중요한 통화신용정책을 결정한다. 미국의 연방준비제도를 운영하는 기구는 연방준비제도이사회(Federal Reserve Board of Governers)인데, 한국과 마찬가지로 7명의 이사로 구성되어 있다. 미국의 중요한 통화신용정책은 연방공개시장위원회(Federal Open Market Committee : FOMC)에서 결정된다. 이 위원회는 7명의 연방준비제도이사들과 전국에 흩어져 있는 12개 연방준비은행의 총재들 가운데 5명이 1년씩 돌아가면서 참석하여 총 12명의 위원으로 구성된다. 그런데 5명의 총재들 가운데 위상이 높은 뉴욕 연방준비은행 총재는 항상 참석한다. 한국은행은 다른 나라의 중앙은행과 마찬가지로 다음과 같은 중요한 역할을 하고 있다.

발권은행 : 한국은행은 유일하게 화폐를 발행하는 기관이다. 한국은행이 발행한 지폐에 한국은행권이라고 인쇄되어 있으며, 한국은행법은 "한국은행권은 대한민국내의 유일한 법화로서 공사일체의 거래에서 무제한적으로 통용된다"고 정하고 있다. 한국은행은 화폐량을 조절하여 화폐가치를 적정하게 유지한다.

은행의 은행 : 한국은행은 개인이나 기업과 금융거래를 하지 않는다. 한국은행은 일반은행(혹은 상업은행)으로부터 예금을 받고 대출을 해 준다. 일반은행이 긴급하게 자금을 필요로 할 경우에 한국은행으로부터 긴급대출을 받을 수도 있다.

정부의 은행 : 한국은행은 우리나라의 국고금의 공적 예수기관으로서 정부의 조세수입을 관리하고 지출하는 업무를 하며, 또한 정부가 국채를 발행하는 업무를 담당한다. 그리고 정부에 대해서 국채인수 혹은 대출형식으로 자금을 지원하기도 한다.

외국환업무 : 한국은행은 외국환과 관련된 업무를 하며 우리나라의 외환보유고를 보유하고 관리한다. 그리고 정부의 환율정책에 대해서도 협의하며, 국제통화기구와의 관계에서 정부를 대표한다.

통화신용정책의 결정 : 한국은행은 금융통화위원회의 결정에 따라 이자율, 통화량 등을 조절하여 물가의 안정과 경기조절을 도모한다.

2. 통화량의 결정

협의의 화폐 개념인 통화량은 경기와 물가 등에 큰 영향을 미친다. 이러한 통화량은 어떤 과정에 의해서 결정되는가? 통화량은 먼저 중앙은행이 발행하는 **본원통화**(monetary base 혹은 high-powered money, 고성능통화)와 이를 바탕으로 하여 일반은행에서 창출되는 요구불예금에 의해서 결정된다. 본원통화란 중앙은행의 창구를 통해서 흘러나온 화폐를 말한다. 중앙은행의 창구를 통해 나온 화폐는 주로 두 가지 방식으로 보유된다. 민간이 보유하는 민간보유현금과 일반은행이 보유하는 준비금이며, 은행이 보유하는 준비금은 은행의 시재금과 중앙은행에 예치된 지급준비금의 합이다. 그러므로 본원통화의 양은 다음과 같이 계산된다.

> 본원통화 = 민간보유현금 + 은행의 시재금 + 지급준비예치금
> = 화폐발행액 + 지급준비예치금

본원통화는 중앙은행이 민간과 일반은행에 대해서 지고 있는 부채이다. 본원통화의 일부는 은행에 예금되며, 일반은행은 은행에 입금되는 예금을 바탕으로 하여 **신용창조**(credit creation)를 하여 본원통화 이상으로 통화량을 증대시키는 역할을 한다. 〈그림 13-1〉은 일반은행의 신용창조를 설명해준다. 예를 들어 갑이 A은행에 100만원을 요구불예금 형태로 예금했다고 하자. 이 경우에는 현금통화가 100만원 줄고 예금통화가 100만원 늘어나므로 통화량의 변화는 없다. 그러나 일반은행은 늘어난 지급준비금을 그냥 놀리지 않고 대출한다. 중앙은행이 정한 지급준비율이 10%이면 A은행은 10만원을 제외한 90만원을 을에게 대출할 수 있다. 그러면 갑의 계좌에 100만원의 요구불예금이 기록되어 있

고, 을은 대출받은 90만원을 인출하거나 자신의 요구불예금 통장에 입금하므로 통화량이 90만원 증가하는 것이다. 신용창조의 과정은 이에 그치지 않고 계속된다. 을이 대출받은 90만원을 인출하여 B은행에 예금하면 B은행은 지불준비금 10%, 즉 9만원을 제외한 나머지 금액 81만원을 병에게 대출한다. 그러면 또다시 81만원의 요구불예금 증가로 통화량이 그만큼 증가한다. 이러한 과정이 무한히 계속되어 100만원의 **본원적 예금**, 즉 현금유입이 있는 예금을 바탕으로 창출되는 모든 요구불예금은 다음과 같은 식에 의해서 계산된다.

$$총요구불예금 = 100만원 + 100만원 \times 0.9 + 100만원 \times 0.9 \times 0.9 + \cdots\cdots$$
$$= 100만원 \times 1/0.1 = 1,000만원$$

100만원의 본원적 예금을 바탕으로 창출되는 총요구불예금은 1,000만원에 달한다. 위 식에서 보는 것처럼 법정지급준비율이 낮을수록 창출되는 요구불예금의 총액은 증가한다. 위 식에서 (1/지급준비율)을 **신용승수**(credit multiplier)

A 은행의 대차대조표

자 산	부 채
현금유입 100만원 (지급준비금 10만원 대출금 90만원)	요구불예금 100만원

통화량은 원래 100만원이었으나 A 은행이 90만원을 대출함으로써 차입자의 요구불예금이 90만원 증가하거나 그 금액이 현금으로 인출되어 통화량이 190만원으로 증가하며, 이 과정이 계속된다.

B 은행의 대차대조표

자 산	부 채
현금유입 90만원 (지급준비금 9만원 대출금 81만원)	요구불예금 90만원

🔵 그림 13-1 **일반은행의 신용창조**

혹은 **예금승수**라고 한다. 위의 예는 대출된 금액이 다시 전체은행조직에 예금되는 경우를 가정한 것인데, 현실에서는 이만큼 많이 신용창출이 이루어지기는 어려우며 이론상 가능한 금액을 가리킨다.

3. 통화량 변화가 경제에 미치는 영향

통화량이 변화하면 거시경제에 어떤 영향을 미치나? 예를 들어 중앙은행이 본원통화를 증가시키면, 통화량은 증가한다. 통화량이 증가하면 가계와 기업은 필요 이상의 화폐를 가지게 되므로 그 여분의 화폐를 여러 가지 방식으로 처분한다. 그것을 바로 소비에 지출할 수도 있고, 은행에 예금하거나 채권을 구입할 수도 있다. 혹은 주식 매입에 사용하거나 부동산 등 실물자산을 매입하는데 사용할 수도 있다. 증가된 통화량 가운데 일부가 소비지출에 사용되면 직접적으로 그만큼 총수요가 증가한다. 은행에 예금되거나 채권구입에 사용되면 자금공급이 증가하므로 이자율은 하락하고 소비증가와 투자증가로 귀결된다. 그리고 주식매입에 사용된다면 주가상승으로 기업의 자금조달이 원활하게 되고 추가적인 투자가 기업에게 유리하므로 투자가 증가한다.

이런 경로를 통해서 통화량의 증가는 소비와 투자를 증가시키므로 총수요의 증대가 초래된다. 총수요의 증가는 경기활성화와 물가상승을 초래한다. 반면에 통화량의 감소는 소비와 투자의 감소, 총수요의 감소를 초래하여 경기의 둔화와 물가의 하락 혹은 안정이 발생한다. 중앙은행은 경기상황과 물가를 고려하여 통화량을 조절한다.

4. 통화량의 조절수단

중앙은행이 통화량을 적절한 수준으로 조절하는 수단에는 보통 다음의 세 가지 방식이 있다.

공개시장조작(open market operation) : 중앙은행이 민간과 금융기관을 대상으로 하여 국채와 기타 유가증권을 사거나 파는 것을 말한다. 중앙은행이 국채를 매각하면 민간으로부터 현금통화를 거두어들이는 효과가 생기며 신용창출에 영향을 미쳐 통화량은 현금통화의 감소분보다 더 감소한다. 그리고 채권가격의 하락으로 인해서 이자율은 상승한다. 반면에 중앙은행이 국채를 매입하면 현금통화와 통화량이 증가하고 이자율은 하락한다.

지급준비율정책(required reserve ratio policy) : 중앙은행은 법정지급준비율을 변화시켜서 통화량을 조절한다. 원래 중앙은행이 법정지급준비금을 중앙은행에 예치하도록 한 것은 일반은행이 예금자의 인출요구에 차질 없이 응할 수 있도록 함이었는데, 점차 중앙은행은 법정지급준비율을 변화시켜서 통화량의 조절에 중요한 수단으로 활용하게 되었다. 중앙은행이 법정지급준비율을 인상하면 은행의 초과지급준비금이 감소하여 은행의 대출여력이 감소하므로 통화량은 감소한다. 반대로 법정지급준비율을 인하하면 통화량은 증가한다.

재할인정책(discount policy) : 일반은행이 중앙은행으로부터 돈을 빌릴 때 적용되는 이자율이 재할인율이다. 보통 중앙은행으로부터의 차입은 일반은행이 고객에게 할인해 준 어음을 중앙은행에 다시 할인받는 형식을 취하므로 재할인이라고 불리게 되었다. 중앙은행이 재할인율을 인상하면 자금조달비용이 상승하여 일반은행은 중앙은행으로부터의 차입을 줄이게 되므로 초과지급준비금이 감소하여 통화량 역시 감소한다. 반면에 재할인율이 하락하면 은행의 중앙은행으로부터의 차입이 증가하여 통화량은 증가한다.

중앙은행은 위의 세 가지 수단을 사용하여 통화량과 이자율을 조정하여 거시경제의 안정을 도모한다. 이것을 **금융정책**(monetary policy) 혹은 통화정책이라고 한다.

5. 금융정책의 효과

금융정책의 효과에 대해서 학자들 사이에 견해 차이가 크다. 케인스와 케인스학파 경제학자들은 금융정책은 거의 효과가 없다고 주장하였다. 통화량을 증가시켜도 이자율이 거의 하락하지 않으므로 투자도 별로 증가하지 않으며, 따라서 통화량 증가가 총수요에 미치는 영향은 미미하다는 것이다. 그들은 이 현상을 **유동성함정**(liquidity trap)이라고 하였다. 반면에 통화주의자들은 통화량 증가는 직접적으로 소비와 투자를 증가시키므로 총수요 증가를 초래한다고 주장하면서 금융정책의 유효성을 주장하였다. 약간의 차이는 있으나 지금은 양측의 견해 차이가 좁혀져서 금융정책의 효과를 모두 인정하고 있다.

〈그림 13 - 2〉는 금융정책의 효과를 설명한다. 경기가 불황국면이어서 소득이 감소하고 실업이 증가하면 중앙은행은 위에서 살펴본 공개시장조작, 지급준비율정책, 재할인정책 등으로 통화량을 증가시킨다. 이러한 확장적 금융정책은 총수요를 증가시킨다. 반면에 경기가 지나치게 호황이어서 인플레이션이 진행되면 중앙은행은 통화량을 감소시키는 긴축금융정책을 통해 총수요를 감소시킨다. 금융정책의 효과를 그림을 통해서 살펴보면 다음과 같다. 정부가 확장적 금융정책을 실시하면 총수요곡선이 우측으로 이동하여 물가상승과 실질 GDP의 증가가 초래되고, 긴축금융정책의 경우에는 물가하락과 실질 GDP의 감소가 발생한다.

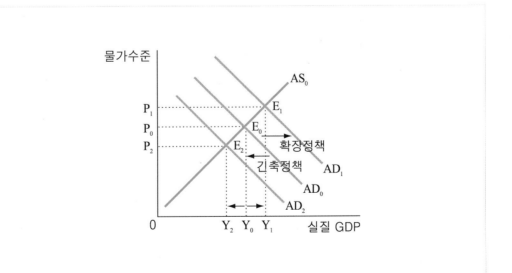

🔸 **그림 13-2 금융정책의 효과**

13-3 금 융

1. 금융의 기능과 기업의 자금조달

금융(finance)이란 여유자금을 가진 경제주체가 자금을 필요로 하는 경제주체에게 일정 기간 동안 자금을 빌려주는 현상을 말한다. 이때 자금의 공급자는 자금을 빌려주는 대가로 이자나 배당을 받는다. 수입보다 지출이 적은 주체는 여유자금을 가지고 있어서 자금의 공급자가 되고 수입보다 지출이 많은 주체는 자금의 수요자가 된다. 자금의 공급자는 주로 가계이고, 자금의 수요자로서는 가계, 정부도 될 수 있으나 주로 기업이다. 가계는 자녀 학자금, 결혼자금, 주택자금 등이 모자라서 자금을 빌리기도 하고, 정부도 재정적자가 발생할 경우에 국채를 발행하여 민간이나 중앙은행으로부터 자금을 빌리지만, 최대의 자금수요자는 투자자금을 필요로 하는 기업이다. 단순화하면 금융이란 가계의 여유자금(저축)이 기업의 투자자금으로 연결되는 현상이라고 할 수 있다. 저축이 투자로 잘 연결되어야 자본량이 증가하여 생산능력이 증대되고 경제성장이 이루어진다. 그러므로 금융이란 국민경제에서 매우 중요한 기능을 한다.

금융시장은 자금이 거래되는 시장이다. 금융시장은 자금의 공급자와 수요자, 그리고 양자를 연결시켜주는 금융기관과 증권이 거래되는 거래소로 구성된다. 이 시장에서 거래되는 상품, 즉 금융상품은 각종 증권(금융수단이라고도 함)이다. 자금의 최대 수요자인 기업은 필요한 자금을 여러 가지 방법으로 조달한다.

먼저, **주식**(stock)을 발행하는 방법이 있다. 주식은 기업의 소유권에 대한 지분을 나타낸다. 주식을 소유한 주주는 지분의 비율만큼 주주총회에서 의결권을 행사할 수 있고 기업의 이윤이 발생하면 배당을 받을 권리를 가진다. 기업은 주식을 발행하며 증권시장을 통해 매각하여 여유자금을 가진 투자자의 자금을 끌어들일 수 있다. 주식발행에 의한 자금조달의 장점은 상환의무가 없는 자기자본의 조달이라는 점이다. 그러나 대주주의 입장에서 볼 때 기업에 대한 지배력이 약화될 수 있다는 단점이 있다.

둘째, 기업은 채권(bond)을 발행하여 매각함으로써 자금을 조달할 수 있다. 채권은 정부, 공공기관, 금융기관, 기업 등이 발행하며 기업이 발행하는 채권을 회사채라고 한다. 기업은 채권을 발행하여 거액의 자금을 조달할 수 있으며, 만기에 원금과 이자를 지급한다. 금융기관으로부터 차입하지 않고 채권을 발행하여 자금을 조달할 수 있는 기업은 비교적 신용도가 높은 기업이다. 주식과 채권은 바로 증권거래소에서 거래되므로 이러한 방법에 의한 자금조달을 직접금융이라고 한다.

셋째, 은행, 보험회사 등의 금융기관으로부터 **차입**(loan)하는 방법이 있다. 은행은 예금자로부터 비교적 낮은 이자율로 여유자금을 조달하여 자금을 필요로 하는 기업이나 가계에 비교적 높은 이자율로 대출하여 예금이자율과 대출이자율의 차이를 수익으로 갖는다. 은행은 기업에 대출하기 전에 투자계획을 면밀히 심사하여 기업의 수익성과 상환가능성을 검토한 후 대출을 결정한다. 보험회사도 보험상품을 판매하여 조성한 자금을 기업이나 가계에 대출한다. 이와 같이 금융중개기관을 통하여 자금이 거래되는 것을 간접금융이라고 한다.

2. 금융자산의 선택

여유자금이나 재산을 가진 사람은 그것을 어떤 형태로 보유할 것인가를 선택해야 한다. 선택가능한 자산은 크게 부동산 등의 실물자산과 금융자산으로 나눌 수 있다. 금융자산에는 주식, 채권, 예금증서, 보험증서, 수익증권 등이 있다. 금융자산은 모두 자금을 빌리는 경제주체가 발행한 증권이며, 그것을 매입한 사람은 자금을 빌려주는 자이므로 원금과 함께 이자나 배당을 얻을 수 있다. 그러나 금융자산은 실물자산과 마찬가지로 가격변동의 위험이 있기 때문에 금융자산의 선택에는 신중을 기하여야 한다.

첫째, 주식을 매입하는 사람은 배당과 함께 주가상승을 통한 자본이득을 기대한다. 주식가격은 매우 심하게 변동한다. 주식가격에 영향을 미치는 중요한 요인은 이자율, 통화량, 경기변동 등이다. 이자율이 하락하면 주가는 상승하는 경향이 있고, 통화량의 증가도 주가상승을 초래한다. 경기가 호전될 것이 기대되면 주가가 상승한다. 주가가 상승하면 자본이득을 얻으나 주가가 하락하면 자본손실이 발생한다. 주가는 매우 변동성이 높아서 큰 이익을 얻을 수도 있으나 엄청난 손실을 볼 수도 있으므로, 주식에 투자하는[13) 사람은 철저히 분산 투자하여 위험을 줄여야 한다. 일확천금을 기대하는 것은 도박에 다름 아니다. 그리고 주주는 기업이 파산할 경우, 모든 채무를 변제한 후 남은 자산에 대하여만 청구권이 있으므로 주식의 가치가 휴지조각으로 변할 가능성도 있다. 보통 성장 가능성이 높은 기업의 주식에 장기적으로 투자하는 방식이 권장된다. 주식투자에는 상당한 수준의 금융지식과 경험이 필요하다는 점에 유의할 필요가 있다.

둘째, 채권은 만기에 액면에 기록된 원리금을 지급하는 증권이다. 그러므로 채권의 가격은 그리 크게 변동하지는 않는다. 채권가격을 변동시키는 요인은 이자율이다. 이자율이 하락하면 채권가격은 오르고 이자율이 상승하면 채권가격은 내린다. 그러므로 채권에 투자하는 투자자는 이자율의 변동에 유의할 필요가 있다. 앞으로 이자율이 오를 가능성이 있으면 채권가격이 하락할 가능성이 있으므로 채권매입을 연기하는 것이 바람직하다. 그리고 채권을 발행한 기관의 신용도를 살펴서 상환가능성을 면밀히 검토하여야 한다. 채권의 소유자는 기업이 청산될 경우에 주식보다 우선적으로 변제받을 권리가 있다. 채권은 주식보다 위험성이 작으므로 주식과 채권에 분산 투자하는 것이 바람직하다.

셋째, 은행이나 다른 저축기관에 예금하는 방법이 있다. 예금은 가장 안정적인 금융자산이다. 대부분의 예금은 예금보험공사에 의해서 1인당 금융기관마다 5,000만원까지 지급보증을 받는다. 반면에 수익률은 낮은 편이다. 은행보다 저축은행과 신용협동조합의 예금이자율이 조금 더 높으나 신용도가 낮으므로 거액을 이런 금융기관에 예금하는 것은 위험할 수도 있다.

넷째, 주식이나 채권을 직접 매입하는 것에는 상당한 경험과 지식이 필요하고 커다란 위험이 따르므로 투자증권회사가 발행하는 수익증권을 매입하는 방법이 보다 안전한 방법이다. 투자증권회사는 수익증권 발행을 통해서 자금을 모아 전문적인 투자기법을 활용하여 투자수익을 내어 투자자에게 돌려준다. 투자증권회사는 수수료를 받아 수익을 얻는다.

---

13) 여기서 말하는 투자개념은 실물자본재의 구입이라는 경제학적인 투자개념이 아니라 개인의 입장에서 장래의 수익을 기대하고 어떤 형태의 자산이든지 취득하는 것을 말한다.

다섯째, 우리의 일상생활은 여러 가지 위험으로 둘러싸여 있다. 생명의 상실 위험, 질병의 위험, 직업 상실의 위험, 화재의 위험, 사고와 상해의 위험 등 여러 가지 위험이 존재한다. 막상 이런 일을 당하면 당사자는 커다란 경제적 곤경에 처하게 된다. 그러므로 이런 위험을 분산하여 다수의 가입자가 조금씩 내는 보험료로 소수의 곤경에 처한 사람을 돕는 보험제도가 발생하였다. 정부가 주도하는 사회보험 이외에 민간보험회사가 운영하는 생명보험, 화재보험, 자동차보험, 연금보험 등이 있어서 여기에 가입하여 위험에 대비할 수 있다. 보험회사는 보험료 수입으로 조성된 자금을 대출하거나 투자하여 수익을 올린다.

13-4　화폐수요와 이자율 결정원리

1. 화폐수요

　　중앙은행과 일반은행에 의해 공급된 화폐는 누군가에 의해 보유된다. 그것은 바로 가계와 기업이다. 화폐를 보유하면 수익이 발생하지 않는데도 불구하고 왜 사람들은 화폐를 보유하는가? 화폐를 보유하면 재화와 서비스를 구입하려고 하거나 부채를 상환하려고 할 때 즉시 사용할 수 있어서 매우 편리하다. 거시경제학의 초석을 놓은 경제학자인 케인스는 사람들이 화폐를 보유하는 동기를 세 가지로 나누어 설명하였다.

거래적 동기(transaction motive) : 사람들은 가까운 시간 내에 지출할 금액은 현금이나 요구불예금 형태로 보유한다. 곧 지출할 금액을 다른 자산으로 보유한다면 그것을 필요시에 현금화하기가 매우 번거롭고 수익률도 낮아서 실익이 없다. 따라서 사람들은 어느 정도의 금액은 현금이나 요구불예금의 형태로 보유한다. 거래적 동기의 화폐수요는 일반적으로 각 개인의 명목소득에 비례한다. 물가가 상승하거나 실질소득이 증가하여 명목소득이 증가함에 따라 이러한 동기의 화폐수요도 증가한다.

예비적 동기(precautionary motive) : 미래는 늘 불확실하다. 위험이 닥칠 수도 있고 예기치 않은 기회가 찾아오기도 한다. 질병이나 사고를 당할 경우에 화폐가 긴급하게 필요할 수가 있다. 그리고 어떤 기회에 원하는 좋은 물건을 발견하게 될 경우, 화폐가 없으면 그 기회를 놓치게 되어 낭패를 당한다. 이런 경우에 대비하여 사람들은 어느 정도의 현금과 요구불예금을 보유한다. 예비적 동기에 의한 화폐수요도 명목소득수준에 비례하는 것으로 알려져 있다.

투기적 동기(speculative motive) : 케인스는 화폐가 교환의 매개수단 역할 뿐 아니라 가치저장 수단으로서의 기능도 가지고 있음을 지적하였다. 다시 말해 사람들은 위에서 말한 거래적 동기와 예비적 동기에 의한 화폐보유 이외에 추가적으로 더 많은 화폐를 보유한다는 것이다. 화폐를 보유하면 수익률이 0인데 왜 불필요한 여분의 화폐를 보유하는 것일까? 그것은 화폐의 수익률이 0이지만 다른 자산의 수익률이 0보다 더 낮을 수도 있기 때문이다. 케인스가 예로 든 것처럼 선택할 수 있는 자산의 종류에 화폐와 채권 두 가지만 있다고 하자. 이자율이 높은 경우에 채권을 보유하면 높은 이자와 함께 앞으로 이자율이 하락할 때의 채권가격 상승이익을 모두 기대할 수 있으므로 채권을 보유하는 것이 화폐를 보유하는 것보다 유리하다. 채권가격은 채권에서 발생하는 이자수익의 현재가치이므로 채권가격과 이자율은 서로 상반관계에 있다. 만기가 없는 영구채권의 가격은 다음과 같은 식에 의해서 결정된다. 이 식에서 채권가격과 이자율은 서로 반비례 관계에 있음을 알 수 있다.

$$채권가격 = \frac{금기의\ 이자수익}{이자율/100}$$

이자율이 낮은 경우에는 이자수익도 적은데다가 앞으로 이자율이 올라갈 경우에 채권가격 하락으로 인한 자본손실 발생의 가능성이 높으므로 채권보유의 기대수익률은 0보다 더 낮을 수 있다. 그러므로 이자율이 낮을 때, 사람들은 채권보다 화폐를 보유하려고 한다. 그러므로 투기적 동기의 화폐수요는 이자율과 역의 관계에 있다. 즉 이자율이 높을 때 투기적 화폐수요는 적고 이자율이 낮을 때 투기적 화폐수요는 많다.

위의 세 가지 동기에 의한 화폐수요를 종합하면 다음과 같은 식으로 나타낼 수 있다.

Md(화폐수요) = kPy(거래적 및 예비적 화폐수요) + L(i)(투기적 화폐수요)
(k : 비율을 나타내는 상수, Py : 명목소득, i : 이자율)

위의 식은 화폐수요는 명목소득에 비례하는 거래적 및 예비적 수요와 이

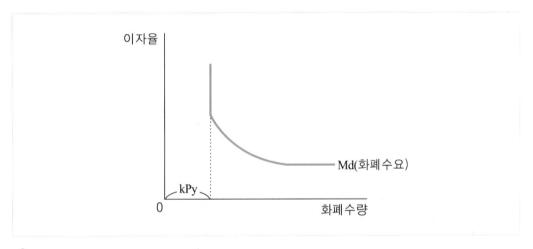

🌀 그림 13-3 **화폐수요곡선**

자율과 역의 관계에 있는 투기적 화폐수요의 두 부분으로 구성되어 있음을 보여준다. 화폐수요곡선을 그림으로 나타내면 〈그림 13 - 3〉과 같다. 화폐수요곡선은 우하향곡선이다.

2. 이자율의 결정

자금을 빌려 쓰는 대가로 지급하는 금액이 이자이다. 이자율은 일정 기간 동안에 지급한 이자를 원금으로 나눈 값에 100을 곱한 것이다. 100만원의 자금을 1년간 빌려 쓴 대가로 원금 이외에 10만원을 이자로 지급한다면 이자율은

연 10%이다. 이자율은 단일한 것이 아니라 아주 싼 정책금리부터 연 100~200%에 달하는 사채시장의 고리대도 있다. 이자율이 높으면 자금을 빌린 측의 부담이 그만큼 늘어난다. 이자율은 저축, 투자, 소비, 국민소득 등의 거시경제변수에 중요한 영향을 미치며, 주식과 채권, 그리고 부동산 등의 자산가격에도 영향을 미치는 매우 중요한 경제변수이다.

$$이자율 = \frac{이자}{원금} \times 100$$

이자율은 상환의 위험 등에 따라 크게 차이가 나지만 기준이 되는 이자율을 상정할 수 있다. 이 이자율은 어떻게 결정되는가?

이자율의 결정을 설명하는 중요한 이론에는 제7장에서 살펴본 **대부자금설**과 케인스의 **유동성선호설**이 있다. 이 두 이론은 모두 맞는 이론이지만 어느 측면에서 설명한 것인가에 따라서 두 가지 이론으로 나누어진 것이다. 대부자금설은 자금시장의 수요와 공급이 일치하는 수준에서 이자율이 결정된다고 한다. 반면에 케인스의 유동성선호설에 따르면 화폐의 수요와 공급이 일치하는 데서 이자율이 결정된다고 한다. 〈그림 13 - 4〉가 유동성선호설에 따른 이자율 결정원리

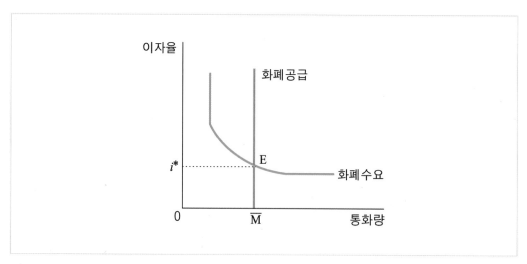

그림 13-4 **이자율의 결정**

를 설명하고 있다. 화폐의 공급은 중앙은행과 일반은행에 의해서 외생적으로 결정되므로 화폐공급곡선은 수직선이다. 반면에 화폐수요곡선은 이자율과 역의 관계에 있으므로 우하향곡선이다. 이 두 곡선이 만나는 점에서 이자율이 결정된다. 중앙은행이 통화량을 증가시키면 이자율은 하락하고 통화량을 줄이면 이자율은 상승한다.

3. 이자율의 영향

이자율은 경제전체에 매우 큰 영향을 미친다. 이자율은 투자와 소비에 영향을 미치며, 환율에도 영향을 준다. 그리고 자산가격에도 큰 영향을 미친다. 한국은행은 금융기관간의 초단기 금리인 **콜금리**(call rate)를 금융정책의 목표변수로 삼고, 그것을 조절하여 시장금리에 영향을 준다. 이에 따라 예금금리와 대출금리가 변한다. 이자율이 변화할 경우에 나타나는 중요한 결과를 살펴보면 다음과 같다.

투자와 소비 : 이자율이 하락하면 투자와 소비가 증가하여 총수요도 증가한다. 그 결과 물가상승과 실질 GDP의 증가가 초래된다. 이자율은 거시경제에 큰 영향을 미치는 경제변수인 것이다.

자산가격 : 이자율이 하락하면 어떤 자산으로부터 예상되는 수익을 현재가치로 환산하는 할인율도 하락하므로 자산가격은 상승한다. 반면에 이자율이 상승하면 자산가격은 하락하는 경향이 강하다. 우리나라의 2000년 이후의 부동산가격 상승은 주로 저금리에 기인한 것으로 분석된다. 부동산가격뿐 아니라 주식이나 채권의 가격도 모두 같은 방향으로 변화하는 경향이 있다. 1980년대 후반 일본에서 저금리로 인해서 부동산가격과 주식가격이 급등하였다. 이에 놀란 일본은행의 급격한 금리인상과 일본정부의 부동산세제 강화는 1990년대 내내 거품붕괴와 이로 인한 장기불황을 초래하였다.

환율 : 이자율이 상승하면 외국자본이 유입되어 외환공급이 증가하므로 환율이 하락하여 자국화의 가치가 상승한다. 즉 평가절상이 이루어지고, 이로 인해 수출이 감소하고 수입은 증가한다. 반면에 이자율이 하락하면 환율이 상승하여 평가절하가 초래된다.

중요 용어

• 화폐	• 통화량(M1)	• 협의통화(M1)
• 광의통화(M2)	• 본원통화	• 총통화(M2)
• 유동성	• 교환의 매개수단	• 계산의 단위
• 가치의 저장수단	• 중앙은행	• 발권은행
• 외국환업무	• 지급준비예치금	• 공개시장조작
• 지급준비율정책	• 재할인정책	• 금융정책
• 화폐수요	• 거래적 동기	• 예비적 동기
• 투기적 동기	• 대부자금설	• 유동성선호설
• 콜금리		

참고 자료
● 한국은행법

우리나라 통화신용제도 운영에 전반적인 책임을 지는 한국은행의 특징을 이해하기 위해서 한국은행법의 핵심적인 부분을 소개한다.

[일부개정 2006. 10. 4]

【제1조(목적)】이 법은 한국은행을 설립하고 효율적인 통화신용정책의 수립과 집행을 통하여 물가안정을 도모함으로써 국민경제의 건전한 발전에 이바지함을 목적으로 한다.

【제2조(법인격)】한국은행은 무자본특수법인으로 한다.

【제3조(한국은행의 중립성)】한국은행의 통화신용정책은 중립적으로 수립되고 자율적으로 집행되도록 하며, 한국은행의 자주성은 존중되어야 한다.

【제4조(정부정책과의 조화)】1)한국은행의 통화신용정책은 물가안정을 저해하지 아니하는 범위 내에서 정부의 경제정책과 조화를 이룰 수 있도록 하여야 한다.

2)한국은행은 통화신용정책을 수행함에 있어서 시장기능을 중시하여야 한다.

【제5조(한국은행의 공공성, 투명성)】한국은행은 그 업무수행과 기관운영에 있어서 공공성과 투명성을 확보하도록 노력하여야 한다.

【제6조(통화신용정책 운영방향의 수립 등)】1)한국은행은 정부와 협의하여 물가안정목표를 정한다.

2)한국은행은 매년 통화신용정책 운영방향을 수립, 공표하여야 한다.

3)한국은행은 제1항의 규정에 의한 물가안정목표의 달성에 최선을 다하여야 한다.

－법제처－

제13장 연습문제

1. 화폐를 좁게 정의할 수도 있고 넓게 정의할 수도 있다. 화폐량의 몇 가지 측정 지표를 설명하라.

2. 거래에 있어서 신용카드로 지불하는 경우가 많다. 그런데도 신용카드가 화폐가 아닌 이유는 무엇인가?

3. 화폐의 세 가지 기능에 대해서 설명하라.

4. 중앙은행은 어떤 점에서 일반상업은행과 달리 독특한가?

5. 일반은행은 예금으로 유입되는 현금을 바탕으로 신용창조를 하여 통화량을 증가시킨다. 신용창조의 과정을 설명하라.

6. 중앙은행이 통화량을 조절하는 세 가지 정책수단에 대해 설명하라.

7. 기업이나 가계가 자금을 조달하는 방식과 각 방식의 장단점을 지적하라.

8. 자산을 운용하기 위하여 여러 금융자산을 취득하는데, 여기에는 주식, 채권, 예금, 수익증권, 보험 등이 있다. 이라한 자산의 장단점을 비교해 보라.

9. 물가가 상승하면 거래적 동기의 화폐수요는 어떻게 변동하는가?

10. 이자율은 우리의 경제생활에 많은 영향을 미친다. 이자율이 상승할 때의 영향을 설명하라.

11. 유동성선호설에 의한 이자율 결정에 대해 설명하라.

경제학의 이해

경제성장 및 발전

Chapter 14
경제성장 및 발전

　지구상에 있는 약 80억명의 인구 가운데 1인당 GNI(국민총소득)가 13,846달러 이상인 고소득국 인구는 20%가 채 되지 않는 13억명에 불과하다. 1인당 국민총소득이 1,035달러 이하인 저소득국 인구가 약 8.5억명이다. 국가별로 보면 1인당 국민소득이 125,000달러가 넘는 룩셈부르크 같은 나라가 있는가 하면 300달러 정도인 부룬디 같은 빈곤 국가들도 있다. 왜 어떤 국가에서는 소득수준이 높아서 풍요로운 생활을 누리고 건강, 교육, 주거 등 여러 면에서 높은 삶의 질을 향유하는데 반해 왜 다른 국가들은 소득수준이 매우 낮아서 빈곤 가운데 영양실조, 기근, 질병에 시달리고 있을까? 1인당 국민소득이 40,000달러가 넘는 선진국들은 주로 서유럽과 북아메리카, 오세아니아 국가들과 일본 등이다. 반면에 저소득국가들은 주로 아프리카와 남아시아 그리고 라틴아메리카에 있는 국가들이다.

　우리나라의 경우에 1960년대 초만 해도 1인당 국민소득이 80달러 정도에 지나지 않는 매우 빈곤한 나라였다. 수많은 어린이가 전염병과 영양실조로 어린 나이에 죽었고 회갑 때까지 사는 노인들이 극소수였다. 초등학교를 졸업하고 중학교에 진학한 학생들의 비율이 오늘날 대학원에 진학하는 학생들의 비율과 비슷할 정도였다. 이런 우리나라가 2022년 현재 1인당 국민소득이 33,590달러에 달하고 세계에서 9~12위의 경제력을 가지게 되었다. 평균수명과 대학진학률 등에 있어서 선진국들과 별 차이가 없을 정도이다. 이렇게 된 원인은 바로 경제성장이다. 경제성장이 이런 놀라운 결과를 초래하는 것이다.

경제발전이란 개발도상국에서 경제성장과 함께 산업구조가 선진화되고 소득불평등이 완화되며 빈곤이 감소하고 고용이 증가되어 국민들의 전반적인 생활수준이 향상되는 현상을 가리킨다. 이 장에서는 선진국 및 개발도상국의 경제성장 및 발전의 현황과 원인에 대해서 살펴본다.

14-1   선진국과 개발도상국

1. 경제성장과 경제발전

세계는 경제성장 및 발전의 정도에 따라 선진국과 개발도상국으로 분류된다. **경제성장**(economic growth)은 실질 GDP나 실질 GNI와 같은 실질국민소득이 증가하는 현상을 말한다. 이것은 수량적인 변화를 의미하며 어떤 질적인 변화도 배제된 의미이다. 경제성장률이 인구증가율보다 더 높으면 1인당 GDP가 증가하여 국민들의 평균적인 생활수준이 향상된다. 경제성장률은 금기의 GDP 증가분을 전기의 GDP로 나눈 값에 100을 곱하여 구할 수 있다. 예를 들어서 2022년의 경제성장률은 다음과 같은 식에 의해서 구해진다.

$$2022년\ 경제성장률$$
$$= \frac{2022년의\ 실질\ GDP - 2021년의\ 실질\ GDP}{2021년의\ 실질\ GDP} \times 100$$

한 나라의 1인당 GDP가 그 나라의 평균적인 생활수준을 나타내는 매우 간편한 지표인 것은 분명하나, 제9장에서 살펴본 바와 같이 GDP가 가지는 한계도 있다.

산업혁명 이후 영국 등 유럽 선진국들은 연간 경제성장률이 약 3%였고, 인구증가율이 약 1%였으므로 1인당 국민소득의 증가율은 대략 2% 정도였다. 그

🔖 표 14-1 각국의 평균 경제성장률

국 가	1990-2000	2000-2009	2010-2020*
중 국	10.6	10.9	7.2
아일랜드	7.7	4.0	6.2
베트남	7.9	6.8	6.2
싱가포르	7.2	6.0	4.9
말레이시아	7.0	5.1	4.4
인 도	6.0	7.6	5.4
한 국	6.2	4.4	2.9
미 국	3.6	2.1	1.7
영 국	3.0	2.1	1.0
덴마크	2.8	1.2	1.5
스웨덴	2.3	2.4	2.1
독 일	1.7	1.0	1.4
일 본	1.0	0.9	0.7
우크라이나	-9.3	5.7	-0.2

* 2010-2020의 GDP 성장률 평균값임.
자료 : World Bank, World Development Indicators 2016, 통계청. 한국은행.

러면 1인당 소득이 2배가 되려면 36년이 걸린다.[14] 반면에 오늘날 중국은 연간 1인당 GDP 증가율이 8% 정도이므로 1인당 GDP가 2배 되는데 약 9년이 걸린다. 그러므로 산업화 초기 서유럽 국가들의 1인당 GDP가 2배 되는 동안에 중국의 1인당 GDP는 14배 이상으로 증가하는 셈이다. 장기적으로는 평균 경제성장률을 1%높이는 것이 생활수준의 향상에 엄청난 영향을 미친다. 나라마다 경제성장률은 큰 차이를 보인다. 이것이 누적되면 각 나라의 국력과 생활수준이 역전되기도 한다. 1960년대 초에 필리핀은 우리나라보다 1인당 국민소득이 많았지만 오늘날에는 우리나라의 1/10에도 미치지 못하고 있다. 이것이 바로 경제성장이 초래한 변화인 것이다. 〈표 14-1〉을 통해서 여러 나라의 경제성장률의 차이를 살펴보자.

---

14) 복리로 증가하는 변수가 2배가 되는 데 걸리는 시간은 다음과 같은 공식에 의해서 결정된다.
2배가 되는 데 걸리는 시간 = 72/변화율(%)

세계의 공장이라고 불리는 중국은 1990-2009년에 이르는 장기간 동안 연평균 10%를 초과하는 고성장을 이룩하였다. 개방경제로 전환한 베트남, 인도 등의 아시아 국가들도 높은 성장률을 달성했다. 1990년대에 경제개혁으로 높은 성장을 이룩하던 아일랜드는 2000년대 들어와서 성장률이 크게 감소하였다. 싱가포르는 1인당 국민소득이 80,000달러가 넘는 고소득국가이면서도 5-7%라는 높은 경제성장률을 유지하고 있다. 미국과 영국은 선진국 가운데에서는 비교적 높은 경제성장률을 달성했으며, 스웨덴은 높은 세율로 고복지를 뒷받침하는 가운데서도 상대적으로 양호한 경제성장을 하고 있다. 독일은 통일의 후유증으로 1990년 이후 계속 낮은 경제성장을 하고 있고, 일본은 1990년대 초 이후 거품 붕괴로 인하여 장기불황 상태에 있다. 사회주의에서 자본주의로 이행중인 우크라이나는 1990년대의 마이너스 성장을 끝내고 2000년대에 플러스 성장으로 돌아섰다. 그러나 2010년 이후 다시 정체상태에 빠졌다. 한국은 1990년대보다 2000년대에 들어와서 경제성장률이 점점 낮아지고 있다. 2010년 이후에는 저성장 국면으로 접어들었다. 2009년 이후 전반적으로 경제성장률이 저하한 이유는 2008년에 발생한 미국의 서브프라임 금융위기 때문이다.

　　경제발전(economic development)은 경제성장과 동의어로 사용되는 경우도 있으나 서로 다르다. 이것은 국민소득의 증가라는 의미의 경제성장을 내포하지만, 그 이외에 산업구조의 고도화, 빈곤과 불평등의 완화, 고용의 증가 등을 통하여 대다수 국민들의 생활수준이 향상되고 삶의 질이 개선되는 것을 의미한다. 경제성장은 선진국이나 개발도상국에 모두 사용될 수 있는 개념이지만, 경제발전은 주로 빈곤과 실업에 시달리는 개발도상국 민중들의 삶이 개선되는 것을 가리킨다. 따라서 경제발전의 정도는 1인당 GDP로서는 정확하게 측정할 수 없다. 예를 들면, GDP는 시장에서 거래되는 재화와 서비스만 포함시킨다. 그리고 경제성장 과정에서 발생하는 공해나 교통혼잡 등은 생활수준을 저하시키지만 그 점은 고려되지 않는다. 그리고 1인당 GDP는 GDP를 인구로 나눈 평균이므로 소득분배가 매우 불평등하면 1인당 GDP는 많아도 대다수 국민들이 빈곤에 처할 수가 있다. 그리고 1인당 GDP를 달러로 환산하여 국제적으로 비교할 경우에는 환율의 문제가 발생한다. 실제의 환율이 구매력을 정확하게 반영하지

328 ● ● 경제학의 이해

않으므로 각국 통화의 구매력을 고려한 환율로 1인당 GDP를 계산하여 그것을 서로 비교한다. 이렇게 구매력으로 환산한 GDP를 PPP 1인당 GDP(Purchasing Power Parity per capita GDP : 구매력평가 1인당 GDP)라고 한다.

그래서 UN 개발계획(UNDP)이 매년 발표하는 '인간개발지수'(Human Development Index : HDI)가 경제발전의 척도로 사용되기도 한다. 이 지수는 각국의 평균기대수명, 교육수준, 구매력 기준(PPP) 1인당 GDP 등을 고려하여

표 14-2 　주요 국가들의 인간개발지수와 순위(2015년)

순위	국가	HDI	기대수명	평균재학기간	1인당GNI (PPP)	1인당GNI-HDI(순위)
1	노르웨이	0.944	81.6	12.6	64,992	5
2	호주	0.935	82.4	13.0	42,261	17
3	스위스	0.930	83.0	12.8	56,431	6
4	덴마크	0.923	80.2	12.7	44,025	11
5	네델란드	0.922	81.6	11.9	45,435	9
6	독일	0.916	80.9	13.1	43,919	11
6	아일랜드	0.916	80.9	12.2	39,568	16
8	미국	0.915	79.1	12.9	52,947	3
9	캐나다	0.913	82.0	13.0	42,155	11
9	뉴질랜드	0.913	81.8	12.5	32,689	23
11	싱가포르	0.912	83.0	10.6	76,628	-7
12	홍콩	0.910	84.0	11.2	53,959	-2
17	한국	0.898	81.9	11.9	33,890	13
20	일본	0.891	83.5	11.5	36,927	7
29	그리스	0.865	80.9	10.3	24,524	14
50	러시아	0.798	70.1	12.0	22,352	-1
90	중국	0.727	75.8	7.5	12,547	-7
132	부탄	0.605	69.5	3.0	7,176	-17
188	니제르	0.348	61.4	1.5	908	-5

자료 : *Human Development Report* 2015.

지수로 나타낸 것인데, 가장 높은 점수를 받은 나라는 1에 가깝고 가장 낮은 점수를 받은 나라는 0에 가깝다. 이 지수는 그 나라의 건강, 교육, 생활수준을 고루 반영하므로 1인당 GDP보다는 그 나라 국민들의 복지를 더 잘 나타낸다고 볼 수 있다. 인간개발지수는 각국 국민들이 좋은 삶을 살기 위한 조건을 얼마나 갖추고 있는가를 나타내며, 삶의 질의 객관적 지표이다.

〈표 14 - 2〉는 2015년에 유엔개발계획(UNDP)이 발표한 각국의 인간개발지수와 그 순위이다. 이 지수가 가장 높은 국가들은 소득수준이 매우 높은 북유럽 및 서유럽 국가들과 북미 및 오세아니아 국가들이다. 1위는 노르웨이이고 예상수명 81.6세, 평균재학기간은 12.6년, 구매력기준 1인당 GNI가 64,992달러이다. 노르웨이의 기대수명은 한국보다 약간 짧으나 교육기간에서 더 길고, 1인당 GNI에서는 훨씬 많다. 2위는 호주, 3위는 스위스, 4위는 덴마크 등의 순위이다. 미국은 8위이고, 싱가포르는 아시아에서 가장 높은 11위였다. 한국은 17위이며, 20위인 일본보다 앞선다. 한국의 순위는 2010년, 2013년에 12위를

표 14-3 　주요국의 행복지수 순위(유엔 세계행복보고서)

국 가	2012년	2013년	2015년	2021년
한 국	56	41(6.269)	47(5.984)	59(5.935)
일 본	44	43(6.064)	46(5.987)	54(6.839)
미 국	11	17(7.082)	15(7.119)	16(6.977)
중 국	112	93(4.978)	84(5.140)	72(5.585)
덴마크	1	1(7.693)	3(7.527)	2(7.636)
스위스	6	3(7.650)	1(7.587)	4(7.512)
노르웨이	3	2(7.655)	4(7.522)	8(7.365)
코스타리카	12	12(7.257)	12(7.226)	23(6.582)
부 탄	-	79(5.312)	79(5.253)	84(5.196)*
방글라데시	104	108(4.804)	109(4.694)	94(5.155)
태 국	52	36(6.271)	34(6.455)	61(5.891)
토 고	156	156(2.936)	158(2.839)	135(4.112)

주: ( )의 숫자는 행복지수(10점 척도). *은 2016년.
자료 : *World Happiness Report 2012, 2013, 2015, 2016, 2022.* 이재율(2016), p. 346.

기록하였으나 2015년에 조금 하강하였다. 그러나 한국의 순위는 매우 높은 순위이고 1인당 GNI 순위인 30위보다 훨씬 앞서는 순위이다. 한국의 객관적인 삶의 질은 매우 높은 편이라고 볼 수 있다. 1980년대 이후 급속한 경제성장을 이룬 중국의 순위는 아직 90위에 머물고 있다. 그리고 가장 행복한 나라 가운데 하나로 꼽혔던 부탄의 순위는 132위로 중하위권이다. 부탄의 기대수명이 짧고, 교육수준과 소득수준은 매우 낮다. 인간개발지수가 가장 낮은 국가들은 니제르, 중앙아프리카공화국 등 아프리카의 최빈국들이다. 인간개발지수와 소득수준이 일치하는 것은 아니지만 상당히 높은 상관관계를 보이고 있다.

객관적 삶의 질이 중요하지만 더 중요한 것이 주관적 삶의 질이라는 주장이 있다. 주관적 삶이 질이란 국민들이 경험하는 행복의 수준을 말한다. 〈표 14-3〉은 유엔이 발간하는 『세계행복보고서』에서 공표된 각국의 행복지수와 순위 가운데 관심이 많은 일부 국가들을 보여준다. 이 보고서에서는 2021년을 기준으로 보면, 세계에서 가장 행복한 국가가 핀란드이다. 그리고 다른 북유럽국가들인 덴마크, 아이슬란드, 노르웨이, 스웨덴 등도 핀란드 다음으로 높은 순위를 기록하여 모두 10위 안에 들었다. 덴마크 등의 북유럽국가들은 소득수준이 매우 높을 뿐 아니라 선진적인 복지국가로 알려져 있는 국가들이다. 미국은 11-17위 사이에서 변동하였다. 미국은 소득수준이 높지만 소득불평등도가 선진국에서 가장 높은 나라에 속한다. 중국은 고성장에 힘입어 행복지수와 순위가 꾸준히 상승하였다. 그 동안 가장 행복한 국가들로 알려진 부탄이나 방글라데시의 순위는 84위 및 94위 정도로 낮다. 이 두 나라의 행복 순위가 기대보다 훨씬 낮은 것은 아직 소득수준이 매우 낮기 때문이라고 볼 수 있다.

한국의 행복순위는 2012년 56위에서 2013년에 41위로 상승했으나 그 후 계속 낮아져서 2021년에는 59위로 낮아졌다. 한국은 소득순위나 인간개발지수의 순위에 비해 행복지수는 그보다 낮은 편인데, 여기에는 경제적 불평등 요인이 작용한 것으로 보인다. 일본은 한국과 아주 비슷한 순위를 보이고 있다. 이것은 한국과 일본이 경제구조면에서 유사점이 많기 때문이다. 세상에서 가장 행복 순위가 낮은 나라들은 토고와 같은 아프리카의 최빈국들이다. 어느 정도의 경제성장 없이 국민들이 행복하기는 거의 불가능하다. 인간개발지수나 행복지수에서 1인당 소득수준이 중요한 것을 볼 수 있다. 소득수준을 높이는 경제성장은

행복의 충분조건은 아니지만 필요조건은 된다. 한 국가의 소득수준이 높고 불평
등도가 낮다면, 그 나라가 행복할 가능성이 높다.

경제성장의 과정과 원인을 연구하는 **경제성장론**(theory of economic growth)은 선진자본주의 경제에서 장기적으로 어떤 원리에 의해서 경제성장이 이루어지는가를 밝히는 이론이다. 여기에는 해로드 - 도마 모형(Harrod - Domar model), 신고전파 성장모형(neoclassical growth model), 내생적 성장모형(endogenous growth model) 등이 있다.

경제발전의 과정과 원인을 규명하는 **경제발전론**은 빈곤한 개발도상국이 어떤 요인에 의해서 선진국으로 전환될 수 있는가를 연구하는 분야이다. 경제발전론은 개발도상국을 대상으로 한 이론이며, 이런 나라들은 선진국과는 달리 시장이 매우 불완전하다는 관점에서 경제발전을 위한 정부의 적절한 개입이 필요하다고 본다. 경제발전론의 중요한 이론에는 루이스(Arthur Lewis)의 이중적 발전모형, 균형성장론과 불균형성장론, 수입대체공업화론과 수출주도공업화론 등이 있으며, 1980년대 이후에는 시장주의적인 경제발전론도 등장하였다.

2. 선진국

세계은행이 출간한 [2014년 세계개발보고서]에 따르면, 2012년 현재 세계인구는 약 70.5억 명인데, 그 가운데 1인당 GNI(Gross National Income)가 12,616달러 이상인 고소득국에 사는 사람이 13억 명이다. 고소득국에 사는 인구가 세계인구의 18.5% 정도에 지나지 않고 나머지는 모두 개발도상국에 살고 있다. 아래 〈표 14 - 4〉에서 1인당 GNI에 따른 세계인구의 분포를 살펴보자.

선진국(advanced countries 혹은 developed countries)이란 명확하게 정의하기는 어렵지만, 고소득국 가운데에도 1인당 소득수준이 높고 산업구조면에서 농업이나 광업의 비중이 낮은 반면 서비스산업과 공업의 비중이 높은 나라를 말하는데, 1인당 소득수준이 얼마 이상이라야 선진국이라는 명확한 정의는 없다. 1인당 소득수준이 아무리 높아도 석유 하나에 의존하는 산유국들은 선진국이 아니다. 확실하게 선진국으로 분류되는 나라는 선진국 클럽이라 불리는

표 14-4　1인당 GNI에 따른 세계인구 분포(2012년 기준, 단위 : 억명)

세계인구	저소득국인구	중소득국인구	고소득국인구
70.5	8.5	49.0	13.0

저소득국 : 1인당 GNI가 1,035달러 이하인 국가
중소득국 : 1인당 GNI가 1,036달러~12,615달러인 국가
고소득국 : 1인당 GNI가 12,616달러 이상인 국가
자료 : 세계은행, *World Development Report 2014.*

OECD(Organization for Economic Cooperation and Development : 경제협력개발기구)[15]에 가입한 35개국 가운데 미국, 캐나다, 일본, 호주, 뉴질랜드 및 서유럽과 북유럽 국가들이다. 이 나라들의 1인당 GNI는 대부분 4만달러가 넘는다. 우리나라는 1인당 GNI가 32,886달러(2022년)로서 고소득국에 속하고 OECD 가입국(1996년)이며, UNCTAD를 비롯한 대부분의 국제기관들에 의해 선진국으로 분류되고 있다. 선진국을 제외한 나라들은 모두 **개발도상국**(developing countries)으로 분류된다.

선진국들은 농업국에서 공업국으로 변모하였고, 그 후에 서비스산업이 중심이 되는 탈공업국가로 변화되었다. 가장 먼저 공업화한 나라는 영국이다. 영국은 18세기 후반부터 19세기 전반에 걸쳐서 산업혁명을 경험하였다. 영국의 산업혁명은 기술혁신과 자본축적을 바탕으로 하여 이룩되었고, 이 산업혁명의 물결은 영국과의 무역, 영국으로부터의 기술과 자본의 도입으로 인하여 주변 국가들에게 파급되어 나갔다. 이 물결이 영국과 가까운 서유럽과 북유럽, 다음에 남유럽으로 파급되었고, 마침내 바다 건너 유럽인들이 정착한 미국과 캐나다, 그리고 호주와 뉴질랜드에로 파급되어 나갔다. 일본은 1868년 명치유신을 계기로 하여 국가주도적인 공업화를 추진하여 유럽과 미국을 따라잡는 전략을 추진하였으며, 아시아에서는 가장 먼저 선진국으로 성장하였다. 2022년 현재 아시아에서 1인당 GDP가 가장 높은 국가는 일본이 아니라 싱가포르이며, 80,000달러 이상이다. 그 다음으로는 홍콩으로 48,000달러를 넘어섰다.

---

15) OECD는 민주주의와 시장경제를 지향하는 나라들이 경제협력과 발전을 위하여 구성한 국제적 단체이며, 1961년 18개의 유럽 국가들과 미국, 캐나다 등 20개국으로 출범하여 2021년 현재 38개국이 가입하고 있다.

선진국 경제권은 크게 미국, 유럽연합(EU), 그리고 일본으로 나누어 볼 수 있다. 미국은 2012년 세계 전체 GNI(70.6조 달러) 가운데 22.3%(15.7조 달러)를 차지하여 경제적으로 가장 강력한 국가이다. 그러나 그 비중은 점점 감소하고 있다. 일본은 8.7%(6.1조 달러)를 차지하고 있다. EU와 일본의 세계경제에 대한 비중도 감소하고 있다. 선진국권의 장기성장률은 대부분 1~2%에 머물며, 일본은 1%에도 미치지 못하고 있다. 특히 2008년에 시작된 세계금융위기로 말미암아 선진국들의 경제성장률은 더 낮아졌고, 2011년 이후의 재정위기로 더 큰 침체에 빠지고 있다. 그래서 전반적으로 선진국권의 경제적 위상은 상당히 추락하였다. 반면에 중국, 인도 등을 비롯한 개발도상국들이 매우 높은 경제성장을 달성하여 그 위상을 크게 높였다. 중국은 GNI 면에서 이미 일본을 추월하여 세계 제2위의 경제권을 형성하고 있으며, 미국에 대항할 수 있는 G2로 부상하였다. 여러 전문가들이 2015-2025년 사이에 중국경제가 미국경제를 추월할 것으로 예측하였으나, 코로나로 인한 중국의 봉쇄정책과 미·중 갈등 등으로 인해 중국의 경제성장률이 크게 둔화하여 추월 여부는 매우 불투명해졌다.

미국은 1980년대 레이건 행정부 시절에 작은 정부와 규제완화를 지향하는 신자유주의 정책으로 선회하였다. 또한 1990년대 초 소련이 붕괴하고 냉전이 종식되면서 연구와 개발에 대한 투자를 증가시키고 IT(Information Technology) 부문의 호황이 경제를 주도하면서 미국은 선진국 가운데 높은 경제성장률을 달성하였다. 반면에 미국의 소득분배 불평등도는 선진국 가운데 가장 높고 경상수지면에서 매년 수천억 달러의 적자를 내었다. 미국은 1990년대부터 2000년대 초반까지 세계 유일의 초강대국의 위상을 누렸으나, 2008년 서브프라임모기지의 부실화로 인해 발생한 금융위기로 말미암아 심각한 경제적 침체국면으로 들어갔다. 미국 중앙은행은 양적 완화 정책이라고 하는 확정적 통화정책과 막대한 재정지출 증가 정책으로 최악의 상황에서 벗어나 경제성장률을 회복하고 있다. 2010~2020년 동안 미국의 평균 GDP성장률은 1.7%로 독일(1.4%), 영국(1.0%), 일본(0.7%) 등 주요 선진국들보다 회복속도가 더 빠르다.

EU 국가들은 전통적으로 복지국가를 지향하고 있어서 전반적으로 미국보다 경제성장률이 낮고 실업률은 높은 편이다. 그래서 일부 국가들은 미국식 개혁을 부분적으로 도입하기도 했다. 그런 가운데 2008년 미국발 금융위기로 말미암아 경제는 침체국면이 되었는데, 2011년 유럽과 미국의 재정위기로 더욱 어려움에 처하게 되었다. 서브프라임모기지 금융위기는 북유럽 복지국가인 덴마크와 핀란드에 큰 타격을 주었다. 2010~2020년 사이에 덴마크의 평균성장률은 1.5%였으며, 같은 유형의 스웨덴은 2.1%로 이보다 더 높았다.

　　1868년 명치유신을 계기로 공업화를 추진한 일본은 급속도로 경제성장을 이루어 제국주의 열강 가운데 하나로 등장하였다. 그러던 일본은 2차대전의 패전으로 엄청난 경제적 타격을 입었다. 그럼에도 불구하고 일본은 미국과의 견고한 관계 속에서 1970년대 말까지 고성장을 지속하였다. 그 후 오일쇼크로 인해서 성장률이 감소하였으나 1980년대까지 비교적 괜찮은 성장세를 이어갔다. 그런데 1990년대 초에 발생한 거품붕괴로 인하여 주가와 부동산가격이 크게 하락하면서 장기침체국면으로 들어갔는데 아직도 그 영향에서 벗어나지 못하고 있다. 1990년대를 일본의 '잃어버린 10년'이라고 했는데 그것이 20년 이상 지속되고 있다. 게다가 2008년의 세계금융위기는 일본 경제를 더욱 어렵게 만들었다. 일본은 '잃어버린 10년'이라고 일컬어지는 1990년대에 연평균 1.0% 성장하였고, 2000년대에는 0.4%, 2010년대에는 0.7% 성장하였다. 위의 세 경제권, 즉 미국, EU, 일본은 모두 자본주의 체제이지만 서로 상이한 점이 많으며, 그 장단점을 잘 분별하는 것이 매우 중요하다.

3. 개발도상국

　　개발도상국(developing countries)이란 1인당 국민소득이 낮아서 국민 대다수가 빈곤하고 아직 공업화되지 않는 나라를 말한다. 개발도상국은 과거에는 **후진국**(backward countries) 혹은 **저개발국**(underdeveloped countries) 등으로 불렸는데 지금은 개발도상국으로 불리고 있다. 세계인구의 80% 이상이 개발도상국에 살고 있으며, 이 지역의 1인당 소득수준은 선진국과 매우 큰 차이를 보이고 있다. 〈표 14 - 5〉에서 선진국과 개발도상국의 소득격차를 살펴보자.

　　고소득국의 인구는 세계인구의 18.5% 정도이지만 세계 GNI의 69.4%를 차지하고 있으며 1인당 GNI가 37,595달러에 이르고 있다. 반면에 개발도상국의 인구는 세계인구의 81.5% 정도이지만 세계 GNI의 31.0%만을 차지하며 1인당 GNI는 3,813달러 정도여서 선진국의 1/10에 불과하다. 개발도상국 가운데에도 선진국에 근접한 나라가 있는가 하면 정말 가난한 최빈국도 있다. 저소득국의 인구비율은 12%이지만 소득점유비율은 0.7%에 불과하여 1인당 GNI가 584달러에 지나지 않는다.

표 13-5 선진국과 개발도상국의 소득격차(2012년)

	세 계	저소득국	중소득국	개발도상국	고소득국
GNI(조 달러)	70.6	0.5	21.4	21.9	49.0
GNI비율(%)	100	0.7	30.3	31.0	69.4
인구비율(%)	100	12.0	69.5	81.5	18.5
1인당 GNI($)	10,015	584	4,369	3,813	37,595

* 여기서는 편의상 저소득국과 중소득국을 합하여 개발도상국으로 분류하였다.
 저소득국 : 1인당 GNI가 1,035달러 이하인 국가
 중소득국 : 1인당 GNI가 1,036달러 - 12,615달러인 국가
 고소득국 : 1인당 GNI가 12,616달러 이상인 국가
 자료 : *World Development Report 2014.*

2010년에는 5년 전에 비해서 저소득국 인구비중이 36.5%에서 11.9%로 많이 감소하고 중소득국 인구비중이 47.7%에서 71.7%로 크게 증가하였다. 반면에 고소득국 인구비율은 15.8%에서 16.4%로 약간 증가하였다. 이것은 저소득국이 대거 빈곤상태에서 탈출했다는 것을 의미한다. 반면에 중소득국이 고소득국으로 진입하는 것은 여전히 어렵다는 것을 보여준다. 개발도상국 전체의 GNI 비중은 21.1%에서 30.4%로 증가하여 경제적 위상이 크게 격상되고 반면에 고소득국의 GNI 비중이 78.9%에서 69.6%로 추락하였다. 이것은 개발도상국의 고성장으로 인해 경제적 파워가 개발도상국으로 상당히 이동했다는 것을 말해준다. 2012년에도 이런 추세가 계속되었다.

개발도상국의 지역적 분포를 보면, 주로 아시아, 아프리카, 라틴아메리카 대륙에 위치하고 있다. 가장 가난한 나라들은 사하라 사막 이남에 있는 아프리

카 국가들이다. 이 지역의 최빈국들은 부룬디(240달러), 중앙아프리카공화국(480달러), 모잠비크(500) 등을 들 수 있다. 그 이외에도 1인당 GNI가 500달러 이하인 국가들이 여럿 있다.[16] 이 지역의 국가들은 매우 불리한 자연조건, 끊임없는 내전, 에이즈와 같은 질병 등으로 인해서 경제발전을 이룩하지 못하고 있으며, 국민 가운데 대다수가 최저생활도 하지 못하는 상태에 있다.

아시아에서는 미얀마(1,210달러), 네팔(1,340달러), 키르기스스탄(1,410달러), 캄보디아(1,700달러) 등이 매우 빈곤한 국가들이며, 대국인 인도의 1인당 국민소득(2,380달러)도 아직 낮다. 그러나 인도는 1990년대 초의 경제개혁 이후에 매우 빠른 경제성장을 보이고 있다. 개발도상국 가운데 가장 발전된 지역이 바로 동아시아 지역이다. 그 가운데 한국, 대만, 홍콩, 싱가포르는 네 마리 용이라고 불리며 경제발전에 가장 성공한 경제로 꼽힌다. 이 나라들은 일본의 경제발전 모델을 따라 풍부한 노동력을 바탕으로 한 수출촉진으로 고도성장을 실현하였다. 이러한 발전 모델은 중국(12,850달러), 말레이시아(11,780달러), 태국(7,230달러), 베트남(4,010달러) 등에도 파급되어 이 국가들이 새로운 용이 되려 하고 있다. 중국과 베트남은 사회주의국가이면서 시장경제제도를 도입하고 급속한 수출확대를 함으로써 높은 경제성장률을 달성하였다.

브라질, 아르헨티나 등의 라틴아메리카 국가들은 16세기에 스페인과 포르투갈의 식민지가 되었고, 19세기 초에 대부분 독립하였다. 그 후 20세기 초까지 농산물과 육류 그리고 광산물을 유럽에 수출하여 활발한 경제성장을 이루었으나 대공황과 제2차 세계대전으로 인해서 더 이상 이런 상품의 수출을 통한 성장이 어렵게 되었고, 국내시장을 대상으로 한 공업화정책이 결국 실패하여 이 지역은 경제성장률이나 소득분배, 물가안정 등에서 별로 성공적이지 못하였다.

과거 사회주의체제였던 국가들의 대부분이 시장경제로 전환하고 있는데, 이 나라들을 **체제전환경제**(transition economies)라고 한다. 체제전환은 가장 먼저 중국에서 시작되었다. 1978년 등소평(등샤오핑)이 중국의 실권자가 되면서 시장경제로의 전환과 대외개방정책을 추진하여 현재까지도 놀라운 고도성장을 계속하고 있다. 중국의 GNI는 일본을 제치고 세계 2위로 올라서고 있다. 그리고 소련에서 1985년에 고르바쵸프가 집권하면서 페레스트로이카(개혁)와 글

---

16) 괄호 안의 숫자는 2022년 1인당 GNI이다. 이하에서도 마찬가지이다.

라스노스트(개방)를 추진하였고, 1991년 말에 소련이 해체되면서 15개의 독립국이 출현하였으며 이 나라들은 모두 자본주의체제로 전환 중이다. 그리고 소련의 붕괴로 말미암아 폴란드, 헝가리, 체코 등의 동유럽 국가들도 자본주의로 전환하였다. 소련 지역과 동유럽 국가들은 중국에 비해서 매우 급속한 체제전환을 추진하면서 초기에 많은 혼란을 겪었으나 이제 안정을 찾고 있다. 2022년 기준 1인당 GNI를 보면 러시아는 12,830달러에 불과하고, 체코(26,590달러)와 슬로바키아(22,060달러)가 동유럽 국가들 가운데 선두이다.

14-2 경제성장의 원천

1. 자연자원

한 나라의 총생산량을 결정하는 요인에는 여러 가지가 있다. 그 가운데 중요한 요인들을 살펴보면, 자연자원, 자본축적, 노동력의 양적 증가와 질적 향상, 기술진보, 제도적 요인, 정신적 측면 등을 들 수 있다. 그 가운데 먼저 자연자원을 살펴보자.

자연자원(natural resources)은 인간이 만든 것이 아닌 천부적인 자원으로서 지상 혹은 지하자원을 말한다. 유리한 자연조건을 가진 나라는 경제성장에 있어서도 유리하다. 예를 들면, 비옥한 농경지를 가진 나라는 사막이 대부분인 나라보다 훨씬 유리하다. 석탄, 철, 석유 등 지하자원을 많이 보유한 나라는 그런 것이 없는 나라보다 경제성장에서 유리하다. 중동의 산유국은 석유 하나만으로 엄청난 소득을 올리고 있다. 농경지가 부족하거나 지하자원이 부족한 나라는 그것이 풍부한 나라로부터 식량이나 광물을 수입함으로써 해결할 수 있으나 그만큼 비용을 물어야 한다. 그리고 해변을 끼고 있거나 내륙 수로를 가지고 있어서 교통망이 발전된 나라는 운송비가 절감되므로 내륙국이면서 산맥으로 막힌 지역보다 훨씬 유리하다.

영국과 서유럽 국가들은 석탄과 철 등의 광물자원을 많이 보유하였고, 농경지도 풍부하였으며, 바다를 끼고 있고 내륙 수로가 잘 형성되어 있어서 자연조건에서 매우 유리하였다. 반면에 아프리카 국가들은 열대우림 지역이거나 사막지역이고 많은 나라가 교통망이 거의 형성되지 않은 내륙국이다. 중앙아시아 지역 역시 농경지도 매우 좁고 접근이 어려운 내륙국으로 매우 불리한 자연조건을 가지고 있다. 이러한 불리한 자연조건은 인간의 노동과 자본, 기술로 변화시킬 수 있으나 거기에는 많은 비용이 수반되므로 경제성장에 불리한 것은 엄연한 사실이다. 우리나라나 일본의 경우에 인구에 비해 좁은 국토를 보유하고 있고, 게다가 경지면적은 훨씬 적고 지하자원은 매우 빈약하여 자연자원 면에서 유리한 점이 별로 없지만, 풍부한 노동력과 자본, 기술로 그것을 보완하였다.

자연자원이 풍부한 것이 그 국가에 진정한 축복일까? 우리나라 남해나 동해 대륙붕에서 석유가 펑펑 나온다면 얼마나 좋을까? 그러나 자연자원이 풍부한 것이 그 나라의 경제발전에 오히려 저해요인이 된다는 '자원의 저주' 현상이 존재할 수도 있다. 1960년대에 네덜란드는 북해에서 다량의 천연가스를 발견하여 수출하게 되었는데, 그러자 국내에 외화유입이 크게 증가하고 네덜란드 통화인 길더화 가치가 상승하여 다른 수출산업의 경쟁력이 약화되었다. 이처럼 풍부한 자연자원 때문에 다른 산업(제조업 등)이 쇠퇴하게 되는 현상을 '네덜란드 병'이라고 한다.

자연자원이 풍부한 국가들이 모두 '네덜란드 병'에 걸리는 것은 아니다. 자연자원을 잘 활용하여 자원을 축복으로 바꾸는 국가들도 있다. 예를 들어 노르웨이는 북해에서 엄청난 석유를 채취하여 수출하지만 막대한 외화수입으로  석유기금을 만들고 그것을 외국증권에 투자함으로써 자국 통화 가치 상승을 방지한다. 그리고 그 수익을 정부 예산에 편입하여 교육과 혁신을 위해 효과적으로 활용함으로써 1인당 국민소득이 84,000달러를 넘는 고소득을 누리고 있다. 자연자원에서 나오는 막대한 소득을 자국 정부가 어떻게 효율적으로 활용하는가에 따라 자원의 축복을 누릴 수도 있고 '자원의 저주'를 맛볼 수도 있다.

2. 자본축적

자본은 인간이 만들어낸 생산수단, 즉 도구와 기계, 건물 등을 말한다. 이런 자본이 없이 생산할 때보다 자본을 가지고 생산하면 생산성이 크게 증가한다. 맨손으로 물고기를 잡을 때와 그물이라는 자본을 가지고 물고기를 잡을 때의 생산성을 비교해 보면 자본의 중요성을 알 수 있다. 미국의 1인당 GDP가 인도보다 50배 이상 많은데, 중요한 한 가지 요인이 미국 노동자 1인당 자본이 인도 노동자보다 20배 이상 더 많은 데 기인한다.

이런 자본이 증가하는 것을 **자본축적**(capital accumulation)이라고 한다. 자본이 증가하려면 투자가 이루어져야 하며, 투자는 저축이 있을 때 가능하다. 저축은 소득 가운데서 소비를 줄임으로써 이루어진다. 자본축적이 활발하게 이루어지려면 국민들이 소비를 줄여서 저축을 많이 하는 것이 필요하고 그 저축을 기업가들이 효율적으로 투자하는 것이 중요하다. 아주 빈곤한 개발도상국에서는 소득수준이 너무나 낮아서 저축할 여력이 거의 없는 형편이다. 우리나라의 경우 경제개발이 시작되던 1962년의 1인당 GNP가 82달러였고, 이때 국민저축률은 1.6%에 불과하였다. 그러나 1988년에는 총저축률이 40%를 넘어서게 되었다. 투자율과 경제성장률 사이에 반드시 정(正)의 관계가 있는 것은 아니지만 매우 밀접한 관계가 있다. 예를 들면, 2005년에 10.4%의 경제성장률을 달성한 중국의 총투자율은 42.6%였고 총저축률은 49.2%였다. 반면에 4%의 성장을 이룩한 대만의 총투자율은 20%였고 저축률은 25.5%였다.

국내의 저축이 부족한 국가는 해외로부터 외국자본을 도입할 수 있다. 19세기에 영국의 자본이 미국과 캐나다 등에 꽤 많이 투자된 적이 있다. 제2차 세계대전 후에 많은 개발도상국들은 국내의 저축이 부족하였지만, 외국자본에 대한 경계심 때문에 외국자본 도입에 호의적이지 않았다. 그러나 한국, 대만 등이 외국자본을 잘 활용하여 경제성장을 이루게 되자, 많은 나라들이 외국자본에 대해서 문을 열고 적극적으로 외자도입을 추진하였다. 외국자본 도입에는 세계은행 및 외국정부나 금융기관으로부터 자본을 빌리는 **차관**(loan)과 외국의 다국적 기업이 직접 투자하여 기업을 운영하는 **외국인 직접투자**(Foreign Direct Investment : FDI), 그리고 외국자본이 들어와서 주식이나 채권을 취득하는 외

국인 증권투자(Foreign Portfolio Investment) 등의 방법이 있다.

우리나라는 주로 차관에 의존해 왔고 최근에 외국인 직접투자를 유치하려고 노력하고 있으나 다른 나라에 비해 투자여건이 불리하여 여의치 않다. 중국과 인도, 아일랜드, 그리고 베트남 등의 급속한 발전에는 선진국의 다국적기업이 대량으로 직접투자를 한 것이 크게 기여한 것으로 지적되고 있다. 외국인 직접투자에는 자본과 함께 다국적기업의 발전된 기술과 경영기법이 수반되어 들어오기 때문에 자본 도입국에 유리한 점이 많다.

3. 인적 자원

노동력의 증가는 총생산량을 증가시킨다. 실업자가 있을 경우에는 고용이 증가하면 총생산량이 증가한다. 장기적으로 노동력이 증가하려면 인구가 증가해야 하는데, 인구증가는 총생산량을 증가시키지만 그것을 인구로 나눈 1인당 생산량은 오히려 감소할 수도 있다. 그러므로 단순히 인구증가에 의한 총생산량의 증가는 생활수준의 향상에 도움이 되지 않을 경우도 많다. '사람은 하나의 입과 두 개의 손을 가지고 태어난다'는 말처럼 두 손에 도구를 쥐어주면 자기가 먹을 것을 생산할 수 있으나 도구나 토지와 같은 생산수단이 주어지지 않으면 자신의 생활을 꾸려갈 수 없다. 그러므로 자연자원과 자본이 풍부하지 않은 상태에서 인구증가율이 높은 것은 바람직하지 않다. 그래서 인구증가율이 높은 개발도상국은 인구증가율을 낮추기 위해서 많은 노력을 기울였다.

그런데 미국 경제학자인 루이스(Arthur Lewis)가 주장한 것처럼 농촌 지역에 생산성이 아주 낮은 노동력이 이미 많이 존재하는 인구과잉 국가에서는 장기간 동안 임금수준이 낮게 유지되기 때문에 이 노동력을 공업부문에서 흡수하면 이 부문에서 이윤이 빨리 증가하고 이윤은 대부분 저축되고 투자되어서 급속한 고용증가와 자본축적이 일어날 수 있다. 이것이 노동력이 풍부한 국가에서 공업화가 매우 빠른 속도로 이루어질 수 있는 원인이다. 한국, 대만, 중국 등 아시아의 인구조밀 국가들은 대부분 이러한 방식으로 급속한 공업화를 이룰 수 있었다.

노동력이 양적으로 풍부할 뿐 아니라 질적으로도 우수하다면 노동의 생산성은 더 커진다. 노동력의 질을 향상시키는 방법은 질병의 예방과 보건의 향상, 그리고 영양의 개선, 교육과 훈련, 현장훈련 등이다. 이런 것을 인적 자본에 대한 투자라고 하는데, 이 투자를 통해서 노동력의 질이 향상되고 이에 따라서 노동생산성이 증가하게 된다. 인적 자본에 대한 투자도 역시 투자할 수 있는 자본이 필요하다. 병원을 짓고, 학교를 만들고, 교원을 확보하고, 도서관의 장서를 확보하고 실험장비를 구입하는 등 많은 비용이 드는 것이다.

　　한국, 일본, 중국, 대만, 싱가포르 등의 나라가 급속하게 발전하게 된 데에는 이 나라들의 강한 교육열과 관계가 있다고 지적되고 있다. 우리나라의 대학 진학률은 이미 70%를 넘어 세계에서도 최상위 수준에 도달하였다. 동아시아 지역에는 유교적 영향이 상당히 남아있고 선비 우대적 사고가 영향을 미쳐 교육열이 다른 지역보다 강하다는 것이다. 개인의 교육열도 중요하지만 국가의 교육투자와 교육시스템의 효율적인 운영도 이에 못지않게 중요하다.

4. 기술진보

　　산업혁명을 촉발시킨 중요한 한 요인이 바로 기술진보였다. 윤작 등 영농법의 개선을 통한 농업생산성의 증대와 함께 산업혁명 전야에 출현하여 에너지 혁명을 일으킨 증기기관, 역직기 등이 산업혁명의 기폭제가 되었고, 이후 새로운 제련법, 전기, 기차, 자동차, 최근의 컴퓨터에 이르기까지 기술혁신은 생산성을 획기적으로 증가시켰다. 낫으로 벼를 수확하는 것과 콤바인으로 수확할 때의 생산성을 비교해 보면 기술진보의 중요성을 확인할 수 있다.

　　선진국의 기술진보는 그 나라 스스로의 힘에 의해서 이룩된 더딘 과정이었지만 개발도상국은 선진국이 100년 이상 축적한 과학과 기술을 아주 쉽게 수입하여 모방할 수 있었다. 이것이 바로 후발국이 누리는 커다란 이익이다. 일본은 늦게 공업화를 시작했으나, 선진국에 유학생을 보내고 기술자를 파견하여 과학기술을 습득한 결과, 응용기술 면에서는 아주 짧은 기간 내에 미국과 유럽의 수준에 도달하였으며, 이것이 일본경제발전의 원동력의 하나였다. 일본뿐 아니라 우리나라, 대만 및 오늘날의 중국 등도 비슷한 과정으로 발전하고 있다.

과거에는 기술진보가 발명가에 의해서 다소 우연적으로 이루어졌으나 현재에는 연구개발(research and development : R&D)에 대한 체계적인 투자를 통해서 이루어진다. 기술수준이 낮은 개발도상국은 초기단계에는 선진국으로부터 기술을 무상으로 혹은 기술료를 지급하고 도입하여 사용할 수 있으나 기술수준이 향상될수록 선진국으로부터 기술도입은 어려워져서 스스로 기술을 개발해야 한다. 우리나라의 경우에 그 동안에 미국과 일본의 기술을 많이 도입하였으나 어떤 분야에서 우리의 기술수준이 그들에게 접근함에 따라 우리 스스로 기술개발을 하지 않으면 안 되게 되었다. 중국이 맹렬하게 추격해 오기 때문에 우리의 기술수준을 높이는 것은 우리 경제에 사활적인 중요성이 있다.

기술진보에 있어서 혁신을 주도하는 기업가가 꼭 필요하다. 이런 기업가가 없으면 설사 신기술이 있어도 이것을 생산에 활용하지 않는다. 왜냐하면 기술혁신의 도입에는 위험이 따르기 때문이다.

5. 제도적 요인

어떤 경제제도를 선택하는가에 따라 경제성장이 큰 영향을 받는다. 사유재산권과 시장을 인정하는 자본주의체제와 그것들을 인정하지 않는 사회주의체제를 비교해 보면 처음에는 강제적으로 자본과 노동력을 동원한 사회주의체제가 경제성장에서 우월하였으나 얼마 지나지 않아서 사회주의체제는 국가에 의한 자원배분의 비효율성을 나타내었고, 생산에 대한 기여와는 무관한 평등주의적 분배 때문에 사람들의 경제활동에 대한 동기부여가 약화되어 생산성 증가율이 크게 둔화되었다. 소련 경제는 스탈린과 흐루시쵸프 시절에 급속하게 미국 경제의 수준에 접근했으나 그 후 결국 생산성 경쟁에서 패해서 소련은 붕괴하고 말았으며, 구 소련지역은 지금 자본주의체제로 이행 중에 있다. 중국, 베트남, 인도가 시장경제를 도입하고 사유재산권을 강화하면서 경제성장이 촉발된 것은 제도적 측면이 얼마나 중요한가를 여실히 보여주는 사실이다.

좀 더 세부적으로 들어가 보면, 기업의 지배구조가 투명하고 합리적인 의

사결정 구조를 가지는가가 중요하다. 그리고 노사의 이해대립이 합리적으로 조정될 수 있는가도 기업의 성공에 중요한 요인이다. 국가 전체적으로 볼 때, 정치과정과 행정과정의 효율성과 공정성의 확립이 매우 중요하고, 정치적 이해갈등이 평화적으로 그리고 합리적으로 해결되는 제도의 확립이 중요하다. 나아가 통화신용제도, 거래제도 등의 사회조직의 모든 제도들이 경제발전에 큰 영향을 미친다.

6. 정신적 – 문화적 요인

독일의 사회학자인 막스 베버(Max Weber)는 유럽에서 신교 국가들이 다른 종교를 가진 나라들보다 더 빨리 성장한 원인을 프로테스탄티즘에 의해서 형성된 '자본주의 정신'(spirit of capitalism)에서 찾았다. 종교개혁자들이 주장한 소명론(calling)에 따르면, 성직자뿐 아니라 모든 세속 직업인들도 신으로부터 부르심을 받아 그 일을 하여 이웃을 돕고 신에게 봉사하도록 부름을 받았다는 것이다. 이러한 윤리를 가진 사람들은 자신의 직업에 충실하게 종사하여 생산을 증대시키고 얻은 소득 가운데 소비를 되도록 절제하여 많은 부분을 저축하고 투자하여 부를 축적하는 것을 일종의 종교적 의무로 간주하였고, 이것이 그 나라의 경제성장을 촉진하였다는 것이다.

한 나라의 정신적 – 문화적 토양이 경제성장에 도움이 되는 경우도 있고 오히려 해가 되는 경우도 있다. 그 나라의 종교와 문화가 지나치게 내세지향적인 경우에 경제활력이 약화될 수 있으며, 그 예로 인도의 힌두교적 세계관을 들 수 있다. 반면에 동아시아 지역에서 유교는 교육의 중시, 공동체와 국가의 중시, 전체를 위한 개인의 자기희생 등의 가치가 후발국이 선진국을 따라잡는데 많은 기여를 한 것으로 평가되고 있다. 그러나 개인의 존엄성이 무시되는 경향이 있고, 연고주의와 정실주의가 지배할 우려가 있다고 지적된다.

현대사회에서는 종교적 영향력이 과거보다 많이 약화되었지만, 종교가 여전히 사람들의 가치관 형성에 큰 영향을 미치고 있다. 그 나라의 지배적인 가치관이 합리성, 직업의 중요성, 근면, 검약, 정직 등에 부합하느냐 아니면 비합리

성, 직업의 경시, 나태, 낭비, 부정직에 가까운가는 그 나라의 경제성장에 상당히 큰 영향을 미치는 것이 분명하다.

14-3 ## 경제발전 전략

개발도상국은 시장에서 자연스럽게 이루어지는 경제발전을 기다릴 여유가 없으며, 시장 또한 선진국과는 달리 매우 미발전되어 있어서 정부가 적극적으로 경제발전을 위한 정책을 시행한다.

1. 수입대체 공업화 대(對) 수출촉진 공업화

선진국이 농업발전의 과정을 거친 다음에 점진적으로 공업화한 것과는 달리 개발도상국은 서둘러 공업화를 하고자 한다. 그 이유는 공업의 성장잠재력이 농업보다 크다고 보기 때문이다. 라틴아메리카 국가들은 19세기와 20세기 초까지는 1차산품을 유럽의 선진국으로 수출하고 선진국으로부터 공산품을 수입하는 자유무역제도를 통해서 경제가 성장하였다. 그러나 대공황과 제2차 세계대전을 거치면서 자유무역제도의 한계를 느끼고 그 당시까지 수입하던 공산품을 국내에서 생산하는 수입대체 공업화전략(import-substituting industrialization)을 추진하였다. 수입대체를 위해서는 공산품 수입에 대해서 높은 보호관세를 부과하여 수입을 제한하고, 환율을 인하하여 자본재와 원자재의 수입을 용이하게 해 주는 조치가 필요하였다. 이 정책은 경공업제품을 수입대체 하는 초기에는 효과가 있어서 건실한 경제성장을 이룩하였으나 자본재와 중간재를 수입대체 하는 후기에는 낮은 경제성장률과 높은 인플레이션율 등 매우 저조한 실적을 나타내었다.

반면에 한국, 대만, 홍콩, 싱가포르 등 동아시아 국가들은 풍부한 노동력을 바탕으로 하여 노동집약적인 경공업제품을 수출함으로써 급속한 공업화를 이룩하였다. 이 과정에서 정부는 수출에 대해서 저금리의 자금을 지원하는 금융적 지원과 조세를 감면하는 재정적 지원을 하였고 환율도 대폭 인상하여 수출에 유리하도록 하였다. 우리나라의 예를 보면, 수출부문의 기업들은 주로 일본에서 기계와 중간재를 수입하여 저임금의 노동력을 이용하여 조립하거나 가공하여 미국에 수출하는 방식으로 성장하였다. 처음에는 노동집약적인 경공업제품을 수출하였으나, 점차 자본집약적이고 높은 기술을 필요로 하는 중화학공업제품을 수출함으로써 산업구조를 고도화시켜 나갔다. 이런 수출촉진 공업화전략(export promotion)은 중국 및 동남아시아 국가들에게도 파급되고 있다.

위의 두 전략의 성과를 살펴보면 수입대체 공업화에 주력한 라틴아메리카 국가들보다는 수출촉진 공업화전략을 선택한 동아시아 국가들이 훨씬 성공적이었다. 물론 다른 면의 차이도 있지만 공업화전략 가운데 어느 전략을 선택하였는가가 매우 중요한 차이를 초래하였다.

2. 정부 대(對) 시장

많은 개발도상국들은 시장이 매우 불완전할 뿐 아니라 시장에 맡겨두어서는 급속한 경제발전이 불가능하다고 보아 정부가 경제개발계획(economic development plan)을 수립하여 어떤 산업을 위주로 경제를 발전시킬 것인지를 결정하였다. 그리고 이에 필요한 자본과 인력을 동원하여 그것을 육성산업에 우선적으로 배분하고 민간기업들이 이 계획에 순응하여 투자를 하고 생산계획을 수립하도록 유도하였다. 경제계획은 원래 소련에서 시작되었으나 제2차 세계대전 이후에 많은 개발도상국들이 뒤를 이었다. 우리나라도 5.16 쿠데타로 집권한 군사정부가 1962년부터 제1차 경제개발 5개년계획을 수립하여 본격적으로 공업화를 추진하였다. 이러한 경제개발계획은 제7차까지 진행되다가 막을 내렸다. 경제개발계획은 소련 이외의 다른 사회주의국가는 물론이고 인도, 중국 등에서도 실시되었다. 경제개발계획 가운데에는 시장원리를 비교적 존중하는 계획이 있는가 하면 그것을 대부분 혹은 상당한 정도로 무시하는 계획도 있었다.

시장원리를 무시하는 경제개발계획은 소련의 예에서 보듯이 처음에는 성공하는 듯했지만 결국 실패로 귀결되었다.

위에서 살펴본 라틴아메리카 국가들의 수입대체 공업화는 정부가 수입대체 산업을 관세로 보호하는 가운데 진행되었다. 이 조치는 비교우위론에 입각한 자유무역과는 아주 다른 선택이었다. 이런 점에서 수입대체 공업화는 시장원리와 매우 배치되는 시도였다. 반면에 동아시아 국가들이 주로 선택한 수출촉진 공업화는 비교우위론에 따른 무역을 하면서 수출을 더 많이 하기 위한 보조금을 지급하는 정책을 시행하는 내용이었다. 이런 의미에서 수출촉진이 수입대체보다는 시장원리에 더 부합한다는 평가를 내릴 수 있다. 그렇다고 해도 수출촉진은 결코 자유무역은 아니며, 정부의 상당한 개입이 존재하는 전략이다.

계획경제의 실패와 시장원리를 무시한 개발도상국의 경제발전전략의 미미한 성과는 시장주의자들에게 절호의 기회를 제공하였다. 그래서 그들은 동아시아의 성공을 마치 시장주의전략의 성공인 것처럼 해석하였다. 그래서 그들은 경제발전을 위한 정부의 계획이나 개입은 불필요하고 시장에 맡겨서, 작은 정부, 규제완화, 민영화, 각종의 자유화와 개방화를 새로운 경제발전의 전략으로 제시하였다. 이것이 미국과 영국 정부, IMF(국제통화기금)와 세계은행(World Bank) 등의 입장이며 이들이 신자유주의의 물결을 주도하고 있다. 정부가 경제발전을 위해 어느 정도의 역할을 하여야 적절한가에 대해서는 아직도 많은 논쟁이 계속되고 있다.

↪ 중요 용어

• 경제성장	• 경제발전	• 인간개발지수
• 경제성장론	• 경제발전론	• 선진국
• 개발도상국	• 후진국	• 저개발국
• 체제전환경제	• 자연자원	• 자본축적
• 인적 자원	• 연구개발	• 자본주의정신
• 수입대체 공업화	• 수출촉진 공업화	• 경제개발계획

参고 자료

● 세상에서 가장 행복한 나라는?: 덴마크인가 바나투인가

오늘날 1인당 국민소득이 높은 나라가 되는 것보다는 삶의 질이 높은 나라, 또는 행복한 나라가 되는 것이 더 중요하다는 인식이 확산되고 있다. 그러면 어느 나라가 지구상에서 가장 행복한 나라일까? 조사를 진행한 기관과 조사방식에 따라 순위가 매우 달라진다. 몇 년 전의 조사에서는 뱅글라데시가 1위로 꼽히기도 했으나 최근의 조사에서는 덴마크라는 결과와 바나투라는 결과가 발표되어 있다.

덴마크 설 : 영국 레스터 대학(University of Leicester)의 연구진들에 따르면, 덴마크가 가장 행복한 나라라고 한다. 이들은 통계자료와 함께, 전세계의 80,000명으로부터 주관적인 응답을 받아 178개국의 행복지도를 작성하였다. 가장 행복한 나라는 건강하고, 부유한, 그리고 현명한 (교육수준이 높은) 나라였다. 이런 기준에 따르면, 행복한 나라는 덴마크, 스위스, 오스트리아, 아이슬란드 순이고, 짐바브웨와 부룬디가 최저였다. 미국은 23위, 중국은 82위, 일본은 90위, 인도는 125위였다.

바나투 설 : 영국의 싱크-탱크인 신경제학재단(New Economics Foundation)의 연구에 따르면, 남태평양의 조그만 섬나라인 바나투가 가장 행복한 나라이다. 이들의 평가기준은 국민들의 만족도와 그들의 생활이 환경에 미치는 영향이다. 즉 삶에 대한 만족도와 예상수명, 그리고 인구부양과 에너지 소비를 위해 필요한 토지면적을 기준으로 하여 행복의 지수를 작성한 것이다. 이 기준에 따르면, 바나투 다음으로 콜롬비아, 코스타리카, 도미니카, 파나마가 그 뒤를 이었다. 최하위의 순서는 짐바브웨, 스와질랜드 등 아프리카 국가들이었다. 이탈리아는 66위, 독일은 81위, 일본은 95위, 영국은 108위, 캐나다는 111위, 프랑스는 129위 미국은 150위, 러시아는 172위였다. 바나투가 1위인 이유는 그곳 사람들은 매우 적은 것으로 만족하기 때문이라고 한다. 그리고 그 나라 사람들의 삶의 중심은 공동체, 가족, 그리고 타인에 대한 친절이라는 것이다.

참고 : BusinessWeek, October 11,2006. The Money Times, July 15, 2006.

1. 경제성장과 경제발전은 비슷하지만 서로 다르다. 그 차이점은 무엇인가?

2. 삶의 질(quality of life)을 인간개발지수 이외에 어떤 방식으로 측정할 수 있을지 생각해 보라.

3. 선진국과 개발도상국을 구별하는 기준이 분명한 것은 아니지만, 어떤 나라를 선진국으로 분류하는지 설명하라.

4. 개발도상국가들을 지역별로 분류한다면, 각 지역별 특성은 무엇인가?

5. 체제전환경제의 현황을 설명하라.

6. 외국자본의 도입 방법에는 어떤 것이 있으며, 각 방법의 장단점은 무엇인가?

7. 선진국 경제권의 현황을 대략적으로 설명하라.

8. 라틴아메리카 국가들의 수입대체 공업화의 실패 사례를 설명하라.

9. 동아시아 국가들의 수출촉진 공업화의 성공 사례를 들어보라.

10. 1인당 GDP와 PPP 환산 1인당 GDP는 어떤 차이점이 있으며, 왜 이런 차이가 발생하는가?

경제학의 이해

Chapter 15
국제경제

Chapter 15

국제경제

우리는 세계 각지로부터 수입되는 재화와 서비스를 소비하고 있다. 일본의 카메라와 도요타 자동차, 중국산 농산물과 각종 공산품, 미국의 코카콜라와 월풀 세탁기, 사우디의 원유 등 수많은 재화가 수입되어 사용되고 있다. 그리고 우리나라 기업이 생산한 재화와 서비스가 많은 나라로 수출되고 있다. 삼성의 휴대전화와 반도체, 현대의 자동차, LG의 세탁기, 대우조선의 선박 등이 대량으로 수출되어 외국물품을 수입할 수 있는 외화를 벌어들이고 있다.

이렇게 외국과 무역을 함으로써 우리는 국내에서 생산되지 않는 재화를 소비할 수 있고, 국내에서 생산할 수 있는 재화라고 하더라도 무역17)을 통해서 더 많은 양의 재화와 서비스를 소비할 수 있게 된다. 이것이 무역의 이익이다. 이것은 이미 제2장에서 비교우위에 따른 분업에서 설명한 것인데, 비교우위의 원리는 국내의 분업뿐 아니라 국제적인 분업에서도 그대로 적용된다. 비교우위의 원리는 노동만이 생산요소인 리카도의 모형에서는 쉽게 설명되지만 생산요소가 여러 가지인 세계에서는 설명하기가 그리 쉽지 않다.

수출액과 수입액이 같으면 무역수지가 균형을 이루어서 외화가 부족하거나 남는 문제가 발생하지 않으나, 무역수지가 불균형을 이루면 여러 가지 문제가 파생된다. 부족한 외화를 보충하기 위해서 외국자본을 도입하기도 하고 남는 외화를 외국에 투자하기도 한다. 그리고 외환이 거래되는 외환시장에서 외환의 수요와 공급에 의해 환율이 결정된다.

---

17) 무역과 국제무역은 같은 의미로 사용된다.

이 장에서는 왜 우리나라가 휴대전화를 수출하고 쇠고기를 수입하는지, 그리고 무역을 통해서 누가 이익을 얻고 누가 손해를 보는지, 국가 전체로는 이익인지 손해인지를 살펴볼 것이며, 아울러 무역수지의 불균형은 왜 발생하며 이것이 국가경제에 미치는 영향은 무엇인지를 살펴본다. 또한 환율은 어떤 과정을 통해서 결정되는지, 그리고 현재 진행중인 세계화의 원인과 영향에 대해서도 살펴볼 것이다.

15-1 세계와 한국의 무역 현황

1. 무역의 추세

　　2008년 이전에는 우리나라뿐 아니라 세계 전체의 무역도 매우 빠른 속도로 증가하였다. WTO(세계무역기구)의 통계에 따르면 2000년부터 2005년까지 세계 전체의 연평균 수출증가율이 10%에 달한다. 한국의 수출증가율은 이보다 더 높다. 그러나 2005 - 2010년 사이에 세계 수출증가율은 8%로서 2000 - 2005년 사이보다 약간 감소하였다. 감소의 주된 이유는 2008년에 시작된 세계금융위기로 말미암아 2009년에 세계 수출증가율이 23% 감소했기 때문이다. 2010년 이후 세계 수출증가율은 3.5%로 낮아졌다. 이것은 세계금융위기로 인해서 유럽을 비롯한 많은 국가들이 불황에 빠졌고, 유가가 크게 하락했으며, 불황 가운데 있는 각 국가들이 먼저 불황에서 벗어나기 위해서 암암리에 보호주의 조치를 취하는 경향이 있었기 때문이다. 세계 수출증가율은 2008년을 기준으로 하여 매우 다른 양상을 보인다. 그 이전에는 수출증가율이 높았으나 그 이후에는 감소하였다. 한국의 수출증가율도 2010년 이후 상당히 저하하였고, 특히 2015년에는 수출이 8%, 2016년 1월~6월에는 9.9% 감소하였다. 한국의 수출 감소는 경제성장에 큰 타격을 주는 요인이다. 세계와 한국의 수출증가율을 비교해 보면 다음 〈표 15 - 1〉과 같다.

표 15-1 세계와 한국의 수출증가율(단위 : %)

연도	(연평균) 세계 수출증가율	(연평균) 한국 수출증가율
2003		19.3
2004	22	31.0
2005	13	12
2009	-23	-13.9
2010	22	28.3
2000-2005	10	13
2005-2010	8	11.4
2010-2014	3.5	6.8
2022		6.1

자료 : 세계수출 : WTO , International Trade Statistics 2015.
　　　한국수출 : 한국은행, 조사통계월보, 2016. 5. 산업통상자원부 수출입실적.

　　　　2011년 한국은 수출액에서 세계 7위, 수입액에서 세계 8위를 차지한 무역
국가이다. 2021년에 한국의 수출은 감소했지만 순위는 올라서 세계 6위를 기록
하였다. 이처럼 우리나라는 무역에 의해서 경제성장을 이룩하고 무역에 의존해
서 살아가는 나라이다. 2000년대 전반기에 세계적으로 무역의 증가율이 높은
이유는 WTO의 설립 등에 의해서 세계 각국이 무역장벽을 낮추어 왔기 때문이
다. 2018년 기준으로, 세계에서 가장 많은 수출을 하는 나라는 중국, 미국, 독
일, 일본 순이고, 수입을 가장 많이 하는 나라는 미국, 중국, 독일, 일본 순이다.
2022년 한국은 6,836억 달러를 수출하고 7,314억 달러를 수입하였다.

2. 무역의 품목과 대상국의 변화

　　　　〈표 15-2〉는 우리나라 시대별 주요 수출품목의 추이를 보여준다. 1960년
대의 우리나라 주요 수출품은 생사, 중석, 면직물 등의 경공업제품이었다. 1980
년대에는 철강, 선박, 기계 등의 중화학공업제품이 주요 수출품목으로 등장하였

표 15-2 **시대별 주요 수출품목**

시 대	품 목
1960년대	생사, 중석, 합판, 면직물
1970년대	섬유, 합판, 가발, 철광석, 전자제품
1980년대	의류, 철강판, 신발, 선박, 기계, 음향기기
1990년대	의류, 반도체, 신발, 영상기기, 선박
2000년대	반도체, 컴퓨터, 자동차, 섬유제품, 선박
2010년대 이후	반도체, 선박, 자동차, 디스플레이, 섬유제품

자료 : 한국무역협회

으며, 2000년대 이후에는 반도체, 자동차, 석유제품, 선박 등의 첨단산업제품이 우리나라의 주요 수출품목으로 자리잡고 있다.

2021년 한국의 주요 수출품목과 그 비중을 보면, 1위 반도체(20.3%), 2위 일반기계(8.7%), 3위 석유화학(8.6%), 4위 자동차(7.2%), 5위 석유제품(5.9%), 6위 철강(5.7%), 7위 선박(3.7%) 등이다. 노동집약적이고 기술수준이 낮은 경공업제품을 수출하던 우리나라가 자본집약적이고 높은 기술수준을 필요로 하는 중화학공업제품을 주로 수출하게 된 것이다. 우리나라가 이렇게 변모할 수 있었던 원인에 대해서는 뒤에서 살펴보게 된다.

〈표 15-3〉의 주요 수입품목을 보면, 1970년대에 공업용원료 및 연료(57% 정도), 자본재(27% 정도)가 수입액의 80% 이상을 차지하였다. 이러한 수입품목의 구성은 2011년에도 거의 변화가 없었다. 소비재는 10%에 불과하고, 원자재가 62.5%, 자본재가 27.4%이다. 이것은 30년 전이나 지금이나 우리나라는 원자재와 자본재를 수입하여 그것으로 제품을 만들어 수출하는 가공무역의 패턴을 계속해 왔음을 의미한다. 그 과정에 달라진 것은 경공업제품을 생산하여 수출하다가 중화학공업 및 IT 제품의 생산과 수출로 발전한 점이다. 2022년 한국의 주요 수입품목과 그 비중을 보면 1위 원유(14.7%), 2위 반도체(10.0%), 3위 천연가스(6.2%), 4위 석탄(4.0%), 5위 석유제품(3.8%), 6위 정밀화학(3.4%) 등이다.

우리나라의 가장 큰 수출시장은 최근까지 미국, 일본 순이었는데 2003년부터 중국이 최대 수출시장으로 바뀌었고, 그 다음이 미국, 일본이다. 2022년 주요 수출대상국과 그 비중을 보면, 1위 중국(23.1%), 2위 미국(15.8%), 3위 베트남(8.9%), 4위 일본(4.5%), 5위 홍콩(4.2%), 6위 대만(3.9%) 등이다. 우리나라의 최대 수입대상국은 일본, 미국 순이었는데, 2007년부터 순위가 바뀌어 지금은 중국, 미국, 일본 순이다. 2020년 주요 수입대상국과 그 비중을 보면 1위 중국(23.3%), 2위 미국(12.3%), 3위 일본(9.9%), 4위 독일(4.4%), 5위 베트남(4.4%), 6위 호주(4.0%), 7위 대만(3.7%) 등이다. 우리나라의 가장 중요한 무역대상국은 중국, 미국, 일본이므로 이 나라들과의 경제적 및 외교적 선린관계의 유지가 매우 긴요하다.[18]

표 15-3 주요 수입품목의 구성비 및 증감율 추이

	수입총액(억$)	소비재	원자재	자본재
1975	72.7	16.5	57.0	26.5
1990	698.4	8.7	53.7	37.6
1995	1,351.2	11.6	47.8	40.6
2006	3,093.8	10.1	56.2	33.7
2011	5,244.1	10.0	62.5	27.4
2015	4,368.0	2.1	-29.5	1.2
2020	4,672.3	-0.4	-18.8	7.3
2021	6,150.5	18.3	46.7	20.2

*수입총액 이외의 숫자는 구성비이며, 단위는 %이다.
*2015년 이후는 전년대비 증감율을 나타냄.
 자료 : 한국은행, 조사통계월보, 각 년도.

---

18) 이제민 외(2015), 『한국의 경제발전 70년』, 한국학중앙연구원출판부, pp.443-448 참조.

15-2 국제무역의 발생원인과 무역이익

1. 국제무역의 일반적인 발생원인

위에서 살펴본 바와 같이 세계무역은 더욱 확대되고 있다. 무역을 하기 위해서는 운송비를 비롯하여 많은 비용이 드는데 왜 무역이 더 확대되는 것일까? 교환이 전혀 이루어지지 않는 상태를 **자급자족**(autarky)이라고 한다. 그것은 가계 단위로 이루어질 수도 있고 지역이나 국가 단위로 이루어질 수도 있다. 모든 가계가 필요한 재화를 스스로 생산하여 어떤 거래도 하지 않는다면, 자신이 생산할 수 없는 재화와 서비스의 소비는 불가능하므로 서로가 불만족스럽다. 그렇지만 자신이 생산할 수 없어도 상대방이 지닌 재화를 서로가 원한다면, 교환을 통해서 쌍방의 효용이 증가한다. 그래서 개인 사이에 교환이 이루어진다. 교환이 이루어지면 개인들은 점점 자신이 잘 생산할 수 있는 재화를 생산하여 다른 재화와 교환하는 것이 유리하다는 것을 알게 된다. 즉 분업이 이루어지고, 교환의 범위는 더 확대된다. 국가 사이의 교환인 무역은 보다 먼 거리에 있는 지역 간의 교환이며, 정부가 무역제한을 할 수도 있기 때문에 국내의 교환보다 이루어지기가 어려운 점이 있지만, 결국은 국내의 교환이나 국가간의 국제무역은 매우 비슷한 성질을 지닌다. 국가 사이에 무역이 이루어지는 보다 일반적인 요인을 찾아보면 다음과 같다.

생산조건의 차이 : 국가마다 지리적인 위치, 면적, 자원부존, 토지비옥도, 기후, 노동, 자본, 기술 등 여러 가지 측면에서 차이가 있다. 예를 들면, 우리나라에는 석유가 전혀 생산되지 않으므로 전적으로 수입에 의존한다. 반면에 산유국들은 석유 이외에 다른 재화가 거의 생산되지 않으므로 대부분의 재화를 수입한다. 한 나라에서 생산되지 않는 것을 그 나라 국민들이 필요로 하면 무역이 이루어진다. 우리나라에는 열대 과일, 석유 등 국내에서 전혀 생산되지 않는 것이 많으며, 이런 것들이 수입된다. 어떤 재화는 국내에서 적은 비용으로 생산되지만, 다른 재화는 국내에서 생산이 가능하더라도 비용이 매우 많이 드는 경우도 있다. 이런 생산조건의 차이가 무역을 발생시킨다.

기호의 차이 : 각국 국민들의 기호는 서로 다르다. 따라서 비록 생산조건이 비슷하더라도 그 나라 국민이 덜 좋아하는 것을 수출하고 더 좋아하는 것을 수입한다. 한국과 일본의 생산조건이 비슷하다고 하자. 그런데 한국인은 육류를 더 좋아하고 일본인은 생선을 더 좋아한다고 하면, 한국은 생선을 수출하고 육류를 수입하여 양국민의 만족도를 증가시킬 수 있다.

국제무역이 발생하는 요인에 대한 보다 체계적인 설명으로는, 아담 스미스의 절대우위론, 리카도의 비교우위론, 헥셔-올린의 요소부존이론 등이 있다.

2. 절대우위론 : 아담 스미스

생산조건의 차이가 현저하면 어떤 재화는 한 나라에서는 생산되지만 다른 나라에서는 생산되지 않는다. 그러나 생산조건의 차이가 그리 크지 않으면 동일한 재화가 양국 모두에서 생산될 수 있지만 노동생산성의 차이가 있기 때문에 생산비의 차이가 생긴다. 이러한 생산비의 차이 때문에 무역이 발생하는 경우가 많다. 〈표 15-4〉의 가상적인 예처럼, 두 나라(한국, 일본)가 두 재화(선박, 자동차)를 모두 생산하고 생산요소는 노동 하나라고 하자. 한국에서 선박 한 척 건조에 노동이 100시간 필요하고 자동차 한 대 생산에 노동이 50시간 필요하다고 하자. 일본에서는 선박 한 척 건조에 노동이 50시간, 자동차 한 대 생산에 노동이 100시간 필요하다고 하면, 한국은 자동차 생산에 있어서 노동생산성이 일본보다 높기 때문에 절대우위가 있고, 일본은 선박 건조에 절대우위가 있다.

이 경우에 한국은 자동차 생산에 특화하고 일본은 선박 생산에 특화하여 무역을 하면, 〈표 15-5〉가 보여주듯이 두 나라의 생산량 합계가 증가하여 양국

표 15-4 절대우위론

	한국의 필요노동시간	일본의 필요노동시간
선박(한 척)	100	50
자동차(한 대)	50	100

모두에게 이익이 된다. 이처럼 양국에 각각 절대우위 부문이 존재할 때 무역이 발생한다는 학설이 아담 스미스(Adam Smith)의 **절대우위설**이다. 예를 들어 양국이 모두 1,000시간의 노동을 두 재화 생산에 반반씩 투입한다고 할 때의 생산량과 양국이 각각 절대우위 산업에 특화할 때의 생산량을 비교해 보자.

한국과 일본이 각각 절대우위가 있는 산업에 특화할 경우에 양국 생산량의 합이 증가하여 양국이 무역을 통하여 이익을 얻을 수 있음을 보여준다.

표 15-5 자급자족과 무역시의 생산량 비교 : 절대우위의 경우

	자급자족의 경우			무역을 할 경우		
	한 국	일 본	합 계	한 국	일 본	합 계
선박(척)	5	10	15	0	20	20
자동차(대)	10	5	15	20	0	20

3. 비교우위론 : 데이비드 리카도

절대우위론으로 설명될 수 있는 무역도 있지만, 현실에는 이것으로 설명될 수 없는 무역도 많이 있다. 위의 예와는 달리 일본이 선박과 자동차 두 부문 모두에서 절대우위에 있는 경우도 생각해 볼 수 있다. 리카도는 설명의 단순화를 위해서 두 나라(2국), 두 재화(2재), 노동이라는 단일 요소(1요소)만이 존재한다고 가정하였다. 아래의 〈표 15 - 6〉을 통해서 가상적인 예를 살펴보자.

일본은 선박과 자동차 모두에서 한국보다 노동시간을 적게 투입하므로 두 부문에서 절대우위에 있다. 즉 일본이 두 부문 모두에서 노동생산성이 높은 것

표 15-6 비교우위론

	한국의 필요노동시간	일본의 필요노동시간
선박(한 척)	100(2)	75(3)
자동차(한 대)	50(1/2)	25(1/3)

* 괄호 안의 숫자는 기회비용이다.

이다. 얼른 보면 이런 경우에 일본은 한국과 무역을 하지 않고 선박과 자동차를 자국에서 생산하는 것이 더 유리한 것으로 보인다. 스미스의 절대우위론도 이 경우에는 무역이 발생하지 않는다고 하였다. 그러나 영국 경제학자인 리카도 (David Ricardo)는 이 경우에도 무역이 발생하며 무역을 통해서 양국이 이익을 얻을 수 있다는 **비교우위론**을 주장하였다. 한국은 선박 1척을 건조하기 위해서 자동차 2대를 포기하므로 선박의 기회비용은 자동차 2대이고, 자동차 1대를 생산하기 위해서는 선박 1/2척을 포기한다. 일본의 경우에 선박 1척의 기회비용은 자동차 3대이고, 자동차 1대의 기회비용은 선박 1/3척이다. 선박의 경우에는 한국의 기회비용이 적으므로 한국이 비교우위가 있고, 자동차의 경우에는 일본의 기회비용이 적으므로 일본이 비교우위가 있다. 한국에서는 선박 1척으로 자동차 2대를 얻을 수 있으나, 선박을 일본으로 수출하면 자동차 3대를 얻을 수 있으므로 한국은 선박을 수출하는 것이 유리하다. 반면에 일본에서는 자동차 3대를 주어야 선박 1척을 얻을 수 있으나 자동차를 한국에 수출하면 자동차 2대로 선박 1척을 얻을 수 있으므로 이것이 일본에 유리한 것이다. 그래서 한국은 선박에 특화하고 일본은 자동차에 특화하게 된다.[19)]

자급자족을 할 경우와 무역이 이루어질 경우 양국 생산량의 합계에 어떤 차이가 있는가를 〈표 15 - 7〉을 통해서 살펴보자. 자급자족시에 한국은 1,000시간을 선박과 자동차 생산에 1/2씩 투입하고, 일본은 자동차를 더 선호하여 선박 생산에 300시간, 자동차 생산에 700시간을 투입한다고 하자.

표 15-7 　자급자족과 무역시의 생산량 비교 : 비교우위의 경우

	자급자족의 경우			무역을 할 경우		
	한 국	일 본	합 계	한 국	일 본	합 계
선박(척)	5	4	9	10	0	10
자동차(대)	10	28	38	0	40	40

* 자급자족 시에 한국은 선박 생산에 500시간, 자동차 생산에 500시간을 투입하고, 일본은 선박 생산에 300시간, 자동차 생산에 700시간을 투입하는 것으로 가정하며, 양국의 총노동시간은 모두 1,000시간이라고 가정한다. 무역시에는 한국은 1,000시간을 모두 선박 생산에 투입하고, 일본은 1,000시간을 자동차 생산에 투입한다.

---

19) 두 나라의 기회비용이 같을 경우에는 무역이 발생하지 않는다.

무역이 이루어져서 특화를 할 경우에 선박 생산량의 합계가 한 척 증가하고 자동차 생산량의 합계가 2대 증가하여 양국의 소비가능 재화의 양이 증가하고 아울러 소비자 효용이 증가한다. 따라서 모든 산업에서 생산성이 높은 나라라도 모든 재화를 국내에서 생산하는 것보다는 상대적으로 더 효율적으로 생산하는 부문에 특화하는 것이 낫고, 모든 산업에서 생산성이 낮은 나라라고 해도 상대적으로 덜 비효율적인 산업이 있게 마련이어서 무역을 해서 이익을 얻을 수 있는 것이다. 모든 나라가 무역에 참여해서 이익을 얻을 수 있다는 것이 비교우위론의 주장이다. 비교우위론은 자유무역을 강력하게 옹호한 이론이다.

4. 헥셔-올린 정리 : 요소부존의 차이

　　리카도는 단순화를 위해서 두 나라(2국), 두 재화(2재), 하나의 생산요소(노동)가 있다는 가정하에서 기술, 자연조건 혹은 숙련도의 차이에 의해서 노동생산성의 차이가 생긴다는 것을 전제로 해서 무역발생을 설명하였다.

　　헥셔(Eli Filip Heckscher)와 올린(Bertil Ohlin)은 국가 사이에 생산기술의 차이는 없다고 보고, 국가 사이의 중요한 차이는 자원의 부존상태의 차이라고 하였다. 예를 들어, 미국과 같은 선진국에는 자본이 풍부하고 중국과 같은 개발도상국에는 노동이 풍부하다. 헥셔와 올린은 두 나라(2국), 두 재화(2재), 두 요소(2요소)를 가정하여 헥셔-올린 정리(Heckscher-Ohlin Theorem)를 전개하였다. 이 정리에 따르면, 자본이 풍부한 나라는 자본을 집약적으로 사용하는 재화에 비교우위가 있고, 노동이 풍부한 나라는 노동집약적인 재화에 비교우위가 있다는 것이다. 즉 미국은 기계, 자동차와 같은 자본집약적인 재화에 비교우위가 있어서 그것들을 수출하고 중국은 섬유, 신발과 같은 노동집약적인 재화에 비교우위가 있어서 그것들을 수출한다는 것이다. 이러한 무역을 통해서 양국의 생산량 합계는 증가하고 소비자의 효용은 증가한다.

　　이 정리는 국제무역의 많은 부분을 설명해 준다. 석유자원이 풍부한 사우디아라비아는 석유에 비교우위가 있고, 노동이 풍부한 중국은 의류와 낮은 기술의 가전제품 등에 비교우위가 있다. 그리고 토지가 풍부한 캐나다와 호주는 밀 등의 농산물과 육류 등을 수출한다. 그러나 이 정리에서는 국가 사이에 기술수준이 차이가 없다고 가정하기 때문에 기술수준의 차이 때문에 발생하는 국제무역을 설명하지 못한다.

5. 제품수명주기설 : 기술의 차이

미국 경제학자 버논(Raymond Vernon)은 헥셔 - 올린 정리로 설명하지 못하는 국제무역을 설명하기 위해서 **제품수명주기설**(product life-cycle theory)을 제시하였다. 헥셔 - 올린 정리는 기술수준이 나라 사이에 동일하다고 보았기 때문에 기술격차에 의한 무역을 설명하지 못했다. 버논에 따르면, 신제품이 새로 개발되면 그것을 처음으로 개발한 선진국에서 생산되어 소비되지만, 그 제품에 대한 수요가 다른 나라에도 창출되면 선진국은 그 제품을 수출한다. 그런데 그 제품에 대한 수요가 세계적으로 확대되고 생산기술이 표준화되어 보편적으로 사용되게 되면 이제 노동이 풍부하여 임금이 싼 개발도상국이 비교우위를 가지게 되어, 오히려 개발도상국이 수출국이 되고 선진국이 수입국이 된다. 그러면 선진국은 더 새로운 제품을 개발하여 그 제품의 수출국이 된다는 것이다.

우리는 이러한 예를 많이 찾아볼 수 있다. 미국 등 선진국에서 개발된 라디오, TV, 자동차, 컴퓨터 등이 처음에는 그것들을 개발한 선진국의 수출품이었다가 다음에는 일본의 수출품이 되었고, 그 다음에는 한국, 대만 등 신흥공업국의 수출품이 되었으며, 이제는 중국 등 개발도상국의 수출품이 되어 있고, 선진국은 오히려 수입하고 있다. 이제 선진국은 또 다른 신제품, 즉 전기자동차와 통신설비 등 첨단기술제품을 개발하여 다른 나라에 수출하고 있다. 이것이 바로 기술의 차이가 비교우위를 결정하는 예이다.

6. 산업내 무역

무역은 생산조건이 크게 다른 선진국과 개발도상국 사이보다도 그것이 서로 유사한 선진국 사이에 더 많이 이루어지고 있다. 그리고 선진국 사이에 같은 산업의 제품을 수출하면서 동시에 수입하기도 하는 현상이 빈번하게 발생한다. 예를 들어서 미국은 많은 일본 자동차와 독일 자동차를 수입하면서 동시에 자국의 자동차를 일본과 독일에 수출하고 있다. 이러한 무역을 **산업내무역**(intra-industry trade)이라고 하며, 한국이 반도체를 미국에 수출하고 미국으로부터 쇠고기를 수입하는 **산업간 무역**(inter-industry trade)과 대비된다. 왜 이런 산업내 무역 현상이 발생하는 것일까?

우선 미국 자동차와 일본 자동차, 그리고 독일 자동차는 저마다 특색이 있다. 미국 자동차는 크고 중후한 멋이 있는 반면, 일본 자동차는 소형이면서 실용적이고, 독일 자동차는 우아한 멋이 있고 견고하다는 인식이 퍼져 있다. 즉 제품의 차별화가 생긴 것이다. 그래서 다른 나라가 생산한 자동차에 대한 수요가 창출된다. 그리고 이런 다양한 특성을 가진 자동차를 한 나라에서 모두 생산하면 한 종류의 자동차 생산량이 적어져서 규모의 경제 이익을 누릴 수 없다. 그러므로 각 나라가 제각기 특성을 지닌 자동차를 대량으로 생산하면 규모의 경제로 인해서 생산비를 절감할 수 있다. 이 제품들을 무역을 통해서 교환하면 서로 이익을 얻을 수 있는 것이다. 이것은 자동차에 국한된 것이 아니라 컴퓨터, 휴대폰, 영화 등 많은 산업에 해당될 수 있다.

7. 수출과 수입의 효과

앞에서 본 바와 같이 무역을 통해서 양국 생산량의 합계가 증가하고 그 결과 양국 소비자의 효용이 증가하게 되는데 이것이 무역이익이다. 무역이익은 개별 재화시장의 소비자잉여와 생산자잉여의 증가로도 설명될 수 있다. 무역이 없는 자급자족에 비해서 수입을 하건 수출을 하건 무역을 하면 소비자잉여와 생산자잉여의 합인 총잉여가 증가하는 이유를 살펴보자.

자급자족 : 재화시장이 완전경쟁시장이라고 가정할 때, 무역이 이루어지지 않는 자급자족 시에는 국내의 수요곡선과 공급곡선이 교차하는 점에서 균형이 이루

어져서 국내가격과 거래량이 결정된다. 국외의 충격이 없다면 이 상태가 그대로 유지될 것이다. 예를 들어 한국의 선박시장을 보자. 우하향하는 수요곡선과 우상향하는 공급곡선이 교차하는 점에서 가격과 수량이 결정된다. 〈그림 15 - 1〉은 자급자족시의 소비자잉여와 생산자잉여, 그리고 총잉여를 보여준다.

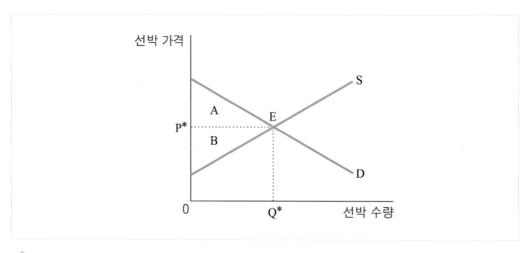

🌀 그림 15-1 **자급자족시 한국 선박시장의 총잉여**

자급자족시 총잉여 = 소비자잉여(A) + 생산자잉여(B)

선박을 수출할 경우 : 한국이 선박에 비교우위가 있다면, 세계시장 가격이 국내시장 가격보다 높게 형성된다. 무역이 이루어지면 한국시장은 세계시장에 비해 매우 영세하므로 국내시장 가격은 세계시장 가격과 일치하게 된다. 그러면 한국의 조선 기업은 생산량을 증가시켜서 일부는 국내시장에서 판매하고 일부는 세계시장에 수출한다. 국내시장 가격이 세계시장 가격에 맞추어 상승하므로 소비자잉여는 감소하는 반면에 수출 때문에 국내생산량이 증가하여 생산자잉여는 크게 증가한다. 우리나라 국민들은 대부분 수출을 매우 좋은 것으로 환영하지만, 사실상 소비자는 손해를 보고 생산자는 이익을 본다는 것을 잘 이해하지 못하고 생산자의 이익만을 주로 고려하고 있는 것 같다. 소비자의 손해와 생산자의 이익을 합친 국민경제 전체는 이익을 얻는가, 아니면 손해를 보는가? 아래

〈그림 15 - 2〉에서 보는 것처럼 국민경제 전체는 이익을 얻는다. 소비자잉여의 감소를 생산자잉여의 증가가 상쇄하고도 남기 때문이다.

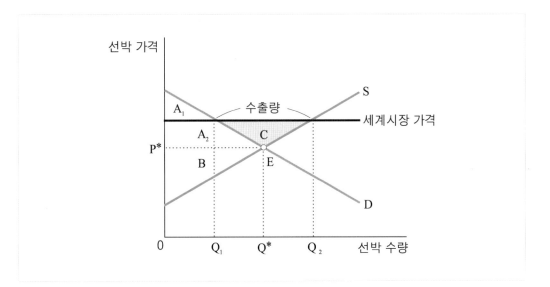

🔵 그림 15-2 **선박 수출시 한국 선박시장의 총잉여**

수출할 경우 총잉여의 변화 = 소비자잉여의 감소($-A_2$) +
생산자잉여의 증가($+A_2 +C$)
= $+C$(자급자족 때보다 C만큼 증가)

자동차를 수입할 경우 : 앞의 예에서, 한국의 자동차 산업은 비교열위 산업이어서 세계시장 가격이 국내시장 가격보다 싸다. 그래서 무역을 하게 되면 외국의 자동차가 국내로 수입된다. 〈그림 15 - 3〉에서 보듯이, 자동차의 국내가격은 세계시장 가격과 같은 수준으로 하락하므로 수요량이 증가하고 소비자잉여는 증가한다. 반면에 외국 자동차의 수입으로 인한 가격하락으로 국내생산량이 감소하여 생산자잉여는 감소한다. 수입은 소비자에게 이익이 되고 생산자에게는 손해가 된다. 그러나 소비자잉여와 생산자잉여를 합한 총잉여는 자급자족일 때보다 증가한다. 왜냐하면 생산자잉여의 감소분을 소비자잉여의 증가가 상쇄하고도 남기 때문이다.

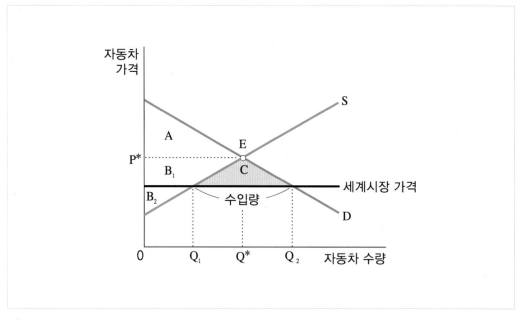

그림 15-3 **자동차 수입시 한국 자동차 시장의 총잉여**

수입할 경우 총잉여의 변화 = 소비자잉여의 증가(+B₁ +C) +

생산자잉여의 감소(- B₁)

= +C(자급자족 때보다 C만큼 증가)

　　　수출을 하거나 수입을 하거나 국제무역을 하면 자급자족할 때보다 총잉여
가 증가한다. 즉 국민경제 전체의 후생이 증가하는 것이다. 수출을 하게 되면
소비자는 손해를 보지만, 생산자는 그 이상의 이익을 얻게 되고, 수입을 하면
생산자는 손해를 보지만, 소비자는 그 이상의 이익을 얻는 점이 다를 뿐이다.
이처럼 이론적 측면에서는 자유로운 무역이 가장 유리한 선택인 것이 사실이지
만, 현실에서 완전한 자유무역은 거의 이루어지지 않고 정도의 차이는 있지만,
각종의 보호조치가 존재한다.

무역정책

1. 자유무역

　자유무역(free trade)이란 국제무역에 있어서 관세나 수입할당제 같은 국가의 무역제한 행위가 전혀 없는 상태를 말한다. 위에서 살펴본 것처럼, 아담 스미스와 리카도가 주장한 이래로 자유무역이 무역 당사국 모두에게 이익을 준다는 자유무역론이 경제학의 정설이지만 여러 가지의 이유로 보호무역이 실행되고 있다. 실제로 자유무역에 가장 근접한 경제권은 홍콩 정도에 지나지 않는다.

　자유무역은 관세나 수입할당제, 수출자율규제 등의 보호조치가 있을 때보다 자원배분의 효율성을 높이고 국민경제의 후생을 증가시킨다. 아래의 〈그림 15 - 4〉에서 보는 바와 같이 관세를 부과하면 수입품의 가격이 상승하여 소비자잉여를 크게 감소시키지만, 생산자잉여는 조금 증가한다. 소비자잉여의 감소 가운데 일부는 생산자잉여로, 그리고 정부의 관세수입으로 이전되지만 일부는 완전히 사라져서 국민경제 전체의 후생은 감소한다. 즉 자유무역이 보호무역보다

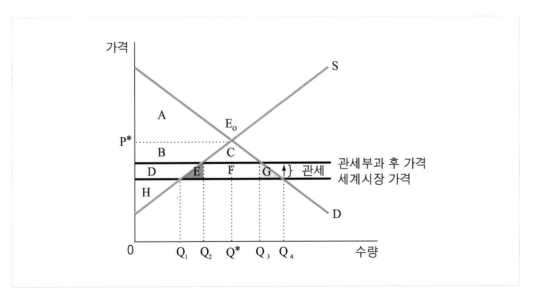

　그림 15-4 **관세의 비효율성**

효율성과 국민후생을 증가시키는 것이다. 그리고 무역에 의해서 비교우위가 있는 분야에 특화함으로써 수출산업에서 규모의 경제를 누릴 수 있고, 분업의 확대에 따른 생산성의 증대 효과를 얻을 수 있다.

> 관세로 인한 총잉여의 변화 = 소비자잉여의 감소{ - (D + E + F + G)}
> + 생산자잉여의 증가(+D) + 정부관세수입(+F)
> = - (E + G)[관세가 없을 때보다 (E + G)만큼 감소]

2. 보호무역

보호무역(protectionism)이란 수입관세의 부과 등을 통해서 수입을 제한하여 국내산업을 보호하는 무역정책을 가리킨다. 위에서 자유무역의 이익이 누차 강조되었는데, 왜 대부분의 국가들이 정도의 차이는 있지만 각종의 보호무역정책을 취하는 것일까? 보호무역을 하면 소비자의 후생이 감소하고 자원배분이 비효율적으로 이루어져서 국민의 후생이 전반적으로 감소하지만, 다른 목표가 우선시 될 경우에 효율성을 포기하고 보호무역정책을 선택할 경우가 많이 있다. 다른 목표에는 어떤 것이 있는지 살펴보자.

국민소득 증대 : 수출에서 수입을 공제한 순수출은 총수요의 한 항목이다. 이것이 증가하면 총수요가 증가하여 국민소득이 증가할 수 있다. 따라서 실제 국민소득이 잠재적 국민소득에 미달하는 불황기에 정부는 수출을 증가시키거나 수입을 억제하여 국민소득의 증대를 꾀하기도 한다. 국민소득의 증가는 또한 전반적인 고용의 증가를 초래한다. 그렇지만 한 나라의 순수출 증가는 반드시 타국의 순수출 감소를 초래하여 그 나라의 국민소득 감소와 고용감소를 초래한다. 그래서 순수출을 증가시킬 것을 목적으로 한 보호무역을 **근린궁핍화정책**(beggar-thy-neighbor policy)이라고 한다. 근린궁핍화란 다른 나라의 국민소득과 고용을 감소시킨다는 뜻이다. 근린궁핍화정책은 타국의 무역보복을 초래하여 모든 나라가 무역 축소로 인한 손해를 당할 우려가 있다.

기업과 노동자의 퇴출 방지 : 비교우위에 따라 무역을 하게 되면 비교우위가 있는 수출산업의 생산량과 고용은 증가하고, 비교우위가 없는 산업의 생산량과 고용은 감소한다. 비교우위가 없는 산업에서는 기업이 퇴출되고 실업자가 발생하기도 한다. 예를 들어서 한국과 미국의 FTA가 비준되면, 한국의 농업 생산량과 고용은 감소하고 제조업의 생산량과 고용은 증가할 것이다. 그런데 문제는 농업에서 발생한 실업자가 제조업에서 고용될 가능성이 별로 없다는 점이다. 농민은 제조업이 요구하는 기술과 숙련도를 가지고 있지 못하기 때문에 매우 장기간 실업 상태에 놓이게 될 것이다. 그래서 농민들은 자유무역을 반대하게 된다. 일반적으로 수입경쟁산업의 기업과 노동자들은 자유무역의 결과로 손해를 당하기 때문에 강력하게 저항하고 보호무역정책을 요구한다. 자유무역의 결과로 소비자와 수출산업이 이익을 얻지만, 소비자의 이익은 널리 분산되어 개인당 아주 적은 금액에 지나지 않으나, 생산자의 손실은 소수에게 집중되어 나타나므로 반대가 극렬하게 표출된다. 그리고 무역이익을 얻는 수출업자의 찬성 의견은 극렬한 반대 운동보다는 약하게 정치권에 전달되므로 정부는 정치적 이해관계에 따라 보호무역정책으로 기우는 경향이 강하게 나타난다.

국민경제 전반적으로는 분명히 자유무역이 이익이라고 하더라도 어떤 부문에 종사하는 사람들은 큰 손해를 당하기 때문에 이들이 다른 분야로 원활하게 이동할 수 있도록 한시적으로 지원하는 노력은 필요할 수도 있다. 그리고 시장개방의 속도도 조절할 필요가 있다.

안보적인 이유 : 식량과 같은 필수재를 비교우위가 없는 산업이라고 해서 포기하고 전량을 수입한다면 전시나 무역체계가 작동하지 않는 비상시기에 엄청난 위험에 처할 가능성이 있다. 만일 식량을 수출하는 나라가 적국이 된다면 어떻게 될 것인가? 상상만 해도 끔찍한 상황이 될 수 있다. 그렇지는 않더라도 식량수출국들이 담합하여 식량가격을 크게 올린다면 꼼짝 못하고 당해야 하는 상황이 올 수도 있다. 그리고 무기를 만드는 군수산업도 어느 정도는 자급하는 것이 안보상 매우 중요할 수가 있다. 조선업 및 해운업도 안보상 중요한 산업이다. 이처럼 국가 비상시를 대비하여 안보상 필요한 산업은 비록 비교우위가 없더라도 그 산업을 보호하여 국내에 육성할 필요가 있다는 것이다. 이런 안보적인 측면을 고

려할 필요성은 분명히 존재하지만, 어느 정도를 수입에 의존하고 어느 정도를 자급할 것이냐의 판단은 쉬운 것이 아니다.

유치산업보호론(infant industry argument) : 어떤 산업이 지금은 비교우위산업이 아니지만 일정 기간 동안 보호를 해주면 비교우위산업이 될 가능성이 있을 경우에 정부가 그 산업을 관세 등의 방법으로 보호하는데, 이것을 유치산업보호라고 한다. 어떤 산업이 국내에서 새로이 시작될 경우에 그 재화를 생산해 본 경험이 거의 없기 때문에 매우 비효율적으로 생산되지만, 경험이 쌓일수록 생산성이 증가하여 생산비가 감소한다(**학습효과**). 그리고 생산량이 증가할수록 규모의 경제 이익을 누릴 수 있어서 역시 생산비가 감소한다. 역사적으로 볼 때, 미국은 영국으로부터 독립한 후에 자국의 공업화를 위해서 국내의 공업을 보호하는 유치산업보호정책을 시행하였고, 독일과 일본도 비슷한 정책으로 공업화에 성공하였다. 우리나라의 경우에도 자동차와 기계 등 중화학공업을 보호하고 육성하여 마침내 이 산업들이 비교우위를 가진 수출산업이 되었다.

　유치산업보호는 개발도상국이 공업화하기 위한 전략으로서 많이 채택되었으나, 라틴아메리카의 경험에서 보듯이 초기의 노동집약적 경공업의 수입대체는 성공하였으나 후기의 자본집약적 중화학공업의 수입대체는 실패하고 만 경우도 있다. 그러나 동아시아국가들은 초기의 노동집약적 경공업의 수입대체가 이루어진 후에 그 산업에 대한 수출촉진 전략으로 급속한 공업화를 추진하였다. 그 다음 단계로 중화학공업의 수입대체를 이룩한 다음 그 산업에 대한 수출지원으로 성공적으로 중화학공업화를 달성하였다.

3. 보호무역의 수단

　정부가 국내산업을 보호하기 위하여 취하는 정책수단에는 관세장벽과 비관세장벽이 있다. **관세**(tariff)란 수입품에 대해 부과하는 조세로써 수입을 억제하기 위하여 부과하는 세금이다. 관세는 시장기능을 완전히 배제하지 않으면서 수입을 억제함과 동시에 정부에 조세수입을 가져다주기도 하므로 가장 널리 사용되는 보호무역의 수단이다. 관세부과의 경제적 효과로는 첫째, 생산량 증가 효과를 들 수 있다. 〈그림 15-4〉에서 관세부과 전의 국내 생산량 Q_1에서 관세부과 후 생산량은 Q_2가 되어 관세부과로 국내생산량이 Q_1Q_2만큼 증가하는 효과를 가진다. 그리고 생산량이 증가하면 고용도 증가하기 때문에 고용증대 효과도 가지게 된다. 둘째, 관세부과로 가격이 상승하여 수요가 감소하는 소비억제 효과를 가진다. 관세부과로 국내수요가 Q_3Q_4만큼 감소하게 된다. 셋째, 관세부과는 국제수지개선 효과를 가진다. 관세부과로 국내생산은 증가하고 국내소비는 감소하여 수입량이 줄어들어 수입액이 감소하게 되어 국제수지개선 효과를 가지게 된다.

수입할당(quota)은 정부가 수입할 수량을 정하는 것을 말한다. 수입물량이 감소하면 공급감소로 인해서 이 재화의 국내가격이 상승하여 국내산업에 대한 보호 효과가 발생한다. 관세와의 차이점은 수입물량이 고정되어 있어서 수입허가를 받은 수입업자는 낮은 국제가격과 높은 국내가격의 차이만큼을 이윤으로 얻으며, 정부의 관세수입은 없어진다. 미국은 오랫동안 섬유제품의 수입에 있어서 수입할당제를 실시한 바 있다.

수출자율규제(voluntary export restraint)는 수입국이 수출국에 압력을 넣어서 수출량을 스스로 줄이도록 요청하는 방식이다. 미국이 일본의 자동차 수출에 대해서 바로 이 방식을 실시한 적이 있다. 일

본 자동차회사들은 이에 순응하여 수출량을 줄였다. 이 방식은 미국이 수입할당제를 택하는 것보다 일본기업에 더 유리하였다. 왜냐하면 일본기업이 수출량을 줄이므로 더 비싼 가격으로 미국에 수출할 수 있기 때문이다. 수입할당제에서 수입업자가 차지하던 이윤을 이제는 수출기업이 차지할 수 있게 된 것이다.

이 외에도 까다로운 보건 및 환경 규정 등으로 수입을 억제하기도 한다.

15-4 국제수지와 환율

1. 국제수지

국제수지(balance of payments)란 일정 기간 동안에 발생한 한 나라의 모든 대외거래의 요약이다. 국가 사이에는 재화와 서비스의 거래를 비롯하여 금융자산과 실물자산의 거래까지 다양하게 이루어진다. 대외거래가 발생하면 외화가 국내로 유입되는 수입(收入)과 유출되는 지급이 발생하고 수입이 지급보다 많으면 흑자가 생기고, 수입이 지급보다 적으면 적자가 생긴다.

국제수지는 크게 경상수지와 금융계정, 그리고 자본수지로 나누어진다. **경상수지**(current account)란 경상거래, 즉 재화와 서비스의 거래, 요소소득의 수입과 지급, 대가 없이 이루어지는 소득이전 등의 거래로 구성되어 있다. 그러므로 경상수지는 재화의 거래를 나타내는 **상품수지**(수출과 수입), 서비스의 거래

표 15-8 한국의 국제수지표(2022년, 단위 : 억 달러)

경상수지	298.3	
상품수지		150.6
서비스수지		- 55.5
본원소득수지		228.8
이전소득수지		- 25.7
금융계정	388.3	
직접투자		484.1
증권투자		253.8
파생금융상품		75.7
기타투자		4.5
준비자산		-278.8
자본수지	0.1	

자료 : 통계청

를 나타내는 **서비스수지**(운송비, 여행경비, 보험 등), 요소소득의 수입과 지급을 나타내는 **본원소득수지**(투자소득, 임금 등), 이전소득의 수입과 지급을 나타내는 **이전소득수지**(민간 및 정부의 무상 증여)로 구성된다.

　종전의 자본·금융계정은 금융계정과 자본수지로 분리되었다. 금융계정은 직접투자, 증권투자, 파생금융상품, 기타투자, 준비자산으로 구성되어 있고, 자본계정은 자본수지로 표기된다. 〈표 15 - 8〉은 한국의 2022년 국제수지표이다.

　2022년에 우리나라는 경상수지에서 298.3억 달러의 대폭적인 흑자를 기록하였고, 금융계정에서도 38,833.4백만 달러 흑자였다. 자본수지에서는 0.1억 달러 흑자였다. 경상수지를 세부적으로 살펴보면, 상품수지에서 150억6천만 달러의 흑자였고, 서비스수지에서는 55.5억 달러 적자였다. 서비스수지에서 큰 폭의 적자가 발생한 것은 주로 여행수지 적자 때문이다. 본원소득수지에서는 228.8억 달러 흑자였고, 이전소득수지에서는 25.7억 달러 적자였다.

　우리나라는 경제발전과정의 초기단계에서는 국내자본 부족으로 인해 막대한 외국자본을 도입하여 자본재와 원자재를 수입하였기 때문에 경상수지는 적자를 보였다. 〈표 15 - 9〉는 우리나라 경상수지의 변화를 보여주고 있다.

표 15-9　한국의 국제수지의 변화

연 도	경상수지(억 달러)
1980	- 53.1
1985	-21.8
1990	- 28.0
1998	403.7
2005	122.1
2012	508.4
2015	1,051.2
2020	759.0
2021	852.3
2022	298.3

자료 : 한국은행. 통계청 홈페이지.

표 15-10 주요 국가의 경상수지(단위 : 억 달러)

	한 국	미 국	일 본	중 국	영 국	독 일	대 만
2010	279.5	- 4,320.0	2,208.9	2,378.1	- 721.2	1,961.7	367.3
2022	298.3	-9,715.9	909.6	4,018.6	-1,213.8	1,727.3	1,008.8

자료 : 통계청

우리나라의 경상수지는 1986년부터 1989년 사이에 있었던 3저호황(저유가, 저금리, 저달러가치로 인하여 수출이 증가하여 발생한 호황)기를 제외하고는 거의 매년 경상수지 적자를 보였으나 외환위기로 인한 원/달러 환율급등과 긴축정책으로 인하여 1998년 이후 매년 수십억 달러에서 수백억 달러에 이르는 경상수지 흑자를 나타내고 있으며, 현재까지 계속되고 있다. 2012년 이후 우리나라 경상수지가 대규모 흑자를 기록한 것은 국내 경기 둔화로 인하여 수입이 많이 감소했기 때문이다.

경상수지의 적자가 지속되면 그것을 자본·금융계정의 흑자로 메워야 하므로 외국자본이 증가하여 원리금 상환의 부담이 커지거나 유입되었던 외국자본이 급속히 빠져나가 외환의 부족사태가 생겨서 외환위기에 봉착하기도 한다. 경상수지가 흑자일 경우에도 인플레이션의 우려와 환율의 하락 등의 부작용이 있으나 경상수지 적자의 누적보다는 훨씬 덜 심각하다.

다른 나라의 상품수지를 살펴보면, 미국은 천문학적인 경상수지 적자를 보이고, 반면에 중국, 독일이 커다란 흑자를 보이고 있다. 〈표 15 - 10〉은 2010년과 2022년의 주요 국가의 경상수지를 보여준다. 2010년과 2022년을 비교해보면, 미국과 영국의 경상수지 적자는 크게 증가하였다. 흑자국인 중국과 대만의 경상수지 흑자는 크게 증가하였고 한국의 흑자는 조금 증가하였다.

2. 환율

환율(exchange rate)이란 한 나라의 화폐가 다른 나라의 화폐와 교환되는 비율을 말하며, 화폐의 대외가치를 나타낸 것이다. 우리나라의 원화(₩)와 미국의 달러($)가 1달러 당 1,000원에 교환된다면 이 비율이 바로 환율이다. 환율은 보통 대표적인 국제통화로 인정되고 있는 달러를 기준으로 하여 1달러 당 1,000원, 1달러 당 100엔 식으로 표시된다. 〈표 15 - 11〉은 원/달러 환율과 원/100엔 환율의 변화를 보여준다.

표 15-11 원/달러와 원/엔(100엔) 기준환율의 추이

	1970	1980	1990	1997	2000	2010	2022
원 / 달러	316.7	659.9	712.1	1,451.2	1,131.1	1,156.0	1,292.2
원 / 100엔		325.3	532.4	1,087.8	1,101.5	1,320.2	984.5

자료 : 한국은행, 조사통계월보 2022, 12. 통계청.

환율의 변화는 한 나라의 재화와 서비스, 그리고 자산의 외화표시 가격을 변화시키므로 수출과 수입, 그리고 해외투자에 큰 영향을 미친다. 1997년 말 외환위기로 인해서 환율이 1달러 당 900원 정도에서 갑자기 약 2,000원으로 치솟게 되자 유학생 자녀에게 매달 2,000달러를 보내기 위해서 종전에 180만원을 송금했는데 이제는 400만원을 송금해야만 했었다. 그래서 많은 유학생이 유학을 포기하고 귀국하는 일이 있었다. 또한 환율변화로 인해서 우리나라 GDP의 달러 환산 금액이 증가하기도 하고 감소하기도 한다. 그래서 환율의 변화는 경제생활에 매우 중요한 영향을 미친다. 이러한 환율은 외국의 화폐(혹은 **외환** : foreign exchange)라는 자산의 가격이므로, 외환이 거래되는 **외환시장**(foreign exchange market)에서 외환수요와 외환공급에 의해 결정된다. 원/달러 환율은 2011년 이후 약간씩 변동하였으나, 원/엔 환율은 2010년 이후 크게 하락하였다.

외환수요 : 사람들은 왜 외환을 필요로 하는가? 그것은 외국으로부터 재화와 서비스를 수입하거나 외국의 자산을 구입하기 위함이다. 즉 재화와 서비스의 수입(import)과 해외투자를 위해서 달러를 수요한다. 먼저 수입은 환율과 상반된 관계를 지닌다. 왜냐하면 환율이 하락하면 수입재의 원화표시 가격이 하락하므로 수입이 증가하기 때문이다. 10달러짜리 만년필이 수입될 경우에 환율이 1달러

당 1,200원일 때 국내가격이 12,000원이지만 환율이 1달러 당 900으로 내리면 만년필의 국내가격이 9,000원이 된다. 그래서 수요량이 증가하고 수입액도 증가한다. 또한 해외투자에 있어서도 외국의 증권이나 실물자산의 원화표시 가격이 하락하므로 그것에 대한 수요가 증가한다. 그리고 환율의 하락으로 인한 해외여행의 증가도 외환의 수요를 증가시키게 된다. 1989년의 해외여행 자유화에 따라 외환의 수요가 증가하게 되었으며, 이는 서비스수지의 적자를 가져오는 원인이 되기도 하였다. 따라서 외환수요량은 환율이 하락하면 증가하고 환율이 상승하면 감소하므로 외환수요곡선은 우하향한다.

외환수요의 결정요인 : 재화와 서비스의 수입, 내국인의 해외투자, 해외여행 증가

외환공급 : 외환이 공급되는 원천은 무엇인가? 재화와 서비스가 수출되면 그 대가로 외환이 유입된다. 그리고 외국인이 우리나라의 금융자산이나 실물자산을 취득하면 역시 외환이 유입된다. 즉 외환공급의 원천은 재화와 서비스의 수출과 외국인의 국내투자이다. 환율이 하락하면 우리나라 재화와 서비스의 외화표시 가격이 상승한다. 국내가격이 120,000원인 옷이 수출될 경우에 환율이 1달러 당 1,200원일 때에는 외화표시 가격이 100달러이지만, 환율이 1달러 당 800원으로 내리면, 옷의 외화표시 가격은 150달러가 되어 비싸지므로 수출이 감소한다. 반면에 환율이 상승하면 수출품의 외화표시 가격이 싸져서 수출은 증가한다. 외국인의 국내투자에 있어서도 환율의 상승은 국내자산의 외화표시 가격이 싸지므로 외국인의 투자가 증가한다. 그러므로 외환공급량은 환율이 상승하면 증가하고 환율이 하락하면 감소하므로 외환공급곡선은 우상향한다.

외환공급의 결정요인 : 재화와 서비스의 수출, 외국인의 국내투자

환율의 결정과 변화 : 환율은 외환시장에서 외환의 수요곡선과 공급곡선이 교차하는 점에서 결정된다. 〈그림 15-5〉의 점 E에서 균형이 성립되고 균형환율과 균형거래량이 결정된다. 일단 균형이 성립되어도 외환수요와 공급을 결정하는 요인들 가운데 환율 이외에 다른 요인의 변화가 있으면 외환수요곡선과 공급곡

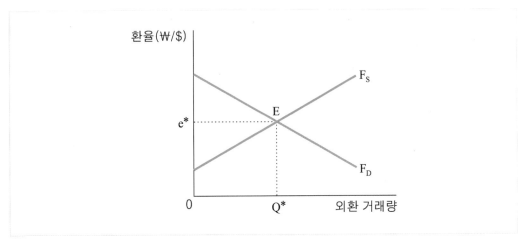

🌙 그림 15-5 **외환시장과 환율의 결정**

선이 좌로나 우로 이동하여 환율과 거래량이 변화한다. 예를 들어 국내의 GDP
가 증가하면 수입이 증가하므로 외환수요는 증가한다. 그리고 외국물가에 비해
상대적으로 국내물가가 상승하면 수입품의 가격이 상대적으로 싸므로 수입이
늘어난다. 이처럼 외환수요가 증가하면 외환수요곡선은 우측으로 이동한다. 반
면에 국내의 불황으로 인해 국내 GDP가 감소하면 수입이 감소하므로 외환수요
도 감소한다. 그리고 외국물가에 비해 국내물가가 상대적으로 안정적이면 국산

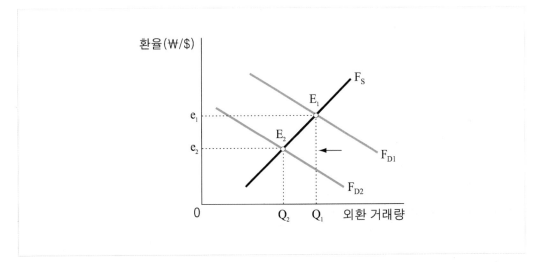

🌙 그림 15-6 **국내 GDP 감소와 환율하락**

품의 가격이 상대적으로 싸므로 수입이 감소한다. 또한 국내 이자율이 외국의 이자율에 비해서 상대적으로 하락하면 내국인의 해외투자가 증가하므로 외환수요가 증가한다. 〈그림 15 - 6〉은 국내경기가 불황이어서 GDP가 감소할 경우에 외환수요가 감소하여 환율이 하락하는 현상을 보여준다.

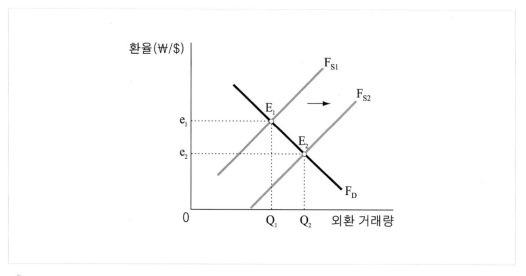

그림 15-7 **외국 GDP 증가와 환율하락**

　　외환공급을 변화시키는 요인을 보면, 먼저 해외의 GDP 변화를 들 수 있다. 해외의 GDP가 증가하면 우리나라 수출이 증가하므로 외환공급이 증가한다. 그리고 해외물가가 국내물가보다 상대적으로 더 오르면 우리나라 수출이 증가한다. 수출의 증가는 외환공급의 증가를 초래하므로 외환공급곡선을 우측으로 이동시킨다. 외국의 이자율이 국내 이자율에 비해 상대적으로 하락하면 외국인의 국내투자가 증가하므로 외환공급이 증가한다. 예를 들어 〈그림 15 - 7〉은 외국 GDP가 증가하여 우리나라 수출이 증가하면 외환공급이 증가하여 환율이 하락하는 현상을 보여준다.

　　〈표 15 - 12〉는 외환수요와 외환공급을 변화시키는 요인을 표로 정리한 것이다. 외환수요의 증가는 환율을 인상시키고 외환수요의 감소는 환율을 인하시킨다. 반면에 외환공급의 증가는 환율을 인하시키고 외환공급의 감소는 환율을 인상시킨다.

표 15-12 **외환수요와 외환공급의 변화요인**

외환수요 증가	외환수요 감소	외환공급 증가	외환공급 감소
국내 GDP 증가	국내 GDP 감소	외국 GDP 증가	외국 GDP 감소
국내물가의 상대적 상승	국내물가의 상대적 하락	외국물가의 상대적 상승	외국물가의 상대적 하락
국내이자율의 상대적 하락	국내이자율의 상대적 상승	외국이자율의 상대적 하락	외국이자율의 상대적 상승

　　환율제도 : 환율결정제도는 크게 고정환율제도와 변동환율제도로 구분할 수 있다. 고정환율제(fixed exchange rate system)는 중앙은행이나 정부가 개입하여 환율을 일정한 수준으로 고정시키는 제도이다. 이 제도의 장점은 무역거래나 자본거래에 종사하는 사람들이 환율변동으로 인한 불의의 손해를 당할 염려가 없어 안심하고 국제거래에 종사할 수 있다는 점이다. 또 환율정책의 일관성을 유지할 수 있으며, 환율변동에 따른 경제의 불안정을 해소할 수 있다는 점도 장점이다. 단점으로는 국제수지 불균형 문제를 자동적으로 해결할 수 없으므로 정부의 적절한 조치가 필요하다는 것과 고정환율을 유지하기 위해 막대한 외환보유가 필요하다는 점이다.

　　변동환율제(flexible exchange rate system)는 환율이 외환시장에서 외화의 수요와 공급에 의해서 자유롭게 결정되도록 하는 제도이다. 이 제도는 정부의 개입이 전혀 없는 자유변동환율제도와 환율이 외환시장에서 자유롭게 결정하도록 하되, 각국 중앙은행이 필요에 따라서 수시로 외환시장에 개입하는 관리변동환율제도가 있다. 변동환율제도는 국제수지의 불균형이 발생할 경우 이를 자동적으로 조정할 수 있다. 즉 국제수지의 불균형이 발생할 경우 환율이 변동되고, 환율의 변동은 수출입 및 단기자본의 이동을 유발함으로써 국제수지의 균형을 회복할 수 있다는 점이 장점이다. 그리고 단점으로는 교역당사자에게 환율변동으로 인해 발생할 수 있는 손해, 즉 환 리스크(risk)를 발생시켜 국제거래를 저해하는 면이 있다. 또 외환시장에서 환율변동에 따른 환차익을 얻기 위한 외환투기가 발생할 우려도 있다.

　　우리나라의 환율제도는 정부수립에서 1970년대 말까지는 미국 달러화에 고정한 고정환율제도를 실시하였으나 1997년 12월 IMF 구제금융을 받으면서 외환의 수요와 공급에 의해 환율이 결정되도록 하는 변동환율제도를 채택하고 있다.

15-5 세계화의 조류

1. 세계화와 그 원인

흔히 오늘날을 세계화 시대라고 한다. 서로 멀게만 보이던 지구촌 전체가 하나로 통합되어 가고 있다. **세계화**(globalization)란 구체적으로 무슨 뜻인가? 세계화의 개념에 대해서 다양한 정의가 있으나, 가장 일반적인 정의는 상품과 서비스의 무역이 국경을 넘어 자유롭게 이루어지고, 자본이 세계를 무대로 자유롭게 이동하면서 이윤을 추구하며, 기술과 정보가 매우 빠른 속도로 전세계로 전파되는 현상을 가리킨다. 이러한 세계화에 대해서 열렬한 지지자가 있는가 하면 극렬한 반대자도 있어서 세계화와 관련된 국제회의가 열리는 곳에는 폭력적인 반대시위가 일어나 큰 혼란이 발생되기도 하였다. 그럴 때마다 세계화의 상징처럼 되어 있는 맥도날드나 스타벅스 매장이 피해를 당하였다. 자유무역과 국가 간의 자유로운 자본이동으로 단순하게 정의될 수 있는 세계화는 1870년경부터 제1차 세계대전이 발발하기 직전까지, 즉 1914년까지 매우 높은 수준으로 이룩되었으나, 그 이후부터 대공황을 거치면서 각국이 보호무역으로 돌아서자 세계화가 크게 후퇴하였다. 제2차 세계대전이 끝난 후 다시 서서히 세계화가 진전되다가 1980년대 이후 급격하게 전개되고 있다. 왜 이 시기에 세계화의 물결이 다시 밀려오게 되었는지 그 원인을 몇 가지 살펴보자.

교통과 통신의 발전 : 조선기술과 항공기 제작기술의 획기적인 발전으로 운임이 크게 낮아져서 무역이 더욱 용이해졌다. 그리고 통신기술과 컴퓨터, 인터넷의 발전은 정보통신 혁명을 초래하여 지구적인 차원에서 통신이 가능해지고 그 비용도 획기적으로 감소하여 무역이 훨씬 쉽게 되었다. 또한 세계의 자본시장이 인터넷으로 연결되어 지구촌 어디서든 자본 및 금융 거래가 가능하게 되었다.

신자유주의의 승리 : 자유방임주의와 자유무역을 주장하던 고전적 자유주의는 20세기에 들어와서 사회주의와 케인스주의의 도전으로 크게 위축되었다. 소련을 비롯한 동유럽이 공산화되었고, 아시아에서는 중국과 베트남, 그리고 북한도 공산화되었다. 즉 세계 인구의 1/3 정도가 공산주의체제 하에서 살게 되었다. 그리고 1929년의 대공황을 계기로 등장한 케인스주의는 자유방임주의 대신에 국가개입주의를 주장하였다. 그런데 사회주의체제는 생산성 향상에 큰 문제점이 있어서 1978년에 중국이 시장경제와 대외개방으로 선회하였고, 1985년에는 소련이 그 뒤를 따랐으며 결국 구소련과 동유럽 전체가 시장경제로 전환하게 되었다. 그리고 케인스주의의 영향 아래 있던 미국과 영국은 인플레이션과 생산성의 정체 문제를 해결하기 위해서 1980년을 전후하여 다시 자유주의로 복귀하고자 하였다. 이것은 국영기업의 민영화와 시장에 대한 규제의 완화, 그리고 큰 정부를 작은 정부로 바꾸려고 하는 노력으로 나타났다. 이것을 일컬어 **신자유주의**(neoliberalism)라고 한다. 시장경제로 전환한 중국의 고도성장과 그 이전부터 세계시장에 대한 개방정책을 추구한 동아시아국가들의 고도성장, 그리고 미국과 영국의 높은 경제성장은 신자유주의의 성공으로 받아들여져서 시장의 기능이 크게 강조되고 정부의 기능은 최소화되어야 하는 것으로 인식되었으며, 무역과 자본거래의 자유화도 강조되었다.

WTO, IMF, IBRD, 다국적기업, 월스트리트 : 신자유주의적 처방이 성공하는 것으로 보이자 미국과 영국을 중심으로 하여 무역의 자유화와 자본이동의 자유화를 세계적으로 실현하고자 하는 시도가 나타났다. 그것은 우루과이 라운드를 통해서 이전의 GATT(관세 및 무역에 관한 일반협정)를 대체하면서 무역의 자유화를 더 강하게 추진하는 WTO의 출현으로 귀결되었고, 미국의 영향력이 큰 IMF와 IBRD(세계은행)라는 국제금융기관은 자금지원을 지렛대로 하여 많은 나라를 시장경제와 대외개방으로 유도하였다. 이러한 자유화와 개방화는 세계 전체를 대상으로 하여 이윤을 추구하는 다국적기업과, 세계금융의 중심인 뉴욕 월스트리트에 있는 증권투자회사의 이해와도 일치하였다. 그래서 WTO, IMF, IBRD, 다국적기업, 월스트리트가 현재의 세계화를 추진하는 주도적인 세력이라고 볼 수 있다.

이런 세계화의 흐름은 2008년 미국에서 시작된 세계금융위기로 인해서 주춤거리며, 오히려 반전의 모습을 보인다. 월스트리트에서 세계금융위기가 시작되었기 때문에 월스트리트는 비판의 대상이 되었고, 금융 세계화의 부정적인 측면이 부각되었다. 그리고 불황에 허덕이는 각 국가들이 겉으로는 자유무역의 지속에 합의하고 있지만, 경쟁적으로 자국화의 가치를 하락시켜서(평가절하) 수출증대를 꾀하고 있으며, 교묘한 비관세장벽을 도입하여 보호무역을 강화하려는 태도를 보인다. 게다가 WTO 주도로 2001년 시작된 '도하 라운드'(Doha Development Round: 카타르 수도 도하에서 개최된 다자간 무역협상)는 아직도 타결되지 않고 있으며, 그 대신 개별국가간에 '자유무역협정'(FTA)이 체결되는 등 국가간의 경제통합이 진행되고 있다.

2. 경제통합

경제통합에 대한 정의를 내리기는 대단히 어렵다. 일반적으로 지리적 인접성이나 경제적 보완관계에 의해서 각 국가들이 모여 단일 국가와 같은 경제블럭(bloc)을 형성하는 것으로 정의할 수 있다. 경제통합은 주로 2차대전 이후에 많이 결성되었는데 결성의 목적은 첫째, 2차대전 후 기술혁신으로 인한 대규모 생산은 각 국가간의 경제관계를 밀접하게 연결시키게 되어 어느 한 국가만으로는 협소한 시장을 극복하는데 한계가 있는 등 지속적인 발전을 하기가 불가능하다는 인식에서 비롯되었다. 둘째, 2차대전 후 신생국들의 독립으로 수출시장을 확대하기 위해서 비슷한 경제여건을 가진 국가들이 상호간 무역장벽을 제거하고 자국의 시장을 개방하면 상호간 무역의 이익을 얻을 수 있다는 인식을 가지게 되었다는 것이다. 셋째, 세계경제를 자유무역체제로 유도할 만한 국제기구나 국제협정이 존재하지 않아 무역자유화를 추구하는 일부 국가들이 지역적으로 협정을 체결하여 지역내 무역자유화를 하는 경향으로 발전하였다. 발라사(B. Balassa)에 의하면 경제통합의 형태는 대체로 5가지로 분류될 수 있다.

자유무역지역 : 자유무역지역(free trade area)이란 회원국 상호간의 무역에는 무역제한 조치가 철폐되지만 비회원국과의 무역에서는 독자적으로 관세 및 기타 무역장벽을 유지하는 것이다.

관세동맹 : 관세동맹(coustoms union)은 가맹국 상호간에는 비관세 및 무역장벽을 철폐하지만, 비가맹국에 대해서는 공동관세를 취하는 것으로, 베네룩스 관세동맹이 여기에 속한다고 볼 수 있다.

공동시장 : 공동시장(common market)이란 관세동맹의 조건을 갖추면서 가맹국 상호간 생산요소의 자유로운 이동까지 허용하는 것이다.

경제동맹 : 경제동맹(economic union)이란 공동시장의 형태를 갖추면서 가맹국 상호간의 경제정책을 상호 조정하는 경제통합의 형태이다. 즉 각국 정부간 긴밀한 연락을 통해 금융, 재정, 통상, 노동 등의 경제정책을 조정함으로써 공동보조를 취하는 것이다.

완전한 경제통합 : 완전한 경제통합(complete economic integration)이란 경제동맹에서 더 발전하여 가맹국간에 단일의 경제권을 형성하는 것이다. 이것은 단순히 경제정책을 조정하는데 그치지 않고 모든 경제정책과 사회정책의 통합까지도 포함된다. 즉 각국의 주권으로부터 독립된 행정기관의 설치가 필요하게 되고, 이 초국가적인 기관에서 재정, 금융 등의 경제정책을 수행케 하여 경제적인 면에서의 통합뿐만 아니라 정치적인 면에서의 통합까지 수반하는 경우이다.

3. 세계화의 명암

다른 현상과 마찬가지로 세계화에도 명암이 있는데, 다른 것보다 더 뚜렷하게 나타나서 긍정론과 부정론이 치열하게 논쟁을 벌이고 때로는 과격한 시위로

나타나기도 한다. 그러면 세계화의 긍정적 측면과 부정적 측면이 무엇인지 살펴보자.

세계화 긍정론: 세계화의 중요한 항목인 무역의 자유화는 비교우위에 의한 분업을 전지구적으로 확대하여 무역에 참여하는 모든 나라에게 무역이익을 창출하고 나아가 경쟁을 통한 생산성 증대를 통해서 기업과 소비자에게 이익을 준다는 것이다. 이 주장은 앞에서 살펴본 자유무역론에 의해서 뒷받침된다. 그리고 자본이 국경을 넘어서 자본의 생산성이 낮은 지역에서 그것이 높은 지역으로 이동함으로써 더 높은 수익률을 얻음과 동시에 자본을 유치한 지역의 고용과 임금도 상승시키므로 상호 이익을 얻을 수 있다고 한다. 실제로 중국과 인도 등에 선진국의 직접투자가 대량으로 유입되어 경제성장률을 크게 높이고 있다.

세계화 비판론: 세계화에 대해서 우려하고 비판하는 사람들의 근거는 다음의 몇 가지로 나누어 볼 수 있다. 첫째, 세계화는 세계시장을 차지하기 위한 무한경쟁을 초래하여 인간을 오로지 생산성 향상의 도구로 전락시키고 개인의 건강, 인격, 공동체를 파괴시킨다는 주장이 있다. 둘째, 세계화로 인한 자유무역은 비교우위가 없는 산업의 쇠퇴와 그 산업에 종사하던 노동자의 실업을 발생시킨다. 그래서 한국을 비롯한 여러 나라의 농민들과 노조대표들도 반세계화 운동에 앞장서고 있다. 셋째, 개발도상국이 외국자본을 더 많이 유치하기 위한 경쟁을 하게 되어 자국의 환경보호기준과 노동보호기준을 낮추기 때문에 개발도상국의 환경파괴가 심화되고 노동자의 권리가 약화된다는 주장이 있다. 넷째, 많은 나라의 자본시장이 개방되어 선진국의 단기자본이 개발도상국에 많이 투자되었다가 그 나라 경제사정이 악화되면 투자된 외국자본이 일시에 빠져나가 외환·금융위기가 발생된다는 것이다.

이상에서 살펴본 바와 같이 세계화에는 분명히 명암이 있고, 이익을 얻는 집단과 손해를 보는 집단이 존재한다. 세계 전체적으로는 이익이 큰 것으로 보이지만, 국가 사이에 그리고 국내의 집단 사이에 그 이익이 공정하게 분배되지 않는 것이 문제이다. 그러므로 이러한 이해갈등을 어떻게 공정하고 원만하게 조

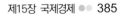

정해 나가는가가 중요한 관건이며, 세계화의 지속 여부가 이에 달려 있다고 하겠다.

2016년 6월 영국은 유럽연합(EU)에서 탈퇴하는 결정, 즉 브렉시트(Brexit)를 국민투표로 확정지었다. EU는 역내에서 자유무역이 이루어지고 노동력이 자유롭게 이동할 수 있는 국가간 연합체이다. 영국이 EU에서 탈퇴하게 된 가장 큰 이유는 밀려드는 이민자들 때문에 영국인들의 일자리가 감소하고 그들에게 제공하는 복지급여 부담이 크다는 점이다. 영국은 자유무역으로 인해 얻는 이익보다 그런 점에서 발생하는 손해가 더 크다고 본 것이다. 그리고 2016년 11월에 실시된 미국 대통령 선거전에서 공화당 후보인 트럼프가 예상을 깨고 당선된 이유도 이와 유사하다. 즉 미국으로 몰려드는 이민과 자유무역이 미국에 손해이며, 미국에서 일자리가 감소하고 경제적 불평등이 증가한다고 하여 보호무역의 방향으로 선회하는 모습을 보인다. 따라서 한 동안 세계화는 오히려 후퇴할 가능성이 있다. 세계화에 가장 선도적이던 미국과 영국이 방향을 바꾸려는 것이다. 더구나 세계는 아직 금융위기로 인한 불황을 극복하지 못하고 있기 때문에 세계화의 후퇴나 정체상태가 단기간에 끝날 것 같지는 않다. 게다가 트럼프 행정부 이후 미·중 간의 무역과 기술, 안보 전반에 걸친 패권 경쟁은 신자유주의적 세계화에 상당히 강한 제동을 걸고 있다.

♬ 중요 용어

- 세계무역기구
- 비교우위론
- 산업간 무역
- 근린궁핍화정책
- 수출자율규제
- 서비스수지
- 투자수지

- 무역이익
- 헥셔–올린 정리
- 자유무역
- 유치산업보호론
- 국제수지
- 소득수지
- 환율

- 절대우위론
- 제품수명주기설
- 보호무역
- 학습효과
- 경상수지
- 경상이전수지
- 외환시장

- 자급자족
- 산업내 무역
- 관세
- 수입할당
- 상품수지
- 자본수지
- 세계화

참고 자료

● 보호무역주의에 대한 조롱

프랑스의 자유무역론자인 바스티아(Frederic Bastiat)는 1840년대 프랑스 의회가 보호무역 조치를 취하려고 하자 이들을 조롱하는 풍자적인 글을 썼다. 아래 글은 보호무역에 대한 날카로운 풍자이다.

고결하신 국민의회 의원님들께

저희들은 저희에 비해 지나치리만큼 월등한 조건에서 빛을 생산해 내는 외부 경쟁자 때문에 극심한 고난을 겪고 있습니다. 그는 이미 믿기지 않을 정도의 저가와 고품질로 국내시장을 석권하고 있습니다. 경쟁자는 바로 태양입니다.

… 이 불평등을 시정할 법을 하나 통과시켜 주셨으면 하고 저희들은 탄원하는 바입니다. 낮에 모든 창문과 … 커튼, 블라인드 등을 닫도록 하는 법안입니다. 이렇게 자연광을 차단하고 인공광의 수요를 창출해 내면 프랑스 국내에 번창하지 않을 산업이 어디 있겠습니까? 양초의 원료인 유지방은 소와 양에서 나옵니다. 따라서 프랑스 전역의 낙농업이 번성할 것이고 …

선택을 하려면 논리적으로 하십시오. 국내산업을 보호한답시고 거의 거저나 다름없이 값싼 외국산 철강, 곡물, 직물 등의 수입은 막으면서 참말로 거저인 태양광은 막지 않고 통과시킨다면 얼마나 비논리적인 처사입니까!

양초, … 기타 모든 조명 관련업자들로부터

－『죽은 경제학자의 살아있는 아이디어』(토드 부크홀츠 저)에서.

바스티아는 보호무역을 하려면 태양도 인위적으로 가리는 법을 만들어 달라고 하여 보호무역론자를 조롱하였다. 그는 어떤 제한된 경우에 보호무역이 정당성을 인정받을 수도 있다는 점을 인정하지 않는다.

제15장 연습문제

1. 세계적으로 무역의존도가 높아지는 원인은 무엇인가?

2. 우리나라 수출품의 구성비는 어떠한 변화 추이를 보이고 있는가?

3. 우리나라 수입품의 구성비는 어떠한 변화를 보이는가?

4. 절대우위설과 리카도의 비교위설은 어떤 차이점이 있는가?

5. 무역의 이익은 무엇으로 증명할 수 있는가?

6. 헥셔-올린의 비교우위설과 리카도의 비교우위설의 차이점을 설명하라.

7. 제품수명주기설은 비교우위의 원천을 어디서 찾는 이론인가?

8. 산업내 무역이 활성화되는 원인은 무엇인지 설명하라.

9. 어떤 재화를 수출할 경우에 이익을 얻는 집단과 손해를 보는 집단은 누구인가? 국민경제 전체적으로는 이익인가, 손해인가?

10. 관세를 부과할 경우에 자원배분의 비효율이 존재하는 것을 총잉여의 변화로 설명하라.

11. 보호무역의 근거로 제시되는 것 가운데 유치산업보호론에 대한 견해를 말해보라.

12. 관세와 수입할당은 모두 보호무역의 수단이지만, 효과는 다른 점이 있다. 어떻게 다른가?

13. 한국의 경상수지와 자본수지의 변화 추이에 대해서 설명하라.

14. 환율을 변화시키는 요인에는 어떤 것이 있는가?

15. 세계화의 명암에 대해서 토론해 보라.

Chapter 16

경제사상의
발자취

Chapter 16

경제사상의 발자취

제1장에서 제15장에 이르기까지 개별재화의 가격과 수량, 소득분배, GDP, 물가, 경제성장, 국제수지 등 여러 가지 경제현상이 어떤 경제원리에 의해서 설명되는지를 살펴보았다. 이제까지 이 책에서 설명한 경제이론은 흔히 말하는 **주류경제학**(mainstream economics)을 중심으로 한 내용이다. 주류경제학이란 **신고전학파 경제학**(neoclassical economics)을 중심으로 하고 여기에 **케인스학파**(Keynesian economics)적인 거시경제학을 접목한 이론체계를 가리킨다. 주류경제학이라고 해서 완결된 이론은 아니며, 그것이 설명할 수 없는 경제현상을 다른 방식으로 설명하기 위해서 계속 보완되어 나갈 것이지만, 그것이 현재의 모습을 지니게 된 것은 오랜 진화의 결과이다. 그러므로 현대의 경제학을 보다 잘 이해하기 위해서, 그리고 앞으로 그것을 더 발전시킬 방향성을 찾기 위해서 경제학의 발자취를 돌아보는 것에는 큰 의의가 있다. 그리고 경제학은 사회과학의 한 분야로서 자연과학과는 달리 실험은 불가능하고 관찰만 가능하기 때문에 과거의 이론이라고 해도 완전히 폐기되는 경우는 드물고 어떤 계기가 있으면 되살아나는 경향이 강하므로 과거의 경제학도 여전히 살아있는 경우가 상당히 많이 있다.

경제학(economics)란 용어는 19세기에 와서 사용된 개념이며, 경제현상을 체계적으로 분석하는 학문을 가리킨다. 그 이전에는 **정치경제학**(political economy)이라고 불리었다. 그러므로 경제학을 보다 폭넓게 경제사상 (economic thoughts)이라고 부르기도 한다. 경제사상의 근원은 고대로까지

거슬러 올라갈 수 있다. 즉 신구약성경이나 그리스와 로마의 사상가들도 경제에 대해서 논한 내용이 있다. 그러나 경제학은 근세에 들어와서 조금씩 체계화되기 시작하였는데, 그것이 중상주의와 중농주의이다. 경제학을 명실공히 탄생시킨 사람은 바로 '경제학의 아버지'라고 불리는 아담 스미스이다. 스미스의 경제학을 발전시킨 것이 고전학파 경제학(classical economics)이다. 그 이후에 고전학파를 비판하고 나온 마르크스주의 경제학과 고전학파를 비판적으로 계승한 신고전학파, 신고전학파를 수정한 케인스주의 등이 계속 등장하였다. 먼저 스미스 이전의 경제사상을 보도록 하자.

16-1 아담 스미스 이전의 경제사상

1. 구약성경과 신약성경의 경제사상

경제학이란 학문은 서양에서 등장하였고 서양의 사상에 큰 영향을 준 것은 바로 헤브라이즘(신구약성경)과 그리스 – 로마 사상(헬레니즘이라고도 함)이다. 그러므로 경제사상의 논의를 구약성경에서 시작해 보자.

구약성경(특히, 레위기)에는 이스라엘 민족 가운데 빈곤 문제가 생기지 않도록 하는 제도적 장치가 제시되어 있다. 첫째, 이스라엘 민족이 가나안 땅에 들어간 후에 토지가 구성원 사이에 균등하게 분배되도록 하였다. 둘째, 균등하게 분배된 토지는 영구적으로 매매하지 않고 최장 50년 동안의 사용권만 매매할 수 있도록 하고, 50년마다 돌아오는 희년에 모든 토지가 원래의 주인에게로 회복되게 하여 빈곤의 세습을 방지하는 제도가 제시되어 있다.[20] 셋째, 토지를 분배받은 사람들이 토지 소산물의 1/10(십일조)을 갹출하여 토지를 분배받지

---

20) 토지의 균등 분배와 희년제도를 19세기 미국 경제학자인 헨리 조지(Henry George)는 만인의 토지에 대한 평등권으로 해석하여 지대를 모두 조세로 징수하는 토지가치세를 주장하였다. 그의 사상은 현실과 부합하지 않는 점이 있지만, 토지는 생산이 불가능한 천부의 자원이므로 토지에 있어서 어느 정도의 공개념이 필요하다는 교훈을 준다.

못한 종교지도자(레위인과 제사장)와 가난한 자들을 돕도록 하였다. 넷째, 추수할 때 전답의 귀퉁이에 곡물을 좀 남겨두어 가난한 사람들이 그것을 거둬갈 수 있게 하였다. 다섯째, 돈을 빌려주고 이자를 받는 것을 금하였다. 당시에 돈을 빌리는 사람은 투자자가 아니라 빈민이었으므로 이들에게 이자를 받는 것은 죄악시되었다. 여섯째, 가난한 사람들에 대한 자발적인 자선행위가 장려되었다.

신약성경은 부의 필요성은 인정하나, 부에 대한 지나친 탐욕을 경계하고 부를 가난한 사람들과 나누는 자비를 강조하였다. 구약성경과 신약성경이 공통적으로 중시하는 것은 결국 빈곤을 어떻게 해결할 것인가의 문제였으며, 이것을 제도적으로 그리고 윤리적으로 해결하고자 하였다. 빈곤의 해결에는 경제발전과 재분배 두 가지가 있는데, 경제발전을 통한 해결 방안은 근세가 되어서야 체계적으로 등장하였다.

2. 그리스 – 로마와 중세의 경제사상

아리스토텔레스를 비롯한 고대의 사상가들이 교환, 화폐 등 여러 가지 경제 현상에 대해 언급하였지만 주로 관심을 가진 대상은 이자 혹은 **고리대**(usury)였고, 그것을 금지해야 한다고 주장하였다. 이것은 구약성경의 사상과도 일치하며 중세의 스콜라 철학자들에게도 이어졌다. 뿐만 아니라 공산주의자인 칼 마르크스도 이자금지 사상을 이어받았다. 중세 말기에는 이자가 엄연히 존재하는 현실을 감안하여 채권자의 기회비용 보상의 수준에서 이자를 허용하는 방향으로 논의가 진행되었다. 오늘날 당연시 되어 있는 이자가 오랜 기간 동안 논란거리였는데, 그것은 고대에는 빈민의 생존을 위한 금융이 대부분이었고, 근세에 올수록 투자용 금융이 많은 부분을 차지한 데 기인한다.

또 한 가지 주제는 '**공정가격**'(just price) 문제였다. 교통과 통신이 미발전되어 시장이 매우 불완전하였던 고대와 중세 사회에서 상인들이 독점시장에서 높은 가격을 받아 폭리를 취하는 것이 다반사였을 것이다. 그래서 가격을 어느 수준에서 결정하는 것이 공정한 것이냐는 문제에 대해서 윤리적인 접근이 이루어졌다. 공정가격 문제가 중시된 것은 당시에 경쟁시장이 존재하지 않았기 때문이었다. 공정가격에 관한 논의는 중세에도 이어졌으며, 중세 후기에는 경쟁시장에서 결정되는 가격이 공정가격에 준한다는 주장이 등장하였다.

3. 중상주의

중상주의(Mercantilism)는 16세기에서 18세기에 걸쳐 유럽에서 나타난 경제사상으로서 당시에 등장한 절대군주의 부국강병정책이었다. 왕권이 약하던 봉건시대가 마감되고 강력한 왕권을 중심으로 한 중앙집권적 국민국가가 형성되던 시기에 절대군주는 강한 군사력을 유지하며 군주의 위엄을 나타내고 호화로운 궁정생활을 유지하는 데 많은 화폐가 필요하였다. 당시의 화폐는 귀금속의 형태였으므로 귀금속의 축적이 국가의 가장 중요한 목표가 되었다.

중상주의를 체계적으로 주장한 사람은 프랑스 루이 14세의 재무장관이었던 콜베르(Jean-Baptiste Colbert, 1619 - 1683)와 무역상인이었다가 나중에 영국 동인도회사의 중역이 된 토마스 먼(Thomas Mun, 1571 - 1641)이었다. 중상주의의 중요 내용을 보면 다음과 같다. 첫째, 한 나라의 국부는 곧 그 나라의 귀금속의 양이므로 그것을 증가시키는 것이 국부 증가의 길이다. 이런 주장을 **중금주의**(bullionism)라고 한다. 둘째, 귀금속을 증가시키기 위한 방법은 수출을 증가시키고 수입을 억제하는 것이다. 즉 수출을 장려하고 수입을 억제하여 가능한 한 많은 무역흑자를 얻어야 한다는 **무역차액주의**를 주장하였다. 셋째, 수출을 증가시키기 위해서 국내산업을 보호하고 육성하고, 상공업자들에게 독점권을 부여한다. 넷째, 시장 확보를 위해서 식민지를 개척하고 수출경쟁력 확보를 위해 인구증가를 통한 저임금정책을 추구한다.

아담 스미스는 국부가 귀금속의 양이 아니라, 국민의 복지와 직접 연관되는 국민총생산이라고 하면서 중상주의를 비판하였고, 자유무역을 통하여 양국이 모두 이익을 얻을 수 있다고 중상주의의 보호무역론을 비판하였다. 스미스 이전에 흄(David Hume)은 무역흑자로 인한 귀금속의 유입은 국내물가를 앙등시켜서 수출은 감소하고 수입은 증가하므로 무역흑자가 지속될 수 없다고 중상주의의 모순점을 지적하였다.

그러나 후진국은 유치산업을 발전시키기 위해서 일정 기간 동안 보호무역이 불가피하다는 중상주의 옹호론이 등장하였고, 케인스도 총수요가 부족한 불황기에는 순수출(수출 - 수입)의 증가가 총수요를 증가시켜 국민소득과 고용을 증가시키며, 귀금속의 유입에 따른 국내 통화량 증가로 인한 이자율 하락으로 인해서 투자도 증가한다고 하면서 중상주의를 옹호하였다. 그래서 공업화를 하고자 하는 개발도상국이나 불황에 빠진 국가들은 현대에 와서도 수출증가와 수입억제를 꾀하는 **신중상주의**(neomercantilism) 정책을 추진하였다. 우리나라도 경제발전 과정에서 신중상주의 정책을 취하였다. 그러나 공업화가 상당한 수준에 도달하고 계속적인 국내산업 보호가 경쟁을 방해하여 비효율을 초래한다는 지적에 따라 무역 자유화의 방향으로 전환되었다. 중상주의의 중요한 문제점은 한 나라의 무역흑자는 다른 나라의 무역적자를 초래하므로 무역 분쟁을 발생시킨다는 것이다. 그래서 WTO와 같은 국제기구를 통해서 다자간 협상에 의한 무역자유화가 권장되고 있다.

4. 중농주의

중농주의(Physiocracy)는 18세기 후반에 국가개입에 의해서 상공업을 지원하고 보호무역정책을 추진한 중상주의를 비판하면서 등장한 경제사상이다. 중상주의 정책의 결과로 프랑스의 농업과 농민생활이 피폐하게 된 것을 목격하고 중농주의자들은 중농주의, 즉 자연의 지배(rule of nature)를 주장하였다. 이들은 사회현상 속에도 자연현상에서와 마찬가지로 자연적 질서가 존재한다고 믿고, 따라서 국가개입보다는 자연적 질서에 맡기는 자유방임(laissez-faire)이 더 낫다고 보았다. 이러한 자유방임의 사상은 아담 스미스에게 큰 영향을 미쳤다.

그런데 중농주의자들은 농업만이 생산적이고 제조업이나 서비스업은 생산적이 아니라는 엉뚱한 주장을 하기도 하였다. 농업에서는 심은 씨앗보다 훨씬 더 많은 수량의 곡물이 생산되므로 생산적이지만, 나무로 책상을 만들면 그것은 형태의 변환이지 생산이 아니라는 것이다. 그리고 중농주의자들은 농업에서 발생하는 순생산물을 가지는 지주들에게만 조세를 부과해야 한다고 주장하여 단일세(single tax)의 선구자가 되었다. 그때까지 인간의 효용을 증가시키는 모든 행위는 생산이라는 개념이 정립되지 않았다.

중농주의의 대표적인 사상가는 루이 15세의 궁정 의사였던 프랑소와 께네(Francois Quesnay)였다. 그리고 미라보(Marquis de Mirabeau), 느무르(Dupont de Nemours)[21] 등이 중요한 역할을 하였고, 루이 16세 시절에 장관으로서 자유주의적 정책을 추진했던 뛰르고(Jacques Turgot)는 중농주의에 호의적이었다.

16-2 고전학파 경제학자들

1. 아담 스미스의 경제사상

생애 : 고전학파 경제학의 초석을 놓은 사람은 '경제학의 아버지'라고 불리는 아담 스미스(Adam Smith, 1723 - 1790)이다. 그는 스코틀랜드에서 법률가인 부친의 유복자로 태어나 글라스고우 대학과 옥스퍼드 대학에서 공부한 후 글라스고우 대학 교수로서 도덕철학을 가르쳤다. 그는 교수직을 사임한 후 귀족 자제의 가정교사로서 그 자제와 함께 프랑스 일대를 여행하면서 께네와 같은 중농주의자들과 볼테르와 같은 계몽주의자들을 만나 많은 영향을 받기도 하였다.

그는 두 권의 위대한 저서를 남겼는데, 그것은 프랑스 여행 중에 집필을 시작하여 10년 만에 완성한 『국부론』(*An Inquiry into the Nature and Causes of the Wealth of Nations*, 1776)과 그 이전에 출간된 『도덕감정론』(*Theory of Moral Sentiments*, 1759)이다. 그는 영국이 막 산업혁명을 시작할 무렵에 자본주의 사회가 작동하는 원리를 밝히고 그 사회가 발전할 수 있는 방향을 제시하였는데, 이것이 바로 『국부론』이라는 방대한 저서의 주요 내용이다.

---

21) 이 사람의 아들이 미국으로 건너가 듀퐁 화학회사를 설립하였다.

자유방임주의 경제사상 : 스미스는 사람은 주로 자기이익(self-interest)을 추구하는 존재라고 파악하였다. 그래서 각자가 자기이익을 추구하도록 허용하면 강한 동기부여로 인해서 사람들은 열심히 일하고 이것은 가격인하와 품질향상으로 자신도 이익을 얻고 소비자에게도 이익을 준다는 것이다. 그는 각자의 자기이익 추구가 수요·공급이라는 시장원리(**보이지 않는 손** : the invisible hand)에 의해서 사회전체의 이익을 증진시킨다고 주장하였다. 그러므로 그는 정부의 시장개입을 최소화하는 자유방임주의와 절대우위론에 기초한 자유무역론을 주장하였다. 스미스는 국가의 역할은 국방, 법의 제정과 집행, 도로 및 교량과 같은 공공시설의 제공 등 최소한의 역할에 국한되어야 한다고 보았다.

이렇게 시장이 확대되면 분업이 활성화되어 생산성이 크게 증가하고 자본가들은 꾸준히 자본축적을 하므로 자본주의는 장기적으로 성장하여 노동자들을 포함한 모든 구성원들의 생활수준이 향상될 것으로 보았다.

자기이익 추구가 자칫하면 사회의 무질서를 초래할 가능성이 있는데, 스미스는 그렇게 되지 않도록 하는 몇 가지 장치가 있다고 보았다. 먼저, 인간의 내면에는 타인의 입장에서 생각해 볼 수 있는 동감(sympathy)의 능력이 있어서 자기이익 추구가 타인을 해치는 범위까지 이르지는 않을 것이라고 본다. 둘째, 시장에 경쟁자가 있으면 소비자를 희생시켜서 독점이윤을 얻기는 매우 어렵다. 셋째, 최후에는 정부가 정의의 수호자로서 자기이익 추구가 타인을 해치는 데 이르지 못하게 방지한다.

스미스가 제시한 시장경제원리는, 시장경제는 자원을 효율적으로 배분하며, 각 경제주체들이 자기이익 추구로 인해 강한 동기를 가지게 되고 서로 경쟁함으로써 생산성을 높이므로 어떤 경제체제보다 우월하다는 경제사상이다. 그래서 그는 이전의 중상주의를 강력하게 비판하였다. 이러한 자유방임주의 사상은 그 후 사회주의와 케인스  주의에 의해 크게 위축되었으나 1980년대 이후 화려하게 부활하였다.

2. 토마스 맬서스의 경제사상

생애 : 맬서스(Thomas Robert Malthus, 1766 - 1834)는 그의 부친이 유명한 철학자인 흄(David Hume)과 루소(Rousseau)와도 친한 사이일 정도로 유력한 가문에서 태어나 어릴 때부터 가정교사로부터 양질의 교육을 받았고, 케임브리지 대학에서 수학과 철학을 공부하였다. 그는 성직자 생활을 거쳐 나중에는 정치경제학 교수가 되었으며, 그보다 조금 후에 태어난 경제학자 리카도(David Ricardo)와 학문적 논쟁을 하면서도 절친한 사이가 되었다.

인구론 : 그는 1798년에 세상을 깜짝 놀라게 만든 책인 『인구론』(*An Essay on the Principles of Population*)을 익명으로 출판하였다. 당시는 1789년에 일어난 프랑스혁명의 영향으로 극단적인 낙관주의가 팽배해 있던 시기였고, 낙관주의자의 대표자가 바로 고드윈(William Godwin)과 콩도르세(M. Condorcet)였다. 이들은 앞으로 전쟁, 범죄, 질병, 분노와 심지어 죽음도 사라질 것이라고 예견하였다.

인구론의 내용이 무엇이길래 세상을 그처럼 놀라게 하였는가? 맬서스는 인간의 출산능력은 매우 강하기 때문에 매 25년마다 인구를 두 배로 증가시킬 잠재능력이 있다고 주장하였다. 즉 인구는 기하급수적으로 증가한다는 것이다. 이에 반해 인구의 부양을 위해 필요한 식량의 공급은 수확체감 때문에 매우 낮은 증가율, 즉 산술급수적으로 증가한다고 그는 주장하였다. 식량이 절대적으로 부족한 사태가 필연적으로 도래하게 되므로 미리 인구증가를 억제할 필요가 있으며, 그 방법은 만혼(결혼을 늦추는 것)과 부부관계의 자제이다. 그러나 맬서스는 이 방법은 인간의 강한 성적 본능 때문에 성공하지 못할 것으로 보았다. 그러므로 식량부족으로 인하여 질병, 전쟁, 기아와 같은 비참한 상황과 영아살해 등의 죄악이 발생하고, 이러한 참상을 통해서 인구는 식량의 양에 맞게 줄어든다는 것이다.

인구론은 당시의 낙관적인 전망을 일거에 뒤엎고 인류의 미래를 비관하게 만들었다. 유토피아가 인류를 기다리는 것이 아니라 질병과 기아, 전쟁이 계속될 수밖에 없다는 것이다. 맬서스 이전까지는 인구증가가 국가발전에 유리하다고 보았는데, 인구론을 계기로 인구에 대한 견해가 정반대로 바뀌게 되었고, 당시의 빈민구제법이 인구증가를 오히려 장려한다는 이유로 빈민구제의 조건이 보다 엄격한 방향으로 수정되도록 영향을 미쳤다. 그리고 그의 영향으로 아담 스미스가 제시한 자본주의의 미래에 대한 낙관주의는 사라지고, 리카도와 밀(J. S. Mill)등의 고전학파 학자들이 미래를 비관적으로 전망하게 되었다. 그 결과 정치경제학은 '음울한 과학'(dismal science)라는 별명을 얻게 되었다.

맬서스의 인구론은 현재에도 서남아시아와 아프리카 등의 지역에서는 적용될 수 있다. 이 지역에서는 인구증가율은 여전히 매우 높고 식량은 부족한 상태에 있다. 그러나 선진국과 중진 개발도상국 이상에서는 피임법의 개발과 육아 및 교육비의 상승으로 인구증가율은 낮아지고, 기술진보로 인해서 식량공급은 크게 증가하여 식량부족 문제는 해결되었다. 맬서스는 출산율의 저하와 기술진보를 예견하지 못한 것이다.

1970년대 초에 로마클럽(the Club of Rome)이 『성장의 한계』(*The Limits to Growth*)라는 보고서를 발표하여 세계에 충격을 주었다. 이번에는 식량부족의 문제가 아니라 자원의 고갈 때문에 현재의 인구증가와 경제성장을 지속할 수 없다는 비관적인 내용이었다. 이 주장도 자연적 한계 때문에 인구 억제와 생활수준의 저하가 불가피하다는 주장이므로 신맬서스주의(Neo-Malthusianism)라고 불리기도 한다. 그러나 이러한 비관주의도 과장된 것으로 드러났다. 자원이 고갈되어 가면 자원의 가격이 상승하므로 소비감소 및 합성원료의 개발과 매장량의 새로운 발견, 그리고 자원절약적인 기술진보를 촉진하게 된다. 따라서 자원고갈 문제의 해결 방안이 발견될 수 있을 것이다. 그리고 환경파괴 문제는 환경기술의 개발과, 자연보존과 개발의 조화를 통해서 해결되어 나갈 것이다. 그래서 과장된 비관주의보다는 조심스런 낙관론이 우세한 상황이 되었다.

정치경제학 : 맬서스는 인구론으로 유명하지만 정치경제학자로서도 중요한 기여를 하였다. 그는 1820년에 라이벌인 리카도의 『정치경제학 및 과세의 원리』 (1817)를 비판하려는 의도로 『정치경제학원리』(*Principles of Political Economy*)를 출간하였다. 그는 차액지대론을 발전시켜서 리카도에게 그 이론

을 완결시킬 수 있는 기회를 제공하였지만, 일반적 과잉생산론에서는 유효수요의 부족 가능성을 부정한 리카도와 대립하였다. 케인스는 맬서스가 유효수요이론의 선구자라는 점에서 리카도보다 더 훌륭한 경제학자라고 칭송한 바 있다. 그리고 맬서스는 대륙으로부터의 곡물수입을 제한하는 '곡물법'(corn law)의 폐지에 반대하여 리카도와 대립하였다.

3. 데이비드 리카도의 경제사상

생애 : 리카도(David Ricardo, 1772 - 1823)는 런던으로 이민 온 유대인 가정에서 태어났다. 그는 14세 이후부터 학업 대신 증권 중개인이었던 부친에게서 일을 배웠다. 21세 때 그는 신교도 여인과 결혼함으로써 부모와 결별하게 되고 독립적으로 증권 중개업을 하여 많은 재산을 모았다. 매우 부유하게 된 그는 수학, 화학, 지질학 등 다방면에 지적 관심을 가졌다. 그러던 중 휴양지에서 우연히 읽게 된 스미스의 『국부론』을 통해서 경제학에 입문하게 되고 제임스 밀(James Mill)과 맬서스, 그리고 벤담을 만나 토론하면서 경제학자로서 성장하게 되었다. 리카도의 후견인 역할을 한 제임스 밀의 권유로 1817년에 『정치경제학 및 과세의 원리』(*On the Principles of Political Economy and Taxation*)이라는 역작을 출간하였다. 그는 나중에 하원의원이 되었고 정치인으로서 곡물법의 폐지를 위해 노력하였다.

비교우위론 : 리카도의 경제사상 가운데 가장 많이 언급되는 내용이 바로 비교우위론일 것이다. 이에 대해서는 여러 번 언급한 바가 있어서 자세한 설명은 불필요한데, 모든 방면에서 절대우위가 있는 개인이나 국가도 다른 개인이나 국가와 분업을 함으로써 이익을 얻을 수 있다는, 상식을 뛰어넘는 이론을 제시하여 자유무역론의 확고한 기틀을 제공하였다. 그 후의 무역이론은 비교우위론을 더 발전시킨 것이든가, 아니면 이에 대한 비판 내용일 정도로 리카도의 비교우위론은 무역이론의 핵심이 되었다.

차액지대설 : 리카도는 소득이 지주, 자본가, 노동자 세 계급 사이에 어떻게 분배

되는가를 밝히는 소득분배론이 정치경제학에서 매우 중요하다고 보고 소득분배이론을 전개하였다. 그 가운데 지금까지 유용성이 있는 이론이 바로 차액지대설이다. 그 내용은 다음과 같다. 경제에는 세 계급이 존재한다. 토지를 소유하는 지주, 자본을 소유하는 자본가, 노동력을 가지고 있는 노동자가 그들이다. 자본가가 지주로부터 토지를 빌리고 노동자를 고용하여 곡물을 생산하고 있다. 토지의 비옥도에는 차이가 있고 비옥한 우등지의 면적은 제한되어 있다. 인구가 희소할 때에는 우등지만 경작해도 충분하고 우등지는 수요에 비해 풍부하므로 지대는 발생하지 않는다. 그러나 인구가 점점 많아지면 우등지(예컨대, 1급지)에 노동과 자본을 더 투입할 경우 수확체감이 발생하므로 덜 비옥한 토지(예컨대, 2급지)로 경작을 확대한다. 그러면 동일한 양의 노동과 자본의 투입을 통해서 얻을 수 있는 생산량의 차이가 있게 된다. 예컨대, 1급지에서는 일정한 양의 노동과 자본으로 곡물 100단위를 생산하는데 2급지에서는 70단위를 생산한다면 농민들은 1급지를 빌리는 것이 유리하므로 1급지에 대해서 지대를 물더라도 그것을 빌리려고 한다. 결국 그런 경쟁에 의해서 1급지에서는 곡물 30단위의 지대가 발생하고, 현재 경작되는 토지 가운데 가장 열등한 **한계지**인 2급지에는 지대가 없다. 만일 인구증가가 계속되어 경작이 비옥도가 더 낮은 3급지로 확대되어 동일한 양의 노동과 자본의 투입으로 곡물 50단위가 생산된다면 1급지에서는 50단위의 지대가, 그리고 2급지에서는 20단위의 지대가 발생하며, 한계지인 3급지의 지대는 0이다. 결국 인구가 증가할수록 더 열등한 토지로 경작이 확대되므로 상대적으로 비옥한 토지를 가진 지주들의 지대수입은 계속 증가한다. 지대는 한계지와 그보다 더 비옥한 토지의 생산성의 차이 수준에서 결정되므로 이러한 지대를 **차액지대**(differential rent)라고 한다.

리카도는 임금은 장기적으로 생존비 수준에서 결정되므로, 지대의 증가는 결국 자본가에게 돌아갈 이윤을 감소시켜서 투자할 여력을 고갈시킨다고 보았다. 그러므로 자본주의 경제는 장기적으로 더 이상 성장이 없는 정체상태에 도달하고 만다는 것이 리카도의 생각이었다.

임금이 생존비 수준에 머문다는 설은 맬서스의 인구론의 영향을 받아서 임금이 생존비 수준 이상으로 상승하면 인구증가로 인한 노동공급 증가로 말미암아 임금이 다시 생존비 수준으로 하락한다는 생각이다. 이 주장은 인구증가율

감소를 예상치 못한 결과이고, 총생산물 가운데 지대가 증가하고 이윤이 감소한
다는 주장도 기술진보의 영향과 인구증가율 감소의 영향을 고려하지 못한 데서
나온 주장이어서 현실과 부합하지 못했다. 그러나 토지의 비옥도의 차이에 따른
생산성의 차이만큼 지대가 발생한다는 차액지대설은 현대에도 설명력이 있다.
오늘날에는 토지가 농지보다는 상공업이나 주거 용지로 많이 사용되므로 토지
의 비옥도보다는 위치가 더 중요하다. 도심지의 토지는 생산성이 높아서 높은
지대를 받고 있다.

4. 존 스튜어트 밀의 경제사상

생애 : 밀(John Stuart Mill, 1806 - 1873)은 당대 지식인 사회의 지도적 인물
이며 리카도의 후견인 역할을 했던 제임스 밀(James Mill)의 장남으로 런던에
서 태어났다. 제임스 밀도 스미스, 흄 등과 같이 스코틀랜드 출신이었으며 철학
자이자 경제학자였다. 아들 밀은 아버지로부터 가정에서 천재교육을 받아 3세
때부터 그리스어를 배우고 라틴어, 논리학, 철학을 거쳐서 13세에 정치경제학
을 배웠다. 아버지 밀은 아들을 자신과 벤담이 신봉하는 공리주의를 계승 발전
시킬 천재로 키우고자 하였다. 이렇게 격려된 채 엄격한 교육을 받은 그는 지적
으로 매우 조숙하였으나 결국 실존적 위기에 봉착하였고, 낭만주의 문학을 통
해서 회복될 수 있었다. 그 무렵 그는 매우 지성적인 해리엇 테일러 부인을 만
나 긴밀한 정신적 교류를 하게 되었고, 결과적으로 그 가정을 파경으로 몰아넣
게 되었다. 밀은 24세에 테일러 부인을 만났는데, 그녀의 남편이 죽은 후 45세
에 그녀와 결혼하였다. 그는 여러 권의 중요한 저서를 남겼는데 그녀의 영향이
컸다고 고백하였다. 그는 말년에 하원의원으로서 공리주의에 따라 정치활동을
전개하였다.

그의 저서 가운데 중요한 것은 『정치경제학원리』(*Principles of Political
Economy*, 1848)와 『자유론』(*On Liberty*), 그리고 『공리주의』(*Utilitarianism*)
이다. 『정치경제학원리』는 경제학에 관한 책이고 나머지 두 권은 철학에 관한
저서이다.

공리주의 : J.S.밀은 아버지 제임스 밀과 벤담의 영향을 받아서 공리주의를 신봉하였고, 이것이 그의 사상의 철학적 기초가 되었다. 공리주의는 벤담이 말한 바처럼, '최대 다수의 최대 행복'으로 요약되는 사상이다. 이 사상에 따르면, 사람은 선천적으로 쾌락(혹은 행복)을 추구하고 고통을 피한다. 그러므로 쾌락이 본래적인 선이다. 어떤 행위나 제도가 옳은가 아니면 그른가를 판단하는 기준은 그것이 사회 전체에 최대 행복을 초래하는가, 그렇지 않은가에 달려 있다. 공리주의는 자기의 행복만을 고려하는 이기주의도 아니고 타인의 행복만을 고려하는 이타주의도 아니다. 자신과 타인을 모두 포함한 사회 전체의 행복 극대화가 가장 바람직하다고 주장한다. 공리주의 철학은 나중에 신고전학파의 효용이론에 큰 영향을 주었다. 밀은 쾌락의 질적 차이를 부정하는 벤담의 공리주의를 비판하고, 쾌락에는 질적 차이가 있다고 주장하면서, '만족한 돼지보다 불만족한 소크라테스가 낫다'는 말을 남겼다.

고전학파의 종합 : 밀은 몇 가지 점에서 독창적인 기여도 했지만 그것보다는 스미스, 리카도, 맬서스 등의 고전학파 경제학을 종합하고 체계화한 점에서 공적을 인정받고 있다. 그의 독창적인 기여는 리카도의 비교우위론에서 수요측면을 도입하여 리카도가 설명하지 못한 교역조건의 결정을 상호수요이론으로 설명한 점이다. 밀은 어떤 점에서 모순된 것을 조화시키려고 하였다. 그는 생산의 법칙과 분배의 법칙을 이분법적으로 분리하였다. 생산의 법칙이 보편적이고 불변적인 물리법칙이라고 하면, 분배의 법칙은 지역적 특수성에 따른 제도와 관행에 의해 결정된다는 것이다. 이것은 그가 생산의 효율이 감소될까봐 누진세를 비판하고 비례세를 주장한 반면에 사회주의에 동정적이었던 점에서도 그의 조화를 추구하는 모습을 볼 수 있다. 그는 임금결정이론으로 임금기금설을 주장하였는데 그 내용은 임금은 임금기금을 노동자수로 나눈 값에서 결정된다는 설이다. 나중에 밀은 임금기금설에 대한 비판을 받고 자신의 주장을 철회하고 말았다. 그 결과 고전학파 이론에서 임금이론이 매우 불완전하게 되었고 이것이 고전학파 붕괴의 한 요인이 된다. 밀은 여러 가지를 종합하고 절충하는데 완전히 성공하지는 못하였으나, 그의 『정치경제학원리』는 1890년에 마셜의 『경제학원리』가 출간될 때까지 경제학의 표준적인 교과서 역할을 하였다.

16-3 사회주의 경제사상의 등장

1. 공상적 사회주의

산업혁명이 진행되면서 소수 자본가 계급의 부는 급격하게 증가하였으나 노동자 계급은 오히려 더 비참한 상황으로 빠져들게 되었다. 봉건사회가 해체되고 인클로저 운동이 일어나면서 농민들은 토지를 잃고 부랑자가 되거나 매우 낮은 임금으로 장시간 노동하는 노동자가 되었다. 이러한 상황에 직면하여 여러 사상가들이 사유재산제를 기초로 하는 자본주의를 부정하고 새로운 경제체제를 모색하게 되었다. 그들은 사유재산제를 폐지하고 재산을 공유하는 평등사회를 지향하였다. 이런 사상가들 가운데 대표적인 사람이 생시몽(Saint-Simon, 불, 1760 - 1825), 오언(Robert Owen, 영, 1771 - 1858), 푸리에(Charles Fourier, 불, 1771 - 1837)였다. 이들은 이런 이상사회가 어떻게 성립될 수 있고 운영될 수 있는지에 대한 구체적인 계획은 없이 이상사회에 대한 비전을 제시하였다. 이들은 그들의 이상을 설파하여 많은 사람들, 특히 지배계급 사람들의 마음을 움직여 이상사회를 건설할 수 있을 것으로 생각하였다. 그래서 이들은 마르크스와 엥겔스로부터 자신들의 '**과학적 사회주의**'(scientific socialism)와는 대비되는 '**공상적 사회주의자**'(Utopian Socialists)라는 이름을 얻게 되었다. 그러나 이들의 이상은 이후의 사회주의 운동에 큰 영향을 미치게 되었다.

세 사람 가운데 오언은 실제로 이상적인 공동체를 설립하여 운영하였다. 그는 스코틀랜드의 뉴라낙(New Lanark)에서 기업을 경영하면서 당시의 자본가들과는 판이하게, 노동시간을 크게 단축하고 아동들은 노동 대신에 교육을 받게하고 주거환경을 개선하여 이상사회를 이루기 위해 진력하였고, 전 유럽에서 왕을 비롯한 지도자들이 견학을 오기도 했다. 그런데 오언이 더 큰 규모의 이상사회를 이루려고 미국 인디아나주에 '뉴하모니'(New Harmony)라는 공동체를 설립하였으나 공동설립자의 배신으로 실패하여 그는 영국으로 귀국하고 말았다.

2. 칼 마르크스의 경제사상

생애 : 마르크스(Karl Marx, 독, 1818 - 1881)는 프러시아 왕국의 트리에 (Trier)에서 부유한 유대인 변호사의 아들로 태어났다. 그의 아버지는 유대교 랍비 집안 출신이었으나 신교(루터교)로 개종하였다. 마르크스는 17세 때 본 대학에서 부친의 권고에 따라 법학을 공부하였으나, 애주가클럽 대표를 지내는 등 낭비와 방탕의 기질을 보였다. 그래서 그의 부친은 그를 베를린 대학으로 전학시켰으나 그의 생활태도는 나아지지 않았고, 급진적인 청년헤겔학파의 철학에 깊은 관심을 가졌다. 부친이 사망하자 마르크스는 예나 대학에서 철학박사 학위를 받았다(1841). 그는 라인신문에 근무하였으나 기사 문제로 결국 해고되어 파리로 도피하였고 거기서 평생의 동지인 엥겔스와 사회주의자들을 만났다. 마침내 그는 1849년에 영국으로 건너가서 경제학 연구에 몰두하였고 『자본론』(*Das Kapital*)을 비롯한 많은 저술을 남겼다.

그의 많은 저서들 가운데, 유명한 저작은 1848년에 엥겔스와 공저로 출간한 『공산당선언』(*The Communist Manifesto*)과 그가 영국에서 출판한 『자본론』이다. 『자본론』1권은 1867년에 출간되었고, 2, 3권은 그의 사후에 엥겔스가 유고를 편집하여 출간하였다. 마르크스와 엥겔스의 사상은 이후 공산주의 사상과 운동의 초석이 되었다.

착취론 : 마르크스는 자본가들이 차지하는 이윤(이자 포함)의 원천이 자본가들이 노동자들을 고용하여 노동을 시키고도 대가를 지불하지 않는 노동, 즉 부불노동 혹은 잉여가치에서 나온다고 주장하였다. 예를 들어서 목욕탕 주인이 목욕탕 시설을 갖춘 후 때밀이를 고용하여 하루에 10시간 일을 시킨다고 하자. 평균적으로 하루에 10명의 때를 밀어 10만원의 수입을 올리지만, 목욕탕 주인은 때밀이에게 하루 임금으로 5만원만 지급하고 나머지 5만원을 이윤으로 가진다면, 그 자본가는 노동자를 착취하고 있다고 하였다. 자본가는 한 푼도 가지지 않고 10만원을 모두 노동자에게 지급해야 착취가 없다는 것이다. 마르크스는 리카도의 노동가치설을 변형시켜 착취론을 정립하고 자본가들이 이윤이나 이자를 얻는 것을 비판하였다. 그는 자본가들이 소비를 줄여 저축하고, 축적된 자본을 위험

을 무릅쓰고 투자하여 노동생산성을 향상시키는 기여를 전혀 인정하지 않고, 이 윤을 단순히 노동착취로만 설명하고 말았다. 여전히 사회주의 국가로 자처하는 중국이 많은 외국자본을 유치하여 이에 대해서 이자와 이윤을 지급하는 것은 스스로 착취를 당하고자 하는 것일까? 이 현상을 착취론으로 설명하기는 불가능하다. 노동자와 자본가는 마르크스의 주장처럼 대립관계에만 있는 것이 아니라, 협력하여 서로 이익을 얻을 수 있는 여지가 많은 것이다.

자본주의사회의 필연적 붕괴와 사회주의사회의 도래 : 마르크스는 자본주의사회 내에는 스스로 붕괴하는 필연적인 법칙이 작용한다고 주장하였고, 그래서 자신의 이론을 과학적 사회주의라고 하였다. 그는 자본주의사회에서는 다음의 다섯 가지 운동법칙이 작용한다고 하였다. 첫째, 이윤율이 점점 저하하는 경향이 있어서 자본축적이 지속되지 못한다. 둘째, 경쟁의 결과로 경제력이 소수의 대기업에게로 집중되어 대다수가 무산계급이 된다. 셋째, 실업의 증가로 인해 소득 감소가 초래되고, 그로 인한 유효수요 감소로 경제 불황이 주기적으로 더 심화된다. 넷째, 노동절약적 기술로 인해 실업자(산업예비군)는 더 증가한다. 다섯째, 실업의 증가와 자본가의 이윤 만회 노력으로 인해 프롤레타리아의 생활수준은 더욱더 저하한다. 이런 원인에 의해서 자본주의사회는 필연적으로 붕괴하고 사회주의사회가 도래한다고 마르크스는 주장하였다. 그것도 자본주의가 가장 발전한 지역이 먼저 사회주의로 전환된다고 하였다.

그런데 역사적으로 보면, 영국이나 프랑스와 같이 자본주의가 가장 발전한 지역이 아니라 가장 후진적인 지역, 즉 러시아와 중국 등이 공산화되었다. 그리고 1990년대 초에 러시아를 비롯한 동유럽 공산국가들이 생산성의 저하로 말미암아 오히려 사회주의에서 자본주의로 전환한 사실은 마르크스가 주장한 법칙과는 완전히 상반된다.

마르크스는 노동자계급의 비참한 삶에 대해서 연민을 느끼고 그 원인과 해결책을 제시하고자 혼신의 힘을 다한 휴머니스트였다. 그러나 그가 제시한 빈곤의 원인과 해결책은 올바른 것이 아니었다. 다만 자본주의 사회가 사회주의 혁명의 위협에 대처하기 위해서 스스로 노동자의 복지 개선에 노력하도록 한 점은 어떤 면에서 마르크스의 기여로 인정될 수 있을 것이다. 자본주의체제는 많은 문제점을 가지고 있으나 그것을 전면적으로 부정하는 공산주의가 그 대안은 아니며, 자본주의체제 내에서 그것을 수정해 나가는 방법이 가장 나은 길인 것을 현재까지의 역사가 보여주고 있다.

16-4 신고전학파 경제학

1. 신고전학파의 등장 배경

신고전학파 경제학(Neoclassical Economics)은 좁은 의미로는 고전학파와 한계효용학파를 종합한 영국의 마셜(Alfred Marshall)을 중심으로 발전한 경제학을 가리키고, 넓은 의미로는 한계효용이론을 바탕으로 하는 모든 경제학을 말하기도 한다. 여기서는 넓은 의미의 신고전학파에 대해서 살펴본다.

19세기 중엽부터 고전학파의 문제점이 여러 측면에서 나타나기 시작하였다. 예를 들면, 고전학파의 노동가치설은 인간생활에 매우 긴요한 물의 가격은 싸고 그리 필요하지 않은 다이아몬드는 아주 비싼 현상을 설명할 수 없었다. 그리고 고전학파는 마르크스주의의 공격에 대해서 효과적으로 대응할 능력도 없었다. 이런 상황에서 자연스럽게 도처에서 신고전학파적 사상이 독자적으로 등장하기 시작하였다. 신고전학파를 등장시킨 대표적인 경제학자는 영국의 제번스(William Stanley Jevons, 1835 - 1882)와 마셜(Alfred Marshall, 1842 - 1924), 그리고 오스트리아의 멩거(Carl Menger, 1840 - 1921), 프랑스 사람이면서 스위스의 로잔에서 활동한 왈라스(발라라고도 함, Leon Walras, 1834 - 1910) 등이었다. 이들은 서로 다른 곳에서 독자적으로 매우 유사한 경제사상에 도달하였다. 이들이 공통적으로 주장한 점은 교환가치를 결정하는 것은 고전학파가 주장한 것과 같이 재화생산에 투입된 노동의 양이 아니라, 그 재화의 최종단위의 소비로부터 얻는 주관적인 효용, 즉 한계효용이라고 한 점이다.

2. 신고전학파 경제학의 주요 내용

신고전학파 내에도 다양한 이론이 존재하지만, 대체적인 공통점은 도출될 수 있는 바, 그 내용은 다음과 같다. 첫째, 경제주체의 모든 의사결정은 한계적으로 이루어진다는 것이다. 예를 들어, 소비자가 어떤 재화를 얼마나 소비할 것인가를 결정할 때, 한계효용과 한계비용을 비교하여 한 단위 마다 결정한다는 것이다. 그리고 기업이 생산량을 결정할 때도 한계수입과 한계비용을 한 단위 마다 비교하여 결정한다는 한계원리가 도입되었다. 따라서 신고전학파 경제학에는 한계효용, 한계생산, 한계비용 등 많은 한계개념이 사용된다. 그래서 신고전학파의 등장을 흔히 **한계혁명**(Marginal Revolution)이라고 하기도 한다. 둘째, 고전학파의 주요 관심사가 장기적 성장 및 발전인데 반해 신고전학파의 주요 관심사는 희소한 자원의 효율적 배분이라는 단기적인 문제였다. 셋째, 신고전학파는 공리주의를 명시적으로 도입하여 인간은 효용을 극대화하려고 하는 존재라고 보았다. 넷째, 고전학파가 주로 세 계급을 중심으로 경제현상을 분석한 반면 신고전학파는 모든 경제현상은 개별경제주체의 의사결정에서 파생된다고 보았다. 다섯째, 고전학파의 객관적 가치설(노동가치설)을 비판하고 주관적 가치설인 한계효용가치설을 주장하였다.

우리가 이 책 전반부에서 적용한 미시경제이론이 바로 신고전학파 경제학이다. 여기에서는 모든 경제주체들은 합리적이라고 본다. 그래서 소비자는 주어진 소득으로 효용을 극대화하기 위해서 재화와 서비스의 소비량을 결정하고, 기업은 주어진 기술수준 하에서 이윤을 극대화하는 생산량을 결정한다. 이러한 소비자와 생산자가 시장에서 만나서 거래를 하면 수요량과 공급량이 일치하는 점에서 가격과 거래량이 결정된다. 마셜은 고전학파의 노동가치설 혹은 생산비설에 의한 가격결정원리와 한계효용학파의 한계효용에 의한 가격결정원리를 결합하여 수요·공급에 위한 가격결정이론을 정립하였다. 즉 신고전학파는 시장의 수요·공급의 원리에 의해서 희소한 자원이 배분되는 원리를 규명하였다.

또한 마셜과 미국 신고전학파의 개척자인 클라크(John Bates Clark)는 각 생산요소의 한계생산에 따라 생산요소의 가격이 결정되는 한계생산력설을 제시하여 신고전학파의 소득분배이론을 정립하였고, 솔로우(Robert Solow)는 신고전학파의 성장이론을 제시하였다.

16-5 / 케인스주의와 통화주의

1. 케인스주의

케인스주의는 케인스의 경제학을 토대로 발전한 경제이론이다. 케인스 (John Maynard Keynes, 1883 - 1946)는 케임브리지 대학에서 수학을 전공하였으나 나중에 마셜의 지도로 경제학자가 되었다. 재무부 공무원을 거쳐서 케임브리지 대학에서 많은 후학들을 양성하였고 또한 저서도 많이 남겼다. 그는 증권투자를 통해서 많은 재산을 모았고 다양한 취미생활로도 유명하였다. 그는 1936년에 출간한 『일반이론』을 통해서 대공황의 원인을 분석하고 대책을 제시하였다. 그 당시에 고전학파는 "공급은 항상 그 수요를 창출한다"는 세이의 법칙 (Say's law)을 신봉하였기 때문에 대공황이라는 사상 초유의 대량실업을 설명할 수가 없었다. 케인스는 고전학파가 주장한 이자율, 물가, 임금 등의 가격변수가 완전히 신축적이라는 가정은 현실성이 없으며 현실에서는 가격변수가 오히려 경직적이므로 세이의 법칙은 적용되지 않는다고 비판하였다. 그러므로 미래에 대한 비관적인 전망으로 인해서 투자와 소비가 감소하면 총수요가 부족할 가능성이 항상 존재하며, 그 경우에 불황과 실업이 발생한다고 하였다. 그는 불황과 실업이 시장원리에 의해서 자동적으로 치유되지 않으므로 정부가 개입하여 정부지출을 증가시켜서 불황을 해결할 수 있다는 정부개입주의를 주장하였다. 케인스가 제안한 재정정책 중심의 총수요관리정책은 한 동안 불황을 방지하고 완전고용을 유지하는데 많은 기여를 하였다.

2. 통화주의

케인스의 **정부개입주의적** 정책에 의해서 상당한 기간 동안 완전고용이 유지될 수 있었으나 1960년대 후반부터 미국을 비롯한 선진국에서 불황보다는 인플레이션이 더 중요한 문제로 등장하였다. 자유방임적 자본주의를 주장하는 시카

고학파의 대표자인 프리드먼(Milton Friedman)은 고전학파의 **화폐수량설**을 더 세련화한 **신화폐수량설**에 근거해서 재정정책보다는 금융정책이 더 효력이 있으며, 확장적 금융정책도 일시적인 효력은 있을지 몰라도 결국은 물가상승률만 높일 뿐 불황이나 실업률은 낮출 수 없다고 주장하였다. 그는 대공황의 원인도 케인스가 주장한 소비와 투자의 감소가 아니라 중앙은행의 통화량 감소라고 하면서 정부부문이 경제에 개입하는 것이 오히려 불안정성의 원인이라고 하며 **비개입주의**를 주장하였다.

이러한 **통화주의**(Monetarism)의 비개입주의를 더 철저하게 주장하는 학파를 **새고전학파**(New Classical School)라고 부르는데, 이 학파는 금융정책의 단기적인 효과도 부정한다. 그리고 감세를 통해서 생산활동에 더 많은 인센티브를 부여함으로 공급을 증가시켜서 물가안정과 경제성장을 모두 달성할 수 있다고 보는 **공급경제학**(Supply Side Economics) 등이 케인스주의의 개입주의에 맞서 비개입주의를 강하게 옹호하고 있다. 이러한 자유방임주의의 조류가 케인스주의를 상당한 정도로 무력화시켰으나 이에 대응하여 정부개입의 불가피성을 새롭게 주장하는 **새케인스학파**(New Keynesian School)도 등장하였는데, 이들은 가격경직성의 미시경제학적 근거를 제시하였다.

현실적으로 시장은 거시적 측면에서도 실패가 있다. 그 실패가 어느 정도인가에 대한 견해 차이는 존재한다. 개입주의와 비개입주의가 논쟁을 통해서 약간의 의견 접근을 이룩하기도 하였다. 앞으로도 논쟁이 계속되겠지만 이것을 통해서 진실에 더 접근할 것으로 기대할 수 있을 것이다. 시장과 정부 사이에 최적의 역할 분담을 찾기 위해서 경제학은 계속 발전할 것이다.

중요 용어

- 주류경제학
- 고리대
- 중금주의
- 자유방임주의
- 공리주의
- 한계혁명
- 공급경제학
- 비개입주의

- 신고전학파
- 공정가격
- 무역차액주의
- 인구론
- 공상적 사회주의
- 케인스주의
- 새고전학파

- 케인스학파
- 중상주의
- 신중상주의
- 로마클럽
- 과학적 사회주의
- 통화주의
- 새케인스학파

- 정치경제학
- 중농주의
- 단일세
- 차액지대설
- 착취론
- 신화폐수량설
- 정부개입주의

참고 자료

● 경제학자의 영향력

영국의 천재적인 경제학자인 케인스는 학설 혹은 관념의 힘이 얼마나 큰가에 대해 『일반이론』에서 다음과 같이 말한 바 있다.

경제학자 및 정치철학자의 관념의 힘은 옳고 그름을 떠나 일반적으로 이해되는 것보다 훨씬 강력한 것이다. 세계는 그 관념들이 움직여 나간다. 여하한 지적 영향도 받고 있지 않다고 믿는 실질적인 인간도 사실은 이미 죽은 어느 경제학자의 노예이기 일쑤이다. 권력을 쥔 미치광이가 하늘의 계시를 들었다고 주장할 때, 이는 흘러간 삼류 학자 하나를 증류하여 새로운 광기를 생산해 냈다는 뜻과 다름 아니다. … 선용되든 악용되든 궁극적으로 위험한 것은 관념이지 사리(私利)가 아니다.

— 『죽은 경제학자의 살아있는 아이디어』(토드 부크홀츠 저)에서

연습문제

1. 신구약성경 경제사상의 핵심은 무엇인가?

2. 중상주의가 등장한 배경과 주요 사상을 설명하라.

3. 중상주의에 대한 비판과 옹호론에 대해서 설명하라. 신중상주의에 대해서 어떤 견해를 가지고 있는가?

4. 스미스가 자유방임주의를 주장한 근거를 설명하라.

5. 스미스가 이기심을 어떻게 정당화할 수 있었는가?

6. 맬서스의 인구론에 대해서 평가해 보라.

7. 로마클럽의 비관적 보고서는 어떤 근거에서 작성되었는가?

8. 맬서스는 리카도와 과잉생산 가능성과 곡물법 폐지에 대해서 논쟁하였다. 맬서스의 입장은 무엇이었는가?

9. 차액지대설에 대해서 설명하라. 이 이론으로 도심지의 비싼 지가를 설명하라.

10. 마르크스와 엥겔스가 자신들의 이론을 과학적 사회주의라고 부르는 이유는 무엇인가?

11. 착취론을 설명하고 이 이론으로 중국의 적극적인 외자유치를 설명해 보라.

12. 신고전학파 경제학의 주요 내용은 무엇인가?

13. 정부개입주의와 비개입주의에 대해서 토론해 보라.

❛ 찾아 보기 ❜

저자 소개

이 재 율

- 서울대학교 경제학과(경제학사)
- 서울대학교 대학원 경제학과(경제학 석사, 경제학 박사)
- 계명대학교 경제학과 교수 역임
- 미국 일리노이대학교 객원교수(visiting scholar)
- 계명대학교 경제통상대학 및 사회과학대학 학장 역임
- 현 계명대학교 명예교수

[저서]

『경제윤리』(민음사, 1995), 『헨리 조지 100년만에 다시 보다』(경북대출판부, 2002), 『그리스도인을 위한 경제학』(계명대 출판부, 2009), 『유쾌한 일상의 경제학』(문영사, 2010), 『경제발전의 이해』(문영사, 2011), 『경제논리와 윤리』(탑북스, 2012), 『종교와 경제』(탑북스, 2013), 『경제사상의 시간여행』(탑북스, 2015), 『돈과 행복』(탑북스, 2016) 등의 저서가 있으며, 그 외에 다수의 논문이 있다.

김 진 찬

- 계명대학교 경제학과(경제학사)
- 계명대학교 대학원 경제학과(경제학 석사, 경제학 박사)
- 한국지역경제학회 경북지회장 역임
- 현 계명대학교 조교수

[저서]

『현대경제학의 이해』(학문사, 2004), 『경제학의 원리와 응용』(학문사, 2006), 『한국경제의 현실과 이해』(학문사, 2007), 등의 저서가 있으며, 『지역밀착형 사회적 일자리 창출을 위한 정책』(2007), 『대구경북 전략산업에 대한 고찰』(2008), 『사회적 일자리와 사회적 기업의 현황 및 정책과제』(2009), 『평가지표분석을 통한 지역일자리 공시제 발전방안 연구』(2014), 『마을기업 사업의 실효성 제고 방안에 관한 연구』(2021), 『마을기업의 역할과 사업발전방안』(2022) 외에 다수의 논문이 있다.

경제학의 이해

제4판 인쇄 | 2024년 3월 5일
제4판 발행 | 2024년 3월 8일

저　　　자　이재율·김진찬
편 집 인　임순재
펴 낸 곳　(주)한올출판사
등　　　록　제11-403호
주　　　소　서울시 마포구 모래내로 83(성산동, 한올빌딩 3층)
전　　　화　(02)376-4298(대표)
팩　　　스　(02)302-8073
홈 페 이 지　www.hanol.co.kr
e - 메 일　hanol@hanol.co.kr
I S B N　979-11-6647-445-3

경제학의 이해

경제학의 이해

경제학의 이해